U0635189

20世纪东亚国际关系的演变

宋志勇 主编

天津出版传媒集团
天津人民出版社

图书在版编目（CIP）数据

20世纪东亚国际关系的演变 / 宋志勇主编. — 天津：天津人民出版社，2015.11
ISBN 978-7-201-09414-4

Ⅰ. ①2… Ⅱ. ①宋… Ⅲ. ①国际关系史－东亚－20世纪 Ⅳ. ①D831

中国版本图书馆CIP数据核字(2015)第123505号

天津人民出版社出版
出版人：黄　沛
（天津市西康路35号 邮政编码：300051）
邮购部电话：（022）23332469
网址：http：//www.tjrmcbs.com
电子信箱：tjrmcbs@126.com

天津市宏瑞印刷有限公司印刷　新华书店经销

2015年11月第1版　2015年11月第1次印刷
787×1092毫米　16开本　21.5印张　2插页
字数：400千字
定价：50.00元

本书出版承蒙

教育部国别和区域研究资助

前　言

21世纪的今天，东亚已经发展成为对世界经济和国际政治具有重要影响和充满活力的区域。同时，不稳定的区域国际关系，也影响着东亚的进一步发展。构筑适应时代发展的新的东亚国际秩序，是历史赋予我们的使命。20世纪的东亚，经历了战争与和平的“洗礼”。它的历史遗产，也是21世纪东亚和平发展的基点。温故知新，回顾20世纪东亚国际关系的历史，总结经验，吸取教训，对于我们构筑21世纪新型东亚国际关系和秩序，具有重要的借鉴意义。为了总结20世纪东亚国际关系的历史，为新世纪东亚的和平发展提供借鉴，在各方特别是日本国际交流基金的大力支持下，南开大学日本研究院与南开大学世界近现代史中心于2013年10月12–13日在南开大学共同举办了“20世纪东亚国际关系的演变”国际学术研讨会，来自日本东京大学、早稻田大学和国内的中国人民大学、北京大学、清华大学、复旦大学、武汉大学、首都师范大学、中国社科院、中国现代国际关系研究院和南开大学等高校和科研机构的40余名代表出席本次会议。我国著名国际关系史专家徐蓝教授和日本著名学者、日本学士院院士石井宽治教授应邀在大会作了主题发言。

这次会议处在东亚国际关系激烈变动和调整的重要时期，因此更多了一层现实的意义在其中。与会代表分别从国际关系史、国际关系理论和国际经济的视角探讨了20世纪东亚国际关系演变的过程、影响因素和特征，从宏观与微观两个层次分析了国际格局的发展趋势和有关重大事件的经验教训，并就当前学界关注的国际热点问题进行了深入讨论，提出了合作解决国际争端、构建21世纪新型大国关系以及东亚地区秩序的建议。本书即是这次会议提交的论文会后经作者修改、补充而成。

作为会议的主题报告，徐蓝在《20世纪东亚国际格局的演变》中系统回顾了20世纪东亚国际关系发展演变的过程，指出从19世纪末期开始，列强围绕瓜分中国的争斗，已成为东亚国际关系的主要内容。而20世纪东亚的国际格局，必然是围绕着中国的逐步崛起与发展而演变的。而且这种演变，也与全球世界格局的演变同向发展。虽然东亚国际关系几经变化，但今天，在东亚的国际舞台上，美国、中国、日本都是发挥重要作用的大国。她希望作为国内生产总值居世界前三位的三国，应成为推动东亚和平与发展、合作共赢的正能量。

石井宽治在《从个别价值到普遍价值——20世纪东亚国际关系的基础》中运用历史唯物主义和发展的马克思主义理论，从历史学和政治学的角度，以"个别价值到普遍价值"为主线，深刻论述了20世纪东亚国际关系的演变，列举了日本帝国主义把日本的"个别价值"以武力强行推演为"普遍价值"的事例并加以批判，很具学术价值和现实意义。日本著名近代史专家原朗则在《东亚资本主义与欧美帝国主义》一文中从地域和历史发展的角度，梳理和分析了"东亚资本主义与欧美帝国主义"的关系，特别关注了世界帝国英国的"脱殖民地化"和美帝国主义同东亚的联系，重点强调了近代日本资本主义（帝国主义）和战后中国社会主义的迅猛发展对东亚发展的巨大影响。另一位著名日本近代经济史专家三和良一在《20世纪资本主义与东亚》中注重从经济层面分析20世纪的东亚国际关系。他强调审视20世纪的国际关系时，应该把资本主义的发展过程及为对抗资本主义而产生的社会主义及其演变过程联系起来进行分析。他把资本主义的历史发展阶段划分为形成期（重商主义阶段）、确立期（自由主义阶段）、变化期（帝国主义阶段）、第二变化期（20世纪资本主义阶段）、第三变化期（21世纪资本主义阶段）的五个阶段，具体分析了经济因素对国际关系的深远影响。

以上三位日本经济史的大家从宏观的角度和政治经济学的视野对20世纪的东亚国际关系进行了系统而深刻的分析，这种跨学科的宏观研究方法，极大丰富和深化了20世纪东亚国际关系的研究，是本论文集的一大亮点。

在理论研究方面，初晓波《影响20世纪东亚国际体系变革的内外因素及其启示》从国际关系学的角度，系统分析了20世纪东亚国际体系变革的内外因素，认为20世纪后的东亚依然是后冷战格局的特征，而从东亚20世纪以来的国际体系变革的历史来看，东亚地区区域集体身份的建构难度很大，这也是东亚区域合作难以在短期内取得突破的深层次原因。莽景石的《非均衡演进、理性冲突与底层结构——关于中日关系的若干理论思考》选取政治与经济两个基本变量，对20世纪末期以来的中日关系进行了理论探讨，指出中日矛盾很大程度源于长期以来中日关系的非均衡发展。而中日关系的底层结构具有“非竞争性”和“非排他性”特点，带有国际公共产品的性质。运用得当，就会有利于中日关系的改善和东亚的和平与发展。东亚国际关系中的多边性非常明显。杨雷的《中俄日三角关系的变化与发展趋势》一文就对东亚国际关系中的中俄日三角关系进行了剖析，指出中俄日之间的三对双边关系相互牵制、彼此排斥，无法形成一种多边主义的互动关系。在三角关系构成的系统中，任何一方都想借助其中的一方而对第三方形成压力和牵制，以实现自身利益的最大化。因此，东亚的互利合作共赢还任重道远。

20世纪东亚国际的演变，体现出了历史的阶段性和连续性并存的特征。而其阶段性特征无疑是第二次世界大战为界限的。在20世纪前期东亚国际关系的研究中，有几篇很有见地的历史学的研究论文，吴限的《近代日本早期右翼的系谱建构》一文，对影响20世纪前期东亚国际关系的一个重要因素近代日本右翼进行了研究，指出早期的右翼正是沿着“武斗”与“文斗”交错的发展进路，在大亚细亚主义的旗帜下，煽动征韩，推动甲午和日俄之战，为吞并朝韩“奔走呼号”，最终蜕变为服膺政府对外扩张的鹰犬。葛建廷的《20世纪日本法西斯的形成》一文，阐述了20世纪日本法西斯的形成过程及其特征。龚娜的《昭和天皇与九一八事变》一文，通过对昭和天皇在九一八事变期间的言行的考察，指出其对军方发动九一八事变的默认、纵容、鼓励、支持态度，从而使日本在侵略扩张的道路上越走越远，证明了天皇的战争责任不容否认。王美平的《从“支那通”到东条内阁的干将——甲级战犯铃木贞一的侵华行迹探析》对近代日本的中国通甲级战犯铃木贞一的侵华战争责任进行了系统梳理和评判。

在战后即20世纪后期东亚国际关系的研讨中，美国作为20世纪兴起的超级大国，是影响20世纪东亚国际关系的最大因素，因而备受关注。张耀武的《“对日媾和七原则”与美国的东亚战略》一文，以1950年9月美国提出的“对日媾和七原则”为线索，探讨了冷战初期美国的东亚战略。指出美国试图通过主导对日媾和，为建立战后亚洲冷战体系布局。媾和七原则将早在《开罗宣言》中就已明确规定归还给中国的台湾和澎湖列岛，作为地位未定进行再分配。这就使得战后的对日媾和在一开始就成为美国控制日本和中国台湾、牵制中国和苏联的一张王牌，进而成为美国在东亚推行冷战战略的重要一环。李华的《冷战时期日本对朝政策的演进轨迹及主要特征》对战后东亚的热点地区朝鲜的国际关系进行了梳理，对战后特别是冷战时期日本对朝鲜的政策进行了研究探讨，指出冷战时期日本的对朝政策具有鲜明的意识形态特征，深受冷战体制和东北亚国际格局的束缚和制约。日本的对朝政策既有积极追随美国的一面，也呈现出基于自身国家利益的考量而不断进行调整的特征。东亚是人类历史上首次也是唯一使用核武器的地区。二战后核问题也一直是影响东亚国际关系和格局的重要因素。乔林生的《和平利用的军事目的——战后日本核政策的表象与实际》，对战后日本的核政策进行了系统梳理和剖析，指出战后日本的核政策，走了一条“民用”与“军事”复合的特殊道路，成为一个“核电”与“核武”互为表里的综合性政策体系。从某种程度上而言，战后日本已经做出了“拥有”核武器的政策选择。

战后以来，东亚昔日仇敌的日美建立起了“牢不可破”的同盟关系，这仅从国际关系理论上难以得到十分满意的解释。张建立的《美主日从、相互依赖的日美关系透析：一种心理文化学的视角》一文，从心理文化学的视角对日美同盟进行了剖析，认为战后日美关系的特点，可概括为“从属式依赖”。这种保护者与被保护者关系，既符合了日本人“缘人”基本人际状态下亲子关系的特点，也是美国人“个人”基本人际状态下寻求社会心理均衡的结果，因此导致亲子模式下美主日从关系能够延续至今。薮下史郎的《全球化的意义与金融危机》一文，则从经济学角度，对20世纪80年代以后迅速发展的全球一体化、金融自由化及随之产生的金融危机进行考察，并讨论了由此对国际关系的影响，指出在全球化不断发展的世界经济中，国际性政策协调和规则的确立就变得不可缺少。

在有关本课题的相关研究中，有些涉及到后20世纪东亚国际关系的重大问题。面对南海的领海争端，云大津的《南海争端的处理模式与东亚秩序——东盟模式的可能性》为缓解和解决复杂的南海争端提供了一种参考模式即东盟模式。尹虎在《菅直人内阁边界领土政策探析》中指出，菅直人内阁采取的具有价值观倾向的边界领土政策，意在迎合美国东北亚战略，抵消中国与俄罗斯在东北亚地区影响力，虽然有着促进日美关系改善的一面，却加剧了该地区的紧张局势。刘云的《安倍政权的继承与选择》，对安倍政权的政治外交走向和安倍经济学进行了细致分析，指出了其危险性。三和元的《从日本企业看改革开放以后的中国经济》对中国改革开放后投资中国的日本企业进行了考察，分析了他们的成长和发展历程。宋志勇的《细谷千博与日本的实证外交史研究》一文，介绍了日本著名学者细谷千博在 20 世纪东亚国际关系特别是日本外交史研究和人才培养上的重大贡献。

历史是发展变化的，人们对历史的认识也在不断的深化。本书作为学术界对 20 世纪东亚国际关系演变认识的阶段性成果，希望为东亚国际关系史的研究和东亚的和平发展有所贡献。

从会议筹备到本论文集的编辑，本研究院的王玉玲老师付出了很大心血，在此表示感谢。天津人民出版社副编审岳勇先生为本书的出版不辞辛劳，也要表示致谢。此外，由于种种原因，造成本论文集出版延迟至今，谨向各位作者表示歉意。

编　者

2015 年秋

目录

目录

从个别价值到普遍价值
——20世纪东亚国际关系的基础

石井宽治

一、课题设定

在此次演讲中，我想以本次研讨会的议题“20世纪东亚国际关系的变化”的视角发表一下自己的见解。用一句话概括，就是人类在开始形成异于一般动物的社会以后，是把什么作为指导行动，特别是指导政治行动的最高价值。比如说从认为自己所属共同体领导者的价值判断是绝对正确的，到尊重大多数人公认的、合理的看法，也就是从重视个别价值的世界向尊重普遍价值的世界转变，这种转变是在何时、以何种方式实现的，以下我想就此问题展开论述。

人类虽然在距今约一万年以前掌握了自己生产粮食的技术从而从动物社会中分离出来，但是最初的几千年，每个家族成员都仅作为以农业生产为目的而结合的血缘共同体成员而存在，人类的社会关系与按血缘关系群居的动物世界并没有多少差别。然而公元元年前后，人类改变了这种生存方式，创造出了不依照血缘的人际关系，由此形成了新的国家权力，从而第一次创造出了在技术上、社会上都与一般的动物世界不同的人类社会。无论是古希腊、罗马帝国还是秦汉王朝，即所谓的古典古代社会，都与此前那些以代表个别血缘共同体的首领、君主所倡导的以个别价值为最高价值的社会不同，是旨在能够建立起基于任何氏族、民族都共通的普遍价值的社会和国家的。至于国际关系，也从各国家或地区相互激烈对立，也就是相互厮杀的阶段，逐步转化为基于相互认可的规则、保持协调关系的阶段。

但是在这种转化不是直线进行的，必须看成是个别价值与普遍价值在不断相互激烈对立的过程中推动了这两千年的历史。以下即以截至20世纪的东亚历史为对象，就在国际关系存在方式的基础上产生并且认可了何种价值进行探讨。

二、20世纪初期中日韩三国的状况

20世纪初，东亚相继进入战乱激荡的时代。甲午战争（1894—1895年）、义和团运动（1900年）、日俄战争（1904年）使日本、中国、韩国三个国家的关系大变样。1910年日本将大韩帝国吞并，1911年辛亥革命致使清朝灭亡。于是，在东亚三国存续了约两千年的君主专制体制消亡，仅留下了日本的天皇制。

在此，我们先一起聚焦国家权力的存在方式，简单地看一下为什么三个国家在近代世界会处于如此不同的状态。首先，令人不可思议的是，在中国及韩国，王权（皇帝、国王）虽然反复交替，但自始至终都是处于权力顶点的强有力的存在，然而在被迫编入近代世界市场后其对外的力量迅速消失。相反，在古代曾是强有力政治权力的日本天皇制，后来虽然随着武士阶级的壮大逐步失去了作为当权者的实权，但进入近代以后又突然掌握起了强大的权力。

这是因为，在应对1853年美国的佩里率舰队强迫日本打开国门时，当时的当权者江户幕府失败，而具有灵活应对能力的新政权诞生了。幕府知道欧美舰队的战斗力具有压倒性的优势，断定开放国门是不可阻止的，便武断地在关于贸易的通商条约上盖了章。然而这一举动被批判为威胁日本独立，尤其是当厌恶外国人的孝明天皇要求将军赶走外国人时，顺理成章，幕府丧失了其权威。为何会如此？这是因为虽然看上去像是相继由镰仓幕府、室町幕府、江户幕府，也就是武士阶级掌握政治支配权，但是武士只依靠武力，却不能证明自己支配政治的正统性。创立幕府的源赖朝、足利尊氏、德川家康，无论谁都是从天皇那里得到征夷大将军这一抵御外敌、保卫国家的责任者头衔，然后才能掌握政治支配权。萨摩、长州两藩意欲推翻江户幕府时之所以利用了复兴古代天皇制的王权复古宣言，正是因为这是攻击幕府最大弱点的有效手段。

在 1868 年 1 月 3 日王权复古宣言中，新政府宣称一切行动的实施都要追溯到“神武创业之始”。追溯到神话中初代天皇“神武天皇”的时代，也就是说不只要废除武士支配政权的江户幕府，也要废除在此之前就存在的由公家（贵族）支配政权的摄政关白制度，通过否定除了天皇统治以外的过去一切统治体制来创造政治统治体制全体刷新的条件。[①]同年 4 月 6 日，在以萨摩、长州两藩为主力的官军（反幕府军）中止对幕府根据地江户城的总攻击时，京都御所里的明治天皇发布五条誓文，在誓称“一切决于公议”的同时，又宣告将“由自己总括一切”。可以说此时，已经确定了建立近代议会制与古代天皇制相结合的复合性权力的方向。

明治政府自成立起即废止过去的攘夷路线，转而实行开放国门路线。由于孝明天皇去世，年轻的明治天皇即位，因此很容易转变路线。此后，政府为应对民众要求开设国会的自由民权运动，于 1889 年 2 月制定了大日本帝国宪法。制定之际，一方面引入了近代议会制，另一方面声称是古代天皇制的传统，认可天皇拥有议会的召集权、官吏的任命权、陆海军的统帅权、宣战讲和以及缔结条约等“大权”。在东亚三国中，日本能够最迅速地完成近代化，其根源就在于近代天皇制自身所拥有的新旧兼备的灵活特性，但与此同时，日本的近代化仅止步于技术层面，止步于外部，至于基本人权理念、民主主义精神等近代西方立足的普遍价值，大日本帝国宪法都没有充分地吸收。

而中国、韩国，自作为古典古代国家的秦汉王朝（前 221—220 年）起，广义的儒教思想就已作为政治体制的基本固定了下来。在这里之所以说“广义的儒教思想”，是因为秦国法家并没有被儒教视为异己而被排除掉，对于道德第一、重视习惯法的儒教德治思想而言，法律第一、重视成文法的法家法治思想（说得现代一些就是罪刑法定原则）也应当被理解成包含在儒教思想里的一部分。[②]在德治国家里，人们认为皇帝、国王受命于天，担负对民众施以仁政的职责，隋朝在 587 年，高丽在 958 年始兴科举制，具备儒教素养的国家官员开始通过考试被选拔出来。在中国唐朝，佛教在国家的保护之下繁荣起来，但到 9 世纪

①［日］井上勋：《王政复古》，中公新书，1991 年，第 333 ~ 341 页。

②［日］加地伸行：《儒教是什么》，中公新书，1990 年，第 96 ~ 107 页。

中期成为被打压的对象；在朝鲜，高丽王朝（919—1392 年）以佛教为建国理念，但同时也重视儒教的作用，到了李氏朝鲜（1392—1910 年）佛教也遭到打压。[①]本来佛教中就欠缺能称得上是政治思想的要素，一直是在国家的保护下起着镇国作用，可以说一旦其成为国家财政的负担时就会受到打压。在儒教思想中，当皇帝或是国王肆意苛政时允许通过革命的手段撤换当权者。然而为此至少需要数十年的时间，所以当来自欧美等国的外部压力施加过来时很难像日本一样在短时间内使权力交替。

不过在 19 世纪中叶，中国与韩国也开始为近代化努力。由旧的权力主导的改革并非容易，由中国的洋务派官僚与韩国的开化派官僚主导的近代产业移植并没有像日本一样迅速地发展起来，这是因为移植近代产业这项任务被当成了官僚的特权，即使允许民间参与合作，主导权也掌握在少数的官僚手中。这也就意味着像日本一样的民间企业相继勃兴的“企业勃兴”产业革命之路被封锁了。[②]不仅如此，恣意的课税等造成的负担也阻碍了近代企业的发展。[③]总而言之,在国内依然强有力的王权与思想守旧的儒教官僚是阻碍近代化的主要因素。因此，在中国虽然在甲午战争以后，发生了谋求政治体制近代化的变法运动，但因为保守派的反击而夭折；在大韩帝国（1897 年 10 月宣告成立），在强化皇权的基础之上实行的民间产业扶植也没能成功。[④]就这样，以日俄战争为界，韩国在事实上开始走向殖民地化，同时在中国孙中山等人掀起的革命运动范围逐步扩大，1912 年立宪共和制的中华民国诞生了。

---

①［韩］姜在彦:《朝鲜儒教两千年》，朝日新闻社，2001 年，讲谈社学术文库，2012 年，第 120 页。

②［日］石井宽治:《日本的产业革命》，朝日新闻社，1997 年，讲谈社学术文库，2012 年，第 21 ~ 43 页。

③ 朱荫贵:《国家干预经济与中日近代化》，东方出版社，1994 年。

④ 李宪昶著:《韩国经济通史》，须川英德、六反田丰监译，法政大学出版局，2004 年，第 287 ~ 295 页。

三、克服血缘共同体的古典古代社会

在这里，我想对在“课题设定”中曾简单提到过的古典古代社会的历史意义进行更深入的思考。作为全面把握从一万年前开始进行粮食生产到20世纪为止的人类历史各阶段的方法，我认为马克思的社会形态理论在现今仍是最有效的假说；如果主要参照日本的研究成果来表示其对各阶段的把握，则如年表所示。[①]这是为20世纪即将结束时举行的1999年度日本历史学研究大会报告制作的。划分阶段的标准是直接生产者的社会存在形态，如文后所附世界史年表，第一阶段是始于公元前8000年的经营农业的血缘共同体成员，共同拥有耕地和农具并担任直接生产者的阶段。随后可以设定为公元元年前后铁器农具普及，个别的大经营团体从血缘共同体中独立出来，奴隶作为劳动力进行劳动的第二阶段；进而是10世纪前后农业革命引发农地集约化，作为农奴的独立的小经营团体普遍化的第三阶段；而后是通过产业革命资本制大经营团体成为中心，雇佣劳动者增加的第四阶段。当然，即使是同一阶段，由于地区不同呈现方式也多种多样，时间上很不一致，有时也会看到阶段的跳跃，但至少从直接生产者的水平上看，各地区的人类逐渐都形成了相似的社会。在公元元年前后的世界里，血缘共同体基本消失，各种各样的奴隶制分别形成；公元1000年前后的世界里，小经营团体普遍化，制约小经营团体的家产制或封建制形成；公元2000年前后的现代正涌现着似乎要覆盖整个世界的雇佣劳动者。在此，社会主义被设定为21世纪以后在民主的世界政府控制全球性大经营团体行为的第五阶段。

第二阶段包含的所谓“古典古代”（antik，Antike），在马克思及恩格斯那里是指希腊、罗马时代，一直与包含此前的古代东方国家的“古代”（alt，Altertum）相区别使用。在单指美索不达米亚、古埃及等古代东方国家时使用“亚洲的”或“古亚洲的”来表示，而使用表示地区概念的“亚洲”牵扯到亚洲社会的停滞论，因此是不恰当的。[②]所以我在本报告中，不想使用“亚洲共同体”这一

①［日］石井宽治：《战后历史学与世界史——从基本法则论到世界系统论》，历史学研究会编《战后历史学再考》，青木书店，2000年。

②［日］太田秀通：《世界史认识的思想与方法》，青木书店，1978年，第200～220页。

容易被误解的概念，取而代之采用“血缘共同体”一词。也就是说，我认为“古典古代”社会是打破了以血缘共同体为基础的社会的新社会。催生这种新社会的原动力，可以举出如前文所述的铁器农具的普及引发的血缘共同体解体这一事实，[①]但并不是说仅凭经济面上的变化就可以消除人们重视血缘关系的思想。从这一点上说，希腊哲学及基督教的教义对人类社会发展中承认血缘关系具有最高价值的说法进行批判是具有重大意义的。例如基督教的新约圣经中对耶稣想要离间门徒与其至亲的关系一事做了如下记载：

> 不要以为我来是为把和平带到地上；我来并不是带和平，乃是带刀剑。因为我来是叫人跟父亲割绝，女儿跟母亲割绝，儿媳妇跟婆婆割绝；人的仇敌竟是他自己家里的人。爱父亲或母亲过于爱我的，配不起我；爱儿子或女儿过于爱我的，配不起我。[②]

这是耶稣要求其弟子对其绝对服从的一段，值得注意的是这一段话用强烈的语气否定了摩西十诫当中的“孝敬父母”这一戒律。也就是说，耶稣在当时以血缘关系为最高价值的情况下，要求信徒克服血缘关系追随自己，这一段话是促使人们从埋头于最小的血缘共同体——家庭——的状态中作为个人而独立起来的圣言，给予了信徒巨大的冲击。[③]

与一般的“古代”不同的“古典古代”这一名称，意味着其中包含着在之后的历史展开过程中作为标准的普遍价值。众所周知，对近代欧洲社会来说，希腊、罗马社会的思想与制度作为标准有重大的意义。由此看来，在东亚世界的形成中成为标准的普遍价值是什么呢？日本的研究者之间早已进行过将汉代定位于可以与罗马相比的古代帝国的讨论，最近，对秦汉王朝的评价不再仅限于“秦汉帝国是后世政治的原点”，更有“秦汉时代400年的文化，与欧洲的希腊、罗马古典文化起到了相同的作用。从其不断对后世产生重大影响这一点来

---

① 古代日本从6世纪起开始制铁，铁器农具增产，“家庭共同体”中的家长拥有铁器农具从而从血缘共同体中独立出来（［日］石井宽治：《日本经济史》（第2版），东京大学出版社，1991年，第24~25页。古代朝鲜从公元前1世纪起开始制铁，4世纪铁器农具产量剧增，拥有铁器农具的“豪民阶层”逐渐独立（见李宪昶：《韩国经济通史》，第29~31页）。

②《马太福音第10章34~37节》，《新约圣经》，日本圣书协会，1954年改译。

③［日］大塚久雄：《近代化的人际基础》，《大塚久雄著作集》第8卷，岩波书店，1969年，第222~235页。

说，可以称其为东方世界的古典文化”[①]的说法。自然这里所说的“东方世界的古典文化”是儒教与道教的双重文化，特别是汉代作为政治理念而认真采用的儒教文化。

关于儒教，大多数人认为不应称其为宗教而应称为儒学的意见很强烈，但如果将对人的生活的终极意义和价值的质问作为宗教式的质问，那么儒教进行了恰如其分的回答，因此可以被看作宗教。也就是说，把实现支配宇宙的普遍理念的“道”作为人类生活的最高意义就是儒教的教义。“道”是“超越了血的共同体及政治的共同体的，适合宇宙的真理与正义的理念”[②]。换言之，儒教否定由仅具备个别价值的特定的政治人格来决定什么是正义什么是真理的想法，认为以“德”对“民”施仁政的普遍标准是“天命”，应该参照“天命”判断政治的存在方式，主张应将虐“民”、违反“天命”的皇帝作为革命的对象。进而作为这种理念的一环，开发出了不通过世袭而是通过科举考试选拔支持皇帝的官僚的实用主义的合理体系。

不过，关于这种儒教的普遍主义，有人指出组成“道”的具体内容的伦理是迎合君臣、父子、夫妇、兄弟、朋友等具体的秩序的，不仅“作为个体的人这一思想极其匮乏”，而且还有着严格的制度即“其中的基本德行为孝道，是家共同体的伦理”[③]。基督教以个人作为对象的结果是，作为政治伦理回避具体的内容，如耶稣所说的“把恺撒的东西还给恺撒，把上帝的东西还给上帝”[④]，和使徒保罗所说的“居上位有政权的，人人都当顺服”[⑤]所示，基督教是只认可政治和宗教的二元论；相反的，儒教则是在具体的秩序中处理人际的伦理，因此可以给出关于政治的存在方式的有力指导。

像这样，东、西古典古代社会的出现，代替了重视血缘共同体这一个别价值的社会，催生了重视与血缘无关的社会结合与国家形成的基于普遍价值的社

①［日］本村凌二、鹤间和幸：《帝国与支配——古代的遗产》(《岩波讲座世界历史 5 帝国与支配》，岩波书店，1998 年，第 52 页。

②《丸山真男讲义录（第 4 册）日本政治思想史 1964》，东京大学出版会，1998 年，第 151 页。

③《丸山真男讲义录（第 4 册）日本政治思想史 1964》，第 153 页。

④《马可福音第 12 章第 17 节》，《新约圣经》日本圣书协会，1954 年改译。

⑤《罗马书第 13 章 1 节》，《新约圣经》日本圣书协会，1954 年改译。

会。但实际的历史的发展并非那么简单，自古以来的重视血缘的传统贯穿之后两千年的人类史，根深蒂固，持续存在。在近代世界，民族主义的发展出现了问题。关于民族是什么，有多种多样的看法，在此姑暂且认为它是“以同一的血缘结合这一信仰作为基础的习俗的共同体”[①]。也就是与人种是基于身体特征进行的分类相对，民族是基于文化与习俗的分类，其中贯穿着血缘的结合这一“信仰”。这是从历史上甚至可以追溯到公元前的血缘共同体，实质上包含着把维持、发展自身作为最高价值的利己主义倾向。当这种利己主义受到抑制时，民族主义起到团结民族共同体的作用，当利己主义不受控制时，就容易变成对外扩张或压迫、统治其他民族共同体。在东亚历史上具有划时代意义的甲午战争，是日本政府为了制止国内民族主义对其外交姿态软弱的批判行动而强行挑起的战争。因此，为创造和平的世界，虽然有必要建立超越各个民族利害关系的国际关系，但近代世界在建立这种关系上并没有成功。考察20世纪东亚国际关系时，注意民族主义的这种两面性很重要，作为利己主义的抑制机制，其出发点——古典古代社会所催生的普遍价值以何种形态能起到作用是个问题。

四、个别价值与普遍价值的相克

因此，下文以日本的情况为中心，就东亚三国是如何从重视民族、民族或王权等个别价值的立场，转变为重视全世界人都承认的普遍价值的立场进行简单的论述。

日本古代天皇制国家是模仿中国的律令制于7世纪确立的，因为通过科举选拔官僚受挫，地方政治由逐步解体的血缘共同体的首长世袭。这些人后来作为武士阶级向中央政治发展。为推古女帝摄政的圣德太子于604年制定的《十

---

①［日］大塚久雄:《现代与民族主义的两面性》,《大塚久雄著作集》第6卷，岩波书店，1969年，第311页。最近的民族主义论，如厄内斯特•盖尔纳的（Ernest Gellner）《民族与民族主义》(Nation and Nationalism)、潘乃迪克•安德森(Benedict Anderson)的《想象的共同体》(Imagined Communities)等，强烈认为民族共同体是在近代产业社会才出现的，而且与其说是实体倒不如说是人们想象上的共同体。然而，为明确这种极其根深蒂固的民族感情，我认为需要强调作为近代民族共同体前提的人类的共同体结合的历史长久性。

七条宪法》是对官僚规范的训示，指示了要基于对佛教、儒教的深刻理解向中央集权国家方向发展。从阐述对民施以仁政（第 5 条）、强调和的精神（第 1 条）两点上可以看出对儒教思想的接受，从“我必非圣，彼必非愚，共是凡夫耳”（第 10 条）所反映出的以对自己的普遍原罪意识为媒介，试图抑制利己主义这一点上可以看出佛教思想的影响。然而之后形成的日本的律令制并没有沿着这种基于佛教、儒教思想的方向前进，基于王权的统治的正统性可以在天皇家的起源与神同宗这一神话中找到依据，受“天命”施仁政的儒教思想中心概念在日本遭到了拒绝。被视为天皇家宗教的神道不具备有内容的具体教义，而是只专注于参拜神社的仪式宗教，其价值止步于只有天皇家与其信奉者通用的个别价值，尽管如此，身为武士阶级权利的幕府政治也不能自己证明权利的正统性，也要依靠天皇家的权威。①

近代日本的领导者，通过制定宪法并取得甲午战争的胜利，走上了帝国主义国家之路，但其领导理念是什么样的呢？一旦知道了干涉返还辽东半岛特权的德、法、俄三国从中国获得了许多特权一事，日本的政治领导者确信国际政治中不是道义优先而是武力最优先，于是开始牺牲经济的发展致力于军事力量的强化。作为使过度膨胀的日本的民族主义活动正当化的绝佳理念的，是在德国盛行的社会达尔文主义。根据身为德国思想的研究者，历任帝国大学校长、帝国学士院长的加藤弘之的介绍，这种论说是人类社会自野蛮未开化的太古至文明开化的今天进行优胜劣汰的生存竞争的“一大激烈战场”，在优秀打倒并控制恶劣这一点上没有“与其他动植物社会完全不同之处”②。这种将达尔文的进化论用于人类历史的论说，把从农业生产活动开始、人类从动物世界分离出

---

① 在江户时代的武士之间，儒教思想是以去掉了受“天命”施“仁政”这种普遍价值的形态广泛传播的。佩里来航之时，儒者横井小楠主张“有道的国家允许通信，无道的国家必须拒绝”，即主张站在儒教的普遍立场上进行应对，但小楠一直鲜有支持者，并于 1869 年被攘夷论者暗杀。攘夷论者大多为信仰日本为神国的朴素排外主义者，而胜海舟等提出了“为攘夷开放国门”论。

② 以下关于加藤弘之与社会达尔文主义的部分，参照宫地正人著的《国民国家与天皇制》（有志舍，2012 年）。加藤阐述的德国流社会进化论被中国的梁启超所接受，而后梁启超的论著传到韩国并对爱国启蒙运动产生了消极影响。关于这一部分内容参照佐佐充昭《韩末“强权”性的社会进化论的展开》(《朝鲜史研究会议文集》第 40 号，2002 年)。

来以后的长期持续的以血缘共同体为基础的人类社会放入视野中，乍看来很科学，实际上只不过是完全否定了批判边把血缘共同体作为最高价值边反复相互杀戮的，于公元元年前后相继出现古代哲学、世界宗教的划时代意义的虚无主义论说。加藤认为道德和伦理是随时代改变的，儒教的性善论也是没有根据的。这种想法也在与文部省相关的伦理学者之间广泛传播，其结果在1900年，基督教的“良心”和儒教的“人道”被从小学的修身品德科目中删除了。作为其影响扩大的结果，日本人的帝国主义心性中，只有对仅为个别价值的天皇家的忠诚，再无丝毫世界通用的普遍价值了。[①]

战败后的日本在美国的占领之下进行战后改革，立足于基本人权原理制定了规定国民主权的日本国宪法。正如宪法前文所述，国民主权是“人类普遍的原理”，日本国民经过战败才得以选择沿着普遍价值生活的道路。然而既然如此，为何天皇能够从“元首”变身为“象征”而继续存在成了问题。这是因为，美国认定为了在与苏联对立的同时顺利地占领日本，利用天皇制是有效的，让日本放弃战争是为了让联合国其他国家同意天皇制继续存在所采取的措施。最近自民党政府呼吁的“夺回日本”宪法改定路线，其内容以天皇为“元首”停止放弃战争，如果再度紧紧抱住天皇家这一个别价值走下去，就意味着日本的前途将是走向公元前的血缘共同体阶段的世界，日本人将回到接近动物性阶段的野蛮社会，并与国际对立。

至于中国与韩国，王权时代作为社会、国家的基本原理采用的都是儒教思想，这种普遍价值已经被大众认可，在历史上可以看到一次又一次的统治者更替，但由于自20世纪初叶起王权消失，因此很难连同之后的历史对其进行评论。尽管如此，在社会与国家的存在方式的构想基于普遍价值这一点上，有着贯穿始终的东西。在中国，领导辛亥革命的孙中山提出了“三民主义”（民族、民权、民生），虽然其“民族”是指五族（汉、满、蒙古、回、藏）的团结还是以汉民

---

① 1890年10月明治天皇颁布的《关于教育的敕语》中，虽然提到了若干儒教的道德名目，但其最大目的在于教化“臣民”在紧要关头为天皇家这一个别价值上战场拼命。负责教育敕语解说的帝国大学教授井上次郎，援引以国家为最高价值的德国流国家有机体说，认为日本人应该为维持日本自古以来的“国体”而服务，严厉指责了提倡超越国家的普遍伦理的基督教（参照宫地正人上述同书）。

族为主的“中华民族”，“民权”是以民众为基础还是以统治阶层为中心并不明确，但是其作为指导革命的普遍理念还是具有很高价值的。1924 年在神户的演讲中，孙中山不仅将西洋的“用武力镇压人们”的文化称为“霸道文化”，将东洋的“仁义、道德文化”称为“王道文化”，还质问日本人日本民族“是做西方霸道的鹰犬，还是做东方王道的干城”，这些作为对东亚的帝国主义日本的前途的尖锐批判是具有普遍意义的。①

与此同时，不可否认长达两千年的历史过程中，无论是中国还是韩国都有过与日本相同的属于个别价值的王权扩张或内乱，以及过度的民族主义的动向。在日本电视台播放并受到好评的韩国电视剧《大长今》，其中与长今敌对的女官崔尚宫只把为了崔氏一族的繁荣当成自己最高的生存价值，毫不留情地杀害妨碍自己的人，可以说这是重视血缘的生活方式跨越时代变换形式重新出现。为了中日韩三国乃至世界各国人民的幸福（自由与平等）该做些什么，也就是如何通过采取立足于普遍价值的行动来克服立足于个别价值的行动，应该是现在我们的课题。

想要在现代实现儒教倡导的利“民”的仁政这一普遍价值，需要什么样的政治理念与政治体制呢？在中国，秦国曾尝试过的重视法律的“法治国家”被否定，进而在汉王朝以后形成了与其拘泥于流于形式的法律不如实施真正优秀的政治的“德治国家”的传统，并且沿用至今。与之相反，虽然西欧罗马帝国形成了在依据法律这一形式上的合理性规范人们行动的同时追求自由与平等的“法治国家”的传统，②但这种近代主义的立场遭到了来自马克思主义的严厉批判，批判其只停留在注重形式上的合理性（自由与平等），实际上的合理性（自由与平等）是不能实现的。如果认为在西欧发展起来的“法治国家”存在缺乏实质上合理性的缺点，那么从中国传入的“德治国家”也隐藏着未完成形式上

① 参照［日］饭岛涉、久保亨、村田勇二郎编：《20 世纪中国史系列 1 中华世界与近代》，东京大学出版会，2009 年。

② 想要说明为什么在西欧依法约束人们行动的“法治”得到发展，而在中国期待为政者施行仁政的“德治”得以持续并不容易。在西欧广泛传播的基督教人生观是一种重视原罪的性恶说，相反的，儒教的人生观以性善说为基础，应该是与这一不同有关吧。但是这只是人生观上的区别，而绝非是人的客观种类上有着基本的不同。

合理性的缺点。为实现“民众”的幸福（自由与平等），需要创造同时具备形式上合理性与实质上合理性的政治理念与政治体制，站在指导21世纪世界史的角度，可以说我们所追求的是作为将近代主义与马克思主义在更高次元上进行统合产生的新的普遍价值。

附：世界史年表（诸阶段与诸类型）

纪年	<直接生产者的存在形态>	纪年	美洲	纪年	欧洲　俄罗斯
前8000		前8000		前8000	
前7000					
前6000	①纳贡制·古代专制国家 血缘（亚洲式）共同体 <共同体成员> 共同所有				
前5000		前5000	墨西哥种植玉米	前5000	欧洲各地种植小麦
前4000					
前3000					
前2000				前1900	克里特文明
				前1600	迈锡尼文明
				前1100	希腊制铁技术
前1000				前490	马拉松之战
				前399	苏格拉底处刑
	②奴隶制·古典古代国家 奴隶制大经营与奴隶制小经营 <奴隶> 无所有			前202	罗马军战胜汉尼拔率领的迦太基军队
1					
100					
200					
300					
400				476	西罗马帝国灭亡
500					
600	③农奴制·家产官僚制—封建主从制	600–900	玛雅文明（尤卡坦半岛）		

700	自立小经营 <农奴> 自己保有				
800				800	法兰克王国国王查理于罗马加冕皇帝
900					
1000					
1100				1100	农业革命 重型有轮犁 三圃农法
1200				1200	以阿拉伯语翻译继承希腊文明
				1236	蒙古支配俄罗斯
1300		1300	印加帝国(安第斯库斯科)		
				1347–1351	鼠疫流行，1/3 人口死亡
1400				1453	拜占庭帝国灭亡
				1492	哥伦布横渡大西洋
1500		1533	皮萨罗占领库斯科	1517	马丁·路德宗教改革
				1571	勒班陀海战
1600	④资本制·国民国家 机械制大经营与手工小经营 <雇佣劳动者> 无所有	1620	清教徒向北美转移	1649	清教徒革命
				1665	牛顿万有引力定律
1700				1769	蒸汽机、水力纺织机发明
		1776	美合众国独立	1789	法国大革命
1800		1816	阿根廷独立	1867	马克思《资本论》
		1821	墨西哥独立	1871	德帝国成立
1900		1908	福特 T 型汽车	1914–1918	第一次世界大战
		1927	GM 公司全球第一	1917	俄国革命
		1945	原子弹开发、使用	1939–1945	第二次世界大战
		1971	黄金兑换美元停止	1991	苏联解体
2000	⑤社会制·世界政府 非大经营 <世界市民> 社会所有				

纪年	西亚·非洲	纪年	南亚·东南亚	纪年	东亚·[日本]
前8000	美索不达米亚种植小麦	前8000	东南亚种植薯类	前8000	长江流域种植水稻
前5000	埃及种植小麦	前5000	印度河流域种植小麦	前5000	黄河流域种植粟
前3000	美索不达米亚·埃及古代专制国家	前2300	印度河古代专制国家	前3000	长江流域古代专制国家（良渚文明）
		前2300	棉花起源	前2100	黄河流域古代专制国家（夏王朝）
前1400	赫梯制铁				
前1250	摩西离开埃及	前900	印度制铁技术		
前597	第一次巴比伦捕囚			前600–700	春秋时代制铁
前559	波斯帝国	前483	佛陀圆寂	前479	孔子去世
		前268	孔雀王朝统一印度	前221	秦始皇建立秦帝国
				前202	项羽战败，刘邦建立汉帝国
30	耶稣十字架受刑				
					［248 卑弥呼去世］
		320	笈多王朝，印度教普及		
					［478 倭王武朝贡］
				581	隋帝国 ［595–615 高句丽僧惠慈］
632	穆罕默德去世	629–641	僧玄奘，滞留印度	618	唐帝国
750	阿拔斯王朝				
				804–806	空海留唐
800–1100	农业革命	1000	水利灌溉设施改良	960	北宋王朝

	卡纳特灌溉技术	1100	农业种姓制度成立	1000	农业集约化
	棉花等栽培作物		（棉花生产技术）		小型轻量犁
1200	领主制（伊克塔制）	1193	阿富汗穆罕默德喀乌里占领德里		稻麦二熟制［1192　源赖朝任幕府将军］
		1206	德里苏丹国	1279	元军击败宋军[1274–1281　元军来袭]
1299	奥斯曼帝国			1300末	（中国，棉花生产）→1400末(传入朝鲜）
				1368	明帝国
				1392	李氏朝鲜［1392　南北朝统一］
				1417	郑和第一次远征
1453	青铜炮攻略				［1500末　开始生产棉花］
1529	维也纳包围·和平	1526	莫卧儿王朝		［1543　铁炮传来］
					［1582　太阁检地］
1683	维也纳包围·败北	1660	英东印度公司，对英出口印花布	1636	清帝国［1639　闭关］
		1765	孟加拉殖民地化	1757	贸易，限定广东
		1857	印度大反乱	1840–1842	鸦片战争［1853　佩里来航］
				1910	朝鲜殖民地化［1894–1895　甲午战争］
1900	英布战争			1911	辛亥革命［1904–1905　日俄战争］

1948	以色列建国	1947	印度·巴基斯坦分治	1949	中国革命［1931–1945 十五年战争］
1973–1979	石油危机	1967–1975	越南战争	1950–1953	朝鲜战争［1955–1973 高度成长］
1990–2001	海湾战争	1991	印度，经济自由化	1976	毛泽东逝世［1990 泡沫经济崩溃］

资料来源：[日]石井宽治：《战后历史学与世界史——从基本法则论到世界体系论》，历史学研究会编，《战后历史学再考》，青木书店，2000 年 6 月，第 46 ~ 47 页。

注：由于排版的限制，上表的 12 页内容与 14 页相对应，13 页内容与 15、16 页相对应。

（［日］石井宽治，东京大学名誉教授、日本学士院会员；董霞译）

20世纪东亚国际格局的演变

徐 蓝

自19世纪中叶以后,古老的中国就被逐渐纳入资本主义的世界殖民体系当中，饱受民族屈辱和苦难。中国广袤的领土、众多的人口和丰富的资源，使之成为资本主义列强竞相瓜分的目标。19世纪末，英国、法国、德国、俄国、日本等列强已经在中国划分了它们各自的势力范围，美国也在其中获得了大量经济利益。与此同时，列强围绕瓜分中国的争斗，也成为东亚国际关系的主要内容。因此，20世纪东亚的国际格局，必然是围绕着中国的逐步崛起与发展而演变的。而且这种演变，也与全球世界格局的演变同向发展。

一

20世纪初，东亚原本作为欧洲列强主宰的国际格局的一部分，正在发生着重要变化。这种变化主要体现在三个方面。

其一，美国提出了新的不同于西欧和日本的对华政策。这一政策的最初表述，便是1899年和1900年美国国务卿约翰•海两次向列强提出的对华“门户开放”政策。该政策的实质，是美国企图利用经济优势，不仅重新划分在中国的势力范围，而且还要打开整个中国的大门，以利于自己的资本主义经济的发展。因此，美国的对华“门户开放”政策，实际上是美国对欧洲列强的全球支配地位、特别是在亚太地区的殖民地和势力范围政策提出的挑战，也是对日本长期以来企图独占中国的政策的否定和挑战。

其二，日本随着其资本主义的发展，独占中国的野心不断膨胀。在亚洲最先走上资本主义道路的日本，其资本主义是伴随着它对中国和朝鲜等亚洲国家的侵略战争而发展起来的。从全球来看，在1904—1905年的日俄战争中日本打败俄国，意味着日本挑战了欧洲对世界的支配地位，并从此跻身于帝国主义大国行列。从此，日本以建立亚太地区的殖民帝国尤其是东亚的殖民帝国为目标，其独占中国的野心昭然若揭，不仅对西方列强以在华划分势力范围为基础的各种权益形成了现实威胁，而且与美国的“门户开放”政策直接对立。

其三，饱受封建压迫和帝国主义侵略之苦的中国人民，其民族、民主意识正在觉醒，并最终对封建主义、殖民主义和帝国主义发起了坚决的反击。这一斗争的重要标志，就是中国的辛亥革命。辛亥革命结束了统治中国几千年的君主专制制度，在政治上、思想上给中国人民带来了不可低估的解放作用；它以巨大的震撼力和深刻的影响力推动了近代中国的社会变革；中国人民长期进行的反帝反封建斗争，以辛亥革命为里程碑，更加深入而大规模地开展起来；接受辛亥革命洗礼的中国先进分子和中国人民继续顽强地探寻救国图存的道路。这一切，成为中国重新崛起于世界民族之林的第一步。

因此，在20世纪初的东亚国际格局中，我们不仅看到了欧洲列强仍然处于主宰地位，而且已经看到了美国和日本从不同的方面开始挑战欧洲列强的支配地位，更为重要的是也看到了中国以推翻帝制、建立共和的创举形成了对列强主宰东亚事务的国际关系格局的第一次全面否定。东亚国际格局的多极化进程从此起步。在这一过程中，中国作为东亚国际格局中的重要一极的崛起与发展引人瞩目。这种变化，首先发生在第一次世界大战与战后国际秩序的建立方面。

二

1914年，为了重新瓜分世界而内斗不断的欧洲列强，最终将一个在欧洲历史上屡见不鲜的暗杀皇族的事件演变成一场世界大战。但是这场大战在东亚特别是在日本、美国和中国产生的重要变化，则是欧洲列强所没有料到的。

对日本来说，这场战争给日本在中国的进一步扩张带来了机会。日本借列强忙于欧战无暇东顾的“天赐良机”，迅速占领了德国在中国山东的租借地青岛和所谓的保护领地胶州湾并拒绝交还中国，随后又以陈兵山东的有利时机，于1915 年向袁世凯政府提出了严重损害中国主权的“二十一条”。不仅如此，日本还利用战争的发展形势，与俄国、英国和美国达成秘密协定，让后者保证自己在中国的利益。

对美国来说，这场大战不仅成为美国大发战争财的好机会，而且随着战局的发展，美国也将其视为宣示自己对战后世界秩序的看法、抵制俄国十月革命后列宁发表的《和平法令》的好机会。于是，1918 年 1 月 8 日，美国总统伍德罗•威尔逊发表了《世界和平纲领》即著名的“十四点原则”。该纲领对建立战后的国际关系提出了一些不同于旧欧洲的基本原则：第一，该纲领主张战后的世界应当是一个“开放”的世界（第 1—5 点），包括：公开的和平条约必须公开缔结；保持公海航行的绝对自由；消除一切经济壁垒；各国军备必须裁减；调整殖民地，对当地进行开发应该根据“门户开放”原则。这些原则是对欧洲长期以来实行的秘密外交、英国的海上霸权、对殖民地和半殖民地的势力范围政策以及相互攀升的军备竞赛的否定。第二，抵制并消除苏俄的布尔什维主义的影响（第 6 点）。第三，要求在欧洲和近东各民族以民族自决权为基础恢复和建立民族国家，不割地、不赔款；或者建立受到列强保护，实行门户开放原则的保护国（第 7—13 点），这亦是对旧欧洲的否定。第四，成立一个具有特定盟约的包括大小国家的、保证政治独立和领土完整的普遍性的国际联盟。（第 14 点）。“十四点原则”涉及有关列强瓜分世界的原则、抵制社会主义苏俄的影响，以及战争与和平、建立国际组织等一系列重大的国际政治问题，是美国企图冲出美洲，对长期以来欧洲列强主宰世界的国际格局发出的公开挑战和冲击，是美国争夺世界霸权的总纲领。另一方面，对东亚来说，也是美国对其“门户开放”政策的再次宣示。

对中国来说，这场大战也直接或间接地造成了中国社会的几个重要变化。其一，中国的民族资本主义获得发展。其二，在思想文化领域，新文化运动广泛开展，中国民众的思想空前解放、空前活跃，出现了甚至可以称之为思想启蒙的运动。民族主义得以在中国的各个阶层快速传播，人们通过各种形式探索反帝救国之路。其三，自民国以来一批接受过西方教育的职业外交家开始走上外交舞台。他们既有中国传统文化的根底、强烈的爱国之情和民主意识，又有比较丰富的国际政治和外交知识，善于并勇于以西方通行的国际法为依据和西方列强打交道。

在这样的大背景下，尽管无论是袁世凯政府还是后来的北京政府（即北洋政府）都未能对日本的进一步侵略行径做出实质性的反抗，但是随着战局的发展，中国国内还是出现了站在协约国一方参战以解决将山东的主权收回中国的主张，特别是在美国参战之后协约国的获胜趋势已经越来越明显的情况下。正如当时的驻美公使顾维钧在其回忆录中所说："当时的局势在我看来，不难理解，为使山东问题获得妥善解决，为在战争结束时提高中国的国际地位，中国必须参加协约国。"

1917年8月14日，中国段祺瑞政府宣布对德奥集团作战。中国主要是"以工代兵""以工代战"的形式参战，他们为协约国西线战场提供了重要的劳动力。无论是在军工企业，还是在战争的最前线。凡战争所需，华工几乎无处不往、无所不为，而且从事的都是最艰苦、最繁重的工作。中国的劳工为协约国的胜利做出了贡献。

特别要指出的是，尽管中国到了战争后期才宣布参战，但对于从鸦片战争以来一直受凌辱的中国来说，无论如何都是一个重要的信号，那就是，中国要从被侵略走向反击，从被奴役走向独立。正是中国的参战，才使中国能够第一次以一个战胜国的身份参加相继在巴黎和华盛顿召开的建立战后国际秩序的大型国际会议，从而使中国的外交开始新的起步，并使中国成为构建战后国际格局与国际秩序的一支不容忽视的力量。

三

巴黎和会成为中国新外交的第一个舞台。中国的第一代职业外交家开始以国际法为武器，为恢复国家的主权与列强展开抗争，并希望获得美国的支持，以为"公理"可以"战胜强权"。

但是巴黎和会却使中国遭受打击。在最重要的山东问题上，中国的要求完全没有被列强考虑。日本声称为协约国的胜利做出了贡献，坚持要无条件获得德国在山东的一切权力和财产，并公开了战争期间英、法、俄等国与日本达成的承认日本继承德国在山东权益的秘密协定。

但是，面对如此困难局面的中国代表顾维钧在会上据理力争，指出“胶州租借地胶州铁路及其他一切权利，应直接交还中国。青岛完全为中国领土，当不容有丝毫损失。三千六百万之山东人民，有史以来为中国民族，用中国语言，信奉中国宗教。……以文化言之，山东为孔孟降生中国文化发祥之圣地。……是以如就本会承认之民族领土完整原则言之，胶州交还中国，为中国当有之要求权利”；他呼吁和会“尊重中国政治独立，领土完整之根本权利”，并进一步指出，如“割让中国人民天赋之权利”给他人，必将播下“将来纷争之种子”。面对中国的有理有据的发言，日本不得不表示愿将山东交还中国，但坚持应先由德国交与日本，再由日本交还中国。顾维钧则立即表示：“归还手续，我中国愿取直接办法，盖此事为一步所能达，自较分为二步为直捷。”

但是，英法等列强受制于它们在战争期间与日本的秘密协定，以及对俄国革命的精神正在向欧洲蔓延的深深忧惧，所以尽管它们担心日本在中国的迅速扩张不利于它们的在华权益，也只有暂时对日本妥协。因此最终还是“公理莫敌强权”，在《凡尔赛条约》中不仅仍然把德国在山东的权益悉数交与日本，也只字未提中国所要求的确定日本应将山东归还中国的时间。

值得注意的是中国代表团并没有就此接受列强的安排。当中国代表团于1919年5月3日得知对德和约草案中关于山东条款完全采纳日本要求后，团长陆征祥即在致国内的电文中表示：“此次和会专制办法，实为历史所罕见。现除再尽力设法外，详加讨论，当然不能签字。”5月4日，中国国内爆发了声势浩大、震惊中外的五四运动及“六三运动”，中国代表团顾维钧、王正廷、施肇基等代表在力争保留未果的情况下，终于做出了拒签和约的举动。

今天，当我们从历史的长镜头回看中国代表拒签和约的史实时，深感其意义之深远。首先，它是中华民族的民族自决意识彻底觉醒的标志。正如当时的美国驻华公使芮恩施所说：“从巴黎和会决议的祸害中，产生了一种令人鼓舞的中国人民的民族觉醒，使他们为了共同的思想和共同的行动而结合在一起。”其次，它是中国外交的第一次大进步，它标志中国外交开始冲破“始争终让”的惯例，在中国第一代职业外交家和国民的共同努力下，开创了一个敢于抗争的先例。最后，由于中国拒不承认日本对中国山东权益的继承，日本对这些权益的占有就不具有合法性，中国就保有要求重新讨论和收回的权利。这就为后来在华盛顿会议上再次提出这个问题并得以解决奠定了基础。

还要指出的是巴黎和会对日本和美国的影响。

对日本来说，在中国拒签的情况下，日本并没有取得继承德国在山东权益的法理依据，但日本极不愿意将山东权益归还中国，拒绝对归还设定一个明确期限，更拒绝对英美做出任何保证。与此同时，日本所想的是在不得不归还山东主权给中国的同时，如何为自己留下更多的“特殊权益”。

对美国来说，尽管威尔逊在和约上签了字，但是他在国内遇到了极大的阻力，其反对原因主要有三点：其一是举行大选前的党派之争，面对共和党控制的国会，批准条约并不容易；其二是参议院对国联盟约特别是对盟约第十条的反对，认为它使美国承担了更多的义务、可能使美国的外交受到国联的控制，不仅可能使国联染指门罗主义所划定的美国的势力范围，而且“最终将带领我们陷入与欧洲事务相关的义务与环境之中”;其三便是对巴黎和会对中国山东问题的处理不满。驻美公使顾维钧写道：“中国的抗议和拒签则在舆论界和参、众两院议员中间得到普遍支持。换言之，美国人民对国联盟约的愤懑原已郁积心头，而和会未能对中国山东问题公平处理一事，无异于对此火上浇油”，“我深信，美国，特别是如果共和党在1920年的选举中获胜的话，不管对国联盟约如何，必将寻求某种有利于中国的办法来修改山东条款”。这个办法就是召开华盛顿会议，不仅要重新确立列强的对华政策原则，而且要解决山东问题。

四

华盛顿会议是中国新外交的第二个舞台。中国的第一代职业外交家立刻抓住这个机会，继续以国际法为武器，为恢复国家的主权与列强展开抗争。

中国在这次会议上的主要对手是日本。当时中国最关切的是两个主要问题：马上解决山东问题，立即废除那些不平等条约，要免受日本在中国大陆推行领土扩张和经济渗透政策之害。

华盛顿会议召开前，列强在亚太地区的争斗形势与战前相比也有了新的变化。战前主要是英、法、俄、德、日、美六国相互角逐，争斗的中心是宰割衰弱的中国。战后，德国败北，沙俄消亡，法国则忙于医治战争创伤和处理欧洲事务，于是在亚太地区的国际政治斗争舞台上便形成了英、美、日三国继续争夺中国和太平洋海上霸权的新局面。然而，英、美、日三国关系的发展也与战前不同，那就是：日本在该地区实力的明显增强以及它独占中国势头的迅速发展，引起了英、美两国的极度不安，因此尽管英美之间存在着种种矛盾，但都力图遏制日本的扩张势头。特别是美国认为日本在山东问题上的胜利与它在大战中获得的其他战利品一起，不仅与其提倡的“门户开放”政策相悖，而且彻底破坏了远东及太平洋地区的均势，因此美国决定召开华盛顿会议的一个重要原因就是要迫使日本接受（哪怕是在表面上接受）“门户开放”原则。在这种情况下，美国和英国一定程度上支持中国解决山东问题的要求。

在华盛顿会议上，中国的外交努力取得了一定的成功。主要包括：

第一，在涉及各国关于对中国的政策原则方面，除中国之外的与会八国均同意将美国代表鲁特提出的四项原则作为处理中国问题应适用之原则。这四项原则是：（1）尊重中国主权与独立及土地与行政之完整。（2）予中国最完美，即最无窒碍之机会，使得自行发展及维持一强固之政府，以期因变更历久帝制之政体而发生之困难得以免除。（3）各国尽力设法实行建立及维持各国在中国全国之工商业机会均等主义。（4）不得利用中国现在状况，以要求特别权力和利益，至有减损各友邦人民之权利，并不得有赞助妨碍各该国安全之行动。这些原则成为《九国关于中国事件应适用各原则及政策之条约》即《九国公约》第一条的内容主要，也成为会议处理中国问题的基础。尽管各国对“行政完整”做出了不同的解释，但是将尊重中国主权、独立及领土与行政完整的原则获得通过并写进条约,这对于一个饱受列强侵略之苦并丧失了部分主权的中国来说，无论如何都是一个划时代的大进步，并成为以后中国反对日本侵略、争取国际援助的国际法基础。另一方面，这一原则也为华盛顿会议上的中国代表争取收回山东主权以及一些失去的国权提供了依据。

第二，收回了丧失的山东主权。在会议期间，通过一直有美、英观察员列席的中日双边会谈的形式，使中国收回山东主权和胶济铁路利权，是对《凡尔赛条约》有关山东问题的不公正条款的重要修正，这是中国人民坚持斗争所取得的重大外交成果；美、英的协调和压力也是日本被迫让步的一个因素。

通过华盛顿会议，我们看到了中国、日本、美国、英国等国家对战后东亚国际格局的深刻影响。

对中国来说，如果说巴黎和会开创了一个中国敢于抗争的先例，那么在华盛顿会议上中国则争回了一些民族权利。中国正是以这种独特的方式参与了东亚乃至世界格局和秩序的重构。中国继续在废除不平等条约、争取民族完全独立的道路上前进，崛起之势不可阻挡。

对日本来说，其扩张野心遭到中国人民的坚决抵制和美英的遏制，不得不暂时收敛，并在20世纪20年代实行了所谓的“协调外交”。但是日本独霸中国和东亚的既定国策不会改变，在以后它不断寻找机会准备冲破《九国公约》的束缚，侵略中国，因此日本与中国的武装对抗必定会发生。

华盛顿会议使英国在远东的势力受到削弱，标志着英国从远东撤退的序幕。此后，英国力图保持《九国公约》所确立的现状并维持、发展在华利益，因此必然同日本的继续扩张发生冲突，英日矛盾将不断激化。

对美国来说，《九国公约》的签订是美国外交取得的重要成果。它使美国长期追求的“门户开放”在中国终于成为现实。美国作为《九国公约》的主要规划者和潜在保证者，力求保持以“门户开放”为基石的远东及太平洋地区的新均势，与日本的“独占中国”针锋相对，因此美日矛盾终归不可调和。

五

在两次世界大战之间的年代里，中国、日本和美英在东亚的关系结构发生了渐进而重要的变化。概括地说，中国内部孕育着革命力量，日本发动了大规模侵华战争并开始建立以日本为主导的“东亚新秩序”，英美在东亚的势力则一度进一步后退。

在此期间，中国内部发生了深刻的政治变革。1921 年 7 月中国共产党成立；1924 年 1 月孙中山完成了对国民党的改组。中国共产党自成立时起就鲜明地提出了取消一切不平等条约，推翻国际帝国主义压迫，达到中华民族完全独立的主张；改组后的国民党也提出了力图改正条约，恢复中国国际上自由平等地位和打倒军阀、打倒列强的口号。

中国内部的这些重要变革，为中国的民族解放斗争注入了新的因素。1924—1927 年的第一次国共合作直接推动了中国人民要求废除不平等条约的反帝运动。这场运动沉重打击了列强的在华权益，迫使它们不得不对中国做出一定让步；而这一让步政策的重要标志，便是英国在北伐战争的打击下，其外交大臣奥斯汀•张伯伦在 1926 年 12 月发表的圣诞节备忘录。在这份备忘录中张伯伦承认“今日中国时局与各国缔结华会条约（即《九国公约》）时完全不同”，“承认中国关税自主之权”，并承认“目前时局之主要事实即在条约已公认为不合时宜”，宣布英国愿意就修改不平等条约进行谈判。

列强被迫对不平等条约进行修改的行动主要表现在两个方面：第一，英国把在汉口、九江、镇江、厦门、重庆、威海卫等地的租界和租借地陆续交还中国；第二，美、英、法、日、意等 13 个国家先后正式承认了中国的关税自主。但是在列强视为最重要的领事裁判权和上海国际租界问题上，它们则坚决拒绝让步。

但是，一直觊觎中国的日本则准备以更为强硬的手段“捍卫”其在华的“特殊权益”。1928 年 4 月，日本直接出兵山东，制造了“济南惨案”。6 月初，关东军制造了“皇姑屯事件”，加快了“独占”中国的步伐。1931 年，日本更是借资本主义世界的经济大危机之机，以“满蒙是日本的生命线”为口号，悍然发动了侵占中国东北的九一八事变，并在英、美等列强的妥协纵容下最终独占了中国东北，从而使日本有了进一步推行侵华政策的基地。1932 年《淞沪停战协定》的签订，又使日本在上海获得了驻兵权，日本的侵略野心更加膨胀。经过 1935 年的“华北事变”和 1937 年的卢沟桥事变，日本发动了全面侵华战争，并最终于1941年挑起了太平洋战争，与美、英等国直接刀兵相见。

从九一八事变到卢沟桥事变，是日本用武力不断否定以《九国公约》为基础的华盛顿体系、打破美、日、英的实力基本平衡的亚太地区的国际格局的重要行动，也是日本要建设以日本为领导的东亚“新秩序”的前奏。

中日战端初启时，“对支一击”论在日本甚嚣尘上，认为只消一个月日军便可“凯旋班师”。但是在中国人民的抵抗面前，日本的“速战速决”战略计划落了空，不得不调整对华政策，在调整过程中，日本借机抛出了建立以日本为领导的东亚“新秩序”的主张。1938年11月3日和12月22日，日本首相近卫文麿两次发表对华政策声明，一改过去日本政府曾一再声称的尊重各国在华利益，尊重“门户开放”政策，第一次以“建立东亚新秩序”的口号公开否认了《九国公约》的对华原则，向美英提出公开挑战。美、英、法等国则声明表示不能承认日本提出的“东亚新秩序”。

但是，1939年欧洲战争的爆发，进一步鼓励日本将建立东亚新秩序向南方发展。

1940年7月26日，日本近卫内阁制定了《基本国策纲要》，进一步提出“皇国的国是是遵循八纮一宇的肇国精神……首先以皇国为中心，建立以日满华坚强团结为基础的大东亚新秩序，其重点是解决支那事变，实现国防建设的飞跃，采取灵活的施政方针，以推进皇国之国运”。在这里，日本不仅把“帝国”改为“皇国”，而且第一次把“东亚新秩序”扩大为“大东亚新秩序”。8月1日，日本外相松冈洋右发表声明，将“大东亚新秩序”表述为“大东亚共荣圈”，其范围包括整个东南亚地区，甚至包括澳大利亚和新西兰在内。其后，这个“大东亚共荣圈”再次扩大到印度。

1941年12月8日，日本以偷袭美国海军基地珍珠港而开始了建设“大东亚共荣圈”的实施阶段，并将这场战争命名为“大东亚战争”（即太平洋战争），这就充分表明了日本要建立以独霸东亚和东南亚的“大东亚新秩序”。一时间日本似乎成为东亚的主导力量。

然而，当日本将战争扩大到全球之时，当美英等国被迫抵抗日本的侵略扩张之时，也正彰显了中国人民的持久抗战的巨大作用。当中国与美、英、苏等反法西斯大同盟一起打得日本于1945年8月15日无条件投降时，日本要建立的“大东亚新秩序”也最终破产，取而代之的是中国在这场战争中成长为一个大国，并直接参与了战后国际新秩序的重构。

六

中国的抗日战争，不仅是第二次世界大战的重要组成部分，对世界反法西斯战争做出了不可磨灭的伟大贡献，而且使中国成为一个独立的世界大国，并且在建立战后东亚乃至世界新秩序、促进战后世界的和平与发展方面也尽其可能地发挥了自己的作用。

第一，正是中华民族的英勇抗战，才使中国得以废除不平等条约，赢得了国家的独立。

随着太平洋战争的爆发，中国战略地位的重要性终于为美英等国所承认，美国总统罗斯福曾经对他的儿子埃利奥特说过：“假如没有中国，假如中国被打垮了，你想一想有多少师团的日本兵可以因此调到其他方面来作战？他们可以马上打下澳洲，打下印度——他们可以毫不费力地把这些地方打下来。他们并且可以一直冲向中东……”因此，为了使中国坚持对日本的有效作战，美国在废除对华不平等条约问题上的态度逐渐积极起来，而此时的国民政府也及时抓住这一历史机遇，决心解决这个问题。

1943年1月11日，中美、中英分别在华盛顿和重庆签订《中美关于取消美国在华治外法权及处理有关问题之条约与换文》（简称《中美新约》）和《中英关于取消英国在华治外法权及其有关特权条约与换文》（简称《中英新约》）。在美英的影响下，其他在华享有特权的国家也相继宣布放弃在华特权，与中国签订新约。尽管中美、中英新约并不完美，例如英国就拒绝交还香港和九龙，但是应当承认，这些新约的签订，标志着一个世纪以来作为中国对外关系基础的不平等条约体系终于崩溃，标志着在法理上结束了西方列强在中国享有的百年特权，洗刷了中国人民的百年耻辱，使中国从此摆脱了半殖民地的地位，获得了国家的独立，成为国际社会中的平等一员。不仅如此，中国人民以对日本帝国主义的坚决抗争，给世界殖民体系以沉重打击，中国抗日战争成为第二次世界大战后在世界范围内涌起的波澜壮阔的民族解放运动的先声。

第二，与中国废除不平等条约、获得国家独立相伴随的，是中国在国际上获得了政治大国的地位。

太平洋战争爆发后，战时盟国开始真正意识到中国战场的重要战略地位。1942年1月1—2日，26个抗击法西斯的国家在华盛顿签署了《联合国家宣言》，宣布签字各国为了将这场反法西斯战争进行到底而协同作战。几乎与此同时，包括中国、泰国和印度支那的中国战区成立。以这两件大事为标志，世界反法西斯大同盟终于得以形成，从而奠定了最终取得这场战争胜利的基础。值得注意的是《联合国家宣言》的签名方式。在美国的支持下，美国、英国、苏联和中国排在26个国家之首，并比其他国家提前一天签字，其他国家则于第二天按国家名称的字母顺序排列签字，这就使中国作为“四大国”之一正式出现在国际文件和国际舞台上。尽管与其他三个国家相比中国仍然贫弱，尽管美国出于其战时和战后长远战略利益的考虑支持中国的大国地位，但是，从根本上说，正是中国人民以自己的英勇抗战和民族的巨大牺牲，才赢得了中国应有的国际地位。从此，中国作为“四个最主要的参战国”，不仅为战争的胜利继续作出努力，而且为重建战后国际秩序、为世界的和平与发展而做出贡献。

第三，中国为重建战后国际秩序、促进战后世界的和平与发展做出贡献。

第二次世界大战中后期，以反法西斯同盟的主要大国美国、英国和苏联为主召开了一系列国际会议，共同设计战后新的国际秩序和世界和平蓝图，即雅尔塔体系。在雅尔塔体系形成过程中，中国的大国地位不仅一再得到确认，而且中国也在维护国家领土主权完整、重建战后东亚国际秩序中发挥了重要作用。前者特别体现在《开罗宣言》和《波茨坦公告》方面，后者则特别体现在作为雅尔塔体系的重要组成部分——联合国的建立方面。

1943年11月，中、美、英首脑发表《开罗宣言》宣告：三国之宗旨，在剥夺日本自1914年第一次世界大战以后在太平洋所夺得或占领之一切岛屿，在使日本所窃取于中国之领土，例如满洲、台湾、澎湖列岛等归还中国。1945年7月发表的《波茨坦公告》再次宣布：开罗宣言之条件必将实施。这就在国际法上明确承认了包括钓鱼岛在内的台湾是中国领土这一重要的历史事实，使中国的领土完整得到了庄严的国际保证。另一方面，在开罗会议上，中国的“四强”之一的地位再次得到肯定，中国将作为战后四大国之一，在东亚及世界秩序中构建中承担责任。另一方面，作为战败国的日本必将被占领和改造。

在联合国的建设方面，中国也发挥了积极作用。中国代表团参加了敦巴顿橡树园会议和旧金山制宪会议，在这两次会议期间，中国代表团强调国家和种族平等，国家主权和民族独立，积极为弱小国家伸张正义，成为中国在创建联合国的外交活动中的一大特色和独特贡献。中国的国际地位也被与会国一致肯定，中国被确认为联合国安理会五个常任理事国之一，汉语也成为联合国的官方语言之一。从此，中国在国际事务中发挥积极作用得到了长远保障。

中国成为联合国常任理事国，这就进一步在国际法上确认了中国的大国地位，使中华民族重新自立于世界民族之林。这是一百多年以来中国的志士仁人前赴后继孜孜以求的努力结果，也是中国人民浴血奋战而赢得的国家和民族的尊严。正如毛泽东所指出的:“中国是全世界参加反法西斯战争的五个最大国家之一，是在亚洲大陆上反对日本侵略者的主要国家。中国人民不但在抗日战争中起了极大的作用，而且在保障战后世界和平上将起极大的作用，在保障东方和平上则将起决定的作用。中国在八年抗日战争中，为了自己的解放，为了帮助各同盟国，曾经作了伟大的努力。这种努力，主要的是属于中国人民方面的。”这不仅是对中华民族八年抗战在世界反法西斯战争中的地位和作用做出的最正确的概括，也是对中国为维护和保障战后世界和平的努力做出的合乎历史事实的评价。

当然，必须承认，尽管中国在战时取得了政治大国的地位，但是却不具备一个大国的相应实力，因此也没有真正获得美英苏等国的平等相待。《雅尔塔密约》和《中苏友好同盟条约》、英国拒不交还香港和九龙，以及美国在中国的一些特权，都严重损害了中国主权。只有在新中国成立之后，中国才逐步摆脱了贫弱状态，中国的世界大国地位才真正得以确立，并成为战后东亚国际格局中的重要一极，成为维护战后国际秩序的重要力量。

七

第二次世界大战结束后的东亚国际格局，与第一次世界大战后完全不同。欧美列强和日本主宰的国际格局一去不复返。由于冷战的发生而逐渐形成的以美国和苏联两个超级大国为首的相互对峙的两极格局，其侧翼已经延伸到东亚。它的主要表现是：英法的势力已经从东亚无可奈何地撤退，它们留下的“真空地带”由美国填补；日本则处于美国的单独占领之下，受到美国核保护伞的保护，成为一个依附国家；中国的国民政府则一度依靠美国的支持与共产党打内战。但是，冷战的发生也使中国共产党得到了苏联的支持。于是，借助国际格局大变动的机遇，中国共产党通过三年的解放战争，以最激烈的形式体现了自辛亥革命以来的中国的民族精神，真正完成了民族独立的任务，取得了新民主主义革命的胜利。1949 年中华人民共和国的成立，预示着东亚的国际格局乃至世界的格局将出现新的变化。

中华人民共和国成立后，新中国的领导人提出“另起炉灶”、“打扫干净屋子再请客”的外交方针，并不排斥与西方国家打交道，但是在中国内战刚刚结束敌对情绪尚未消解的氛围中，在美苏冷战最激烈的国际形势下，在中国共产党的意识形态与当时苏联的意识形态有所吻合的情况下，在新中国既要维护民族独立主权完整又要巩固新政权进行经济建设的历史任务面前，新中国的领导人在当时的外交选择极其有限的现实面前，还是提出了“一边倒”向苏联的外交方针，这一方针又被朝鲜战争的爆发而一度得到强化。“一边倒”在短期内对巩固中国的新生政权是有利的。但是从长期而言，“一边倒”并不符合中国的长远利益，因为它实际造成了中国外交战略的不平衡，不利于中国同世界各国的普遍交往。特别是不利于中国与世界上最强大的国家美国，以及同中国的“一衣带水”的近邻日本的交往。

20 世纪 50 年代中期，中国开始调整自己的外交战略，积极倡导和平共处五项原则，和平共处五项原则在 1955 年的万隆会议上得到了亚非国家的赞同，从而开启了中国外交“面向东方”的新局面，在一定程度上摆脱了美苏两极格局的羁绊，使中国赢得了第三世界国家的认可和友谊。另一方面，从50年代下半期开始，中苏两党在国际共运、社会主义国家相互关系和对国际形势的判断等一系列重要问题上出现分歧；这种分歧后来发展成一场公开论战，最终导致两国关系的恶化与分裂。

中苏关系的分裂不仅标志着社会主义阵营的瓦解，而且给两国乃至整个世界带来了相当深刻的政治影响。在中苏关系日益恶化的年代里，中国共产党迈出了力图摆脱苏联模式，探索自己的建设社会主义道路的步伐，中国人民自力更生发奋图强，终于使自己拥有了“两弹一星”，从而使世界政治力量的对比发生了极大变化。中国作为世界的一个力量中心在成长。在此期间，中国的外交取得了巨大成功，1971年中华人民共和国终于恢复了在联合国的合法席位，并开启了中美关系正常化进程，1972年中日正式建立外交关系。这些重要的外交行动，不仅意味着中国终于走出了美苏冷战的阴影，而且表明中国已经把自己的外交活动的舞台从东方扩展到整个世界。

到60年代末70年代初，整个世界的形势再次发生了不同于战后初期和50年代的大变化。在美苏两极之外，世界出现了以欧共体代表的西欧、中国和发展为经济大国的日本等新的力量中心。

从中国自身来看，在整个70年代，中国的变化十分明显。70年代前半期，虽然有中美、中日关系的正常化，但中国最高领导人对国际形势的基本分析是：由于两个超级大国越来越激烈地争夺世界霸权，使世界大战日益逼近，因此时代的主题是战争与革命，或者战争引起革命，或者革命制止战争。但是随着中国外交的全方位突破性发展，这种以战争与革命来看待世界发展大势的主张实际上已经难以为继了。

随着国内“文化大革命”的结束，以1978年中国共产党十一届三中全会为标志，中国进入了改革开放的新时代，与此同时，中国的对外政策也开始了引人注目的调整，直至1985年才基本结束。这一调整的最重要特征和基本精神是：第一，对国际形势的发展趋势和时代主题的认识发生了重大变化，逐步放弃了以往坚持的大规模世界战争不可避免的观点，提出和平与发展已经成为当代世界主题的正确论断。第二，中国对国际问题的认识不断深化，在与世界各国的交往中，提出要根据世界的发展趋势和自身的利益要求，以及根据事情本身的是非曲直来决定自己的政策和处理与其他国家的关系，不再以社会制度和意识形态画线，并实行真正不结盟的独立自主外交政策。第三，承认现存世界是多样化的，各国之间既有矛盾斗争，也有互相依赖；在处理一系列国际问题时，国家之间特别是大国之间存在着共同利益，因此需要也可以进行合作；但是也要反对霸权主义。在经济建设方面，中国也确立了“独立不是闭关自守，自力更生不是盲目排外”的方针。从此，这些基本精神就成为中国外交的指导思想。

冷战结束后，整个国际安全形势发生了很大变化，一方面发生世界大战的可能性更小，另一方面原来在冷战掩盖下的民族、宗教、领土等因素则成为局部冲突的主要根源，而美国作为唯一超级大国的霸权主义也有所发展。在这种情况下，中国积极参与建设国际政治秩序。其一，中国进一步深化了对建立国际安全机制的认识，倡导并建立了各种不同层次的战略伙伴关系。这些战略伙伴关系，为冷战后中国与各大国关系及其与周边各国关系的进一步良性发展奠定了基础。其二，中国以联合国为平台，高度重视联合国在国际事务中的地位和作用。作为安理会常任理事国，中国认真履行有关职责，于1990年正式参加了联合国维和行动，并成为安理会出兵最多的国家之一，为维护国际和平与安全，推动重大地区冲突的公正合理解决做出了贡献，进一步在世界面前树立了负责任的大国形象。其三，中国为国际秩序注入新的理念。2005年，在联合国成立60周年庆典上，中国领导人系统阐述了“建立持久和平、共同繁荣的和谐世界”的新思想，进一步发展了联合国坚持的和平与发展的宪章精神。2010年，中国提出当今时代的潮流是和平、发展、合作；2012年又提出构建和平、发展、合作、共赢的国际关系，以推动和谐世界的发展。

八

今天，在东亚的国际舞台上，美国、中国、日本都是发挥重要作用的大国。在这三国中，美国在该地区仍然是唯一超级大国，拥有政治、经济和军事的最大力量。保持亚太地区的和平与稳定，坚持二战后形成的国际秩序，包括坚持

《旧金山和约》和《日美安保条约》，不允许日本重新走上军国主义道路而引起日本与该地区曾遭受日本侵略之苦的各国关系的持续紧张，是符合美国根本利益的。尽管美国在钓鱼岛问题上声称“不选边站”并实际偏向日本，但是如果中日真因为钓鱼岛争端而发生战争，也并不符合美国的“亚洲再平衡战略”。

中国虽然已经获得了巨大发展，但还不具有全面而足够的力量取代美国在该地区的地位，中国也没有这种打算。中国在可持续发展自己的道路上还有很长的路要走，需要和平、安定的外部环境。在中美关系方面，两国在维护二战后亚太地区的基本国际秩序及和平与稳定方面，也有共同利益；在经济全球化时代，两国也已经形成了密不可分的既竞争又合作的经济关系。

日本是世界第三大经济体（需要说明的是，尽管中国的国民生产总值已超过日本，但是从人均国内生产总值和整个国家的经济实力来说，中国与日本仍相差很远）。第二次世界大战后，在冷战的环境中，美国通过《旧金山和约》和《日美安保条约》，扶植日本，使日本成为对付中国并间接对付苏联的前哨阵地；但日本也因此成为一个依附于美国的国家（尤其是军事上），直到今天也没有改变这种依附地位。

美国在中日钓鱼岛争端升级并存在发生战争的巨大风险时所作出的《美日安保条约》第五项适用于钓鱼岛的表态，既有针对中国可能动武的一面，也进一步强化了日本对美国的依附地位。

还应该看到，日本在战后半个多世纪以来，已经被改造成一个实行资本主义民主制度国家的现实，应当相信多数日本民众尽管不一定都对中国友好，但也并不希望日本回到军国主义甚至对外发动战争的状态，而且在中、日经济关系中，中国是日本最大贸易伙伴，日本是中国最大进口对象国，经济联系十分密切。从这样的基本国际格局出发，作为国内生产总值位居世界的前三位的美中日三国，应该成为推动东亚和平与发展、合作与共赢的正能量。

（徐蓝，首都师范大学历史学院教授）

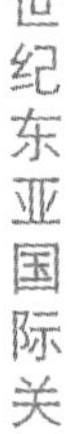

东亚资本主义与欧美帝国主义

原　朗

一

关于“东亚”这个地域划分，作为“狭义的东亚”，京都大学堀和生教授所指的是日本、朝鲜、韩国、中国（概括来说就是中日韩三国）这个范围，对此我也赞成，同时是否可以在此基础上再加上东南亚形成“广义的东亚”呢？在围绕第二次世界大战展开“东亚论”时，采用“广义的东亚”这个架构难道不是必要的吗？最近的用语里有“ASEAN+3”这样的提法，那么更进一步把南亚印度也作为问题构成纳入视野，用稍显古风的“东洋”来称谓怎么样呢？

其原因在于：笔者认为讨论二战后美国主导的霸权帝国主义体系对于东亚地区的影响就务必要去考量远在一个世纪前即19世纪末到20世纪初（第一次世界大战前）这一时期以英国核心的殖民帝国主义体系对东亚地区的影响。这种情况下把东南亚，甚至是印度也纳入其中来考虑岂不更好。在对美国作为二战后的世界霸权帝国主义进行解析之时我们实在也应该有意识地将它与第一次世界大战前的英国殖民帝国主义进行对比分析。如果把英国纳入问题的视野去考量19世纪中期以来的东亚，笔者认为还是应该去考察英帝国在支配印度殖民地之后，在大清帝国划分势力范围，使其逐渐半殖民地化的过程。

正如华侨跟印侨在东南亚非常活跃一样，历史上中国和印度都曾对该地区产生巨大的经济文化影响。所以我们不能忽视印度的动向。况且，我们考虑19—20世纪在东亚进行殖民统治的英美两帝国与该地区的关系，如果忽视了英国对印度的支配动向，恐怕就不能研究透彻。可以说，英国的对华政策本身是在支配“印度帝国”的前提下才成立的。所以，拙文首先以广义的东亚（在狭义的东亚即中、日、韩基础上加上东南亚）为考察对象，有的地方也想把印度纳入考察领域。这是第一个理由。

第二次世界大战后中国走上了社会主义道路，改革开放之前，日韩两国的对华经济交流几乎是空白。在这个没有中国的空白期里，东亚贸易缺失了巨大的中国市场。日韩两国只能通过与美国及东南亚的经贸往来去填补中国市场的空白。在这一时期，巨大的中国市场从资本主义市场缺失，这对东亚诸国带来的影响不容忽视。要是从战前战后这一长时段去理解，“广义的东亚”这个概念是有用的。这是第二个理由。

总之，笔者认为将以战前日本帝国及其直属殖民地为中心的领域，即远远超出堀先生在《东亚资本主义史论》这部著作里提到的东亚范围的地域定义为东亚，将东亚纳入世界史范畴进行考量更好一些。

二

前文是关于狭义、广义的东亚或是东洋。站在历史的高度去考量跨越国界的资本主义的时候，还必须要思考与欧美帝国主义的关系。但是，应该从多长的时间段来考虑、应该如何划分阶段，这都是非常难的问题。

拙文中的年表记录了很多事件。大家把印度次大陆、中国次大陆以及夹在中间的东南亚、朝鲜半岛、日本列岛作为一个整体来看，左边是英帝国，右边是美帝国，这一动向一览无遗。今天我们考量的东亚（狭义广义上的或是称为东洋）与最先发展资本主义并过渡到帝国主义称霸世界的欧美诸国的关系是很复杂的，解读其中的各种关联需要相当多的努力才行。年表里不仅仅只有英国、美国，法国和荷兰的动向也写在了东南亚这一栏。经林采成先生的许可，笔者在战后美国的一栏里写进了 NSC 的政策文书编号。年表和统计是有局限性的，年表中记录的是有关事件史的、政治史的事件；与之相反，统计呈现的是有关经济史的数据而其中却隐含了政治史的脉络。那么我们就从中选出一些现象来分析。

如果再把时间段拉长些，就应该追溯到15世纪末到17世纪前半期（所谓的漫长的16世纪）去考虑，但是，笔者考量的资本主义还是19世纪以来全面发展繁荣的阶段。因此，在以东亚为中心进行考量的情况下，笔者还是主张将19世纪以来的资本主义作为问题的中心点。虽然从“帝国”的观点来看有必要追溯16世纪以来的历史。因此，文中的年表里虽然有一些16世纪的历史，但主要还是写的18世纪末到21世纪初这一阶段的历史。

关于东亚资本主义的发展状况这个焦点问题，堀先生对此在贸易统计基础上进行了仔细、详尽的推敲。尽管如此，资本主义还是难以捉摸。其不仅与大家熟知的贸易以及产业构造紧密相连，而且跟金融财政结构、社会阶级构造、政治国家构造以至于世界经济都相互渗透，伴随着很多问题。一下子弄明白资本主义的全部是很困难的。

堀和生教授陈述了“东亚资本主义”这一概念。林采成教授作了“战后东亚的经济发展与美国”的精彩报告。同时，林采成教授还针对战前的东亚，提及了对美经济关系对日本资本主义的重要性，美国促使日本开国、开港，生丝贸易、纽约金融市场与日本关系密切，美国冻结对日资产给日本战时经济带来致命打击等论点，在此就不做一一列举。金子文夫教授以其冷静而宏观的构想对东亚贸易与资本流动进行了缜密的实证分析。最后笔者从宏观的时空概观着手，还请各位批评指正。

三

在这之前，笔者曾有幸三次就堀和生教授的“东亚资本主义”做发言：2009年6月，在东洋大学举办的社会经济史学会的研讨会上，笔者对“东亚资本主义的形成”阐述了见解；今年笔者在政治经济史学会刊物《历史与经济》的第一期（总第128期）上发表了对堀先生的著作——《东亚资本主义史论》的书评；还有一次是在2010年6月，在关西学院大学举办的社会经济史学会上，堀先生在报告开头提到了笔者以前的工作，而且在讨论阶段的最后请笔者发言。

因此，今天是第四次能与堀和生教授讨论该问题。

关于堀先生今天的报告，笔者简要谈一下看法。首先，二战前在东亚地区日本经济发展迅猛，究其要因，堀先生认为日本与其支配下的朝鲜、中国台湾等殖民地之间的贸易对其经济发展意义重大。对此观点笔者也深表赞同。稍稍不同的是对战前战后东亚资本主义的定位上：堀先生认为战前日本经济的高速发展和第二次世界大战后日本、韩国、中国台湾的经济高速发展是一个内在连续的整体，规定战前为东亚资本主义的第一阶段，战后为东亚资本主义的第二阶段。而笔者把战前定义为“日本帝国主义”，这与堀先生所说的“东亚资本主义第一阶段”之间的区别似乎并不明确。

堀先生以令人叹服的贸易统计分析论证和强调了日本与殖民地之间密切的经济协作。同样的，二战前世界经济大萧条后一直到各种统计中断的战争爆发前，这段时间里与经济危机后的萧条相反，在以日本为代表的东亚各地区出现了以传统工业的开展和城市的发展为标志的市场经济的繁荣以及民族运动的兴起。笔者认为这些动态同样值得关注。日本高桥财政降低日元利率、集中增加出口的政策成为促成英国在渥太华会议上结成帝国经济同盟的一个原因之一。这一趋势席卷世界，到最后甚至连日本帝国主义也缔结“日满联盟”“日满支联盟”“大东亚共荣圈”。但是，在世界恐慌和经济地域化的另一面，不仅是日本及其治下的殖民地，中国、东南亚、印度等地区也出现了新市场经济的崛起。并且，这一动向还成了战后国家主义和经济发展得以出现的前提和基础。

战前日本经济的迅速发展与战后日本经济的高速成长在质上有着相当的差异。因此，笔者认为将战前定义为“日本帝国主义”，在此基础上融合堀先生等各位的实证成果，因为正是由于拥有殖民地日本经济才实现了战前的急速增长。

关于战后日本的经济高速成长，以下几点特征绝对不能忽视。战后国际环境发生变化，战后日本经济是在美国支配以及 IMF-GATT 体制下展开的；战后改革带来的国内市场急剧扩大、法律上承认劳动公会促进了劳动争议和薪金斗争的开展、伴随垄断体制变化引起的设备投资竞争等等。

战后，在日本旧有殖民地、中国、东南亚等地，资本主义发展呈现多样性，这与日本的情况稍有不同。

综上所述做三点总结：第一，将战前日本资本主义的膨胀理解为“东亚资本主义”与“日本帝国主义”这种既有认识有何不同。第二，以第二次世界大战为节点，战前期与战后期无论在时间上还是结构上都有很大的断层，那么从经济高速增长这一共同点出发去理清的话如何呢。不能仅仅强调连续性的一面，只有同时看到连续与断层的内在活力，才更加具有说服力。第三，这种贸易统计从方法上来看该如何定位？由于资本主义的原始积累涉及很广泛的领域，所以既有从贸易部门能看到的地方，也有不能看得到的地方。我们撇开一个国家的观点而从地域这一广泛的视野来看的时候，方法上的难点仍然存在，即在于有关国家的各种现象。比如，财政与社会政策甚至是政治和军事，留意这些点的同时对统计的结果进行解释是很有必要的，不能解释的点再付诸其他途径去考察。

四

回顾先前的研究，围绕“东亚资本主义与欧美帝国主义”或是“东亚资本主义的形成”这个话题，我们这代人直接能想到的是一篇写在战前的一篇论文——羽仁五郎的《东洋资本主义的形成》（1948年，首次刊登在1932年的《史学杂志》第43编2、3、6、8号）。堀和生先生曾在其刊载于《社会经济史学》（76卷3号）的论文序中作了介绍和再评价。羽仁在文中主要运用了马克思的资本论、韦伯的宗教社会学，以及当时一些具有代表性的印度经济论和中国经济论学者的论著，论证了亚洲生产方式与世界经济的形成，探讨了印度社会与英国资本主义以及中国社会与资本主义列强之间的关系。在此基础上，羽仁论述了明治维新在于19世纪中叶的世界史发展阶段中的位置。

羽仁认为，“东洋”这一概念，应该以印度和中国为两个中心来论证，并且必须与帝国主义列强尤其是英帝国主义联系在一起讨论。矢内原忠雄一直关注“资本主义化”，1929年10月，在世界经济大危机爆发前写了《帝国主义下的台湾》，之后在日中战争爆发前的1937年3月又公开发表了《帝国主义下的印度》。其认识与考察问题的框架跟羽仁没什么大的不同。

现在，我们将羽仁和矢内原视为考察对象之一，并将与日本形成强烈对比的印度作为与东亚相区别的地域进行研究。羽仁所提的“东洋”这个概念跟我们现在所考虑的“东亚”其实是不一样的，羽仁所指的“东洋”其实是包括了我们今天的“东亚”、“东南亚”以及“南亚”这么一个广义上的概念。

五

20世纪初叶（从日俄战争后到第一次世界大战前）东亚的资本主义与欧美帝国主义的发展情况是这样的：

首先英帝国主义一手紧紧抓住印度和缅甸，一手控制中国的长江沿岸一带，中间扼守处于枢纽位置的中国香港和新加坡，以确保马来半岛与马六甲海峡的要地，而且还对印度北部的中国西藏虎视眈眈；其次法兰西将处在英国两手之间的印度支那半岛殖民地化，进而在广西等中国西南部地区扩张势力范围；在东南亚的岛屿南部，荷兰支配着马六甲海峡以南的荷兰领地东印度，而东南亚的岛屿北部则由西班牙控制；之后美国将菲律宾变成殖民地；日本把中国台湾和朝鲜等地殖民化，并且在清朝的东北部也就是“南满洲”和辽东半岛，甚至在中国台湾对岸的福建省也扩充了势力范围；德国在这一时期把山东作为势力范围；俄国获得了“北满”、外蒙古以及新疆等地作为势力范围。这样清帝国实际支配的仅仅是局限在以华北为中心的狭小地域。这就是欧美帝国主义与日本在广义的东亚以及包含印度的东洋地区占有殖民地、半殖民地的状况。

在亚洲印度是英帝国的正式代表，而鸦片战争后的清帝国和幕末明治时期的大日本帝国实质上也被纳入了英国非正式的帝国版图内。单从日本来说，日清战争的开战是在日英通商航海条约改正之后才决定的；日清战争的赔款存在了伦敦；日本因为镇压义和团之功而成为日英同盟的从属同盟国；日俄战争也是从伦敦借的外债等等，这些都表明大日本帝国已经被列入英世界帝国的非正式帝国范畴内，成为其下级的合作伙伴。

在从英世界帝国到美世界帝国的转型期，也就是两次世界大战中间期的初始，具体说来直到四国条约签订日英同盟解散的1921年，这一时期日本一直是从属于大英帝国。从这之后到1936年日本退出伦敦军缩条约，这15年间，日本与英美两大帝国主义的关系处在一种左右摇摆的状态。日本一方面加入华盛顿军缩、伦敦军缩，另一方面却出兵山东、制造皇姑屯事件、九一八事变，继续干预中国国民革命。英美方面也试图通过Barnby报告书、Leith-Ross主导中国币制改革等一系列行动试探日本的态度，对如何应对日本举棋不定，最终日本站在了对抗英美帝国主义的立场，走上了从“日满同盟”到“日满支同盟”再到“大东亚共荣圈”的道路。日本在同中国民族主义以及英美两大帝国的对抗中战败，被占领后又依附于美国，经济上呈现出高速增长的势头，军事与外交上则以比日英同盟时期更紧密地从属于美国。

印度的资本主义萌芽被英帝国扼杀的史实众所周知。对清帝国（辛亥革命后的中华民国）、李氏朝鲜（大韩帝国）及日本、东南亚各地自发的资本主义萌芽发展情况，以及这之后的殖民地支配与第二次世界大战后的经济发展状况之间的联系，日本与中国台湾、朝鲜等殖民地在战前的紧密联系等问题，堀先生已有详尽的论证，因此不再赘述。

文中的年表从大处归纳了“东亚资本主义与欧美帝国主义”这一问题，将日本之外的广义上的东亚资本主义发展的动态作为重点，特别关注了世界帝国英国的“脱殖民地化”和美帝国主义同东亚的联系。

六

第二次世界大战后，广义上的东亚（含今东南亚）以及印度通过各种形式摆脱殖民地化实现了民族独立。首先，朝鲜1945年光复后，在1948年分裂成“南北朝鲜”。1950年朝鲜战争爆发，后于1953年实现停战，开始了南北对峙的局面。在中国的解放战争中，中国共产党取得胜利，并在1949年成立了中华人民共和国，而国民党政权则退居台湾地区。

再看东南亚的群岛部分，1946年美国承认菲律宾独立，印度尼西亚在1945年发布独立宣言，但是与荷兰进行的独立战争到彻底结束还用了近四年时间。

处于东南亚大陆部分的越南在奠边府战役中战胜了法国，但由于涉及美国的亚洲支配政策而遭到横加干涉，最终导致了旷日持久的越南战争。另外，印度经过与英国当局的反复交涉于 1947 年与巴基斯坦同时独立。

从这一时期的殖民地独立、摆脱殖民化的浪潮和过程来看，第二次世界大战后，东亚以及东南亚各地除部分地区之外，几乎都经历了三四年以至于更长的战争混乱期才实现独立。

1947 年开始渐趋明朗的美苏冷战也极大地影响了亚洲的局势。美国成为世界帝国，构建世界范围军事支配体制的形势，透过这幅苏联解体后的美军世界支配体制图可谓一目了然。从军事支配到全球标准的设定，拥有游戏规则强制执行力的当今美国，无疑已经实现了对世界的霸权主义。当然，美国自身也存在弱点，虽然不能保证霸权的永续，但是当前这种大势却无法撼动。

最后来看一下日本，战后日本处在联合国（实质上是美国）的占领之下，在以非军事化、民主化为基调的战后改革之后，经济体制与战前有了很大不同。日本抓住了朝鲜战争特需带来的经济复兴契机，并且争取到了英美宽大的讲和条件和原则上的放弃赔偿；跟东南亚各国的个别赔偿协定经过一段时间的谈判，达成了以贷款和资本输出为前提条件的协议。这些在林子平、金子的报告中已有详细涉及。

七

战后在东亚或者说是广义的东亚地区，经济高速增长如雨后春笋般波及开来。像亚洲四小龙、亚洲新型工业经济区、东盟、亚太经合组织、金砖四国等。

在此，有必要提一下东亚（狭义上的）除日本、韩国、中国台湾以外，由资本主义发展到社会主义的中国在中国资本主义发展仅限于中国香港和台湾，而大陆地区则是对社会主义经济体制进行探索。虽然这种尝试在经济层面没有取得显著成效，但“文化大革命”结束后，中国在 20 世纪 70 年代末将其目标由社会主义转向市场经济，走上了改革开放的发展道路。以沿海地区为中心呈现出快速的发展势头，虽然存在地区发展差异但最终却超越日本成为经济总量居世界第二的巨大市场经济。近几年对非洲等地的积极投资也令人瞠目。

但是，中国在致力于发展社会主义的这段时期，贸易上在战前具有重大意义的中国市场却近乎缺失。这对日本、韩国和中国台湾来说却意义重大。这些地区除了加深与美国市场的结合关系之外，还同代替中国市场的东南亚市场、广义上的东亚地区加强了经济联系。笔者认为广义的东亚应该包括东南亚在内，其根据之一就在于日本、韩国和中国台湾在中国大陆“不在”的时期内，与东南亚形成了密切的经济联系。关于日本经济高速增长的推动力，有开发独裁和出口的发展、越战、绿色革命等多个论点，就不一一言及了。再说印度，国民会议派虽然有社会主义的志向但也没有成功，转变发展方向后步入了高速发展的轨道，继中国之后逐步发展为巨大的资本主义。

八

最后对东亚资本主义论或者说是东洋资本主义论简要进行总结。

现今，我们已经站在了看清、预见21世纪东亚未来发展方向的这一个节点上。从19世纪处在列强半殖民地下的中国到21世纪规模巨大的市场经济，从19世纪英国殖民下的印度到21世纪印度巨大的资本主义，还有20世纪末到21世纪初期东南亚的经济发展，都是我们思考这一问题的依据。朝鲜半岛的局势动向令人担忧，但是现在更加关注的还是经济长期停滞不前的日本的未来及其与东亚的关系。

虽然有点超出经济史的领域，但是作为一名历史研究者，笔者非常担心日、韩、中在历史认识上的差异会给今后东亚（狭义）的文化、社会、经济的交流蒙上一层阴影。虽说三国通用历史教科书的尝试有了一些进展，但舆论调查显示，日中之间90%的人对彼此不抱有好感，不得不说像这种现状已成为三国历史教育上的深刻问题。在这点上，东亚历史研究者倍感义不容辞、责任重大。

再谈一下政治，笔者认为当前日本执政党的修宪举动也是很严重的问题。战败之时，不允许“天皇军队”的存续，是选择天皇还是选择军队，在二选一的抉择中选择了天皇。如果从这个经过来考虑的话，旨在拥有军队的修宪，不仅在中国、韩国、朝鲜等狭义上的东亚地区，而且在以菲律宾为代表的广义东亚诸国甚至是澳大利亚、新西兰等广大的地域内，都会被理解为对战败时国际公约的违背，是与经济改革有着本质上区别的重大国际问题。笔者认为日本应该学习二战后大英帝国的脱殖民化和对长期经济停滞的应对方式。

本文通篇注重对地域划分和历史时间段的把握，所以重要的资本主义问题、资本带来的跨越国境的劳动关系或是跨国资本、全球资本带来的劳动关系等问题在此几乎没有提及，对此本人深表抱歉。

附：亚、欧、美年表

	英国		印度		东南亚		中国		朝鲜		日本		美国
1600	英国东印度公司成立	1765	英国取得对孟加拉的比哈尔邦和奥里萨邦征税权					1775	德大制	1779	松前藩拒绝俄国通商要求	1765	反对印花税法运动
1700	禁止棉布进口法	1775	第一次马拉塔战争	1782	泰国曼谷王朝	1782	四库全书编撰完成	1780	禁止贩卖行为	1790	宽政异端学说禁令	1773	波士顿倾茶事件
1713	垄断直布罗陀奴隶供给权	1784	皮特政府通过《印度法案》			1792	英国马嘎尔尼使节团来访	1787	广舰队测量济州岛	1786	最上德内千岛探险	1775	美国独立革命（1783）
1756	英法印第安战争	1786	康沃利斯改革（1786—1790）	1802	柬埔寨、阮朝	1796	白莲教起义（1804）	1797	英军舰在龙塘铺内航行	1791	外国渡来船处理令	1776	美国独立宣言
1786	侵占马来半岛槟榔屿	1793	英国在孟加拉地区实行“固定柴明达尔制”	1819	英占领新加坡			1800	贞纯皇后垂帘听政	1793	沿海藩警戒令	1788	合众国宪法生效
1792	马嘎尔尼使节团访华	1798	英海得拉巴保护条约	1824	英国、荷兰领土分割协定			1805	安东金氏势道政治	1797	英国船虾夷地来航	1789	华盛顿首任大总统
1793	拿破仑战争		第四次迈索尔战争					1811	洪景来叛乱	1803	美国船只长崎要求通商	1791	权利典章
1801	合并爱尔兰成立联合王国	1803	第二次马拉塔战争	1825	荷兰爪哇战争				第十一次朝鲜通信使	1804	俄国列扎诺夫要求通商	1800	从费城迁都华盛顿
1807	废止奴隶贸易		英国占领德里	1826	英国海峡殖民地	1816	英国阿默斯特使节团来访	1816	英军舰驶向忠清道	1806	间宫林藏桦太探险	1803	从法国收购路易斯安那

	英国		印度		东南亚		中国		朝鲜		日本		美国
1813	废除东印度公司的垄断权	1806	印度平达里强盗骑兵	1830	荷兰强制印度栽培制度	1833	英国在东印度公司垄断权	1832	英国商船提出通商要求	1822	英国船只进入浦贺港	1807	禁止奴隶贸易
1819	来佛士收购新加坡	1813	东印度公司垄断权被取消			1839	林则徐“虎门销烟”	1835	富壤赵氏势道政治	1825	外来船驱逐令	1812	1812 年战争（1815）
1826	海峡殖民地形成	1816	在加尔各答成立印度学院	1842	英国人成为沙捞越王	1840	鸦片战争	1840	英国商船登济州岛	1837	莫里森号进入浦贺港	1819	从墨西哥收购佛罗里达
1834	英帝国内废除奴隶制	1817	第三次马拉塔战争			1842	《南京条约》签订	1845	英军舰测量西南海岸	1842	工资发放令	1845	合并德克萨斯
1839	决定出兵中国	1824	第一次英缅战争	1845	欧洲东南亚定期邮政船	1844	《清法黄埔条约》			1844	拒绝荷兰的门户开放意见	1844	中美《望厦条约》
1842	《南京条约》、香港被割让	1828	梵志会建立	1851	西班牙获得祖鲁宗主权	1851	洪秀全太平天国运动（1864）			1853	佩里浦贺来航	1848	发现加利福尼亚金矿
1846	废除谷物法	1829	英国官方宣布寡妇殉葬为非法	1855	《英泰友好通商条约》					1854	《日美和亲条约》		墨西哥割让加利福尼亚
1849	废除航海法	1833	东印度公司贸易垄断权被取消	1858	荷兰、苏拉威西岛远征	1856	第二次鸦片战争			1856	美国哈里斯总领事下田就任		新墨西哥地区割让
1851	第一届伦敦万国博览会	1835	托马斯·巴宾顿·麦考莱的教育备忘录		荷兰压制苏门答腊中东部	1858	《天津条约》《瑷珲条约》签订			1858	安政五国条约	1854	组成共和党
1856	第二次鸦片战争	1839	英国第一次侵略阿富汗战争		法国占领交趾支那	1860	英法联军侵入北京	1860	崔济愚创始东学		美国·荷兰·俄国·英国·法国	1860	林肯总统当选
1858	《日英修好通商条约》	1845	第一次英国侵略锡克战争	1859	荷兰在婆罗洲征服苏丹	1861	总理衙门设立	1862	壬戌农民起义	1860	金币汇兑率变更	1861	南北战争
1859	修筑苏伊士运河	1848	第二次英国侵略锡克战争	1861	西班牙占领哥打巴鲁	1864	“新疆叛乱”	1863	高宗即位、大院君执政	1863	萨英战争	1863	解放奴隶宣言
1860	《北京条约》签订	1852	第二次缅甸战争	1863	法国将柬埔寨作为保护国	1870	天津教案			1864	四国舰队炮击下关		开始实施国民银行体系

	英国		印度		东南亚		中国		朝鲜		日本		美国
1861	南北战争带来的棉花饥馑	1853	孟买·塔那铁路开通	1864	在爪哇修建东南亚第一条铁路	1871	《日清修好条规》签订	1875	江华岛事件	1867	大政奉还	1867	买入阿拉斯加
1865	香港上海银行设立		加尔各答豪拉电报开始应用	1867	英国直接控制海峡殖民地	1875	北洋海军成立	1876	《日朝友好条约》	1868	明治维新、戊辰战争	1869	大陆横断铁道完成
1867	加拿大联邦成立	1857	印度民族大起义爆发	1868	泰国罗摩5世近代化政策					1869	版籍送还	1871	爱迪生发明电报
1867	苏伊士运河通航	1858	英国开始直接统治印度	1871	欧洲东南亚海底电线					1872	废藩置县	1876	贝尔发明电话机
1873	大萧条开始	1876	印度大饥荒（1876-1878）	1873	法国进攻东京（越南北部旧称）	1879	中俄《伊犁条约》签订	1880	金弘集访日	1877	西南战争	1879	爱迪生白炽灯完成
1874	东印度公司正式解散	1877	英国女皇将英印帝国改为印度帝国	1873	荷兰压制苏门答腊中东部	1884	新疆省设立	1882	壬午军队叛乱	1879	处理琉球		大西洋海底电线
1875	收买苏伊士运河的股份		印度开始建立近代化纺织工厂	1881	英国北婆罗洲公司		朝鲜甲申政变	1884	甲申事变	1882	日本银行券条例	1882	美孚石油托拉斯
1879	与爱尔兰结成土地同盟	1878	英国第二次侵略阿富汗战争	1883	法国实行对越南保护国化	1885	《天津条约》签订			1885	内阁制度		《中国人劳动移民排斥法》
1881	第一次英布战争，英国败北	1882	取消棉制品关税	1883	中法战争爆发					1889	大日本帝国宪法	1886	自由女神像完成
1882	出兵军事占领埃及		印度实行自由贸易政策	1885	中法《天津条约》					1893	日本邮政船孟买航路		劳动总同盟AFL结成
1895	日本将赔款存到英格兰银行	1883	伊尔伯特提案纠纷	1887	法国占领印度支那联邦	1894	中日甲午战争	1894	甲午农民战争	1894	中日甲午海战	1890	《谢尔曼反托拉斯法》
	詹姆森袭击南非共和国	1885	第一次印度国民大会召开	1888	英国对北婆罗洲实行保护占领	1895	《马关条约》签订			1895	《下关条约》		东西边界消失

	英国		印度		东南亚		中国		朝鲜		日本		美国
1887	维多利亚女王即位50周年	1885	第三次缅甸战争	1893	老挝被编入法属印度						三国干涉还辽		
	第一次殖民地大会	1886	缅甸并入英属印度	1896	英国联合马来西亚诸洲			1895	闵妃被杀		侵占中国台湾		
1890	巴林危机	1891	颁布《承诺年龄法》		菲律宾革命	1896	中俄秘密同盟	1896	高宗赴俄使馆执政	1896	在天津、汉口设立租界		
1891	货币铸造法	1893	停止铸造银币卢比		英法条约使暹罗成为缓冲国		《中日东清铁道协定》签订		创设独立教会		奖励航海、造船法		
1893	独立劳动党成立		甘地赴南非	1898	菲律宾共和国独立宣言	1897	商务印书馆设立	1897	大韩帝国	1897	通过金本位制		
		1894	协商划定与阿富汗斯坦的国境边界	1898	美国获得菲律宾占有权	1898	德国强占胶州湾、俄国舰队进入旅顺港				棉线出口量>进口量		
		1896	发生西北部大饥馑，霍乱流行		荷兰驻扎巴布亚	1898	俄强租"关东州"、英强租威海卫			1898	"台湾总督"儿玉源太郎	1898	美西战争
			印度大饥馑（1896-1897）				戊戌变法、京师大学堂设立				后藤新平民政长官		合并夏威夷
							戊戌政变				甲午战后第一次恐慌		占有菲律宾、波多黎各
				1898			美国提出"门户开放"要求			1899	实施改正条约		
1899	第二次英布战争	1899	铸币、纸币法颁布				俄国租借旅顺大连				台湾银行		

	英国		印度		东南亚		中国		朝鲜		日本		美国
1900	劳动代表委员会成立		金汇兑本位制开始采用			1900	义和团运动			1900	甲午战后第二次恐慌	1900	采用金本位制
			印度大饥馑（1899-1900）			1900	八国联军侵占北京				治安警察法		
							《中俄密约》签订			1901	八幡钢铁厂开始作业	1901	美国钢铁公司成立
1901	澳大利亚联邦成立	1901	印度总督寇松设西北边境省			1901	《辛丑条约》签订				社会民主党即日禁止		古巴保护国化
	维多利亚女王去世	1902	宗教家斯瓦米•维韦卡南达逝世	1902	《菲律宾平定宣言》		清政府实行新政			1902	日英同盟	1902	菲律宾平定宣言
1902	日英同盟结成			1903	美国武力平定摩洛洲					1903	日俄协商	1903	巴拿马运河地带租借条约
	英帝国海底电缆铺设完成										台湾土地调查结束		福特汽车公司成立
	进口谷物登录税							1904	日韩议定书	1904	日俄战争		莱特兄弟飞行成功
1904	英法协约缔结								第一次日韩协约		在伦敦市场发行外债		
										1905	日本海海战	1905	塔夫脱桂太郎协约
											第二次日英同盟		
1905	张伯伦提倡关税改革	1905	孟加拉分治，抵制英货和开展斯瓦德西运动			1905	孙中山成立中国同盟会	1905	第二次日韩协约		签署《朴次茅斯和约》		
	张伯伦发起宣传运动						五大臣宪政视察		保护国化	1906	铁道国有法		
1906	张伯伦大选失利	1906	全印度穆斯林联盟（All India Muslim League）			1906	清廷下诏预备立宪	1906	第三次日韩协约		“南满洲”铁路公司		
			印度国大党主张印度自治						韩国军舰解散仪式		台湾地区纵贯铁路开通		

	英国		印度		东南亚		中国		朝鲜		日本		美国
1907	第四次帝国会议	1907	塔塔钢铁公司成立					1907	抗日义兵运动	1907	《日法协约》		
	英俄协约（三国协约成立）		国大党在苏拉特大会上温和派与极端派分裂			1908	钦定宪法大纲公布				日俄协约	1908	高平小五郎协定
	修改所得税制	1909	甘地著述《印度自治》	1909	英国保护性占领马来半岛4州			1909	伊藤博文被击毙	1909	内阁决定《韩日合并条约》		
1910	南非联邦成立		印度再次修订《印度参事会法》			1910	达赖逃亡印度	1910	日本吞并朝鲜	1910	大逆事件		
	累进所得税制	1910	不丹与英国签订了庇护协定《普那卡条约》								第二次日俄协约		
1911	第五次帝国会议	1911	英国国王乔治五世访印，迁都至德里			1911	辛亥革命爆发			1911	大逆事件执行死刑	1911	福特汽车开始量化生产
	国民保险法					1912	中华民国宣告成立			1912	宪政拥护大会		
							京师大学堂改称北京大学				友爱会组成		
							中华书局成立				第1次护宪运动		
		1913	泰戈尔获得诺贝尔文学奖			1913	二次革命			1913	大正政变	1913	联邦储备银行法
1914	第一次世界大战	1914	印度加入协约国一方参加第一次世界大战							1914	对德宣战	1914	巴拿马运河开通
	开展恐慌	1915	甘地回国，开设高僧修行所	1915	美国获得苏禄主权	1915	护国运动			1915	对华二十一条要求		克莱顿反托拉斯法
	停止金本位制		东印度社会民主联盟			1916	袁世凯被迫取消帝制				战后经济复苏	1917	对德宣战
1916	爱尔兰复活节暴动	1916	提拉克组建印度自治同盟	1916	菲律宾自治法	1917	孙中山建立广州军政府			1917	西原借款开始		石井-蓝辛协定

	英国		印度		东南亚		中国		朝鲜		日本		美国
			国大党、穆斯林联盟分别通过《勒克瑙协定》				蔡元培出任北京大学校长			1918	金本位制停止	1918	威尔逊十四条演说
							白话文运动（胡适）				军需工业动员法		
1918	30岁以上女性取得参政权					1918	少年中国学会成立				出兵西伯利亚		
1920	爱尔兰统治法	1917	蒙塔古宣言			1919	五四运动	1919	三一独立运动	1919	战后经济复苏	1919	凡尔赛议和
1920	诺曼出任英格兰银行总裁	1919	蒙塔古—契姆斯福宪政改革				苏联《加拉罕宣言》						宪法第18号修正案—禁酒法令
1921	日英同盟废除		罗拉特法案通过	1920	美泰关税自主权条约	1920	直皖战争	1920	朝鲜产米增产计划	1920	战后恐慌	1920	拒绝凡尔赛条约
	英爱条约		阿姆利则惨案			1921	中国共产党成立		青山里战斗	1921	华盛顿会议		宪法第19条修正案—妇女参政权
	爱尔兰共和国成立		非暴力不抵抗运动开始			1922	第一次直奉战争		朝鲜人在间岛遭到大屠杀		四国条约、解除日英同盟	1922	海军裁军条约、九国公约
1922	九国公约		印度政府组织法颁布				壬戌学制、转向效法美国教育制度			1922	从西伯利亚撤兵		
1923	英美战争债务整理协定	1923	导入两头制				香港海员大罢工	1923	施行户籍令	1923	关东大地震		
1924	麦克唐纳工党内阁成立	1924	国大党与穆斯林联盟发生对立			1924	第一次国共合作				支付延期令	1924	排日移民法
							沙面事件			1924	第2次护宪运动		
1925	重回金本位制	1925	“民族志工组织”RSS成立			1925	孙中山去世	1925	朝鲜共产党成立	1925	日苏基本条约		

	英国		印度		东南亚		中国		朝鲜		日本		美国
			印度共产党成立				五卅惨案				治安维持法		
							香港工人大罢工				男子选举法		
							广州国民政府成立				日本劳动评议会		
							北京关税特别会议				“宪政之道”规则		
1926	帝国议会·贝尔福报告书					1926	北伐战争						
1927	劳动纠纷工会法	1927	英国任命西蒙委员会			1927	四一二政变	1927	新干会成立	1927	金融恐慌	1927	林白横越大西洋
			在孟买发生第一次工人五一大游行				井冈山革命根据地创立						
1928	通货纸币法	1928	尼赫鲁报告《宪法草案计划》			1928	北伐军进入北京				第一次山东出兵		
	21岁以上女性取得参政权		全印劳农党成立				军政→训政时期(-1937)			1928	第二次山东出兵	1928	巴黎和约
1929	麦克唐纳工党内阁	1929	《尔文宣言》				中美《关税条约》签订				张作霖炸死事件	1929	世界危机爆发
1930	伦敦军缩会议	1930	举行《食盐长征》的不合作运动	1930	越南共产党成立	1930	中原大战、军阀混战	1930	间岛武装起义	1930	金解禁令、昭和恐慌	1930	伦敦海军裁军条约
	缅甸农民大暴动		第一次圆桌会议召开				第一次对中共围剿战				干涉统帅权问题	1931	胡佛延期偿付提案
1931	麦克米伦委员会报告		西蒙委员会报告出炉								雾社抗日起义		
	脱离金本位制	1931	《甘地—艾尔文协定》签订			1931	中共瑞金政府成立			1931	满洲事变		

	英国		印度		东南亚		中国		朝鲜		日本		美国
	威斯敏斯特宪章通过		个人文明不服从运动结束								再次禁止金出口	1932	不承认主义
	帝国改行联邦政体		第二次圆桌会议召开			1932	第一次上海事变			1932	伪满洲国“建国宣言”	1932	富兰克林·罗斯福当选总统
1932	渥太华帝国经济会议	1932	印度国大党、农民协会被宣布为非法	1932	暹罗人民党立宪革命		瑞金政府对日宣战				5·15事件		初期新政立法
	导入帝国特惠关税		不服从运动再次爆发				中苏邦交恢复				李顿报告书		紧急银行法、TVA\NIRA
	5%战时国债借换计划		第三次圆桌会议召开				平顶山事件				“满洲”武装移民		废除第18条修正案
	外汇平抑协定						国防设计委员会成立						
1933	伦敦世界经济会议	1933	甘地创办期刊《神之子》				中国民权保障同盟成立			1933	退出国际联盟		
	与阿根廷签订《罗加·朗西曼协定》		第一次日印会谈			1933	蒋介石安内攘外政策				《塘沽停战协定》		
							福建人民革命政府成立				社会倾销问题		
							延长修建陇海铁路(-1937)						
1934	伦敦饥馑	1934	真纳担任穆斯林联盟终身主席	1934	第一次日兰印会谈	1934	中央红军开始长征			1934	华盛顿裁军毁约	1934	互惠贸易协议
			不服从运动停止	1934	允许十年后独立		国民政府新生活运动						睦邻外交积极化
			国大党恢复合法性				国防整顿五年计划					1935	判决美国工业复兴法违宪

	英国		印度		东南亚		中国		朝鲜		日本		美国
			宣布印度共产党非法	1935	菲律宾联邦成立	1935	资源委员会成立						瓦格纳劳动法、产业工业联合会结成
							重工业五年计划						社会保障法、中立法
1935	加拿大中央银行成立		尼赫鲁成为国大党最高指导者				抗日救国八一宣言			1935	《何梅协定》	1936	判决 AAA 违宪
	李顿考察团赴中国	1935	印度政府法案实施				币制改革(£·$本位制)				“冀东防共自治委员会”		
			缅甸从印度分离				“一二九”学生运动	1936	“满洲”成立祖国光复会	1936	伦敦裁军退出		
							长征结束				2·26 事件		
							西北大联合				关东军防疫部		
1936	对西班牙内战实行绥靖政策	1936	全印农民组织成立			1936	两广事件、绥远事件				日、德防共协定		
							抗日七君子事件			1937	卢沟桥事变		
							兵役法颁布				“八一三”事变		
							西安事变				发动军事工业动员法		
1937	缅甸统治法	1937	在大选中国大党取得压倒性胜利			1937	第二次国共合作	1937	皇国臣民誓词		临时资金调整法		
							国民政府迁都重庆				进出口用品临时措施法		
							日军南京大屠杀				“蒙疆”联合委员会		
											“中华民国联合政府”		

	英国		印度		东南亚		中国		朝鲜		日本		美国
1938	慕尼黑会议					1938	第一届国民参政会	1938	陆军特别志愿兵法	1938	第一次近卫声明		
							抗战建国纲领		皇国臣民化政策		“中华民国维新政府”		
							日军攻占武汉				国家总动员法		
							援蒋滇缅公路始建				张鼓峰事件		
							美对中紧急借款				第二次近卫声明		
							毛泽东发表《论持久战》				兴亚院设置		
											第三次近卫声明		
1939	第二次世界大战	1939	英印达成防卫费协定	1939	暹罗改国号为泰国	1939	毛泽东发表《新民主主义论》	1939	修改朝鲜教育法	1939	诺门坎事件	1939	废弃日美通商条约通知
	英印防卫费协定		国大党脱离州内阁				国民精神总动员纲领		强掳朝鲜人		“蒙古联合自治政府”		
	停止支持外汇交易	1940	在拉合尔联盟代表会议上提出建立穆斯林独立国家	1940	日本进驻法属印北部		日军对重庆无差别轰炸	1940	创氏改名	1940	时局处理要纲	1940	推进军备强化政策
	外国汇兑管理令				第二次日兰印会谈		四大银行联合办事处改组				日、德、意三国同盟		罗斯福第三次当选总统
	国民储蓄证书						汪精卫建立南京伪政权				进驻北部法属印度支那		
1940	国民战时债券					1940	百团大战				《日华基本条约》		
	购买税			1941	越盟成立	1941	皖南事变			1941	《日苏中立条约》	1941	武器租借法

	英国		印度		东南亚		中国		朝鲜		日本		美国
	3%储蓄债券				荷兰冻结对日资产						进驻南部法属印度支那		冻结对日资产
1941	对日资产冻结	1941	泰戈尔逝世	1941	日本进驻法属印北部						海外资产冻结		《大西洋宪章》
	大西洋宪章				日本登陆哥打巴鲁						日美交涉		赫尔通牒
	开始武器出口法援助				日泰军事同盟						对美英荷兰开战		日本偷袭珍珠港
1942	新加坡失陷	1942	英国派出克里普斯使团赴印	1942	新加坡被占领	1942	蒋介石任中国战区最高司令官			1942	中途岛海战	1942	联合国共同宣言
	贝弗里奇报告		要求英国“退出印度”		荷兰印度军队无条件投降		史迪威出任参谋长				大东亚省成立		强制收容日系人员
		1943	钱德拉·鲍斯的鼓吹下自由印度临时政府成立	1943	缅甸“独立”		“整风运动”	1943	实行征兵制	1943	从瓜达尔卡纳尔撤退		
			爆发孟加拉大饥馑		菲律宾“独立”						《日华同盟条约》	1943	撤销中国人移民排斥法
1943	开罗会议	1943	钱德拉·鲍斯组建印度国民军			1943	开罗会议				大东亚会议		开罗会谈
1944	所得税源征收制	1944	甘地与真纳谈判决裂	1944	美国登陆莱特岛		《治外法权废除条约》签订	1944	朝鲜女子敢死队	1944	英帕尔战役		德黑兰会谈
	诺曼底登陆作战										打通大陆作战		
	国民保险部				莱特湾水站						塞班岛失陷	1944	布雷顿森林协定
1945	工业金融·工商业金融公司					1944	史迪威事件				东条内阁总辞职		罗斯福第四次当选
1945	雅尔塔会议	1945	尼赫鲁发表成立临时政府宣言	1945	缅甸武装暴动	1945	取得二战胜利			1945	东京大空袭	1945	雅尔塔会谈

	英国		印度		东南亚		中国		朝鲜		日本		美国
	艾德礼工党内阁		钱德拉·鲍斯因飞机事故逝世		日本法国解决印度问题		毛泽东思想写入党章				冲绳战争		罗斯福逝世
					印度尼西亚独立宣言		中共确立南进北防方针				被投下原子弹		杜鲁门总统
					越南独立宣言		重庆谈判、《双十协定》				苏联对日宣战		波茨坦宣言
					越南全国暴动		《中苏友好同盟条约》签订	1945	朝鲜光复、38度纬线分割国土		日本无条件投降		向广岛长崎投放原子弹
1946	英格兰银行国有化	1946	英国派出内阁成员使节团		印度尼西亚独立战争		《双十协定》签订		美国接收日本军政、财产		签署投降文件		
	丘吉尔铁幕演说		穆斯林联盟提出成立穆斯林单一国家	1946	法国承认柬埔寨自治	1946	政治协商会议召开		朝鲜信托统治案		初期占领政策		成立联合国
	国民保险法		尼赫鲁建立印度临时政府		马来亚联邦成立		国共内战全面化	1946	美苏合同委员会成立		财阀解体		莫斯科谈判
			第一次制宪会议召开		菲律宾共和国独立		中共土地改革指示		美日1:1合同配给制		劳动组合法		
			各地发生多起暴动事件		第一次印度支那战争		《中美友好通商航海条约》签订	1947	小型归属企业体出售		第1次农地改革		
				1947	美菲军事援助协定	1947	中华民国宪法颁布		归属农地售完	1946	金融紧急措施令		
1947	英镑资产	1947	新德里召开了亚洲关系会议		缅甸昂山被暗杀		台湾“二二八事件”		朝鲜纺织协会成立		物流统制令	1947	杜鲁门主义
	印巴分治		印度、巴基斯坦分治	1948	缅甸联邦共和国		国民党军队占领延安		占领地区救济基金原棉分配开始		日本宪法公布		塔夫脱-哈特莱法
	重要产业国有化		难民大转移		马来亚联合邦成立		《中国土地法大纲》颁布		联合国韩国问题决议		第二次农地改革		美国国家安全委员会

	英国		印度		东南亚		中国		朝鲜		日本		美国
			印巴在克什米尔交战		马来亚共产党武装斗争	1948	辽沈战役、淮海战役			1947	“2.1总罢工”禁止	1948	马歇尔计划
1948	伦敦奥运会	1948	甘地遭暗杀	1948	马来亚全国紧急事态宣言		平津战役	1948	济州岛起义		教育基本法		美国国家安全委员会第13/2号文件
					印度尼西亚左派武装暴动	1949	中国人民政治协商会议召开		大韩民国成立		劳动基本法	1949	第四点计划(杜鲁门提出的经济落后地区开发计划)
1949	《北大西洋公约》签订	1949	克什米尔停战		缅甸土地国有法		中华人民共和国成立		朝鲜民主主义人民共和国		独占禁止法		签署《北大西洋条约》
	爱尔兰脱离英联邦			1949	荷兰承认印度尼西亚主权		国民党政府退往台湾	1949	产业复兴五年计划		过度经济力集中排除法		《中国白皮书》
1950	英联邦外相会议	1950	印度共和国宪法生效		法国联合内三王国	1950	《中苏友好盟约》签订	1950	朝鲜战争	1948	对日政策转换	1950	朝鲜战争
	科伦坡计划		尼赫鲁担任印度总理,普拉萨德为印度首任总统	1950	菲律宾团共同暴动		抗美援朝		中国人民志愿军参战	1949	道奇方针、1美元 =360日元	1951	麦克阿瑟被免职
1951	对日媾和会议	1951	举行第一次全国大选		马来亚联邦镇压共产党作战	1951	西藏和平解放	1951	开始休战会谈	1951	对日讲和会议		对日媾和会议
	伊朗危机接收石油公司		第一个五年计划开始实施		老挝左派		“三反”运动		大田+全南纺织公社	1952	讲和条约生效	1952	艾森豪威尔当选总统
1952	伊丽莎白二世即位	1952	《日印和平条约》签订		印度尼西亚单一共和国	1952	“五反”运动		紧急棉纺织再建计划		日“华”、日印讲和条约		
	第一次原子弹爆炸试验	1953	尼赫鲁倡导第三世界联合	1951	越南劳动党改组			1953	签署朝鲜战争停战协定		企业合理化促进法	1953	签订朝鲜战争停战协定
1953	钢铁民营化法		印苏签署五年贸易协定	1953	柬埔寨独立	1953	农业社会主义(合作社)改造		紧急通货措施				美韩相互防御条约

	英国		印度		东南亚		中国		朝鲜		日本		美国
			航空公司实行国有化		越南土地改革法		学习苏联运动		劳动三法				NSC 第156/1、166/1号文件
			设立安得拉语言州		泰国国营企业设置法		中苏经济技术援助协定	1954	经济复兴计划				tasca报告
1954	声明开始制造氢弹	1954	周恩来总理与尼赫鲁总理确定中印和平共处五项原则	1954	奠边府战斗	1954	周恩来总理提出和平共处五项原则	1954	日内瓦会议	1954	比基尼珊瑚岛被炸事件	1954	签署印度支那停战协定
					日内瓦会议		炮击金门		大韩劳动工人协会成立		核武器禁止运动		美国国家安全委员会 5405 5602/1 艾森豪威尔国家安全政策
					东南亚五国首脑会议		《中华人民共和国宪法》颁布		银行归属股份出售纲要		加入科伦坡方案		NSC5422 NSC5501 核战略
					南亚贸易组织设立				美国韩国军事援助协定		日本、缅甸讲和、赔偿协定		美台相互防御条约
1955	日内瓦巨头会谈	1955	印度奉行“社会主义型社会”的路线	1955	万隆会议	1955	第一个五年计划	1955	复兴部五年计划	1955	国家安全保障会议(nsc)5516/1	1955	NSC5503对台政策
	丘吉尔隐退		《印度共和国特别婚姻法》《印度教教徒结婚与离婚法》		马来亚联合邦				加盟IMF+IBRD		神武景气		日内瓦首脑会谈
			亚非会议召开			1956	百花齐放，百家争鸣		汇兑利率500韩元=1美元	1956	日菲赔偿协定		美国劳工联合会与产业工业联合会合并
1956	埃及苏伊士运河国有化	1956			拒绝南北统一选举			1956	加入联合国		日苏建交共同宣言		马丁·路德·金蒙哥马利斗争

	英国		印度		东南亚		中国		朝鲜		日本		美国
	苏伊士战争		《印度教婚姻法》	1957	岸首相遍访东南亚	1957	毛泽东“东风压倒西风”论断		投资大韩造船设备	1957	“锅底不景气”	1957	美国国家安全委员会 5708/8号文件
1957	加纳独立		不可触贱民 20万人改宗佛教		马来亚联合邦独立				煤炭生产五年计划				
	马来亚联邦独立	1957	喀拉拉邦建立了共产党州政府		印度尼西亚接收荷兰企业	1958	人民公社运动	1957	大韩煤炭公社团体协约	1958	日本·印度尼西亚赔偿协定	1958	美国国家安全委员会 5810/2号文件
	圣诞岛水下爆炸试验		尼赫鲁访日	1958	苏门答腊革命政府建立宣言		人民英雄纪念碑揭幕	1958	造船奖励法				
1958	反核运动高涨	1958	巴基斯坦发生军事政变，穆罕默德·阿尤布·汗担任总统		“北越”进行社会主义改造	1959	“西藏动乱”		复兴部产业开发委员会			1959	赫鲁晓夫访美
		1959	达赖集团叛乱出逃印度	1959	新加坡自治政府		中国人民解放军解放拉萨	1959	外资管理法	1959	在日朝鲜人归国		美国国家安全委员会 5913/1号文件
			索尼亚·甘地出任国大党主席	1960	西伊里安查亚问题	1960	中苏矛盾加深	1960	四月革命、李承晚辞任	1960	智利地震海啸		美国国家安全委员会 5906/1号文件
			自由党（SWP）在孟买成立		老挝武装政变普马内阁		苏联撤销对华援助		韩国劳动联合会成立		国家安全保障会议(nsc)安保斗争6008 / 1	1960	U-2侦察机在苏联首次被击落，公布于世
1960	非洲年	1960	尼赫鲁与赫鲁晓夫进行会谈，并签署援助协定		印度尼西亚土地基本法						池田勇人内阁		肯尼迪当选总统
					泰国正式导入外资	1961	1959—1961三年困难时期	1961	军事政变		贸易汇兑自由化	1961	美国、苏联会谈
1961	申请加入欧共体	1961	制定《全印度禁止嫁妆法》		越南南方解放民族战线				不正当财产处理法		收入倍增计划		柏林墙
		1962	中印边境军事冲突	1961	美国对南越南进行军事援助				复兴部归入经济企划部	1961	农业基本法	1962	蕾切尔卡森《沉默的春天》

	英国		印度		东南亚		中国		朝鲜		日本		美国
			中印停战	1962	西伊里安查亚占领宣言	1962	中印边境军事冲突	1962	第一次经济复兴五年计划	1962	中日综合贸易协定		古巴危机
					缅甸军事武装政变		中印停战		第二次通货改革		海外技术合作事业团体		
1962	联邦移民法	1963	通过了官方语言法案，印地语仍是印度唯一的官方语言	1963	苏加诺终身总统		LT 贸易开始	1963	四大疑狱事件	1963	新产业城市指定		
	马来西亚联邦成立				马来西亚联邦成立	1963	学习雷锋运动		出口产业促进委员会		流通革命论		
					吴廷琰遭杀害		社教运动		向美国请求农作物援助			1963	肯尼迪总统被暗杀
1964	债券危机	1964	尼赫鲁总理逝世	1964	阮庆政变	1964	中法建交	1964	三粉暴力事件	1964	东京奥运会	1964	北部湾决议
	威尔逊工党政权		拉尔·巴哈杜尔·夏斯特里就任总理		菲律宾马来西亚恢复邦交		中国原子弹试验成功		国有企业民营化		佐藤荣作内阁		约翰逊总统再次当选
			印苏签署军事协定		新加坡"人种暴动"		毛主席语录		出口产业培训资金		国际货币基金组织(IMF)第8条国家，经合组织		美国开始轰炸越南北方
1965	马尔代夫独立	1965	马德拉斯邦发生大规模反印地语抗议活动	1965	美国开始轰炸越南北方		周恩来强调现代化		向越南派兵	1965	创建越平联，这是第一次的示威	1965	正式进入越南作战
			第二次印巴冲突					1965	首尔九老出口产业团体		家永教科书诉讼		
	新加坡独立				新加坡独立				《日韩基本条约》		《日韩基本条约》		洛杉矶黑人暴动
					印度尼西亚"9.30事件"				韩国棉制品出口工会		山一证券事件		
					马科斯当选菲律宾总统	1965					亚洲开发银行		
		1966	夏斯特里总理逝世	1966	总统权力移交苏哈托	1966	5.16通知、"文化大革命"	1966	第二次经济五年计划		伊奘诺景气时期	1966	各城市黑人暴动
			英迪拉·甘地就任总理		印度尼西亚马来西亚建交		"九龙暴动"		外资导入法	1966	成田机场建设方针		

	英国		印度		东南亚		中国		朝鲜		日本		美国
					菲律宾向越南派遣民生部队		毛泽东接见红卫兵		三星财阀国有化		大型兼并		
					印度尼西亚恢复联合国合法地位		刘少奇自我批评		越南战争带来特需6949万美元			1966	越战参战国会议
				1967	印度尼西亚外国投资法	1967	第一次氢弹试验	1967	造船+机械工业振兴法	1967	新潟水俣病第一次诉讼	1967	反越战运动高涨
1967	削减债券				东南亚联盟成立		"武汉事件"		正式加入GATT		资本交易自由化		
	加入欧共体申请被拒绝						"香港暴动"		浦项制铁业开工				
					印度尼西亚与中国断交		红卫兵火烧英国代办处					1968	马丁·路德·金被暗杀
1968	撤回苏伊士以东的军队			1968	越南正月攻势	1968	中日觉书贸易	1968	京釜高速公路动工	1968	金喜路事件		罗伯特·肯尼迪遭暗杀
	北爱尔兰纷争				虐杀事件		刘少奇被开除党籍		资本市场造就法		新宿国际反战骚乱事件		约翰逊总统不参选
					因沙巴事件菲律宾马来西亚断交		上山下乡		韩国投资开发公司设立		大学纠纷		停止轰炸越南北部宣言
		1969	印度主要商业银行国有化	1969	巴黎和平会谈	1969	珍宝岛事件	1969	电子工业振兴法	1969	东京大学安田礼堂解放		
					马来西亚"人种暴动"		林彪被指定接班人		马山出口自由地域建设		国民生产总值位于世界第二位		
							中苏国境纷争		京仁高速公路开通		八幡·富士两个企业合并		
					马科斯再次当选菲律宾总统		刘少奇去世	1970	农民协会连锁店开设				
					沙巴纷争结束		香港设立远东交易所		卧牛公寓崩塌事件	1970	美日两国纤维协商破裂		

	英国		印度		东南亚		中国		朝鲜		日本		美国
1970	希思内阁成立			1970	美军进攻柬埔寨	1970	第一颗人造卫星发射成功		倡导新村运动		第一颗人造卫星发射成功	1970	入侵柬埔寨
					马来西亚“大地之子”政策				京釜高速公路竣工		大阪世博会		反越战运动
					柬埔寨、朗诺政权				国土综合开发10年计划		淀号劫持事件		
1971	解散英国远东军司令部			1971	英国远东军司令部解散						三岛由纪夫事件		
	转变通货十进法				泰国停止政权宪法						胡屋市的反美骚乱		
	联邦移民法	1971	第五次全国大选中国大党取得压倒性胜利		东南亚中立宣言	1971	中美乒乓外交			1971	新潟水俣病原告胜诉	1971	中美乒乓外交
			第三次印巴冲突		美国实施对越南北部最大规模轰炸		林彪坠机死亡				冲绳返还协定		发表尼克松访华计划
			孟加拉国建立				恢复联合国合法席位				日元,实行浮动汇率制度		停止黄金和美元的交换
			颁布了藩王财政特权废止法								公害问题深刻化		史密森协定、美元贬值
			保险业实行国有化	1972	正月事件以来最大规模的攻击	1972	美国总统尼克松访华	1972	南北共同声明	1972	联合红军浅间山庄事件	1972	尼克松访华
					再次召开巴黎和平会谈		日本首相田中角荣访华				冲绳施政权返还		水门事件暴露
1972	北爱尔兰议会直接统治	1972	印度与孟加拉国达成停战协议，签署友好条约		菲律宾实施马科斯戒严令						特拉维夫-雅法机场乱射事件		美苏限制核武器谈判
											田中角荣内阁		
					泰国实施新投资奖励法			1972	非常戒严令10月维新		中日邦交正常化		

	英国		印度		东南亚		中国		朝鲜		日本		美国
1973	加入欧共体			1973	签署巴黎和平协定	1973	邓小平复出任副总理	1973	金大中绑架事件	1973	日元，实行浮动汇率制度履行	1873	越南和平协定
					美军完全撤退		第一届全国环境会议				日本越南建交		
1974	改变地方行政区划	1974	印度与伊朗签订经济合作协定		泰国学生革命						第一次石油危机		
			印度进行首次核试验	1974	东南亚爆发反日暴动	1974	“批林批孔运动”	1974	文世光事件	1974	三菱重工爆炸事件	1974	尼克松总统辞职
			印巴实现国交正常化		日本赤军新加坡事件		邓小平“三个世界”论				三木武夫内阁		福特总统访日
1975	对加入欧共体进行国民投票	1975	国家非常时期宣言（1975-1977）	1975	“北越”开始总攻击	1975	邓小平就任副总理	1975	“人民革命党”8人处刑		战后首次出现负增长	1975	西贡被攻陷
							周恩来提出“四个现代化”						阿波罗号、联盟号对接
					越南战争结束		蒋介石去世			1975	日本赤军吉隆坡事件		
							蒋经国任国民党主席						
					老挝由君主制走向共和制								
				1976	柬埔寨、波尔布特政权	1976	周恩来去世	1976	民主救国宣言、逮捕	1976	洛克希德事件	1976	七国首脑会议
					第1回ASEAN首脑会议		“第一次天安门事件”				田中前首相逮捕		
					南北越南统一		唐山大地震						
					泰国血色星期日政变		毛泽东去世						

	英国		印度		东南亚		中国		朝鲜		日本		美国
					越南共产党改称		粉碎“四人帮”						
		1977	国大党落选，人民党建立政权	1977	柬埔寨越南断交	1977	邓小平复出			1977	福田主义	1977	卡特在韩美军撤退方针
					美越正常化交涉遇阻		“文革”结束						
				1978	越南加入经济互助委员会	1978	《中日友好和平条约》签订			1978	中日友好和平条约		
					《苏越友好互助条约》	1978	中美建交					1978	中美建交
					中国停止对越援助		三中全会确立改革开放路线						新巴拿马条约
1979	撒切尔保守党政权成立	1979	特瑞莎修女获得诺贝尔和平奖	1979	越柬战争爆发	1979	邓小平访美			1979	第二次石油危机	1979	第二次石油危机
					韩桑林政权		中越边境武装冲突	1979	朴正熙总统遭到射杀		东京回合议定书		三哩岛事件
		1980	印度人民党(BJP)成立		中越边境战争爆发	1980	经济特区设立	1980	全斗焕政变	1981	第二次临时行政调查会		美苏第二阶段限制核武器谈判
			曼达尔委员会报告的出台	1980	马来西亚重工业公社				5.18 光州民主化运动				伊朗、美国大使馆人质事件
			英迪拉·甘地政权复活		菲律宾、阿基诺逃亡美国		农村家庭联产承包责任制						
				1981	经济高度化战略		刘少奇名誉恢复						
					马来西亚“向东看”政策	1981	宝山设备取消事件	1981	金大中被判死刑，后改判无期			1981	里根总统就任

	英国		印度		东南亚		中国		朝鲜		日本		美国
1982	英阿马岛海战			1982	柬埔寨三派组成联合政府	1982	日本教科书审定批判	1982	日本历史教科书问题	1982	日本的历史教科书问题	1982	削减战略武器会谈开始
					印度尼西亚、潘查希拉五项原则						宫泽官房长官谈话		
1984	文莱独立			1983	马来西亚股份有限公司构想	1983	清除精神污染运动	1983	日本 40 亿援助约定	1983	中曾根访韩	1983	里根发表《罪恶的帝国》演说
	煤炭工会罢工				阿基诺被暗杀	1984	农村政策转换		苏联击落大韩航空客机		新潟县中越地震		战略防御构想星球大战计划
	归还香港协定签约	1984	英迪拉·甘地遭暗杀	1984	文莱独立、加入东盟		李登辉任台湾地区领导人		仰光游行事件	1984	韩国总统会见明仁天皇	1983	入侵格林纳达
1885	废除大伦敦市		拉吉夫·甘地就任总理	1985	印度尼西亚出口振兴政策	1985	宝山钢铁总厂开炉仪式				日本首相参拜靖国神社	1985	广场协议
		1986	锡克教极端武装分子制造恐怖事件	1986	菲律宾革命	1986	待业保险				外汇日元转换规定废除	1986	国际关贸总协定乌拉圭圆桌会议
					越南对全面改革政策进行表决	1987	胡耀邦卸任总书记职位			1985	依照 plaza 协议		轰炸利比亚
1988	地方自治体财政法			1988	缅甸政变			1987	韩国民主革命	1986	国铁分割为民有化		税制修改法
	爱尔兰恐怖活动积极化				印度尼西亚实行金融自由化政策	1988	李登辉当选台湾地区领导人			1986	前川报告		新移民法
					印度尼西亚加入国际货币基金组织		上海列车事故		大韩飞机爆炸游行	1987	收入水平超过美国成为第一位	1987	美苏全面废除中程核力量条约
				1988	苏联从阿富汗撤兵		蒋经国去世	1988	韩国举办第 24 届奥林匹克运动会	1988	招募事件	1988	《美苏莫斯科共同宣言》

	英国		印度		东南亚		中国		朝鲜		日本		美国
					印度尼西亚实行资本市场政策		“中华民族多元一体论”		IMF 加盟	1989	实施消费税3%		日系人强制收容保障法
		1989	印度对尼泊尔进行经济封锁	1989	越南从柬埔寨撤兵	1989	戈尔巴乔夫访华				东证38,915日元最高值		综合贸易法—“超级301条款”
			国民阵线的维•普•辛格组织内阁		APEC 会议		胡耀邦去世			1990	泡沫经济破灭	1989	马耳他会谈、冷战终结宣言
1990	反对人头税运动	1990	发生反对曼达尔劝告的学生运动		缅甸改国名		“第二次天安门事件”	1990	韩国苏联外交建立		民劳党访北团的田边•金丸		侵入巴拿马
	撒切尔下台	1991	前总理拉吉夫·甘地遭暗杀	1990	泰国国际货币基金组织	1990	平定“新疆骚乱”	1991	朝鲜、韩国同时加入联合国	1991	日韩两国关系正常化交涉	1990	出兵沙特阿拉伯
			纳拉辛哈·拉奥就任总理	1991	美菲签订友好互助防卫条约		中韩贸易事务所开设		韩国苏联外交建立		戈尔巴乔夫访日	1991	海湾战争
			正式展开经济自由化改革		菲律宾火山爆发	1991	中越关系正常化宣言				向海湾派遣自卫队		签署第一次战略武器削减条约
			钱德拉·谢卡尔总理辞任		美国返还菲律宾两军事基地		长江流域洪水灾害						苏联解体
					中越关系正常化宣言		一超多强、韬光养晦						
					柬埔寨内战结束	1992	邓小平“南方谈话”	1992	宫泽首相向慰安妇道歉	1992	《pko 合作法》	1992	洛杉矶“人种暴动”
				1992	自由贸易地区协定		中国领海法颁布，明确标识钓鱼岛				时隔17年公示地价下跌		出兵索马里
1992	脱离欧元制度	1992	破坏北方圣城阿约提亚事件发生		泰国黑色5月事件		中韩建交		中韩建交		天皇访华，称曾给中国带来“巨大苦难”		签署北美自由贸易协定
					美国从位于菲律宾的军事基地撤离		九二香港会谈						

	英国		印度		东南亚		中国		朝鲜		日本		美国
1993	《马斯特里赫特条约》	1993	古吉拉特邦遭受鼠疫	1993	柬埔寨总统大选	1993	江泽民当选国家主席	1993	金泳三总统就任	1993	“河野谈话”慰安妇问题	1993	信息高速公路构想
	《北爱尔兰和平共同宣言》				西哈努克再次即位		国企职工待业保险				细川护熙非自民联合内阁		北大西洋公约组织介入前南斯拉夫内战
							社会主义市场经济写入宪法				首相就侵略行为谢罪		
							国务院批准租税暂定条例	1994	朝鲜脱离《不扩散核武器条约》（NPT）			1994	北美自由贸易协定实施
						1994	外国汇率一元化		卡特访朝、回避危机	1994	村山富市联政成立		卡特访朝回避危机
1994	爱尔兰恐怖活动停止宣言			1994	第一次东南亚地区论坛		城市住宅商品化		金日成去世		小选举区比例代表制		
								1995	成立KEDO	1995	阪神淡路大地震	1995	世界贸易组织成立
				1995	越南加入东盟		三峡大坝动工				鹦鹉、沙林事件		中止史密森原子弹展
						1995	地下核试验				战败后50周年村山谈话		阿米塔吉·奈伊报告
					美越邦交正常化		香港选举				冲绳美军强奸少女事件		美越邦交正常化
1996	爱尔兰共和军伦敦爆炸袭击	1996	印度拒绝加入《全面消减核武器条约》CTBT	1996	东盟成立	1996	台湾海峡危机			1996	普天间基地返还发表	1996	日美安保共同宣言
	疯牛病问题						上海五国机制				新历史教科书编写组织		缩小冲绳基地统一计划
							绿色工程计划				住宅金融债权管理机构		通过《全面禁止核试验条约》

	英国		印度		东南亚		中国		朝鲜		日本		美国
1997	香港回归	1997	印度独立 50 周年庆典	1997	亚洲金融危机	1997	邓小平去世	1997	黄长烨流亡	1997	美日新方针协议	1997	达成日美新指导方针
	布莱尔工党内阁成立		环印度洋地区合作联盟(IOR-ARC)成立		东南亚国家联盟+3首脑会议		香港回归		金正日就任党总书记		消费税率上调 5%		
	戴安娜王妃死于车祸				老挝、缅甸加入东盟		新养老金制度						
		1998	第十二次全国总选举中印度人民党成为第一大党	1998	苏哈托辞去总统职务	1998	李登辉当选台湾地区领导人	1998	金大中就任总统	1998	长野奥运会	1998	克林顿访华
			阿塔尔·比哈里·瓦杰帕伊担任总理				朱镕基任总理		朝鲜发射“大浦洞”1号导弹		天皇访英抗议示威		
			印度在伯克兰地区进行地下核试验	1999	柬埔寨加入东盟		中日共产党关系正常化		日韩共同宣言		《日韩·日中共同宣言》		
			巴基斯坦也开展核试验		东帝汶独立		中日共同宣言						
						1999		1999	第一次南北首脑会谈	1999	准则第三法通过	1999	北约军队进攻科索沃
1999	不参加欧元	1999	印巴首脑举行会谈，签署《拉合尔宣言》	1999	东帝汶设置多国籍军队		澳门回归				国旗国歌法		
	爱尔兰自治政府		印度人民党阿塔尔·比哈里·瓦杰帕伊继任总理				宪法修订				花冈事件和解		
2001	布莱尔工党大获全胜	2001	古吉拉特邦发生大地震	2001	菲律宾阿罗约总统	2000	陈水扁当选台湾地区领导人			2000	天皇访问荷兰	2000	布什总统当选
			伊斯兰极端分子袭击印度国会大厦				西部大开发战略提出			2001	NHK 节目改编问题		
											小泉首相参拜靖国神社	2001	同时发生多起恐怖袭击事件

	英国		印度		东南亚		中国		朝鲜		日本		美国
						2001	上海合作组织成立（中亚）				《恐怖对策特别措施法》		空袭阿富汗
							允许民营企业家入党				海上自卫队护卫舰出航印度洋		
		2002	印度教教徒乘坐的火车遇袭	2002	日本、新加坡加入国际货币基金组织		加入(WTO)世界贸易组织	2002			日本新加坡签订《自由贸易协定(fta)》		
					东帝汶独立仪式	2002	台湾地区对祖国大陆直接投资解禁		日韩联合主办第十七届世界杯足球赛		日韩2002世界杯足球赛		
					印度巴厘岛炸弹恐怖袭击		胡锦涛当选党总书记		日韩首脑会议《平壤宣言》		日韩首脑会议《平壤宣言》		
							中国东南亚国家联盟经济合作组织						
2003	对伊拉克参战	2003	《中印关系原则和全面合作宣言》签署	2003	东盟共同体构建达成一致	2003	胡锦涛任国家主席			2003	通过“有事法制”3法	2003	伊拉克战争
			孟买发生连环爆炸事件		柬埔寨加入世界贸易组织		非典流行						
			印度与东南亚签署友好合作条约				香港七一游行	2003	北京第一次六方会谈	2004	陆上自卫队派驻伊拉克赛马沃		
							签署《内地与香港关于建立更紧密经贸关系的安排》						

	英国		印度		东南亚		中国		朝鲜		日本		美国
		2004	曼莫汉·辛格组成进步联合政权 苏门答腊-安达曼地震引发海啸	2004	越南、泰国发生禽流感 苏门答腊发生地震、海啸，导致22万人死亡	2004	宪法修订（三个代表、私有财产不可侵犯）	2004	亲日行为查明特别法				
						2005	《反分裂国家法》出台			2005	建立东亚共同体的构想		
		2005	中印建立战略合作伙伴关系	2005	东盟宪章起草意见达成一致		各地爆发大规模的反日游行				京都议定书生效		
			巴基斯坦北部发生大地震		ASEAN+3首脑会议召开		人民币一揽子货币政策				岛根县“竹岛之日条例”		
					第一次东盟峰会		载人宇宙飞船发射成功	2005	六方会谈第4次共同声明		日本天皇访问塞班岛		
							连战胡锦涛会谈				邮政民营化法案		
		2006	南亚自由贸易协定生效	2006	日本发生大地震		和谐世界论（胡锦涛）				人口首次自然减少		
			孟买发生列车连环爆炸事件		泰国军队发生政变	2006	日本首相安倍晋三访华	2006	朝鲜火箭发射试验	2006	安倍首相访华		
			格莱珉银行创始人尤努斯获得诺贝尔和平奖	2007	越南加入世界贸易组织(WTO)		中非合作论坛		朝鲜核试验		修改《教育基本法》		
			第14次南亚区域合作联盟（SAARC）首脑会议召开		缅甸僧侣反政府运动	2007	在日华人最多	2007	六方会谈重新举行	2007	防卫厅升级为防卫省		
		2007	普拉蒂巴·帕蒂尔就任印度总统		东盟宪章路线图		《物权法》颁布		美韩FTA达成合意		国民投票法	2007	美韩达成自由贸易协定

	英国		印度		东南亚		中国		朝鲜		日本		美国
		2008	美印签订了原子能协定	2008	尼泊尔废除国王制度	2008	“西藏事件”	2008	李明博就任大总统	2008	中国“毒饺子事件”		
			孟买发生无差别扫射枪击		缅甸旋风造成 4000 人死亡		四川大地震		朝鲜游行国家指定解除			2008	雷曼兄弟破产
					东盟宪章生效		北京奥林匹克运动会		国外强制动员牺牲者法				解除对朝鲜的恐怖主义国家指定
					日本东盟签署 EPA 协定		两岸实现三通						奥巴马总统当选
		2009	形成国大党主导统一进步联合	2009	东盟峰会因罢工终止		购买美国国债	2009	朝鲜导弹发射试验				
						2009	新疆骚乱事件		朝鲜核试验	2009	鸠山东亚共同体提案		
							图们江开发计划		韩国 ASEAN FTA 生效				
							原油输入>生产						
		2010	女性席位保留法案”成为印度宪法修正案	2010		2010	海峡两岸经济合作框架协议	2010	“天安号”巡逻舰沉没事件	2010	对西伯利亚扣留者支付补助金		
			纳萨尔派武装袭击印度安全部队				上海世界博览会				菅直人首相《韩日合并条约》100 周年谈话		
			德里英联邦运动会召开				钓鱼岛渔船冲突事件				中国钓鱼岛冲突事件		
					缅甸时隔 20 年再度举行总统选举						横滨举行亚太经合组织(apec)领导人会议		

	英国		印度		东南亚		中国		朝鲜		日本		美国
					昂山素季被解除软禁				朝鲜炮击韩国延坪岛		抗议俄罗斯总统访问国后岛（俄称库纳施尔岛）		
		2011	泰伦加纳独立设省要求运动	2011	泰柬军事冲突	2011	国内生产总值超过日本跃居世界第2位			2011	东日本地震海啸		
			格莱珉银行创始人尤努斯卸任总裁		泰国发生洪水								
			全国性反贪污运动								福岛核电事故		
			孟买发生连环爆炸事件								教科书审定中增加竹岛记述		

资料来源：［日］和田春树等编《岩波讲座　东亚近现代史通史》第1～10卷（2010.12—2011.8）。本年表对该书各卷卷首的年表按地域进行归纳，并根据以下资料进行补充。

英国部分主要参照秋田茂《英国帝国的历史》（中公新书，2012 年）、川北稔编《英国史》（山川出版社，1998 年）、Christopher Alan Bayly 编《英国帝国历史地图》（东京书籍，1994 年）、一之濑笃《英国货币・金融史年表》（1）～（5）（爱媛大学法文学部《经济学》第 15、16、18、20 号、1982-1987 年，《岗山大学经济学杂志》21-3、1989 年）、青山吉信、今井宏编《新版概说英国史》（有斐阁，1991 年）等。

印度部分主要参照 Barbara D. Metcalf、 Thomas R. Metcalf 著、河野肇译《印度的历史》（《剑桥版世界各国史》，创土社，2006 年）、《新版南亚事典》（平凡社，2012 年）等。

东南亚部分主要参照加纳启良《东大讲义东南亚近现代史》（Mekong 出版社，2012 年）卷末略年表、石井米雄他监修《新订增补东南亚事典》（平凡社，1999 年）等。

中国部分主要参照田中仁等《新图说中国近现代史》（法律文化社，2012 年）、久保亨等《现代中国的历史——两岸三地的 100 年足迹》（东京大学出版会，2008 年），《近代日中关系史年表》（岩波书店，2006 年），绪方勇、岸本美绪编《中国史》（山川出版社，1998 年），伊达宗义编《中国近・现代史略年表》（拓殖大学海外事情研究所，1989 年），《中国综览》《中国年鉴》各年版等。

韩国、朝鲜部分主要参照原朗、宣在源编《韩国经济发展的路径：解放・战争・复兴》（日本经济评论社，2013 年）卷末年表，韩国教员大学历史教育课《韩国历史地图》（平凡

社，2006年)，金德珍《从年表看韩国历史》(明石书店，2005年)，韩国史辞典编纂会、金容权《朝鲜韩国近现代史事典 1860—2005》第2版(日本评论社，2006年)等。

日本部分主要参照三和良一、原朗编《近现代日本经济史要览·补订版》(东京大学出版会，2010年)，远山茂树等编《近代日本综合年表》第4版(岩波书店，2001年)等。

美国部分主要参照有贺夏纪等编《美国史研究入门》(山川出版社，2009 年)，五十岚武士、油井大三郎编《美国研究入门》第3版(东京大学出版会，2003年)，川上高司《美国的对日政策》改订版(同文馆出版，2001年)，细谷千博、本间长世编《日美关系史》新版(有斐阁，1991年)等。

(［日］原朗，东京大学名誉教授；许益菲译)

20 世纪资本主义与东亚

三和良一

一、引　言

经历了两次世界大战和很多局部战争的 20 世纪，可谓悲惨的“战争世纪”。当前，在 21 世纪全球化快速发展进程中，中东地区和非洲依然战争与内战不断，东亚也围绕国境线问题硝烟四起。为了实现人类共同的夙愿——世界和平，势必需要全人类更进一步的努力。特别是作为社会科学、历史科学的研究者，我们肩负着一项重大责任——即通过分析战争和纷争的历史原因、为人类寻求如何防止战争再次发生的智慧。

通常研究国际关系时，用实证的方法剖析现实的历史事件并分析其因果关系是不可或缺的。比如研究者对近代史上与日本有关的历次战争的原因都进行过分析，如甲午中日战争、日俄战争、一战、侵华战争及侵略亚洲战争、与欧美作战等。本次会议报告人之一石井宽治先生的《帝国主义日本的对外战略》及以论文参会的原朗先生的《日本战时经济研究》就是最新发表的研究成果。[①]《被占领时期日本经济政策史研究》一书中也提到：“探讨联合国主导下的日本非军事化政策恰当与否的同时，如若不深入追究导致日本走向战争深渊的经济方面的原因，那么很难就对日占领政策做出明确的历史评价。”[②]虽然关于战争

① [日] 石井宽治：《帝国主义日本的对外战略》，名古屋大学出版会，2012 年。原朗：《日本战时经济研究》，东京大学出版会，2013 年。

② [日] 三和良一：《被占领时期日本的经济政策史研究》，日本经济评论社，2002 年，第 292 页。

及纷争原因的实证性研究目前尚未达到令人满意的水平，但本次报告并非实证性分析，而是试图从理论上探讨决定国际关系走向战争和各种纷争的经济层面的要因。

从人类历史的久远年代就可见帝国形成过程中的战争与纷争、侵略与统治。但当我们以近代为对象时，就有必要把以上现象与作为经济体制的资本主义结合起来进行剖析。特别是当审视20世纪的国际关系时，更应该把资本主义的发展过程及为对抗资本主义而产生的社会主义及其演变过程联系起来进行分析，从而阐明经济层面的决定要因。关于资本主义的历史发展阶段有各种不同的理解方式，本人采用的是形成期（重商主义阶段）、确立期（自由主义阶段）、变化期（帝国主义阶段）、第二变化期（20世纪资本主义阶段）、第三变化期（21世纪资本主义阶段）的五分法。①以上 5 个时代分别具有各自决定国际关系的要因。本文把假说总结成图 1 所示，进行说明。

二、重商主义与自由主义时代

在前近代社会中通过侵略与统治进而建立帝国的事例不胜枚举。仅在亚洲，曾在中国大地上兴亡的帝国自秦朝始，就可历数汉、隋、唐、宋、元、明、清等 7 个王朝。帝国形成的要因一般而言，包括获得物质财富及掠夺可以作为劳动力、兵力的人力等统治阶级扩张领土的冲动；以及在此基础上，统治阶级进一步企图普及其意识形态的支配欲望。（参考表 1–1）关于以上要因，即使在近代以后的社会中，其表现形式发生了种种变化，但依旧作为决定国际关系的因素继续发挥作用。

同时，在近代社会中，与政治利害关系并行的经济利益关系作为决定国家发展动向的因子，其作用在不断加强。因此研究近代社会时，有必要探讨与资本主义发展进程相对应的国际关系中经济的决定因素。

资本主义形成期被称为重商主义时代。这个时期，商业资本成为资本积累

① ［日］三和良一：《经济政策史的方法》，东京大学出版会，2012 年。参考“第三章 资本主义发展阶段划分”。

的核心。之前是从以手工业为基础的工业生产中获取利润，与之相比，这个阶段是以商品流通为背景，以此实现财富积累。特别是远距离间的交易成为巨富的源泉，一些国家想排挤他国、独占对外贸易的欲望日益高涨。因此葡萄牙、西班牙、荷兰、英国、法国等国不断入侵其他国家和地区使之变成自己的殖民地，纷纷构建自己的帝国。东南亚的菲律宾、印尼、新加坡、马来西亚与中国的部分地区到了 19 世纪中叶都处于欧洲列强的统治下。

18 世纪中叶，工业生产中开始使用机械，工业革命蓬勃发展起来。到了 19 世纪中叶迎来了资本主义的确立期。此时通过工业生产获取利润的产业资本代替了商业资本，成为占据统治地位的资本，世界进入到主张自由贸易的自由主义时代。自由主义原理本身反对排他性的垄断海外市场行为，但现实却是列强并没有改变既有的殖民地统治而是通过强大的经济力和军事实力，不断建立一种不实施直接的政治与行政统治的殖民地，即“非正式帝国”。这种欧美列强的侵略和统治行为被称作自由贸易帝国主义。[①]

即使在资本积累方面产业资本与商业资本不同，但作为产品的倾销市场和原料、资源的供应地，如何确保海外市场理所当然地受到列强的强烈关注。因此作为确保海外市场的手段，如果在经济竞争力之外还有可以利用的其他影响力的话，那么欧美列强恐怕绝不会犹豫。

因此，在这个阶段的 19 世纪后半期，英国占据印度、缅甸；法国占据印度支那（越南、柬埔寨、老挝）为自己的殖民地；美国也从西班牙手中夺走了菲律宾。日本侵占中国台湾也在这一时期。清帝国不仅面临册封体制的崩溃，甚至丧失了部分领土的独立主权，沦为半殖民地社会。

三、帝国主义时代

自由主义阶段的产业构造特征是轻工业为主，重工业为辅。随着重工业的发展，产业构造转变为重工业为主轻工业为辅，同时形成了以重工业为中心的

① 由加拉格尔（John Gallagher）和罗宾逊（Ronald Robinson）提出的思考。参考［日］毛利健三:《自由贸易帝国主义——英国产业资本的世界扩张》，东京大学出版会，1978 年。

大企业垄断体制。于是由小规模产业资本开展自由竞争的市场构造演变成大企业通过企业间的联合来控制价格的垄断型市场结构。垄断资本为操控价格而限制资本投入，据此调节生产和供给量。其结果是在本生产领域内产生了不能灵活使用的过剩资本。那么过剩资本的投资地便转向其他的生产领域或者流通领域、金融领域等，从而更加扩大了本国向海外的投资。

在此之前，资本主义国家为了寻求销路和原材料而争夺海外市场，在这种竞争中，又加入了过剩资本寻求海外投资市场的竞争，因此竞相进行帝国扩张的帝国主义时代来临。此时，非洲大陆继续被瓜分；日本通过吞并朝鲜也完成了对东亚的瓜分。世界被瓜分完毕后，帝国主义国家间因殖民地的重新分割问题矛盾激化，最终导致第一次世界大战的发生。

与列宁的帝国主义分析论不同，社会帝国主义论从另外一个观点分析了帝国形成原因。例如，汉斯•贝拉等人认为帝国主义形成的起因是：德国从19世纪80年代开始的伴随海军扩张计划的殖民政策，就是为了向外释放随工业化的发展所产生的国内社会变化与紧张关系的压力，是一种试图维持现状所采取的防御性意识形态。[①]

随着资本主义发展，工人阶级不断壮大，工人运动蓬勃发展。社会主义思想、民主主义思想的影响也愈发显著。于是在近代国家中，为调整劳资关系，以劳动法和国民同权为目标的普选制度开始建立。同时在帝国主义时代，社会保障制度也开始被完善。作为处理国内阶级、阶层对立的方法，把国民的视线引向对外关系方面的政策称为社会帝国主义。

第一次世界大战成为促成资本主义进一步变化的巨大转折点。首先，在一战中发生的俄国社会主义革命使之前只在理论上存在的“社会主义”变成了历史现实，这使资本主义国家感到了“革命的恐怖”。

在大战中为“国内和平”做出贡献的工人阶级在战后要求承认劳动基本权（团结权、集体交涉权、争议权）和生存权，并且扩大了本阶级在劳动法、社会保障制度及选举制度等方面的权利。典型事件即1919年魏玛宪法中明确规定

① Wehler, Hans-Ulrich, *Bismarck und der Imperialismus*, Colonge: Kipenheur und Witsch, 1969.

了把社会权作为基本人权，即“保证人有像人一样的生存权利”，并赋予20岁以上男女平等的选举权。此外，按照国联的规约，1919年起成立了国际劳工组织（ILO），它主张“为了保证男女及儿童权利，要确保公平的合乎人道的劳动条件”。国际劳工组织作为国际机构开始了各项活动，由此工人阶级的社会地位得到了飞速提高。

各个殖民地也高举民族自决原则。例如，1917年苏维埃政权提出的“和平法令”及1918年美国总统威尔逊提出的“十四点和平原则”中都有明确表示。同时，1919年国联盟约规定：要对脱离德国的殖民地实施公正待遇并提高人民的福利。然而规定却只停留在纸面，事实上德国旧殖民地和统治地区遭到了列强的委任式统治。另一方面，在殖民地国家中，反帝、民族解放运动高涨：亚洲爆发了印度的非暴力不合作运动、朝鲜的三一运动、中国的五四运动。虽然并未取得完全成功，但民族自决从理论上作为国际关系的基本原则开始被认可。

四、20世纪资本主义时期——截至第二次世界大战

以第一次世界大战为转折点，资本主义迎来了第二次变化期，20世纪资本主义时代来临了。20世纪资本主义的基本特征是经济活动中强化了政府的政策干预功能。表2是基本政策的展开图。

关于政策干预，首先是有关调整社会经济活动的政策。资本主义是一种通过周期性经济活动的反复而成长起来的经济体系。此前未曾有过采取诸如财政及金融等政策来调整经济活动。但是1929年开始的“大恐慌”时代中，为了从经济萧条中恢复过来，发达国家开始通过财政支出来刺激需求，或者采取政策性资金供给（财政政策）。当时的日本，从1920年战后经济大萧条时代就已经开始了由日本银行主导的大规模救助融资行为。

政策干预表现之二是社会保障政策。此政策具有介入国民收入分配体系、并进行收入再分配的职能。假若失业保险、疾病保险和养老金等制度完备的话，即使失去劳动能力也能保障收入所得。如果通过经济调整政策使经济状况从恐慌和萧条中恢复过来，就可以抑制失业的发生，那么劳动者的雇佣和

工资就能得到保证。而收入和雇佣的稳定反过来可使工人阶级减轻对资本主义体制的不满，达到缓和阶级间矛盾的目的。俄国十月革命建立第一个社会主义国家后，为防止社会主义革命再次发生、缓和阶级矛盾，建设福利国家成为资本主义国家新的选择。同时赋予工人阶级同等的政治权利也成为缓和阶级矛盾的有效政策。

采纳了如上新政策的20世纪资本主义时代，如果关注其国际关系的话，以第二次世界大战为界，可以分为两个典型时期。首先是第一次世界大战后至第二次世界大战期间。（参照表1—2）

这段时间内，民族自决原则虽开始被承认，但由外国、外来民族进行统治还未失去其正当性，于是20世纪30年代又出现了大国间重新分割殖民地的行为。这次新的帝国主义行为的主导者是日本和德国。日本的目的是扩大在华权益；德国是在纳粹主义指导下入侵东欧。

两国的行为与帝国主义时代背景下的对外扩张类似，但在走向侵略的动因方面却大相径庭。日本资本主义及德国资本主义均具备了20世纪资本主义的特质：国家对经济的政策性干预在摆脱经济萧条的过程中被强化，并且在加强军事竞争力的过程中开始实施“经济的有组织化”或者“经济统制”。

两国都以避免发生社会主义革命为目标，一方面，在国内继续弹压共产主义政党，努力调和国内的阶级矛盾。为了缓和阶级矛盾必须保障就业和收入，因此确保殖民地和势力范围并从中掠夺财富成为达到目的的有效手段。并且，为抑制国内对立和分裂，达到国内统一而进行的对外扩张（社会帝国主义）也在20世纪资本主义时代发挥了新的有效性。

日本国内在第一次世界大战中发生了大规模农民暴动，之后政权更迭。一战后，劳动争议和佃耕争议激增，出现了明显的阶级对立。1922年，日本共产党成立。共产主义、社会主义思想开始广泛传播。同时，政府也采取了一些缓和阶级矛盾的措施。例如开始准备制定工会法、佃耕法；公布了健康保险法；实施了禁止妇女、未成年人深夜工作的工厂法案等。

1931年9月日本入侵中国东北地区，九一八事变爆发。我们需要注意一点就是九一八事变爆发时日本国内的阶级对立关系与之前甲午中日战争时期完全不同。五四运动以来，中国人民反日运动高涨。对日本资本主义发展而言，抵制日货使中国这个重要的海外市场缩小并威胁到了经济的再生产，因此这一点的确成为日本企图通过武力侵略中国的动因。但同时也不能忽略另一个原因，就是 1927 年发生金融恐慌后 1929 年开始紧缩财政，同时在世界经济危机蔓延和经济持续恶化的情况下，为了解决国内激化的阶级对立，侵略中国也是有效方案之一。于是在排外主义和民主主义宣扬下，日本的国民意识达到空前统一。这样一来日本幻想着通过侵略东三省获得物质财富的同时，政府也把人民的视线从国内转移到了国外。

面对经济“大恐慌”，20 世纪资本主义诸国从国际金本位中脱离开来，开始采取本国本位的通货管理制度，并实施本国中心主义的政策，在各自划定的经济圈内通过关税、外汇管理等方式推行区域集团经济。日本通过构想“日满经济圈”到“日满华经济圈”进而到“大东亚共荣圈”，以此对抗英国为首的英镑集团、法国为首的法郎集团、美国为首的美元区。各经济集团间的矛盾不断突出，“军备紧缩条约”时代结束，开始了军备扩张与竞争。强化军备就是扩大作为特殊消费品的兵器的生产，这本身对于经济从恐慌和萧条中恢复过来有一定刺激作用，日本和德国较早摆脱经济危机的原因就是军费扩大的结果。而对美国来说，真正从经济危机中摆脱出来是参加第二次世界大战以后了。并且，因为军备竞争势必要确保橡胶、石油等物资的供应，因此这又成为占领殖民地和势力范围的新动因。

德国用侵略东欧掠夺来的物资使本国的生活水准直至战争末期都保持在一定水平上，从物质方面维系了阶级调和及国内一体化。日本侵略中国进而侵略东亚，但因能掠夺的物资匮乏，加之海上运输能力弱，因此国民的生活水平随着战争的深入迅速下降。为了应对国民对物质生活的不满和战争斗志下降，日本只有通过天皇制意识形态从思想方面强化国民意志的统一，在漫长的战争中，日本丧失了 20 世纪资本主义的功能。与此相对，德国一方面通过纳粹意识形态统一国民意志的同时，也从经济方面最低限度地实现了 20 世纪资本主义性质的阶级矛盾调和。

五、20世纪资本主义时期——第二次世界大战后

随着德国和日本战败，第二次世界大战结束。其后的国际关系发生了两大巨变：一是新生社会主义国家的诞生，世界由此分成社会主义阵营和资本主义阵营；二是殖民地相继独立，很多新兴国家以构建作为国民国家的经济基础为目标登上世界舞台。

中国、越南、朝鲜、缅甸、老挝以及东欧国家成为社会主义国家，形成了社会主义阵营。这促使资本主义国家加速向福利国家迈进。另外，作为国际组织的联合国成立后于1948年通过了《世界人权宣言》，其第22条规定："每个人，作为社会一员，都有权享受社会保障。……并有权享受个人尊严及人格自由发展所必需之经济、社会及文化等各种权利之实现。"此宣言在表决时，以苏联为首的社会主义国家投了弃权票，原因就在于宣言中包含着资本主义体制为宣扬其存在的正当性试图树立一个理想目标的意味。换言之，为了对抗主张平等正义的社会主义意识形态，20世纪资本主义则标榜建设尊重人权的福利国家。

殖民地的独立意味着之前只停留在观念性认知的"民族自决"原则变成了历史现实，至此，殖民地统治已经完全丧失了正当性。在1960年联合国表决通过《准许殖民地独立宣言》前，绝大部分亚洲殖民地国家都已实现了独立。虽然旧宗主国仍旧企图延续他们的权益，但新兴的独立国家对这种新殖民地主义也具备很强的警戒和反抗，所以这迫使资本主义国家放弃了旧有的维系排他性势力范围的外交路线，转而不得不构筑新型国际关系。

反省因经济集团间的对立引发战争的历史教训，第二次世界大战后，各国就以自由贸易为国际贸易准则达成一致，于是缔结了有关关税及贸易的一般协定 GATT，目的是使商品和资本进行国际的自由流动。同样，关于国际结算，基于金本位体制崩溃后的竞争性外汇倾销这样的痛苦经历，在国际货币基金组织 IMF 主导下，将黄金与美元挂钩从而以美元为中心的固定汇率体系也就是美元黄金本位制开始发挥职能。IMF 和 GATT 体制在一定时期内成为支撑全世界经济高速增长的"经济基础设施"。

社会主义阵营和新兴国家的扩大这样巨大的变化加速了 20 世纪资本主义建设福利国家。另外，从 20 世纪 20 年代开始，美国率先开始发展起来的大众消费社会，即由家用电器商品、私家车等耐用消费品引发的批量生产和庞大的消费社会，二战后也在发达国家中普及开来，促进了世界范围的经济增长。经济的增长保证了就业和收入，因此对于缓和国内阶级对立起到了良好效果。并且由经济增长产出的财富经由福利国家进行再分配从而保证了底层民众收入所得的话，那么这部分下层民众的需求将会进一步推动经济发展。由此经济发展和建设福利国家二者相互促进，成为一种良性循环。

二战后不久包括军事对立在内的东西方冷战开始。北大西洋军事同盟 NATO 与华沙条约组织对抗，朝鲜战争爆发。同样，在东西方经济关系方面，限制对社会主义阵营出口的委员会 COCOM（巴黎统筹委员会——译者注）及限制对中国出口的委员会 CHINCOM 制定了很多壁垒。但是，1956 年苏联进行斯大林批判以后，苏联转变为与资本主义国家和平共处的路线，向资本主义发出了经济竞争挑战。在对新兴国家进行经济援助方面苏联为和西方国家竞争也花费了大量精力。

新兴的独立国家以经济独立为目标，运用民族资本尝试进行工业化和社会主义计划经济，推行经济民族主义路线。在东西方进行经济援助竞争背景下，一些新兴国家在政府强有力的管理统制下，通过导入外资推进急速的工业化，被称为“开发主义”。即出现了所谓采取“开发独裁”体制的国家，经济取得了明显成效。但是，面对这些独裁政权，民众要求民主化的运动风起云涌。于是在 20 世纪七八十年代，韩国、泰国、菲律宾及印尼等国国内的体制转变成了民主主义的政治体制。

二战后，日本在联合国军占领下开始了战后改革。政治、经济、社会构造各方面发生了巨变：从天皇主权转变为国民主权；通过劳动改革实现了国民权利的平等；解散财阀、废除地主制度，社会愈发平等；在和平宪法的约束下日本由军事国家蜕变为经济国家。恢复独立后，在美国的军事保护伞下，日本实现了高速的经济增长。依靠技术革新带来的世界性经济快速增长，尤其日本实现了显著的高经济增长率的原因主要有三：一是，军事投资被限制到最小限度，资金投入到和平生产当中；二是，因为社会和权利的平等化，内需不断扩大；三是，20世纪资本主义性质的经济政策也发挥了一定作用。

在国际关系方面，日本丧失了所有殖民地。与中国为主的亚洲社会主义国家的经济关系也变得微乎其微,所以与战前相比日本对美国的依存度骤然增强。日本与美国关系的日益加深不仅体现在经济方面，甚至在外交方面日本也成为美国的附属国。1972年，日本借与中国恢复邦交正常化为契机，开始深化与亚洲各国的经济联系。并于20世纪70年代对亚洲的进口贸易额及20世纪90年代对亚洲的出口贸易额分别超过了对北美的进口和出口额。①

六、21世纪资本主义时代

20世纪资本主义的阴霾出现在70年代。在经济高速增长背景下，日本和联邦德国的经济实力日渐强大而美国的经济力相对较弱。美元作为基础货币的信任度下降，于是美元危机爆发。1971年，美元沦落到不得不停止与黄金兑换的境地，支持战后资本主义世界的美元——黄金本位制就此解体。进而，1973年第4次中东战争导致石油价格暴涨，曾经支撑经济快速增长的能源低价格时代也不复存在。

曾经成为经济高速增长技术基础的耐用消费品的技术革新告一段落后，接连发生了美元危机和石油危机，因此世界经济发展减速，进入了低速增长时代。一些国家得益于伴随经济高速增长形成的良性循环，实现了福利国家目标。但因为高负担约束着高福利，所以在经济进入低速增长时代后高福利成为国家财政的巨大负担。因此，减轻财政负担、健全财政制度成为亟待解决的政策问题浮出水面。

20世纪资本主义实现福利国家目标后，就业和收入都很稳定，但另一方面也出现了劳动纪律松弛的现象。一个经常被引用的例子就是20世纪60年代开始英国经济陷入停滞，这种现象被称作“英国病”。原因是通过失业、没有收入

---

①［日］三和良一、原朗:《近现代日本经济史要览》补充修订版，东京大学出版会，2010年，第25页。

来强制劳动者努力工作的机制已经消失，所以这成为20世纪资本主义的弱势。因此，在经济低速增长时代，恢复劳动积极性成为资本主义企业的迫切愿望。

此外，政府介入经济活动，虽有效抑制了企业间的竞争，但国营产业对技术革新的热情也有所减退。

因而若想激活企业间竞争，促进技术革新，强化劳动积极性，并减轻财政负担，那就必须改变20世纪资本主义的存在状态。于是1979年上台的英国撒切尔政权、1981年开始执政的美国里根政权所做的努力正是为了解决20世纪资本主义所带来的问题。

另一方面，在社会主义阵营中，虽然计划经济在分配的平等性方面发挥了作用，但在促进经济增长方面就愈发显得效果不佳。因此国民对经济发展非常不满。[①]苏联从1985年开始，戈尔巴乔夫政权提出了“改革”和“信息公开”的口号试图打开新局面。但是，改革却把方向引入到反对权威统治、并鼓励了谋求民主化的风潮。于是羡慕西方发达物质生活的民众对国内体制的批判日益高涨，最终导致了东欧社会主义国家相继进行民主化革命、苏联解体。

中国实行了改革开放政策，经济向社会主义市场经济转航，继续实践着社会主义。但历史的潮流昭示着20世纪社会主义实践遭遇了重大挫折。

20世纪资本主义为对抗20世纪社会主义所以决定把国家建设成福利国家，因为与之对抗的体制已经崩溃所以资本主义国家高唱“资本主义的胜利”。同时，既然“革命的恐怖”已不复存在，那么资本主义国家认识到继续专注于福利国家的理由也不再成立。因为仅存的所谓“20世纪社会主义威胁”的消失，资本主义世界认识到撒切尔主义、里根经济学等新自由主义应该作为全新的资本主义经济的世界标准被采纳。

因此以20世纪80年代末为界，资本主义进入到崭新的21世纪资本主义时代。截至目前，21世纪资本主义的最主要的显著特征分别是：其一，政府对经

---

① 以平等为原则的经济体制和以竞争为原则的体制，从经济主体的意愿以及把社会剩余作为资本进行再投资的组织结构来看，很明显后者是一种促进经济增长的体制。[日]三和良一：《资本主义经济缘何能快速增长》，南开大学日本研究中心：《日本研究论集 2001》，天津人民出版社，2001年。

济的干预减少（财政紧缩、国有企业的民营化、政府规制的缓和）也就是说遵循市场经济原理。其二，从福利国家转变为社会救助型国家（削减社会保障、劳动市场灵活化、劳动力的二次市场化），等同于从提供福利转变成工作福利制度。其三，货币主义，即以调节货币为主的经济政策。

七、结语：21世纪资本主义与东亚

随着20世纪社会主义实践遭遇挫折，21世纪资本主义登上历史舞台。那么21世纪资本主义能否不同于把世界带入“战争世纪”的20世纪，而是把世界带入“和平的世纪”呢？

21世纪资本主义被称为全球化资本主义，它可以使本国经济与世界经济发生紧密联系。这与20世纪80年代迅猛发展的计算机技术和信息器材结合后发生的IT革命并通过互联网连接全世界后所带来的信息化社会有关。更深层次的原因也可以认为是资本主义的本质特性在发挥作用。

21世纪资本主义依照市场原理主义的原则，商品、资本、劳动力超越本国的内部制约和外部约束寻求自由流动。经济要素的自由移动所带来的最合理分配即所谓“中心法则”理应可以促进全球化发展，但是21世纪资本主义既然作为资本主义，那么它追求超额利润的资本积累的内在冲动是资本主义发展最大动因这一点就没有任何变化。

若资本积累的冲动与市场原理主义的“中心法则”相结合会发生什么？反观历史很明白地告诉我们，那就是对利润的无限制追求使分配过多地流向社会剩余资本，却较少分配给劳动力。实际上，20世纪末以来国家内部或者国家间的财富和所得的分配差距扩大的倾向愈发明显。

综观东亚，分析1965年到1990年8个国家和地区经济增长的世界银行报告书《东亚的奇迹》中，把伴随收入分配平等化实现的高速经济增长称为奇迹。[①]

① 世界银行：《东亚的奇迹》，东洋经济新报社，1994年。原著为1993年刊。考察的对象国家和地区分别为日本、韩国、新加坡、印度尼西亚、马来西亚、泰国以及中国台湾和中国香港。

但是，日本从 20 世纪 80 年代以来收入差距开始加大，其他国家和地区从 90 年代以来也出现了贫富差距加大的情况。[①]

历史证明，国内、国家间的贫富差距是产生国内对立、国际矛盾的温床，曾经对分配的不公正、非正义提出异议是社会主义思想的出发点。因此导致贫富差距加大的 21 世纪资本主义把世界带入“和平世纪”的可能性极低。

面对因贫富差距产生的不满、对立情绪的高涨，如果想通过政治压制以外的手段解决，那么只有扩大作为分配资金源头的社会剩余价值，即扩大“分配蛋糕”。所以把经济增长率维持在较高水准是唯一办法。

那么 21 世纪资本主义能否维持高经济增长？第二次世界大战后的美元—黄金本位制已经证实，为了实现世界经济稳定增长，货币的国际性稳定供给是非常重要的因素。1971 年美元—黄金本位制崩溃，世界进入美元基础货币制和浮动汇率制的时代后，国际性货币的稳定性显著下降。进而，因为美元没有了黄金这样的实物支持，美元的发行和流通量就变得不受限制。美国的经常收支和财政二者都处在赤字状态，所以就没有必要限制作为基础货币的美元的发行量。其结果是远远超过实物性商品交易媒介所需量的美元在全世界泛滥。

于是过剩的美元从实物性商品市场流出后到达投机市场寻求增值。因此，全世界蔓延着金钱游戏，经济活动被搅乱的情况时有发生。例如，1997 年的亚洲货币、金融危机；2008 年美国房地美和房利美两大房屋贷款中介发生危机引起的世界性金融危机就是由 21 世纪资本主义特性引发的不可避免的经济混乱。因此，似乎我们也无法期待 21 世纪资本主义能带来稳定的经济增长。

假设即使实现了持续性的经济增长，势必等待我们的也是地球资源枯竭和环境破坏所带来的悲惨结局。[②]所以 21 世纪资本主义实现“和平世纪”的可能性近乎为零，因此我们生活在必须构筑一个能代替 21 世纪资本主义的新型经济社会的时代。

---

① 关于日本，参考[日]三和良一:《概说日本经济史》第 3 版，东京大学出版会，2012 年，第 234 页。关于泰国、印度尼西亚、马来西亚，参考 United Nations Development Programme, *Thailand Human Development Report 2009*, UNDP,2010,p79.

②[日]三和良一:《当前全球危机背后的真正危机》，南开大学世界近现代史研究中心:《世界近现代史研究》第六辑，中国社会科学出版社，2009 年。

很多东亚国家都已被21世纪资本主义洪流所吞没，但中国的情况稍有不同。所以笔者对与21世纪资本主义保持一定距离的中国抱有期待。虽然市场经济不可避免地会带来财富和收入分配差距，但笔者希望中国能克服经济增长主义。

世界上社会科学、历史科学的研究者们，我们作为生活在21世纪的研究者，应该共同携手、鼓足勇气去解决人类历史面临的困难问题。

表 1-1　决定东亚国际关系的诸要素

前近代社会		资本主义								
古代—中世·近世		17世纪—19世纪前叶			19世纪中叶—19世纪末			19世纪末—20世纪初期		
“帝国”形成的冲动		形成期			确立期			变化期		
		重商主义			**自由主义**			**帝国主义**		
农耕社会		农业、手工业			机械制造工业　轻工业为主、重工业为辅			重工业（生产资料）为主、轻工业为辅		
共同体社会		从共同体社会走向近代社会			市民社会			市民社会		
领土扩张	财富（潜在性财富，包含资源在内）的获取	商业资本的积累冲动	援用非经济力、原始积累	殖民地及势力范围	产业资本积累的冲动	确保商品出口市场	殖民地及势力范围	垄断资本积累的冲动	确保过剩资本对外输出市场	殖民地及势力范围
	人力，即获得劳动力和兵力	西欧各国占领殖民地，建立帝国			自由贸易帝国主义　(1)	间接统治力	非正式帝国	帝国主义（列宁）	世界瓜分完毕	重新瓜分世界
意识形态的统治	满足支配欲望							社会帝国主义　(2)	国内一体化	殖民地及势力范围
		社会主义	初期社会主义思想		马克思主义思想				**社会主义国家**	俄国社会主义革命 1917年
		东亚成为殖民地与独立	·西班牙：占领菲律宾　1529年 ·荷兰：荷属东印度（印尼）　1800年 ·英国：统治新加坡　1824年　英属马六甲海峡殖民地（马来西亚）　1826年。租借香港　1842年 ·列强：在中国各地设立租界　1843年—		·英国：《改善印度管理法》　1858年 英属印度帝国　1877年			·英国：把缅甸并入英属印度　1886年 ·法国：成立法属印度支那联邦（越南、柬埔寨，后老挝也被并入）1887年 ·日本：占领中国台湾　1895年 吞并朝鲜 1910年 ·美国：从西班牙手中夺走菲律宾的统治权　1898年	民族自决思想（3） 反帝、民族解放运动	·国联规定第22条(4) ·三一运动　朝鲜　1919年3月 ·五四运动　中国　1919年5月 ·非暴力不合作运动　印度　1919年
										第一次世界大战时期
		对待工人阶级和农民运动	废除禁止结社法　英国　1824年		工会法　英国 1871年 劳动争议刑事免责　英国 1875年			镇压社会主义者法　德国　1878-1890	劳动争议民事免责　英国　1906年	国际劳工组织 ILO　1919年　(5)
							社会保障	德国：医疗保险 1883年；工伤意外保险 1884年；残障养老金保险1889年 英国：养老金 1908年；国民保险（失业、疾病）1911年		魏玛宪法　1919年　(6)
		权利同等化	男性普选权：法国　1848年		男性普选权：德国 1867年 美国 1870年					男性普选权：英国 1918年 全民普选权：德国 1919年

(1)　通过强大的经济力和军事力，建立一种不直接进行政治及行政统治的殖民地，即非正式帝国的形成。Ronald Robinson，John Gallagher

(2)　把经济发展带来的国内对立向外部转化，以利于国内的一体化。Bernard Semmel，Hans Ulich Wehler

(3)　V.I.　Lenin，*The Right of Nations to Self-Determination*，1914年。　1917年11月苏维埃政权根据《和平法令》中“不赔款”“不割地”“民族自决”原则，建议第一次世界大战全部交战国即刻停战、谈判。1918年1月，美国总统威尔逊发表《十四点和平原则》（含民族自决）。

(4)　国联盟约　1919年 第22条：对于脱离殖民国家统治的殖民地人民“把人民之福利及发展视为文明之神圣任务”。第23条：“要确保委任统治地内原有人民受到公正的待遇。”

(5)　国联盟约　1919年 第23条：“为了本国及其通商产业关系所及所有国家中的男女及儿童之权利，为确保公平且人道的劳动条件，应将建立和保持必要的国际组织。”

(6)　明确表示社会权作为基本人权受到保护：“保证人要像人一样生存之权利，Gewährleistung eines menschenwürdigen Daseins。”

表 1-2　决定东亚国际关系的诸要素

资本主义 VS 社会主义				资本主义及市场经济		
第一次世界大战后－20世纪80年代				20世纪80年代末以后		
第二变化期				第三变化期		
20世纪资本主义				**21世纪资本主义**		
重工业（生产资料+耐用消费品）为主				以计算机及信息相关产业为主		
大众消费社会				信息化社会		
金融资本的积累冲动	通过政府的干预（经济政策），确保利润	调整经济活动，或利用通货膨胀弱化对外竞争力→为了维持对外的均衡，政府干预经济：贸易、外汇管理。保证市场及生产力		金融资本的积累冲动	·市场经济原理 ·金钱游戏也就是投机资本主义	·美元－黄金本位制崩溃1971年
新型帝国主义	·圈定市场，即形成区域集团经济 ·生产力，即为了维持军事力就要保证能源供给 ·为缓和阶级矛盾，需要获得资金源 ·用沙文主义推进国内的一体化	·从国际金本位转向货币管理制 ·殖民地、势力范围、区域集团经济		全球化资本主义	·货币主义 ·美元基础货币制 ·浮动汇率制 ·多国籍企业： 市场、资源、资本、劳动力的全球调配	·WTO ·区域经济联合： 共同市场、自由贸易协定、经济合作协定
	第二次世界大战后的发达资本主义国家	·福利国家 ·经济增长主义	·美元黄金本位制：IMF体制 ·自由贸易：GATT体制 ·区域经济联合：经济共同体 ·自由贸易协定、EU	社会援助型国家，即从提供福利转变为工作福利制	·经济增长主义 ·经济差距加大	保证生产力： ·劳动力二次市场化 ·民营化 ·规制缓和
社会主义阵营 苏联成立　1922年	东欧社会主义　1948-1949年 中华人民共和国　1949年 越南(1945年)、朝鲜(1948年)、缅甸(1962年)、老挝(1975年)	**东西方冷战** ·北大西洋军事同盟NATO（1949年）VS华沙条约组织（1955年） ·对社会主义阵营实行禁运和贸易限制委员会COCOM 1949年；对中国实行禁运和贸易限制委员会CHINCOM 1952年	和平共处 苏联进行斯大林批判（1956年）后 ·经济竞争 ·中苏对立 ·美苏间经济援助竞争	**社会主义阵营的解体** ·东欧社会主义阵营崩溃1989年 ·苏联解体 1991年	中国的改革开放政策　1978年 社会主义市场经济　1993年	·市场经济融入到全球化资本主义中 ·经济增长主义 ·贫富差距加大
殖民地的独立	·台湾地区回归中国　1945年 ·菲律宾独立　1946年 ·印度、巴基斯坦独立　1947年 ·韩国、朝鲜、缅甸、斯里兰卡独立 1948年 ·老挝、印度尼西亚独立 1949年 ·柬埔寨独立　1953年 ·越南独立　1954年 ·马来亚联邦独立　1957年 ·马来西亚成立　1963年，1965年新加坡脱离马来西亚	·反对新殖民主义→经济民族主义 ·向社会主义倾斜	联合国《关于准许殖民地国家及民族独立之宣言》1960年 选择“开发主义”　(9) ·科伦坡计划　1951年开始实施 ·泰国　沙立·他纳叻政权 1958年 ·新加坡　李光耀政权　1959年 ·韩国　朴正熙政权　1961年 ·印尼　苏哈托政权　1968年 ·菲律宾　马科斯政权 1972年	民主化运动： ·泰国　军事政权崩溃　学生革命1973年 ·韩国　朴正熙被暗杀　1979年 全斗焕成为总统　1981年 ·菲律宾　由马科斯政权过渡到阿基诺政权　二月革命 1986年 ·印尼　苏哈托政权崩溃 1998年	·《东亚的奇迹》世界银行报告　1993年 ·亚洲金融危机　1997年	·高储蓄率 ·国内市场扩大 ·出口增加
两次大战之间·大萧条时期	二战及战后	冷战期	和平共处期			
对待工人阶级和农民运动 通过缓和阶级矛盾来回避革命的政策：建设福利国家及权利同等化	世界人权宣言　第23、24条 1948年　(7)	有关劳动保护的立法		劳动市场灵活化	·解雇规定的缓和，即工资成本的流动费化 ·劳动者的再教育，即劳动力二次市场化	
社会保障 社会保障及通过调整经济政策来保证就业，即所谓建设福利国家	世界人权宣言　第22条　1948年　(8) 健全福利国家	福利国家的完善		放弃建设福利国家←财政负担过重		
权利同等化 女子参政权：美国 1920年 英国　1928年 男子普选权:日本 1928年	女子参政权：日本、法国 1945年					

(7)　《世界人权宣言》第23条规定：1. 人人有权工作、自由选择职业、享受公正和合适的工作条件并享受免于失业的保障。　2. 人人有同工同酬的权利，不受任何歧视。　3. 每一个工作的人，有权享受公正和恰当的报酬，保证他本人和家属之生活足以维持人类尊严，必要时可以享受其他方式的社会保障。　4. 人人有为维护其利益而组织和参加工会的权利。
第24条规定：人人享有休息和闲暇的权利，包括工作时间有合理限制和定期带薪休假的权利。

(8)　《世界人权宣言》第22条规定：每个人，作为社会一员，都有权享受社会保障，……并有权享受个人尊严及人格自由发展所必需之经济、社会及文化各种权利之实现。

(9)　“开发独裁体制”：①否定议会制民主和经济民族主义 ②实施经济开发计划 ③政府管辖下的引入外资型工业化 ④干预劳资关系 ⑤国民共同拥有经济发展的成果

表2 20世纪资本主义的政策体系

	面临的问题	政策目的	政策手段	政策干预环节	政策的负面效果
对内方面	维持资本积累	保证利润	财政政策（调整经济状况及通货膨胀）	景气循环过程、资本雇佣劳动关系	生产力低下的企业、产业的淘汰作用减弱：随着垄断的加强资本移动受到制约→社会分工关系的弊端，即生产力停滞
			收入政策		
			经济管制		
		确保生产力	产业政策：培育新产业、促进新技术开发、促进投资（优惠税制）	社会分工，即劳动力的社会性配置	利害冲突激化
			资源政策		
			禁止垄断政策		
			经济计划、经济统制		
	缓和阶级间矛盾（依靠经济优势）	保证工资（完全雇佣）	财政政策（调整经济状况）	人口法则	劳动力供给不足：工资上升
		保证收入	社会保障制度、收入再分配	分配关系	削减利润
		保护弱者（农民及小企业）	财政、金融	分配关系	生产力低下的企业、产业的淘汰作用减弱：→社会分工关系的弊端，即生产力停滞
	缓和阶级间矛盾（依靠政治、社会优势）	劳资关系稳定（把工人阶级纳入资本主义体制内）	劳动立法、参与经营、权利同等	资本及雇佣劳动关系	工资刚性：劳动力移动受制约→社会分工关系的弊端，即生产力停滞
对外方面	维持资本积累	保证利润	确保国内市场政策：关税、非关税壁垒，汇率调整	国际分工关系	国际间对立激化
			确保出口市场政策：出口补助、出口金融，汇率调整，建立势力范围、区域集团经济，经济共同体		
		保证生产力	出口能力，即强化出口能力的政策：培育出口产业、奖励出口		
			确保资源进口政策：建立势力范围，资源外交，开发落后国家资源以保证进口		
		国际收支平衡	总需求调整政策		
			强化国际竞争力的政策		
			贸易、汇率调整政策		
			调整资本移动政策		
	缓和阶级间矛盾	保证工资、收入	从殖民地、势力范围内掠夺	分配关系	
		民族主义	沙文主义	国民意识	
	缓和国际间对立	保证国家利益	外交：缔结条约和协定，参加各种国际机构	国际关系	政策执行的自由度受限
			军事政策		军备，即特殊消费品的大量生产→生产力停滞

资料来源：［日］三和良一：《两次世界大战期间日本的经济政策史研究》，东京大学出版会，2003年，“第1章向现代资本主义靠近”；《日本经济史概说》第3版，东京大学出版会，2011年，“资本主义社会论”。

（［日］三和良一，南开大学客座教授、青山学院大学名誉教教授；杨立影译）

影响20世纪东亚国际体系变革的内外因素及其启示*

初晓波

到目前为止，东亚地区存在过四种区域国际关系体系或格局：甲午战争之前的华夷秩序（也被称为朝贡秩序或者朝贡—册封秩序）、殖民体系、冷战体系和后冷战体系。在不同的体系中，主导国家、矛盾核心、互动规则以及具体治理形式等不尽相同。出于对东亚国际关系体系发展变迁的连续性考虑，本文论述的时间范畴，主要集中在后三种区域国际体系，但也会涉及华夷秩序的若干内容。而文章中的东亚，主要是指东南亚联盟十国与东北亚的中日韩、蒙古和朝鲜等国，但限于篇幅，个案研究更多围绕中日两国展开论述。虽然美国目前在东亚地区有大量驻军的实际存在，但从国际法与历史视野来看，本文仍将其视为东亚国际关系体系有重大影响力的域外国家。

一、影响20世纪东亚国际体系变革的外部因素

对整个世界体系变迁来说，全球化是一股席卷全球的洪流，东亚国际体系变革的外部因素首先就体现在这种不可遏制的全球化不断加深之上。当英国人马嘎尔尼来到中国觐见乾隆皇帝的时候，他们已经清楚意识到："中国方面的传统的排外偏见和它的长期闭关自守是成正比例的，而且目前丝毫没有任何改变。这种偏见不仅表现在中国人的行为当中，而且由于他们对自己文化的高度优越

* 本研究论文系经北京大学桐山教育基金研究资助支持。

感，这种狭隘的观念已经形成为一种思想体系。”[①]著名学者佩雷菲特的评价是，马嘎尔尼的访华，“两个傲慢者互相顶撞，双方都自以为是世界的中心，把对方推到野蛮人的边缘。中国拒绝对世界开放，而英国人则不管别人愿意与否想让世界对所有的交流开放。欧亚大陆的两极在 50 年里将从文化冲突变成兵戎相见”[②]。

面对着西方殖民者的全面扩张，东亚地区各个国家被迫卷入全球化潮流之中，从国际贸易到国内市场，从对外关系到国内政治。从经济领域来看，除了日益增长的洲际货物贸易之外，以重金属为代表的货币流通也达到了非常热络的程度。1853 年至 1856 年的克里米亚战争，推动了列强在东亚的争夺；1857 年的世界恐慌、英国在印度统治的动荡以及东印度公司贸易垄断权的废止，都直接影响到了东亚区域内各国的经济与政治变革。面对西方的冲击，日本的明治维新、中国的洋务运动和百日维新等变法图强的努力不断产生，经济上被迫融入全球化的同时，政治体制和思潮的西方化也或早或晚、或成或败在东亚地区不断掀起波澜。殖民时代的末期，日本挑起侵华战争和太平洋战争的大背景之一，同样有全球化程度不断加深的影响。有统计表明，1929 年的大萧条，对日本的对外贸易造成了沉重打击，1930 年和 1931 年日本贸易总额与 1929 年相比，分别减少 31%和 45%，其衰退程度史无前例。[③]

冷战时期，虽然东亚地区是美苏两大阵营对立的前沿阵地，而且也发生了局部的“热战”——朝鲜战争，但东亚各国之间跨越阵营多层次的往来并没有完全停止。尤其从 20 世纪 70 年代开始，东亚地区顺应了全球化发展的潮流，成功地站到了世界舞台上，创造了举世瞩目的“东亚奇迹”，从战后日本的复苏到汉江奇迹，从“亚洲四小龙”到“四小虎”，一直到中国经济长达 30 年接近两位数增长率的发展。

---

①［英］斯当东（George Staunton）著：《英使谒见乾隆纪实》，叶笃义译，上海书店出版社，1997 年，第 23 页。

②［法］佩雷菲特（Alain Peyrefitte）著：《停滞的帝国——两个世界的撞击》，王国卿等译，生活•读书•新知三联书店，1993 年，第 19 ~ 20 页。

③［日］小野义彦：《金融寡头制的确立》，《岩波讲座日本历史现代三》，岩波书店，1963 年，第 110 页。

其次，20世纪以来东亚国际体系变革的外部因素分析，还需要考虑世界范围内大国实力的消长以及由此引发的权力中心转移特征。从殖民主义早期最早东来的葡萄牙、西班牙等国家，到逐渐兴起并成为“海上马车夫”的荷兰，这些早期的殖民者更多是从“点”到“线”的方式稳妥推进，除了这些国家自身的实力当时还不足以通过全面战争的方式来实现征服外，东亚国家与其实力对比来看，仍然处于上风。但随着号称“日不落帝国”大英帝国的崛起和几个世纪繁荣，在东亚开始由“线”到“面”式的殖民统治。而其在20世纪对东亚影响力开始减弱，无疑是与国力衰退以及两次大战的影响密不可分。倡导“门户开放”政策的美国，在东亚存在的时间并不长，尽管综合国力超越了英国，但还是在二战期间彻底打破了根深蒂固的孤立主义，通过结盟、驻军等方式已经成为左右东亚格局关键因素。20世纪70年代以后随着中美、中日关系的正常化，东亚乃至世界范围内“中美苏大三角”关系形成，极大改变了美苏等外部大国在东亚地区的力量对比。

冷战之后多极化时代的趋势依然明显，特别是美国遇到的经济、军事安全等新的挑战，东亚地区主要国家的力量消长能处于重大的转型时期。作为整体的东亚发展势头难以阻遏。据最近亚洲发展银行（ADB）发布的一份研究报告显示，如果中国、印度、印度尼西亚经济发展拉动力强的话，到2050年，亚洲经济占世界GDP的比重将逐步从目前的27%增长至52%，中国和印度有可能超过美国大约12%的水平，在世界GDP的比重中分别达到20%和16%；即使相对悲观的估计，亚洲经济占世界GDP的比重也会达到31%。[①]无疑，这会极大改变世界范围内大国实力在东亚的对比。

最后，20世纪以来东亚国际体系变革的外部因素分析，需要关注外部大国举足轻重的作用，其具体的控制手段变化也值得我们思考。20世纪以来外部大国在东亚是徘徊在直接干预和离岸平衡（Offshore balance）之间。而且从基本规律来看，外部大国在自身国力强盛、占据重大优势的时候往往倾向前者，如英国在1840年的鸦片战争与美国在1950年的朝鲜战争；而外部大国国力相对

① 《日本经济新闻》2011年8月3日，资料全文参见 Asian Development Bank, *Asia 2050: Realizing the Asian Century*, Mandaluyong: Asian Development Bank, 2011.。

下降或者注意力被迫转移的时候，往往倾向离岸平衡政策，通过与区域内国家的结盟来以更低成本达到控制区域秩序和走向的目标。如日俄战争前后的英国与“9•11”事件之后的美国，都有类似的特征。

毫无疑问，后冷战时期的美国仍然是影响东亚地区最重要的外部大国，但其干预方式则显得比较微妙。奥巴马前政权的重要参与人之一贝德曾回忆，奥巴马团队为确保中国崛起不影响亚太地区的既有格局，危及美国利益，主要进行了三项努力：“第一，我们努力加强与现有盟友，特别是韩国、日本、澳大利亚等国的关系，并且要与印度、印尼、越南等国家建设政治和安全关系；第二，总统下决心要美国积极参与亚太地区涌现的各种多边机制，其中主要是参加东亚峰会；第三，通过达成美韩自由贸易协定和跨太平洋伙伴关系协议的谅解，加强与这一地区的双边及多边贸易关系。”[①]如果再考虑到美国在东亚地区驻军占其海外驻军比例在过去三年内持续的增长，我们可以看出，奥巴马政府奉行的“重返东亚”政策可能是直接干预与离岸平衡的综合运用，而且两种手段的力度都非常大。

二、影响20世纪东亚国际体系变革的内部因素

卡尔在他的名著《二十年危机》中提到：“无论采取什么样国际政府体系，在任何关键时候，决定政策的是为国际政府权威提供权力基础的那个国家。”[②]而吉尔平则做了更进一步的补充和完善，“在国际社会，各联盟（或各国的联盟）之间的权力分配决定了谁来统治该国际体系以及该体系的功能主要应该有助于谁的利益”[③]。20 世纪以来东亚国际体系变革，毫无疑问应该更多从区域内因素，首先是国家力量的消长来进行分析，这种消长直接推动了体系变迁。

---

① Jeffrey A Bader, *Obama and China' s Rise: an Insider' s Account of America' s Asia Strategy*, Washington, D. C.: Brookings Institute Press, 2012, pp. 70–71.

②［英］爱德华卡尔（E. H. Carr）著：《20 年危机（1919—1939）国际关系研究导论》（Twenty Years' Crisis, 1919—1939），秦亚青译，世界知识出版社，2005 年，第 102 页。

③［美］吉尔平（Robert T.Gilpin）著：《世界政治中的战争与变革》（War and change in world politics），武军等译，中国人民大学出版社，1994 年，第 29 页。

在传统华夷秩序下，中国作为区域内经济最强大、人口最多、文化制度等软实力影响最大的国家，长期处于中心地位。[①]甚至有学者认为，在明朝时期，“整个世界经济秩序当时名副其实地是以中国为中心的。”[②]近代以来，随着西方殖民者的东来，中国在东亚地区逐渐边缘化。日本则在“黑船来航”的刺激下，迅速发展起来，并通过与西方强国结盟、运用武力手段，先后在甲午战争、日俄战争中获得胜利，逐渐掌握了东亚地区的主导权。但仅仅维持了半个多世纪的帝国，最终在第二次世界大战中土崩瓦解。冷战期间，美苏两个超级大国在东亚区域内具有重大影响，但与此前的帝国体制——综合性霸权与压倒性优势——不同，东亚区域内国家在国家权力的不同领域分别扮演着不同层面上的大国。如作为特殊的“战败国家”身份的日本，虽然在世界政治领域内三缄其口，但在经济领域取得了大国地位；相反，冷战时期，特别是冷战中前期的中国，虽然经济发展方面乏善可陈，但在政治领域内却有重要影响，这种大国多元化的倾向非常明显。

冷战结束以后，日本随着泡沫经济崩溃后出现了长期不振，而中国则始终保持了高速的增长，彼此之间的经济实力差距逐步减小，虽然中国人均国内生产总值仍难望日本项背，但总量已经超过日本，成为世界第二经济强国；与此同时，日本虽然经济没有继续高速增长的神奇，但通过多年来的对外开发援助（ODA）等方式，在世界上取得了更高的地位，希望能获得更多在世界和东亚的政治影响力。在东亚历史上，第一次出现了“两强并立”的状态。虽然中日两国都不明确承认存在着关于东亚区域领导权争夺的问题，而且主动把推动区域一体化的核心角色赋予了东盟（ASEAN），但这很难真正解决和消除彼此之间存在的不可避免的一系列矛盾。

另外，与近代以来东亚各国的冲突与战争相比，东亚历史上更长时间是和

① [日] 对中国华夷秩序体系兴衰极其影响的研究，参见[日]浜下武志：《近代东亚国际体系》，平野健一郎编:《讲座现代亚洲 4 地域体系与国际关系》，东京大学出版会，1994 年，第 285～325 页。

② [德] 安德烈•贡德•弗兰克（Andre Gunder Frank）著：《白银资本——重视经济全球化中的东方》（*Reorient: The Global Economy In The Asian Age*），刘北成译，中央编译出版社，2000 年，第 169 页。

平状态，这与欧洲形成了鲜明的对比。这种历史上存在的友好交流、互赖互助的和合精神，在经历了战争和冲突之后，特别是从冷战中后期开始重新成为主流。虽然彼此仍存在着很多的摩擦和问题，但"你中有我，我中有你"的状况已经无法改变。以中日之间的贸易额来看，在中日关系正常化之前的23年间（1950–1972年），双方贸易额累计为55亿美元，年平均增长率为13.6%。但在正常化以后的16年间（1973–1989年），双方贸易额累计为1788亿美元，年平均增长率超过20%。1972年中日贸易额为11亿美元，到1989年已增加到189亿美元，16年间增长了18倍。①

冷战终结以后，虽然中日政治关系出现了一系列的波折，但彼此之间的贸易额总量和增长速度令人咋舌。1992年中日贸易总额开始超过200亿美元，1995年达到574亿美元，2002年超过1000亿美元，而2006年就达到2073亿美元。②中国商务部援引日本海关的统计数字，2010年日本与中国双边货物贸易额达到3030.6亿美元，增长30.6%。③2011年，日本东北地区遭受了强烈地震，但中日贸易额依然保持了强劲的增长势头，据《日本经济新闻》的消息，日本贸易振兴机构宣布，2011年上半年中日间贸易总额为1631亿5105万美元，比去年同期增长18%，创同期历史新高，仅次于2010下半年的1634亿8684万美元。④与此同时，区域内人员往来的规模变化更巨大。同样以中日关系为例，在中日邦交正常化之初，1972年，只有994名中国人去日本，来华的日本人为8052人。进入80年代与90年代后，中日人员往来开始明显增多。1980年，赴日中国人为8336人，来华日本人为71473人；到1997年前者增为283467人，后者增为1040465人，与1972年相比，前者增加了284倍，后者增加了128倍。⑤2010年，中日两国人员往来已经达到570万人次。⑥

---

① 王绍熙、王寿椿主编：《中国对外贸易概论》，对外贸易教育出版社，1992年，第271页。

② 王洛林主编：《日本经济与中日经贸关系发展报告 2010》，社会科学文献出版社，2010年，第429页。

③ 参见商务部网站：http://www.mofcom.gov.cn/aarticle/tongjiziliao/fuwzn/ckqita/201102/20110207415939.html。

④《日本经济新闻》，2011年8月16日。

⑤ 鲁义著：《中日相互理解还有多远——关于两国民众相互认识的比较研究》，世界知识出版社，2005年，第28～29页。

⑥ 参见中国驻日本大使馆网页：http://www.china-embassy.or.jp/chn/zrdt/t787028.htm。

东亚区域内各国日益密切的联系还体现在从 20 世纪以来发生的从注重传统安全向非传统安全的转移上。不可否认，东亚地区直到今天传统安全的威胁没有消失，最典型的如中日、日韩、日俄等国之间存在着领土争端，引起全世界关注的朝鲜核危机等等。但不能否认，当今东亚各国的主要注意力发生了转移，更多关注的是诸如经济安全、金融安全、生态环境安全、信息安全、资源安全、恐怖主义、武器扩散、疾病蔓延、跨国犯罪、走私贩毒、非法移民、海盗、洗钱等。与传统安全不同，在这些非传统安全领域面前，东亚各国难以独善其身，必须通力合作，这无疑进一步加强了各国的命运共同体意识，在推动合作不断深化的同时，更密切了彼此之间的关系。

此外，20 世纪前后东亚各国在对外政策和态度上，往往采取的是实用主义的同盟观，即主动与域外大国通过正式或非正式的约定，来确保自己国家利益。曾经作为华夷秩序中心的中国，羁縻藩属的手段之一就是“以夷制夷”。面对西方殖民者，这种惯常使用的手段仍然被提及并付诸实践。林则徐在禁烟的过程中就试图离间各国，达到控制的目的，而魏源的说法则更直接，认为中国通过“调夷之仇国以攻夷”可能达到自保的目的。真正把“以夷制夷”政策全面付诸实践的是李鸿章。在 19 世纪 70 年代初期，李鸿章的思想是“联日”，搞“以东制西”，“日本距苏、浙仅三日程，精通中华文字，其兵甲较东岛各国差强，正可联为外援，勿使西人倚为外府”[①]。1874 年日本入侵中国台湾后，李鸿章联合日本梦想破灭，转而把视线投向了与日本在东北亚激烈争夺的沙俄。“与其多让于倭，而倭不能助我以拒俄，则我失之于倭，而又将失之于俄，何如稍让于俄，而我因得借俄以慑倭。”[②]李鸿章不但在中国对外交往中积极推行，甚至劝告朝鲜人，也采取类似的政策。1879 年他致信朝鲜致仕太师李裕元，建议朝鲜说：“为今之计，似宜用以敌制敌之策，次第与泰西各国立约，借以牵制日本。……若贵国先与英、德、法、美交通，不但牵制日本，并可杜俄人之窥伺，而俄亦必遣使通好矣。”[③]孙中山创立民国的过程，实际上也是一个不断选择盟

① 顾廷龙、戴逸主编：《李鸿章全集》（30 信函二），安徽教育出版社，2008 年，第 99 页。
② 顾廷龙、戴逸主编：《李鸿章全集》（9 奏议九），安徽教育出版社，2008 年，第 199 页。
③ 顾廷龙、戴逸主编：《李鸿章全集》（37 诗文），安徽教育出版社，2008 年，第 60～61 页。

友的过程。最早寻求美国、英国的帮助，后来与日本都有积极尝试，在屡次失败以后，他临终之际确定了“联俄联共”政策，也可以视为结盟政策的延续。而新中国成立之初，也选择了与苏联结盟的政策，经历过中苏破裂、中美接近、中苏关系正常化之后，终于在改革开放的新时代，确立了独立自主、不结盟的外交政策，用邓小平的话说，“独立自主真正体现了马克思主义”①。

东亚殖民体系时期的日本同样采取多次变换结盟对象的实用主义政策。日本最早与葡萄牙、荷兰交往密切，在大英帝国横行东亚的时候，为了赢得与沙俄争夺朝鲜半岛和中国东北势力范围的胜利，日本经过反复考量，否定了伊藤博文的亲俄政策，迅速与英国靠近，缔结了日英同盟。而在经历了第一次世界大战之后，随着世界和东亚格局的转变以及大国力量的消长，日本开始更多关注新崛起的希特勒德国，并最终走向了德、日、意三国同盟，以确保在东亚地区的绝对主导权。第二次世界大战，法西斯阵营彻底失败，日本在 GHQ 占领下，面对冷战格局的形成，选择了站在当时最强大的美国一边，成为资本主义阵营中的一员。直到冷战终结，日美同盟在经历了动荡波折后，不但没有随冷战终结而弱化，反而不断加强。虽然目前仍然存在着诸如美国在日驻军等问题的困扰，但日美同盟作为日本外交战略的基点，仍然看不到根本动摇的可能。一部分研究认为日本存在着“与强者为伍”的传统，②但同时也应该看到，在日本历次通过结盟引入外部势力在东亚确保国家利益的过程中，都存在着与最终战略选择不同的呼声和选项。③但无论是哪一种研究都承认，20 世纪以来日本的东亚政策中，结盟始终是一种非常重要的既定战略。

① 邓小平：《邓小平文选》第三卷，人民出版社，1993 年，第 191 页。

② 代表性研究参见李广民著：《与强者为伍——日本结盟外交比较研究》，人民出版社，2006 年。

③ 一个例证之一，是在日本坚持日美基轴的今天，很多人提出日中同盟或者日中韩同盟的观点，具体影响暂且不论，其多元化的特征非常明显。参见[日]池田昌昭：《日中同盟》，文理阁，2006 年；[日]近藤大介：《让日本和中国缔结同盟》，光文社，2006 年版；[日]近藤大介：《日中韩准同盟时代》，光文社，2009 年。

三、20世纪东亚国际体系变革的启示

20世纪的历史发展的曲折经历提醒我们，仅仅着眼于现实东亚国家在某个特定时间段的行为或者政策，就简单推测未来东亚的走向是非常危险的。在看到后冷战时期东亚地区面临难得的历史发展机遇，并且在区域整合领域内取得谨慎乐观前景的同时，很多学者都对当下的东亚局势走向产生了深深的担忧。布热津斯基对亚洲未来就是比较悲观的，他眼中的亚洲，“既是一个经济上正在崛起的地区，又是一座社会火山，还是一个政治危险源”①。

从20世纪以来的东亚国际关系演变的启示来看，首先要反思的是，当下的东亚国际关系格局究竟是一种什么样的状态，区域内各国对当前格局是否达成了共识？王逸舟认为：“反观亚洲，这一地区还是一个分割的区域，甚至是一个被占领的区域。亚洲地区从长时段来看，还有很大的潜在危机。……从中日近一时期的麻烦和对朝核问题观察，我深感亚洲地区还是一个受雅尔塔格局支配的区域，没有走出旧的阴影。”②更进一步来分析，亚洲地区所谓的后冷战格局，其实是一个非常复杂的多重格局纠缠的状况，对于这种状况没有清醒认识，那么东亚的未来着实堪忧。

从中国周边各国，特别是日本国内存在的部分观点来看，当今中国依然存在着所谓的“中华思想”，也就是华夷秩序下形成的唯我独尊、颐指气使，以及自命不凡等各种贬义词的综合。甚至有人称2008年北京奥运会搞得如此轰轰烈烈，就是大中华思想的体现。③中国国内绝大多数学者和民众对于这种评价和指责大都不置可否，认为所谓的天朝大国盲目自大，在1840年，尤其是1895年以后早就烟消云散，这种看法不过是“中国威胁论”新的变种而已。但认真思考一下我们会发现，冷战结束以后，中国学界的部分学者，以打破西方国际

① [美] 兹比格涅夫•布热津斯基（Zbigniew Brzenzinski）著：《大抉择：美国站在十字路口》，王振西主译，新华出版社，2005年，第116～117页

② 王逸舟：《二战遗产片拾》，载《世界经济与政治》，2005年第8期。

③ [日] 名越健郎：《大中华思想奥运会》，载《*Foresight*》，2008年10月号。

研究话语霸权为目标，提出从中国传统文明，尤其是曾经在东亚地区维持长久和平的华夷秩序中汲取思想，倡导新天下观，使关于华夷秩序和朝贡制度的研究在过去的十年间成为显学，理应引起我们的思考；同时，由于自由讨论空间的不断扩大，中国的网络民族主义发展迅猛，引起了各方的高度关注，其中某些论坛中充斥着“其犯强汉者，虽远必诛”之类的声音。姑且不论这些观点是否是真正的“中华思想”复苏，仅仅就其日趋扩大的影响而言，实在需要更加理性的声音来进行澄清和讨论。[①]

另外一方面，东亚地区殖民体系的历史残留同样存在。从东亚区域内国家间关系的现状来看，日俄之间因为北方四岛（俄罗斯称千岛群岛）问题困扰，还没有签署和平条约；而日朝之间，连国家关系正常化还没有解决，更不要说彻底终结半个多世纪以前的战争状态，建构友好关系。显然，这些都是殖民时代的遗留问题。但更深层次的问题在于，东亚地区的非殖民化问题并没有真正结束。三谷太一郎先生的分析非常深刻，“对于日本来说，战败的结果就是根据《波茨坦公告》被动地由他人决定其战后的领土，日本的脱殖民显然是别人施与的，殖民帝国日本由于战败自动消失了。和英法两国不一样，日本本国完全没有参与脱殖民。脱殖民本身是别国的问题，也可以说，对于日本来说这不是他自身的深刻体验。在日本脱殖民化被认为和战后的非军事化、民主化是同一概念，或者是它的延长”[②]。这种残留不仅仅局限在思想或者意识领域里，以靖国神社问题、教科书、慰安妇等为代表的历史认识争端，在中日、韩日、俄日，甚至美日之间都存在。日本真正变成“普通国家”是否需要以根本颠覆既有历史观为前提，这是东亚国家在进一步合作过程中所必须要面对的问题。

同样，冷战格局在东亚地区也有遗留。在国家间关系的表现上，主要体现为冷战时期两大阵营的对立所推动形成的，区域内国家存在着的分裂或者战争状态。1949 年开始，中国大陆和台湾地区的对立关系一直存在，几次台海危机对东亚乃至世界都产生了重要影响，虽然目前出现了难得的缓和局面，但距国

① 这方面的批判请参见拙文《亚洲复兴的目的不是华夷秩序》，载《环球时报》，2008 年 10 月 31 日。

② [日] 三谷太一郎:《岩波讲座近代日本和殖民地第八卷》前言，岩波书店，1993 年。

家彻底统一还有很长的路要走。朝鲜半岛更为典型，至今维持半岛稳定的基本法律文件还是朝鲜战争结束时签订的《停战协定》。当然，冷战时期以意识形态对立为代表的秩序特征，在后冷战时期仍大行其道。

其次，从东亚20世纪以来的国际体系变革的历史来看，东亚地区区域集体身份的建构难度很大，这也是东亚区域合作难以在短期内取得突破的深层次原因。温特在《国际政治的社会理论》中专门论述了国家间集体身份形成的四个主变量：相互依存、共同命运、同质性以及自我约束，他坦诚："集体身份很少能够达到至善至美的状态。在大多数情况下，可能达到的最佳状态是认同同心圆（concentric circles of identification），即行为体依其身份和利益在不同程度上与其他行为体认同，同时又努力满足自己的需求。从另一方面来说，国家抵制集体身份形成这个事实并不意味着集体身份永远不能够形成。"[①]温特提出这种集体身份理论研究的政策意义在于："主要西方国家试图强迫世界上所有国家完全服从普世规范或据此达成同质化的做法必将事与愿违……另一方面，如果其他国家过于强调保护自己的个体性，那么，它们也会拒绝接受康德文化的规范，集体身份也就无法形成。"[②]

20世纪以来，东亚区域内国家的身份建构一直处于飘忽不定的状态。殖民时代体系在东亚刚刚开启之初，中日两国都曾经存在着"亚洲连带"的思想，无论是樽井藤吉的"大东亚合邦论"，还是冈仓天心的"亚洲一也"，都试图强调在西方殖民者面前，东亚各国联合自强的共同身份建构；但更多的日本人则倾心于"脱亚论"，准确地说，就是彻底摆脱东亚一员的身份特征，转而成为西方列强。福泽谕吉全面概括了日本新身份建构的原因及目的，以及处理新身份与旧身份之间矛盾的具体方法。"我日本国土虽在亚细亚之东，但国民精神已摆脱亚细亚之固陋，移至西洋文明。……为今之计，我国不可再犹豫踌躇、坐等邻国之文明开化而与之共同振兴亚洲，毋宁应脱离其行列，与西方文明诸国共

①［美］亚历山大•温特（Alexander Wendt）著：《国际政治的社会理论》，秦亚青译，上海人民出版社，2000年，第452页。
②［美］亚历山大•温特（Alexander Wendt）著：《国际政治的社会理论》，秦亚青译，上海人民出版社，2000年，第452页。

进退。我国对待支那、朝鲜之法，无须因其为邻国而有所顾忌，只有按照西洋人对待彼等之方式方法加以处理。”[①]在“大东亚共荣圈”建立之时，日本赋予东亚的共同身份，根本不是平等合作的伙伴，而完全是等级分明，即所谓的“解放者”与“被解放者”的定位。[②]

冷战期间两大阵营基于意识形态的尖锐对立，使整个东亚地区产生了长期的分歧与隔阂，区域共同身份更无从谈起。中华人民共和国成立以后，虽然一度奉行“一边倒”地与苏联结盟政策，但中国同样重视基于共同历史经历和情感的身份特征。1954 年毛泽东在会见印度总理尼赫鲁的时候说：“我们所有东方人，在历史上都受过西方帝国主义国家的欺侮。……我们东方人有团结起来的感情，有保卫自己的感情。”[③]从 1955 年的万隆会议开始，中国就确认了自己作为亚非国家一员的身份。特别是在中苏关系出现裂痕以后，“亚非拉人民大团结万岁”成为当时最流行的口号。毛泽东“两个中间地带理论”，以及随后的“三个世界理论”，都是确认自己作为发展中国家一员的身份特征。跨越冷战与后冷战时期的邓小平，对中国身份的描述更加形象，“中国的对外政策，主要是两句话。一句话是反对霸权主义，维护世界和平，另一句话是中国永远属于第三世界。中国现在属于第三世界，将来发展富强起来，仍然属于第三世界”[④]。这种立场直到现在为止，一直是中国外交的基本准则。换句话说，在中国对自我的身份定位中，也缺乏一个“东亚国家”清晰明确的基本认同。

日本的谷口诚和毛里和子都认为，后冷战时期的东亚国家集体身份建构在亚洲金融危机之后一度出现了重要的发展，东亚区域内命运共同体的意识得到了极大的提高。这也体现在日本国内出现的“脱欧入亚”口号上。但二十多年来日本虽然清醒意识到东亚合作的重要意义，但对于真正建立像欧盟那样的联合并没有信心，不愿意真正摆脱“西方一员”的身份，同样缺乏一个“东亚国

---

① ［日］福泽谕吉：《福泽谕吉全集第 10 卷》，岩波书店，1960 年，第 239 ~ 240 页。

② 大东亚共荣圈的形成发展，特别是日本在战争期间各阶层的国民观念研究，参见［日］荣泽幸二：《大东亚共荣圈的思想》，讲谈社，1995 年。

③ 中华人民共和国外交部、中共中央文献研究室编：《毛泽东外交文选》，中央文献出版社，1994 年，第 163 页。

④ 邓小平著：《邓小平文选第 3 卷》，第 56 页。

家”清晰明确的基本认同。

第三个思考是美国在东亚区域的存在及其影响。毫无疑问，美国在东亚地区存在的时间很长，发挥的作用也非常巨大。从“中国皇后号”来华、佩里叩关、《望厦条约》到门户开放政策的实施，尤其是太平洋战争的爆发和反法西斯斗争的胜利，美国既是东亚殖民体系的参与者之一，是这个体系的掘墓者之一，也是东亚冷战体系的塑造者和维护者。从更广的意义上说，美国在世界范围内确立的多边自由国际经济秩序为东亚国家出口导向型经济创造奇迹奠定了基础；美国的资金、技术甚至一段时期的市场开放，为东亚很多国家的腾飞提供了条件；而美国长期在日、韩维持精锐的常驻军队，已经构成了20世纪东亚国际体系变革的决定性因素之一。另一方面，美国直接参与建立并力图维持稳定的东亚国际体系必须要符合美国国家的全球总体战略。日、韩作为所谓“地区核心国家”，成为维护美国地区体系重要支点，但这些盟国是美国地区战略的支持者（supporter），而不是中枢（pivot）。[①]

面对东亚多边合作体制日益扩大、完善和深化，美国在维护自己核心利益的前提下，并没有明确的掣肘举措。但随着东亚自由贸易区（FTA）雏形展露，双边和多变谈判进展顺利的情况下，美国很难接受出现类似欧元的亚元，不能容忍一个排斥美国存在的东亚共同体。为此，美国不断强调跨越太平洋合作的重要意义。2009年奥巴马总统宣布美国将加入TPP，并迅速推动包括东亚国家在内将TPP作为重塑地区合作的目标。这引起了诸多解读和思考，一部分中国学者认为，“TPP背后美国战略意图的核心目的是瓦解东亚共同体……美国希望以TPP为核心，重新主导亚洲”[②]。日本的谷口诚等学者也对美国的举动提出了类似的看法，“美国之所以开始强力主导推进TPP，是因为想在亚洲市场一体化进程中掌握主导权”[③]。显然，出于各自国家利益的考量，东亚各国的反应不尽一致。目前来看，东亚各国在经济技术、贸易投资、军事安全等各方面都

---

① Peter J. Katzenstein, “Japanese security in perspective”, *Rethinking Japanese Security: Internal and external dimensions*, p.11.

② 皇甫平丽:《美国缘何积极推动TPP》,《瞭望》，2010年，第49期。

③［日］谷口诚:《美国的 TPP战略与东亚共同体》,《世界》，2011年3月号。

或多或少存在着对美国的依赖，即使在美国遭受严重的金融危机、出现明显颓势的情况下也没有根本改变。换句话说，全球范围内的权力转移（power transition）并没有出现根本性变化之前，东亚区域合作很难达到欧洲合作的层次，东亚未来国际体系变革同样很难真正规划和实现。[①]

四、结束语

东亚究竟走向何处去？除了继续当前世界政治、经济和军事安全等领域的深入研究之外，我们还应该回顾东亚国际体系变革的历史，充分认识当前东亚国际体系的复杂性，在确认彼此都强调的东亚和平的终极目标基础前提下，稳步推进彼此之间包括传统和非传统安全领域的积极合作，不断拓展共同利益空间，认真反思各自国家和区域身份的建构因素，妥善处理好在区域内出现的各种突发事件，通过包括学者交流在内的各种途径，加强沟通磋商，共同构建一个更加和平、更加富强、更加和谐的东亚命运共同体。

（初晓波，北京大学国际关系学院副教授）

① 一些学者提出通过缔结未来的东亚共同体与美洲自由贸易区（FTAA）的合作协定以及扩大美国与东盟主要国家签订的双边 FTA 等方法来打消美国的担忧。但姑且不论这种做法是否能满足美国的要求，其实欧盟与美国之间并不存在类似措施，由此足以看出东亚各国对美国存在的特殊心理。相关观点参见［日］谷口诚：《东亚共同体——经济合作的走向与日本》，岩波书店，2004 年，第 216 页。

20 世纪日本法西斯的形成

葛建廷

2013 年 4 月 28 日，在日本主权恢复日活动上，安倍晋三首相三呼："天皇陛下万岁。"这不由使人想起了战前法西斯军国主义的日本。因为连呼三声天皇万岁是战前日本帝国国会的传统。4 月 27 日的千叶，安倍晋三首相以身穿迷彩服、头戴钢盔的形象登上了日本陆军自卫队的战车。近日，安倍晋三政权提出了修改日本宪法问题，使日本的距离军国法西斯主义更近了一步。因此，重新思考战前日本的法西斯主义，已经成了非常必要的事情。

一、日本法西斯的存在根源

日本的法西斯也可以叫作"天皇制法西斯"。日本明治维新以后，使天皇具有了绝对的权力。天皇不仅是权力的存在，而且还是宗教的存在。可以说日本天皇是世俗权力和宗教权力融为一身的王。日本列岛与大陆分离，其民族也大致上是同一民族，就是出现少数民族，也在历史中被同化，加之生产作物基本上以稻米为主，所以社会发展停滞，国家机构变迁仅仅受到中国的影响。日本是同一民族而形成的血缘共同体和水田农业形成区域共同体。又因为日本是岛国，所以基本上没有受到过外来的破坏。而这种没有外来破坏的列岛，又助长了血缘共同体和区域共同体。结果就是使天皇的权威在很长的历史之中加倍发展，而且做到了"万世一系"。

明治政府在 20 世纪初，为了从后进国（不发达国家）脱出，实行了富国强兵政策。在明治维新的前后，日本以家庭为中心开始发展了资本主义经济。日本法西斯的思想意识，是曲折前进的。首先是以 1919 年 8 月北一辉所著《日本改造法案大纲》[①]为出发点。其次是 1927 年 7 月，当时首相田中义大将上奏天皇的《田中奏折》。再次是 1934 年 10 月以陆军部新闻班名义宣传的《国防的本意及提倡强化国防》。最后是 1940 年近卫首相的《新体制声明》。

北一辉的《日本改造法案大纲》是日本独有的法西斯主义，与国际的法西斯主义区别很大。而且有其理论性，即天皇绝对主义下的法西斯主义。日本国内实行以忠、孝为主轴的血缘共同体式的大家族主义。这是北一辉对日本国家的理解，这样国家在大家长天皇的统治下统一。

在国际上，以地区为中心，发展日本。并且极其排斥区域外国家，极其具有侵略性。同时殖民朝鲜，实行资本主义郡县制。在参政权上比较温情。对日本帝国下的垄断资本进行适合的改造，形成了日本近代化国家。废止华族制，进行普通选举。高调恢复国民生活，皇室财产在国家的管理之下。而且设立内阁制和帝国议会。使日本有了近代化的模样。所有权利集中到天皇之手。与天皇机构论相似，但留有专制的余地。可以说天皇机构论是北一辉关于天皇理论的延伸。

在《日本改造法案大纲》中，卷头第一“国民的天皇”内容是：明确天皇的原理主义即：“天皇是国民的总代表，国家的根柱。”“天皇是国民运动的指挥者，现代国民国家的总代表。”“明治维新以来的日本，才是以天皇为政治中心的，近代的民主国家。”“天皇是全日本国民国家改造的根基。所以为实现天皇大权，停止宪法 3 年，解散两院议会，并颁布戒严令。”这些文字说明天皇是国家的总代表，是国家的根柱。而且在“私有财产限度”中“一家是父、妻、子女，以及直系尊卑族人的集合”。直系尊卑系列从而把握了家族主义。在其他方面，北一辉高唱国家权利，积极地宣扬开战权：“国家不仅有防卫权，而且，为了被压迫的其他国家或民族，也有开始战争的权力。”而北一辉的财产制度，看

① 北一辉（1883 年 4 月 3 日 – 1937 年 8 月 19 日），日本思想家、社会活动家、政治哲学家、国家主义和超国家主义的提倡者、法西斯理论思想家。主要著作有《国体论及纯正社会主义》《支那革命外史》（全文）、《日本改造法案大纲》。

似是无产阶级的革命思想，但是使用的是限制财产制，保护中产阶级的利益。

在北一辉著《日本改造法案大纲》5个月前，即1919年3月，意大利法西斯领导者墨索里尼，召集了复员军人和右翼青年百十多人，在意大利北部米兰组织了意大利战斗者同盟（战斗的法西斯）。其纲领是[①]：18岁以上要有普通选举权；8 小时劳动制；最低工资制；劳动者参加经营权；撤废上议院；军工企业国有化；采用资本税；没收宗教团体的全部财产；没收战争得利的85%；在1919年10月，又加入了废止帝制；建立共和国；废止强制征兵制；废止股份制公司；禁止银行和证券投机；没收非生产收入；把土地分给农民；把交通公益事业委托给技术劳动者。

在1919年9月，希特勒加入了纳粹前身的德国劳动者党（德意志劳工党）。1920年2月，在慕尼黑召开的群众集会上，提出了25点纲领，其基本内容是："禁止不劳所得；没收战时所得；托拉斯企业收归国有；分配大企业得利；大规模改组养老设施；创办和维持中产阶级；公有化百货商场，保护小企业；改革土地制度；无偿没收为了共有目的存在的土地；废除地租；国费救济有才能的贫困儿童；保护妇女儿童，提高国民素质；实现大德意志国家；废除凡尔赛条约；要求扩大殖民地；排斥犹太人；反对议会主义；组织国民军；组织强硬的中央政府。"

在1919年3月到1920年2月间，日本、德国、意大利三国，形成了法西斯理论纲领。可以说日本的法西斯纲领是北一辉的《日本改造法案大纲》，意大利的法西斯纲领是意大利战斗者同盟纲领，德国的法西斯纲领是希特勒的 25点纲领。这3个纲领的共同点是：（1）废除凡尔赛体制；（2）建设大国；（3）组织强力的中央政府；（4）本国民族是最优秀的民族。德国、意大利的法西斯是有组织的，而日本，北一辉在上海的宿舍里，进行断食的苦修，在没有一本参考书的情况下，著作了《日本改造法案大纲》。在于德意两国相比较，德国的组织是纳粹党，意大利的组织是意大利法西斯党。在日本，天皇代替组织，天皇是国民的总代表，国家的根柱。所以可以认为天皇和天皇制是法西斯（日本

---

① 陈祥超：《墨索里尼和意大利法西斯》，中国华侨出版社，2004年8月1日。第2章"法西斯的崛起"，第4节"战斗的意大利法西斯及其纲领"。

军国主义）的组织。

在北一辉《日本改造法案大纲》以后日本的变革纲领中，1927 年日本首相田中义一的《田中奏折》。他歪曲了北一辉的“国家的权利”，而且利用“皇道派的行动”批判日本国内的改革。综合以上两点，1934 年，他提出了《国防的本意与提倡强化国防》，1940 年近卫文麿的《提倡新体制》则是田中义一理论的行动纲领。在第一次世界大战后，同时期，意大利、日本、德国的各式法西斯纲领中，意大利 1922 年组成墨索里尼政府；1925 年纳粹党独裁宣言；1934 年希特勒上台。1941 年，日本东条英机全面完成了日本军国法西斯。

二、第一次世界大战后

第一次世界大战的规模说是世界性的，但只是对资本主义国家有很大的影响。第一，交战各国大量的经济消耗，伴随而生的是政治统治能力的弱化。直接交战费达到了 1863 多亿美元，其中美国 226 多亿美元，德国 377 多亿美元，俄罗斯 225 多亿美元，英国 353 亿美元，法国 242 亿美元，意大利 124 亿美元，日本仅仅 4000 万美元。第二，在此期间，劳动者和农民的革命活跃，以俄罗斯革命为首，展开了世界性质的革命。即使在没有革命成功的国家，为了缓和矛盾，也提高和改善了各种条件。成立了国联（联合国前身）。在日本，由于米价昂贵，农民和市民暴动，使绝对主义的天皇制弱化，其结果确立了政党内阁。

欧洲帝国主义呈现出了弱势，欧洲的殖民地、从属国发起了反抗运动。为了缓和矛盾和反抗，在凡尔赛会议上，提出了民族自决。自此以后开始了反对帝国主义的独立运动、自治运动。中国、印度、埃及等国，特别是中国，独立运动特别显著。原因是日本提出的“二十一条”，引起了中国的强烈反抗。而且，在朝鲜也兴起了独立运动，李承晚在上海组织了“大韩民国临时政府”。

第一次世界大战对日本资本主义是非常有利的，日本在经济上得到了很多利润。在欧洲主战场，由于交战国的物资不足，他们从日本购买了大量的产品，使日本从输入国变成了输出国。由于欧洲国家无暇东顾，使得日本就更加肆无忌惮地侵略中国。

但是从这时诞生的日本法西斯，力量向军部倾斜，因军部为天皇制的基础，所以天皇制法西斯呈现出了大致的模样。这与北一辉的军事革命理论相合。1921年2月，华盛顿列强间的军缩会议召开，日本派遣海相加藤友三郎作为全权代表参加了会议。以英国5，美国5，日本3的比率决定了军缩，军缩使日本军部势力缩小并败退。但是受军缩影响的不仅仅是军部，还有军工企业。由于军缩协定，三菱长崎造船厂正在建造中的7艘战舰停止建造。这样，就造成了3万名劳动者失业。另外海军工厂也出现了1.5万名失业者。这样劳动者与军部特别是青年将校有了共同的语言即反对军缩，反对失业。招致各个方面都对原敬首相的专制武断的不满。在这种矛盾下，1921年11月4日，原敬首相在东京车站被暗杀。此后日本成立了以贵族院为中心的加藤内阁。加藤内阁在华盛顿会议以后，把军缩后剩余的钱，投在了义务教育上；通过二三减税，减小了日本国民的负担；通过了陪审团法。最后由于美国的压力，日本被迫放弃了对中国的特殊权益。

综上所述，可以得出以下结论：第一，国际军缩在亚洲是以日本为中心的。第二，废弃日本对中国特殊权益要求。第三，美国对中国的好感和美国在中国的自由进出。第四，第一次世界大战后，中国的统一与独立运动，是日本法西斯化的要因。第五，日本法西斯与军部直接相联。

加藤首相于1923年去世，海军大将山本权兵卫组阁。山本权兵卫是海军巨头，而且是第二次组阁。1923年9月1日，在组阁过程中，日本发生了关东大地震。[①]东京、神奈川、千叶各地遭到巨大破坏，并发生了火灾。日本东海岸发生了海啸，交通、通信、燃气、水道、电力全部停止。混乱的结果，促使日本政府发布了戒烟令。3天以后，终于平息了东京大火，东京市内30万户居民房屋被烧毁，死亡6万人。建筑物损失15亿日元，总额损失65亿日元（日本关东大地震前一年的收入是20亿日元）。加上1920年的世界大恐慌，日本国民

① 死亡99331人，下落不明43476人，受伤103733人。房屋毁坏128266间，严重受损126233间，烧毁447128间，地震中木造房屋损坏率高。地震后引发大火，东京烧失面积约38.3平方千米，85%的房屋毁于一旦，横滨烧失面积约9.5平方千米，96%的房屋被夷为平地。地震又引发海啸，最大浪高超过12米，海啸卷走、冲毁的房屋也达到了868所。

生活在恐慌与不安之中。因此，穷困和灾害促进了日本的法西斯化。

山本权兵卫尽管努力复兴震后的日本，但是由于3个月后摄政宫刺杀事件而倒台。山县有朋系官僚清浦奎吾得到了政友本党床次竹二郎等的支持，成立了以贵族院为中心的内阁。清浦属于山县文官系，是前近代机构枢密院的议长，属于政党弱势畸形内阁。政党弱势是在天皇绝对主义影响下诞生的。他们的政治纲领与政策是在旧藩阀和军部的干预下产生的，经常与军部妥协与苟合。并且因选举产生了大量的费用，金钱左右了选举，因此污职和腐败成了必然，使国民更加不信任内阁。政友会、宪政会、革新俱乐部都反对清浦内阁执政。半年后清浦内阁倒台。宪政会的加藤高明在三个政党支持下组成联合政府上台。加藤高明是三菱财团岩崎家的女婿，代表的是资本主义的利益。因此结成了普选联合会议，通过了普通选举，并于1925年4月22日通过了《治安维持法》。

普选制是以甲午战争为契机，日本资本主义发展的产物。《治安维持法》是为了阻止日本共产主义化，取缔过激的社会运动所制定的法律。《治安维持法》的保护对象是国体和私有财产。天皇绝对主义下的私有财产时不受保护的，这样当然就侵犯了地主和资本家的权益。代表资本家和地主的政党从大正政变以来，从天皇制的陪臣上升到和军部、官僚相等的位置。在这种变革中，日本走上了政党内阁制的道路，天皇绝对主义颜色有所变浅。这个时期，日本前近代的机构依然存在，机能是资本主义，机构还是天皇绝对主义。而且，陆相宇垣一成实现了军队大裁军。从这次裁军可以看出，日本因为这个时期采取了普选、《治安维持法》，通过这两个方面，可以说日本进行了法制化。日本社会的天平从天皇法制化向日本资本主义近代化倾斜。

第一次世界大战后，日本资本主义有了大的发展，原因是因为世界资本主义的疲敝产生了对战争的反省，利用国际潮流进行了军缩。不管有意识的还是无意识的，政党的目标是把天皇的军队改变成日本国家的军队。从权利上看，日本资本主义从被军队指导者转换成了指导军队者。从政党上看，首相田中义一大将属于日本政友会，陆相宇垣一成是民政党成员。

军队的国家化，同时还与日本对国民的军事教育一般化有关。虽然大山郁夫领导的反对大学生学校军事化训练的运动，在全国引起了强烈反响；但是作为日本国民中坚的学生，在不知不觉中已经接受了军国主义思想，这是不可争议的事实。被分配到学校当教官的将校的身份依然属于各个师团，从师团得到自己的工资，并且拥有属于学校校长支配外的特许权利。而且天皇军队对学生有深刻的影响。这个原因可以认为是日本国民卷入战争的一个原因。这个时代的军部可以认为是半封建半资本主义的军部。

青年将校上半身作为天皇的军队，为天皇尽忠是其本分；同时，下半身是国民的军队、国家的军队，是日本资本主义发展的希望所在。所以年轻将校抵抗长官是可以理解的，过去作为绝对主义的王——天皇的军队，单纯的是对外侵略的武器。利用自己的力量，开拓资本主义的海外市场，使日本资本主义大发展。这使年轻将校感到有了新的归属。第一次世界大战后，日本终于明白了战争不仅仅是军队的事情。作为天皇的军队，能够统一阶级的对立。作为国民的军队，可以向海外发展，使日本资本主义繁荣昌盛。这个时候在中国参加过军事活动，并具有经验的法西斯首领北一辉，已经完成了《日本改造法案》，联合并指导年轻将校。这是日本法西斯的出发点。

这时的中国正是北伐时期。这个阶段，田中义一大将担任了日本政友会总裁。也在这个时候，被军缩了的年轻将校的指导者预备骑兵中尉西田税已经完全成为北一辉的门下。当时的中国，不仅得到了苏联的援助，而且还得到了美国的援助。这对于日本来说，是件可怕的事情，必须进行战略后退。年轻将校和卷入这件事的利益发生者，与军部全体步调一致了。这就是日本法西斯的萌芽。

三、日本的法西斯者

被称为日本法西斯代表人物北一辉，1883 年生于新潟县一个酿造业家庭。有着天才的领导性格，23 岁自费出版了《国体论及纯正社会主义》，被禁发。并以社会主义者和国权主义者参加了中国革命。因盟友宋教仁被刺杀而与孙中山对立，被命令回国。在日本期间，著作了《支那革命外史》。3 年后，北一辉又重返中国，但是中国发生了巨大改变，工人阶级登上历史舞台。北一辉即回日本，出版了《日本改造法案大纲》，但被禁止。以后用各种各样的形式，以军部为中心宣传其观点。不久加入日本法西斯组织犹存社，并提出纲领：（1）建设革命的帝国；（2）创造革命的国民精神；（3）提倡道义的对外政策；（4）为了亚洲的解放，组织大军团；（5）各国改革状态的报道、批评研究；（6）锻炼同志之魂。干部主要是北一辉、大川周明、满川龟太郎、笠木朗明、安冈正笃、绫川武治、清水星之助、鹿子木员信、角田清彦、鸟野三郎等。日本法西斯运动团体就这样形成了。

（葛建廷，武汉大学政治与公共管理学院讲师）

全球化的意义与金融危机

薮下史郎

一、序　言

1980年前后许多发达国家开始实施放松管制、民营化政策，自由化浪潮涌向世界，这是美国里根政权及英国撒切尔政权在国内和国际推进的经济政策发挥作用的结果。在日本，中曾根内阁积极地推进国有企业民营化，1970年后半期开始推进利率自由化和金融改革，对外关系上也通过汇兑自由化，取消关税壁垒和放宽资本流动限制不断促进贸易及资本自由化。随着电脑等通信及信息处理技术创新的发展，金融自由化不断加速。通信及信息处理技术的进步不仅使金融产品和金融服务创新成为可能，而且使金融机构的经营产生变革。不单是银行，信托公司、保险公司及以消费者金融和不动产金融为专业的非银行机构对资金的流动也发挥了重大作用。

民营化、管制放松和金融自由化及全球一体化，一方面给发达国家及其他国家带来积极的影响，另一方面也被指责是造成金融系统不稳定和金融危机的导火索。本文对20世纪80年代以后迅速发展的全球一体化、金融自由化及随之产生的金融危机进行考察，并讨论与其相关的经济意义及影响等。

二、全球化的经济意义

从2010年末开始的“阿拉伯之春”到纽约“占领华尔街”的示威，年轻人们大规模的抗议行动在世界范围内不断扩大，而作为反全球化行动例子，残留在人们记忆中的应该是1999年召开世界贸易组织大会时的西雅图暴动。那时，地球环保组织、人权保护团体等各种市民团体的积极分子都在开展反全球化运动。

（一）全球化带来的经济利益

本文对全球化侧重从经济层面进行考察，需要注意的是对全球化还可以从政治、社会、文化等多层面要素分析。

经济层面的全球化是把世界经济统一起来，把各国的经济圈扩张到全世界，增加商品、服务的进出口及劳动和资本等生产要素跨国流动，人、物、资本无国界流动的现象。美国政府和国际货币基金组织（IMF）等国际组织不断牵引全球化进程，其政策背景中存在基于所谓“华盛顿共识”的新古典派经济学经济思想。根据该经济学派观点，所有国家通过实行自由竞争能够实现经济资源有效配置这一理想结果。

经济学中的经济交易机会是由于人们各自持有不同的财物、不同的欲望而产生。交易双方卖主和买主都能通过交换满足自己的欲望，从而从交易中获利。

全球化使增加交易对象、扩大交易成为可能，许多人能以更低的价格获得高质量且种类丰富的产品和服务，即全球化能实现国内、国际甚至全世界资源有效配置。

1. 比较优势

各个国家在现有可利用的技术条件下专门生产相对低价的产品或服务，扩大生产并出口该产品或服务，同时进口在海外生产更廉价的产品或服务，这种通过与海外交换使两国都享受利益就是比较优势理论。即使是处于绝对劣势，其生产费用与国内其他产品的生产费用相比若低于其他国家的相关费用，通过专业化生产及出口此产品即可获得贸易利益。

比较优势，不仅产生于各国可利用技术差异，也决定于各国所拥有的资本量、劳动、土地等生产要素的相对比例。譬如，可利用农业土地资源丰富国家的农产物和畜牧业奶酪产品的生产费用低，此产品生产就拥有比较优势。

2. 市场的扩大和国际竞争的激化

比较优势和全球化出口市场不断扩大的结果是该产品的生产产业呈现规模经济，使其生产费用不断降低。此外，在量化生产的过程中工人熟练度不断增加也使生产率不断提高。企业为了获得国内外市场也展开激烈竞争，进而引发技术方面竞争，这不仅刺激了技术进步也促使多种多样新商品诞生。

3. 资本和劳动流动的自由化

全球化也促使作为生产要素的劳动和资本的跨境自由流动。资本自发从收益率低的企业、产业、地域向收益率高的领域流动。全球化使资本流动不局限于国内，实现了资本在海外各国自由流动，促使资本在世界经济整体范围内得以更有效利用，扩大了世界总产量。

跨国界资本流动有两种形式：直接投资和证券投资。不同形式的资本流动给东道国经济带来的影响可能存在较大差异。直接投资将生产活动转移到海外寻求长期利益，证券投资则采取购买海外债券、股票和提供资金贷款等形式，因而直接投资是长期稳定的资本流动，与此相对，证券投资则根据收益率的短期变动反复流入、流出，因而是不稳定的资本流动。随着信息通信技术的发展，收集国外投资信息变得更加容易，不断推进国际性资本流动。不过，也有人指出短期资本流动是货币金融危机的诱因。

我们可以用与论述资本自由化效果同样的方法讨论劳动流动国际化带来的影响。工人寻求高工资，倾向于从低工资的地域向高工资的地域移动。但是，跨国界劳动流动能否成为劳动服务稳定的供给来源关系到伴随全球化的社会性问题。

（二）全球化和网络外部性

如果把全球化概括为“把世界经济统一起来，把各国经济圈扩张到全世界，人、物、资无国界移动的现象”，那么此过程和现象并非全是新事物，有些现象很久以前就存在了。然而20世纪80年代以后，全球化所波及的范围、内容和速度与以往的全球化显示出很大差异，这与信息通信技术（ICT）的发展和基于新自由主义的全球性自由化浪潮有很大关系。

1. 信息通信技术和网络外部性

迄今为止，运输交通技术的进步作为全球化牵引力并没有发生变化。近年来，随着信息通信技术（ICT）迅速发展，全球化的内容和形态也发生了变化。电脑等信息技术取得长足进步，信息处理能力不断提高，信息收集和处理所需时间和费用大大减少。信息技术的发展也使人们可利用信息随之增加，消除了人们面临的不确实性。

因特网等信息通信技术的发展，使跨国界通信和信息国际性传播更加容易，传播速度也不断加快。因此，我们可以很容易获取海外的经济、政治、社会状况等实时信息。信息获取方法的变化，对个人及企业的经济行动产生很大影响，并产生新的商务模式。譬如在金融市场，一方面虽有宽松货币政策的影响，另一方面由于信息通信技术产生的新型金融商品促使投资对象不断增加且富于多样化。

信息通信技术存在网络外部性。所谓网络外部性是指个人在消费某种产品和服务时得到的利益随着消费同一产品、服务的人数的增加而增加的现象。关于网络外部性，可以用以前电话服务例子来说明。如果包括住在远方的多数人都加入同一电话系统网络，那么所有人都能大幅度节约通信和交通的必要时间和费用，来自加入网络的利益就会变得非常大。

网络外部性在以因特网为基础的通信中也很显著。因特网人口的增加使国内外通信和信息交换变得容易。可以说交通运输的改善和信息通信技术所拥有的网络外部性即使用者人数和从利用中可享受到的利益，二者的相乘效应是全球化加速的重要原因。

2. 经济思想和网络外部性

经济政策和制度变革，并不是给所有社会成员带来同等的利益，当然也不会带来同等的经济负担。一个政策会使部分人获得利益，而另一部分人则会蒙受损失；随着某一制度变革有些人也会失去既得利益。在民主社会，就是通过反映受到这些政策影响的人的声音并以此政治过程制定政策。根据这一观点，部分利益集团享受的既得利益是由于对政策制定过程施加了影响。

然而凯恩斯却强调在政府的政策制定过程中相对于利益集团的压力，经济思想的影响发挥着更大的作用，即主张相较于既得利益给政策制定带来的影响更关键的是经济思想的力量，因为许多官僚和政治家都是在以往潜移默化的经济思想的影响下制定政策的。

可以通过从与信息通信技术相同的网络外部性观点出发考察为何作为经济思想的新自由主义在推进全球化中发挥了加速作用。经济思想也有一种网络外部性，当根据某种思想或见解提出政策建议时，持有同样想法的人数越多就越容易被社会接受。因为对某种想法有同感的人越多，政策建议的社会影响力也会越大。如果某种思想具有社会影响力，那么赞同这种想法的人数就会增加，同一主张越发增加，这种思想就会更具有社会性说服力。也就是说，持有同种经济思想人们的说服力在互相影响中不断增强，这就是网络外部性在发挥作用。

网络外部性有潮流效应，如果一种经济思想成为社会支配性思想会促使更多有同样思想的人聚集，社会支配性也会随之变得更加稳固。因而可以推断新自由主义经济思想在推进全球化的背景下也存在同样的机制。新自由主义经济思想随着全球化开始在全世界流行，各国也加速采用基于该思想的政策。在此过程中，全球化随着新自由主义被不断推进，全球化也把新自由主义向世界推广，二者互相影响中产生了巨大的浪潮。

三、反全球化

人们从社会和文化层面对全球化做了大量的批判，不过，这里研究从经济学术观点出发对全球化的批判。必须注意的是，市场能够实现资源有效配置的基本原理是在一定前提下成立的。基于市场基本原理的新古典派经济学是以理性个人和企业、完全竞争市场、完全信息、完全市场、价格快速调整等条件为前提。现实中更多的是未能满足这些条件的市场，因而市场失灵不断产生。此外，在全球化过程中，信息不对称、不完全市场等市场不完全性会使市场失灵带来的问题扩大化和严重化，国际性经济调整将变得更加困难。

（一）收入差距的扩大

市场机制未必能带来平等的分配，有人批判全球化导致国内、国家间收入差距不断加大，全球化导致发展中国家更加贫困，扩大了先进工业国和发展中国家的差距。不过有人反驳这些批判，认为很多发展中国家的经济增长与全球化有很大关联。

日本国内也有对收入差距扩大指责的声音。拥有国际竞争力的产业、地域从全球化享受到了利益，相反，没有竞争力的产业和地域的企业不断破产，失业人数不断增加。近年来由于中小企业也把生产据点迁移到海外，当地产业衰退的例子屡见不鲜。随着产业结构的变化，工人在产业、地域间流动必然需要一定费用并伴随着社会性障碍。新成长的产业、企业需要具备新技能和新知识的工人，就需要必要的培训费用。因此，国内劳动力资源流动不一定顺畅，至少在短期内无法实现完全雇佣、完全利用。全球化不仅导致国内劳动力流动问题，也引发海外流入劳动力与国内劳动力相竞争的问题。譬如，一部分工人的工作被低工资的外国劳动者取代或者工资可能出现暂时性下跌。

（二）地球环境的破坏

世界性规模的环境破坏、全球变暖被认为是全球化导致市场失灵的代表。随着各国的经济发展，世界性环境破坏不仅给国内带来负外部性，并且超越国界波及海外；温室效应气体排放的影响更是波及了全世界范围。世界性环境破坏和全球变暖作为负的国际公共产品，将给所有国家和人们带来损失。因此即使各国打算独立应对这些问题，与公共产品供给问题一样，很难采用有效措施应对“搭便车”问题。

（三）世界性金融危机

全球化也招致其导致世界性金融危机和世界经济不景气的批判。譬如，寻求短期利益的流动性资本跨国流动造成各国汇兑制度和金融制度不稳定。再者，投机性资本不仅流入金融市场，而且流向原油市场和谷物市场，导致原油价格和谷物价格不稳定。跨国资本流动，一方面促使资金在全世界内有效地分配，另一方面导致国际性金融货币体系和商品市场不稳定，同时也可能导致金融危机波及到其他国家。

四、金融自由化和金融危机

1980年前后美国与西欧各国开始积极推进金融自由化、管制放松政策，一直比较稳定的金融系统不稳定性越发明显，全球一体化被指出是引发世界性金融危机的主要原因之一。世界金融市场互相依存导致一国的金融破产波及他国的可能性也变高。因此经济不稳定性和脆弱性会超越国界不断扩大，带来负外部性。

（一）各国金融系统不稳定化

美国金融制度设立于1929年经济危机后，并一直保持相对稳定，然而，80年代后逐渐开始呈现不稳定化趋势。随着利率自由化和管制放松，以住宅金融为专业的金融机关——储蓄和贷款协会（S&Ls）也能够积极进行伴随风险的投资，80年代后半期，由于投资多次失败，储蓄和贷款协会陷入了经营危机。

20世纪90年代日本在进入金融自由化后也出现始料未及的后果。80年代后半期由于泡沫经济导致股票价格和土地等资产价格暴涨，其中很多大额资金都来自于金融机构的贷款。随着泡沫经济崩溃，资产价格急剧下落，金融机构持有债权也出现不良化。宏观经济也转变为景气后退，不景气呈现长期化和深刻化，在此过程中，大小金融机构相继破产，金融系统变得不稳定。

1997—1998年在东亚各国发生了货币金融危机。从1997年7月泰国政府为把本国货币泰国铢转变为浮动汇兑制度，不得不降低汇率，东亚的危机由此开始。泰国金融危机的根本原因与日本的情况类似，都是由于房地产热和房地产泡沫的崩溃。海外资金引发了泰国的房地产热，1997年中期房地产市场陷入供给过剩，泡沫破裂之际，国外投资家发现泰国经济已经脆弱不堪就迅速追加投机资金，结果导致金融机构陷入经营性破产，泰国铢的价格进一步下跌，陷入恶性循环。货币金融危机也波及了韩国、印度尼西亚、马来西亚等其他亚洲国家。韩国的基本问题在于企业从海外过度贷款，经济衰退导致企业无法偿还债务，而1997年末外国银行也不再提供新的贷款。

进入21世纪世界经济依旧经历着金融危机，其中就有发端于美国次级贷款问题的金融危机。开始于2008年雷曼兄弟破产的金融危机眨眼之间向全世界蔓延，导致世界性经济不景气。与以往的危机不同，这次金融危机开始于金融最发达的美国，其影响也波及全世界。

斯蒂格利茨等主张金融系统不稳定化和世界性金融危机发生的基础在过去

数十年间不断增强。

（二）金融市场和信息不对称

金融市场的功能在于通过从生产率低的个人顺利融资给生产效率高的企业，给资金贷方和借方都带来利益的同时提高经济整体生产效率。企业等资金借方通过发行债券和股票从家庭和个人投资者直接筹措资金即直接金融，其持有资金的目的在于通过将资金进行投资，将来用该投资计划的收益支付本利。然而在现实的资金市场中，直接金融不一定能顺利地发挥作用。由于投资计划时常伴随风险，将来收益的不确定性，贷款企业未必能够按照约定偿还资金。当企业存在不履行债务可能性时，个人投资者倾向于规避风险而不提供资金，企业资金筹措将变得困难。

在金融交易中信息不对称性就显得非常重要，资金的贷出方认为作为资金借方的企业是否值得信赖，能否按约定返还资金存在很多不确定性。因为在不完全信息下，如果利息提高，对确实按时返还资金、信用良好的借方而言资金成本变得过高，它们就可能会停止借款。而且随着利息上升，借方可能倾向于投资收益率更高的项目，而这些投资项目往往风险很大。这些就是逆向选择和道德风险问题。

（三）银行的作用和道德风险

通过银行等金融媒介机构的间接金融的作用在于解除金融市场中借方和贷方要求的错配。由于缺乏关于资金借方的企业经济活动和财务状况信息，许多人通过在银行等金融机关存款间接为企业等提供资金。即银行代替存款者把通过存款接受的资金贷给值得信赖的借方。

在间接金融中，银行的股东和经营者之间，存款者和银行之间的信息量存在差异，股东和存款者对资金贷款对象及其经营财务状况不像经营者拥有那么多信息。在这种不对称信息下，银行经营者可能为了获得高收益而违反股东和存款者的利益进行危险的贷款。在银行经营中，股东和存款者能否恰当监管银行经营与获取这些信息的费用有很大关系，并且由于信息有公共产品的性质，一旦有人获得有关银行经营的信息,其他股东和存款者也能免费利用这些信息。这也是企业治理不能有效实现的原因。

1. 存款保险和道德风险

存款保险制度是一种即使银行倒闭了也能保证获得返还一定额度存款的制度。存款保险制度是将存款视为稳定资产，给予存款者的保险，排除健全银行遭受挤兑的危险。然而存款保险制度也会导致存款者的监管动机变弱。银行经营者自身也基于即使贷款等失败存款者也可以获得存款保险的认识，可能会放弃原本打算进行稳健经营的努力。为了阻止信用危机影响而设置的安全网络却引起了新的道德风险。

2. 银行救济与道德风险：太大不能让其崩溃

不仅是美国，在日本当很多银行和金融机构陷入破产危机时就会得到政府的救济。有这些经验的银行经营者心里就会植入这样一种想法：如果经营失败就会得到政府救济，银行蒙受的损失很小，反过来如果经营成功则全部成为自己的利益。因此作为银行经营者，由于没有亏损就可能承担过度的风险。

那么，政府为何救济经营失败的银行和金融机构呢？为了使市场经济有效发挥作用，市场中存在数量众多的小规模卖方和买方，某些企业即使倒闭了，市场必定会产生替代的企业。如果规模庞大的银行倒闭，市场竞争原理不起作用，经济整体就会蒙受很大的损失。因为现代银行间不仅存在结算关系，而且金融机构间以互相购买其他金融机构发行的各种证券这一形式相互紧密依存，如果一个银行的破产，其他金融机构也会随之产生连锁性经营破产，这可能会致使金融系统整体出现不稳定化。正是由于金融系统的这种特征，如果一个银行陷入经营破产危机，政府害怕给经济整体带来不良影响就不能置之不理，因而不得不以某种形式实施救济。而这些大规模的金融机构也都知道这个事实。

（四）金融自由化和银行的道德风险

斯蒂格利茨等从银行通过管制放松和金融自由化中享受的租金消失寻求银行承担过度风险的原因。在银行管制严厉的时代，银行虽处在各种各样管制下，反过来也在与其他金融机构的竞争中得到保护。为了维持来自垄断的租金，银行持有谨慎经营的动机。金融自由化降低了其他金融机构的进入门槛，利息和金融商品竞争变得越发激烈，银行一直享受的租金大幅度减少。因此对于银行经营者而言已经失去进行谨慎经营的意义，他们意图通过高风险的投资计划获得高收益。管制放松和自由化是导致金融系统不稳定化的一个重要原因。下面，我们尝试讨论金融方面的新现象对银行行为和金融危机带来了怎样的影响。

1. 证券化和衍生

证券化的过程，首先是持有不动产和贷款债权等金融机构作为发起者将其持有的资产卖给特别目的公司（SPC），SPC 再将通过接收这些资产能够获取收益的权利出售给投资者。由此被创造出的证券就是以发起者持有的资产为依据的金融衍生产品。

通过证券化，投资者就可以分散投资于多样化的资产，发起者可以通过出售资产把持有资产的风险转给投资者，提高自有资本利润率。证券化能够推进金融商品标准化，提高资产的流动性进而使市场交易更加容易。

可是新的问题也随之产生，利用金融工程学创造出的新商品的组成机制变得更加复杂和模糊不清，这导致信息不对称变得更加严重。特别是如果被证券化商品进一步组成更新的商品并被实行多重证券化时，获取关于新商品质量的确切信息将变得更加困难。作为资产卖主的发起者，由于本人不再持有资产，可能不会对资产的未来收益和贷款伴随的风险进行充分审查和监管。因此作为吸引众多投资者的证券化，不可避免将导致各方收集信息的动机减弱。

2. 杠杆作用

银行通过利用自有资本及其所获得的存款来放贷和进行证券投资，并从中获取收益，而存款对银行而言是借款，这样就实现了杠杆作用。预见能够获得比借款利率更高的投资收益时，金融机构增加借款和投资，纯收益也会增加。相反，经济衰退和泡沫经济崩溃导致投资收益下降，金融机构就会蒙受大的损失。基于以上理由，为了使银行能够持续健康经营，政府实施了资本充足率等监管。

然而金融服务进入自由化使银行以外的金融机构也充当着与银行一样的金融中介，却没有对其实施与银行相同的严厉管制。这些金融机构通过提高杠杆比率，扩大高风险业务或通过转卖衍生商品组成的新资产享受了巨大的利益。来自非银行金融机构的竞争，是造成银行道德风险、承担过度风险的重大原因。

3. 表外业务化

表外业务化，是通过把资产负债表中的资产证券化或者卖掉部分资产将其转移到资产负债表外以缩小资产规模。此时，偿还部分借入资金就能提高自有资本的收益率。表外业务化能使资产所有者规避资产价格变动风险，而优良资产的表外业务化也可成为有力的资金筹措手段。

各金融机构通过证券化把资产负债表中部分资产和债务的表外业务化，导致从外部很难通过资产负债表正确评价各金融机关的财务信息和整体经营状况，并且导致对于资产转卖和贷款债权的审查变得缓慢，其结果是导致有毒资产随之增加。

4. 短视化经营

美国企业的短视化经营也被指出是企业承担过度风险业务扩大的一个原因。譬如，经营者的报酬制度是基于短期收益并按其比例支付，这促使经营者进行风险投资。这种经营方式不能促使企业长期性发展，成为导致多数金融机构破产的重要原因。

五、小　结

斯蒂格利茨对全球化持批判性观点，应该注意的是，其自身充分认可全球化带来的益处。由于现实经济中市场机制顺利发挥作用的条件无法满足，因而政府应对全球化的方法和步骤是非常重要的。为了应对不断发展的全球化和自由化，斯蒂格利茨性的想法应该是最妥当的。在现实经济中无法满足市场顺利实现资源有效配置的条件下，政府的政策介入和限制是有必要的。

政府的作用是制定促使经济发挥作用的规则即制度，然而就像市场调节失灵，必须注意政府调控也可能失败。譬如，在金融自由化时没有导入恰当的管制，再譬如处理不动产泡沫的失败导致金融危机。

在全球化不断发展的世界经济中，国际性政策协调和规则的确立就变得不可缺少。譬如，为了维持稳定的货币金融制度，可能需要引进限制短期性国际资本流动的规则和制度，例如征收所谓的托宾税。通过对短期性资本流动征税，促使投资家转向以长远观点出发采取行动。不过，由于国际性规则也是国际公共产品之一，国际性金融交易规则的协商一致或制定国际性制度并非易事。

（［日］薮下史郎，早稻田大学教授；林起主译）

参考文献

［1］薮下史郎（2013），『スティグリッツの経済学　「見えざる手」など存在しない』，東洋経済新報社。

［2］Bhagwati，Jagdish（2004），*In Defense of Globalization*，Oxford University Press.

［3］Hellmann，Thomas F.，Kevin C. Murdock，and Joseph E. Stiglitz（2000），*Liberalization、Moral Hazard in Banking，and Prudential Regulation: Are Capital Requirements Enough*? American Economic Review，March，pp.147–165.

［4］Kaufman，Henry（2009），*The Road to Financial Reformation: Warnings，Consequences，Reforms*，John Wiley & Sons，Inc.

［5］Keynes，John M.，*The General Theory of Employment、Interest and Money*，Macmillan Roubini，Nouriel，and Stephen Mihn（2010），*Crisis Economics: A Crash Course in the Future of Finance*，The Penguin Press.

［6］Shiller，Robert J.（2008），*The Subprime Solution: How Today's Global Financial Crises Happened、and What to Do about it*、Princeton University Press.

［7］Stiglitz，Joseph E.（2002），*Globalization and its Discontent*，W.W. Norton.

［8］Stiglitz，Joseph E.（2006），*Making Globalization Work*，W.W. Norton.

［9］Stiglitz，Joseph E.（2012），*The Price of Inequality*，W.W. Norton.

［10］Tobin，James（1978），*A Proposal for International Monetary Reform*，Eastern Economic Journal，4，pp.153–159.

［11］Tobin，James（1998）with the collaboration of Stephen S. Golub，*Money，Credit，and Capital*，McGraw-Hill.

全球化与战后中日经济关系演变

张玉来

经济全球化是第二次世界大战之后、特别是冷战体制结束以来，全球经济发展的最重要特征。在经济全球化发展过程中，不仅全球经济更加紧密地联系在一起，而且，新的全球性产业分工体系也改变了各国综合国力和竞争力，同时，也使各国之间的经济关系发生了深刻变化。

战后中日经济关系主要经历了三个阶段：纯贸易阶段［分为民间贸易时期（1952—1971）和全面贸易阶段（1972—1978）］；贸易与投资加工阶段（1979—2000）；贸易与产业分工阶段（2001—今）。在经济发展过程中，“政治因素”发挥了重要影响力，从初期在“背后”推进贸易发展，到建交后“引领”贸易与投资发展，以及确立战略互惠关系等。但是，伴随着中日综合国力地位的变化，“政治因素”开始成为双边经贸发展的阻碍，这在 2010 年中日撞船事件以来表现得非常显著，而是年恰恰是中国经济总量超过了日本。2012 年的中日“岛争”进一步恶化了双边经济关系发展的环境，如今，互惠共赢的中日经济关系的结构性特征也面临着严重威胁。

东亚经济的崛起，堪称是进入 21 世纪以来世界经济的最突出特征。如今，东亚地区所生产的最终产品有近三分之一供应给美国，另有超过 25%的产品输往欧洲。而在这些产品中，绝大多数是在中国生产的，中国经济也因此而获得了快速发展。但是，另外一个因素同样不容忽视，那就是日本一直是中国这座“世界工厂”的最大零部件供应商，每年从日本直接出口中国的零部件规模已超过 1000 亿美元，而且，另有大量零部件是由投资东南亚地区的日企向中国出口的。显然，这种区域性国际分工体系已经使中日两国形成了紧密的互补互惠型经贸关系。

全球经济格局的变化必然会影响到国际政治体系。以“权力转移”（Power Transition）理论为依据，一些西方学者提出中国同样将步入所谓“经济强大→政治崛起→军事扩张”的大国发展的必然逻辑。①正是基于这种“中国威胁论”，日本政坛也出现了“以强化日美同盟以遏制中国”的战略动向。于是，中日之间的各种冲突也因此而凸显出来，如2010年发生的撞船事件以及2012年爆发的钓鱼岛争端等。然而，综观战后以来中日两国经贸关系的发展历史，“政治因素”曾经极大地促进了两国经济往来，但是，最近它却似乎正在成为两国经贸发展的关键障碍。

一、“政治因素”推动中日经济关系发展

（一）对华包围圈与贸易“缺口”

1951年美国主导的旧金山《对日和平条约》签署之后，日本恢复了国家主权。但在冷战体制下，日本并没有完全的外交自主权。但在对华关系上，日本仍然提出了发展经贸关系的目标，并为此确立了三项基本原则，即“促进中日民间交流、互不干涉内政、相互尊重”等。事实上，日本并没有完全追随美国主导的封锁中国大陆的冷战战略，而是对中国采取了所谓“承认事实”的基本立场。正如日本外交蓝皮书所指出的那样：日本“坦率地承认与日本有着悠久历史关系、并且拥有8亿人口的中华人民共和国政府存在的事实”②。

直到1972年正式建交之前的20年时间里，中日间的半官方“政治因素”所推动的民间外交成为主体，其中，“贸易协定体制”和“廖高贸易体制”一度成为中日民间经贸发展的两大重要机制。

1952年，日本国会议员高良富、帆足计和宫腰喜助等三位议员绕道苏联访问中国，并与中国签署了《第一次中日民间贸易协定》。1954 年利用在万隆召

① 李小华：《“权力转移”与国际体系的稳定》，《世界经济与政治》1999年第5期。

② 日本外务省：《我国外交近况（昭和46年）第15号》，《外交蓝皮书》，1971年。

开的亚非会议期间，廖承志参加了中国代表团，并安排与会周恩来总理与日本经济企划厅长官高碕达之助为团长的日本代表团直接会谈。截至1958年5月的“长崎国旗事件”[①]为止，中日之间共签署了四次民间贸易协定。正是由于中日经贸关系的发展，使得美国主导的遏制中国的“高墙”被打开了一个缺口。

1960年周恩来总理在接见日中贸易促进会专务理事铃木一雄时提出了“贸易三原则”，即“政府协定、民间合同和个别照顾”等，指出今后一切贸易协定均由两国政府缔结，而贸易合同则由两国企业之间签署的方式。日方在高度重视经济发展的池田勇人内阁成立后，也明确提出在外交上“发展不同社会体制和政治信条的共产圈国家的友好关系”，特别要改善对华关系。[②]1962年10月，中日之间签署了《关于发展中日两国民间贸易的备忘录》，形成以双方签字人名字（廖承志、高碕达之助）命名的新贸易体制，即廖高体制（或LT体制）。这种官方推动的民间贸易模式得到快速发展，并一直延续到两国正式建交。到1971年，中日之间的贸易总额已达9亿美元，甚至超过建交多年的日苏之间贸易额（8.2亿美元）。[③]

（二）中日建交与邓小平访日

在美国采取所谓“越顶外交”与中国建交之后，日本迅速调整外交战略，把对华关系成为其外交重点，明确提出“继续维持与美国最紧密友好合作关系的同时，增进与亚太及西欧各国传统友好关系，推进与中国和苏联之间的友好关系”[④]。1972年9月中日建交后，双方迅速签署了关于贸易、航空、海运、渔业、商标、税收等多个领域的合作协议。1978年2月双方还专门签署了《中日长期贸易协议》，创建了所谓“技术换能源”的专项贸易模式，即中国向日本出口原油、煤炭；日本则向中国出口技术、成套设备，双方约定8年内实现200亿美元交易额。[⑤]

---

① 1958年5月2日长崎中国邮票剪纸展览会上，一名暴徒撕毁中国国旗事件。

② 日本外务省:《我国外交近况（第5号）》,《外交蓝皮书》，1961年。

③ 日本外务省:《我国外交近况（昭和46年）第15号》,《外交蓝皮书》，1971年。

④ 日本外务省:《我国外交近况（昭和48年）第15号》,《外交蓝皮书》，1973年。

⑤ 田桓:《战后中日关系文献集1971—1995》，中国社会科学出版社，1997年，第220~222页。

真正推进中美和中日关系的是邓小平，他被称为是中国改革开放的总设计师。1977 年 7 月 21 日，中共十届三中全会决定恢复邓小平在党政军中的领导职务。1978 年 12 月 18 日至 22 日，中共中央举行了的具有历史意义的十一届三中全会，决定把党的中心工作转移到经济建设上来。从此，中国现代化建设进入了一个崭新的阶段。

邓小平复出后到 1979 年年初，中国在外交上进行了战略策划，抓了三件大事：一是中美关系，中美建交谈判是在邓小平亲自领导下进行的。这时候，中美建交出现了一个机会之窗，邓小平敏锐地抓住了。1979 年 1 月 1 日，中美正式建立了外交关系。建交后，邓小平旋即于 1979 年 1 月 27 日至 2 月 5 日访问了美国，这是中国领导人首次访美，意义深远。二是中日关系。邓小平于 1978 年 10 月 22 日至 29 日访问了日本。双方就《中日和平友好条约》进行了换文。这是中日关系中的一件大事。三是周边关系。1978 年 1 月 26 日至 2 月 3 日，邓小平访问了缅甸和尼泊尔；1978 年 11 月 5 日至 14 日，邓小平先后访问了泰国、马来西亚和新加坡。访问期间，邓小平果断地纠正了“四人帮”当道期间极“左”思潮对外交工作的干扰，赢得了到访国领导人的信任。

邓小平极为重视中日关系。日本是中国重要的邻国，战后发展迅速，当时是世界上第二大经济体，离中国又很近。中国搞现代化很多方面需要日本的支持和帮助，借鉴日本的经验。第一次访日期间，邓小平还参观考察了日本一些大企业，并向日方提出：“你们帮我们一把。”这是邓小平首次访日，非常成功。我们今天去日本，有些老人还在谈论当年邓小平对日本的访问。[①]1979 年 2 月 6 日至 8 日，邓小平访问美国结束之后，再次对日本进行了工作访问。邓小平在不到四个月的时间里两次访问日本绝非偶然。日本对于中美关系的发展十分敏感，所以，邓小平要亲自向日方通报访美情况，争取对方的理解。他向日方通报了访美情况，并强调《中日和平友好条约》的签订，推动了中美建交。中日关系稳定了、发展了，对于中国现代化建设和稳定周边关系是十分有利的。

① 吴建民：《继承邓小平的外交遗产》，《英国金融时报》2014 年 3 月 8 日。

（三）冷战结束与日本对华投资

冷战结束之后，日本提出自主外交，并将外交重点转向亚洲太平洋地区。其中，对华关系则被定义为“日本外交的重要支柱之一”[①]。这期间，中日间的政治关系获得极大发展，其突出实例包括：1991 年 8 月的海部首相访华，突破 1989 年以来美国主导的对华遏制战略，实现了中日之间的政治对话；1992 年 1 月，渡边外相访华，提出构建新型中日关系，在军备、裁军、人权等领域展开对话；同年 10 月，日本天皇夫妇访华，中日关系进入全面友好时期。

政治关系升温迅速推升了两国的经贸发展。与海部首相访华同步，1991 年中日经贸额同比大增 25.4%，首次突破 200 亿美元大关（228 亿）。此后，中日贸易额出现连续 5 年超过 20%以上的增幅；到 1995 年，则突破 500 亿美元的大关。[②]

（四）投资升级与战略互惠

中国经济在加入 WTO 组织之后步入了快速增长轨道。2001 年中国国内生产总值达 10 万亿元、2006 年达 21 万亿元、2008 年更是突破 30 万亿元。中国经济腾飞极大拉升了中日贸易额增长，2002 年中日贸易总额首次突破 1000 亿美元大关、2006 年又突破了 2000 亿美元大关。[③]而且，中国超过美国成为日本的最大贸易对象国；相反，日本也成为中国第二大贸易对象国，而且，是中国第一大进口国。

中国经济发展对日本经济产生了极大拉动效应，这被日本学界称为所谓“中国特需”。于是，经历了泡沫经济崩溃以来的长期低迷之后，“搭上中国快车”，即发展对华关系成为日本政府外交政策的重中之重。2001 年 9 月，日本政府专门设立了“对外关系研究课题组”，组织社会各界精英共同策划日本外交基本战略。一年后，该课题组提交了《21 世纪日本外交基本战略》报告。其中，重点强调了中日关系的重要性，它包括三个核心内容：一是定位——中日关系被定位为“21 世纪初期日本外交政策中最重要课题”；二是现状分析——当前中

① 日本外务省:《外交蓝皮书》，1992 年。
② 日本财务省:《日中贸易额的变迁（通关实绩）》，日本外务省主页。
③ 日本财务省:《日中贸易额的变迁（通关实绩）》，日本外务省主页。

日关系处于“协调与共存”“竞争与摩擦”的相互交织状态之中；三是处理原则——最重要一条原则是“政治不要过度干预到经济世界”。[①]

该报告对日本政府对华外交战略产生了重要影响。2003 年日本《外交蓝皮书》中，对华关系被定义为“日本最重要的双边关系之一”。在日本外交重点对象国中，中国甚至被视为与美国同等重要的国家。长期以来，日美同盟一直是日本外交基石，日本不仅在政治和军事层面严重依赖美国，经济层面也一度严重依赖美国。但是，进入 21 世纪之后，中国在经济层面替代了昔日的美国。于是，“美国经济打喷嚏日本就会感冒”说法也变成了“中国经济打喷嚏日本就会感冒”[②]。发展日中关系成为日本外交重点，日本政府认识到“构筑与中国之间的稳定友好合作关系，对于确保日本的安全与繁荣极其重要”[③]。

（单位：亿日元）

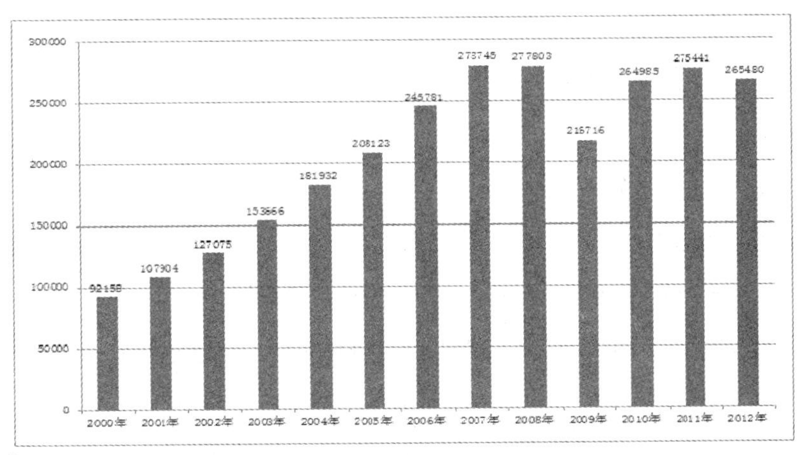

图 1-1　21 世纪以来中日经贸发展

资料来源：日本财务省贸易统计:http://www.customs.go.jp/toukei/shinbun/happyou.htm。

于是，在对华关系中，维护和发展中日间的经贸往来成为其核心目标，形成了所谓“经济为纲”的对华基本战略。

① 对外关系项目组：《21 世纪日本外交基本战略》。
② [日] 牧洋次郎：《中国打喷嚏的话……被剥夺主导权的日本经济》，《经济学家》，2004 年 7 月 11 日临时增刊。
③ 日本外务省：《外交蓝皮书》，2003 年版。

（五）中日战略互惠关系的确立

2001年4月，在日本政坛特立独行的小泉纯一郎当选日本首相。他结束了泡沫经济崩溃以来日本“短命内阁”的趋势，[①]其在位时间仅次于佐藤内阁，成为战后日本政治史上排名第二的长期内阁。但是，中日关系却走向了相反方向，不仅没有其国内政治形势的稳定势头，甚至因其右倾色彩而出现倒退，于是产生了所谓“政冷经热”的怪现象。

当时，经济界普遍担心由于小泉奉行“参拜政治”，将会直接导致中日政治关系冷却，进而影响到两国经贸关系，使日本不再享受中国经济增长“红利”。但是，事实上，在小泉当政时期，中日经贸额却继续上涨，并未出现冷却降温之势。根据日本财务省贸易统计显示，2001—2006年的6年间，中日贸易额平均增幅达到17.77%，两国经贸额保持了长期稳定的高速增长。其中，2001年突破10万亿日元大关，2005年突破20万亿日元大关，在小泉卸任的2006年中日贸易额达到24.5万亿日元规模，是其上任前2000年9.2万亿日元的2.7倍（图1–1）。

从表面上看，小泉的参拜靖国神社等右倾化举动确实使中日政治关系转冷，但在经济层面却仍然继续向好，甚至出现前所未有的高速稳定增长。于是，关于中日关系则出现了所谓“政冷经热”“政经分离”的观点。

两国双边关系中的“政经”果真可以分离吗？综观战后中日关系史，实际并不存在严格意义上的“政经分离”。即便是在中日建交前的“民间外交”时代，也根本离不开“政治因素”的推动。无论是贸易协定体制（1952—1958），还是廖高贸易体制（1962—1971），背后都有来自两国政府的强大推力。小泉时代亦是如此，虽然他高调奉行“参拜政治”，这主要是为迎合国内选民的需要，事实上一直在推动中日高层政治接触，他也几乎做到每年都与中国最高层见面会谈。而且，在小泉时期日本政府还形成所谓“政治不要过度干预经济世界”的对华外交原则。

为维护该原则，避免因中日经贸发展受损而殃及日本根本利益，小泉为实

① 1992年泡沫经济崩溃后的10年中，经历7位首相，任职均不足2年。

现国内“参拜”而做了大量外交努力。其一，精心策划参拜时间，除离任的2006年“大胆”选择在敏感的8月15日之外，其余参拜时间都是尽量回避了敏感时间。[①]其二，积极做好事前准备或事后弥补，尽量降低参拜带来的负面影响。如2001年8月参拜之后，他立刻主动要求访问中国，并在10月9日访华一天的行程中，首先参观卢沟桥及抗日战争纪念馆并致歉。其三，开辟多种场合，确保两国高层管道畅通，及时进行政府间沟通。如中日韩首脑会议、10+3会议、APEC会议以及博鳌论坛等，均成为中日高层直接接触的重要舞台。[②]其四，积极倡导发展中日关系，甚至公开反对“中国威胁论”。如在2002年4月博鳌亚洲论坛上，小泉明确提出“中国经济发展对日本不是威胁而是机遇，双方经济关系属于互补关系”[③]。

小泉下台之后，同样被视为日本政坛鹰派人物代表的安倍晋三接任（第一届安倍内阁）。但他却出人意料地放弃“参拜政治”，明确要以修复中日关系作为首要任务。下车伊始，安倍把中国作为出访的第一站，并率先提出了中日间要构筑“战略利益互惠关系”的建议。对华关系上，他提出要突破小泉时代“政冷”局面，指出政治因素与经济因素是同等重要的两个“车轮”，必须展开全方位对华外交，建设“战略互惠”型双边关系。[④]也就是说，安倍不仅继续坚持了小泉所谓“政治因素不要干预经济世界”的原则，甚至还要通过“政治因素”来推动两国经济关系发展。在安倍内阁的一年期间，中日经贸关系得到进一步发展，2007年两国间贸易总额创下27.87万亿日元的历史峰值，在华投资注册的日本企业达1.3万家。[⑤]

① 2001年8月13日、2002年4月21日、2003年1月14日、2004年1月1日、2005年10月17日。
② 小泉与江泽民、朱镕基会谈。
③ 日本外务省：《外交蓝皮书》，2003年。
④ 日本外务省：《外交蓝皮书》，2007年。
⑤ 环日本海经济研究中心：《日中贸易额的变迁（1991—2010年）》。

二、全球化深化与中日经济关系

近年来，经济上的相互依存与互惠共赢特征，已经成为稳定中日关系的关键所在，经济因素因此也成为两国政府在决策两国关系发展方向时的权衡点。那么，所谓中日经济相互依存到底发展到何种程度呢？应该从怎样的视角去认识中日经贸关系的现状呢？

本章将着重从全球经济重心转移变化现况、中日经济合作对世界经济引擎——东亚经济的重要性，以及作为中日经济合作最核心部分——日本对华投资的运行状况等三个角度，分析中日经贸关系的所谓互补共赢特征。

（一）全球经济重心东移与中日"此起彼伏"

冷战结束之后，全球经济重心发生了深刻变化，其典型特征就是东亚经济的崛起，也就是说世界经济重心正在从西方逐步向东方转移。在这一过程中，最引人注目的就是中国经济的异军突起，到 2010 年中国名义国内生产总值超过日本成为世界第二位，自 1978 年实施改革开放以来该数字增长了 110 倍。[①]在东亚崛起过程中，另外一个特征也非常值得关注，那就是日本经济地位的变化及其作用，尽管日本从 20 世纪 80 年代的世界第二下降至世界第三，但全球国内生产总值占比仍然维持在 8%的规模，更重要的是，日本一直是中国的最大进口国，充当着中国这座"世界工厂"的最大供应商的作用。一言以蔽之，东亚经济崛起和中日两国"此起彼伏"是 21 世纪以来全球经济重心东移的核心特征。

围绕东亚崛起，国际学术界曾引发过是否存在东亚模式的争论。[②]无论是褒扬抑或是批判，各种观点都尊重东亚经济崛起的事实。在当前全球的三大经济圈中，欧盟（EU）和北美自贸区（NAFTA）都是通过国家间政治谈判、缔结

① 1978 年中国国内生产总值为 3645 亿元人民币，到 2010 年发展到 39.8 万亿元。

② 如世界银行 1993 年的《东亚的奇迹：经济增长和公共政策》（*The East Asian Miracle : Economic Growth and Public Policy*, World Bank Policy Research Reports, 1993）；克鲁格曼 1994 年的《亚洲奇迹的神话》（"KrugmanMyth of Asia. s Miracle", *Foreign Affairs*, 1994）。

相关条约而实现的，唯有东亚经济圈是依托于国与国之间自然形成的分工体系而建立起来的。至今，东亚仍然没有区域合作的相关约束性制度文件，但它却成为全球制造中心，对世界经济发挥着重要影响力。

早在1990年，世界经济运行的三大核心是西欧、美国和日本。当时EU前身的欧洲经济共同体已达9923亿美元规模，远远超过东亚地区的2909亿美元，前者是后者的3.4倍。作为NAFTA前身的美加自贸区的贸易规模也达2106亿美元。日本是欧洲经济共同体和美加自贸区之外的世界经济第三极，它与美加自贸区贸易规模为1639亿美元，与欧共体也达1055亿美元。此外，日本与东南亚贸易规模为661亿美元，与中国贸易额为375亿美元，也就是说，当时以日本为中心的全球贸易规模达3730亿美元。①

21世纪初，全球贸易格局悄然发生了巨变。表面上欧美日仍然维持着主导世界经济的重要力量，但新兴国家也已崛起成为全球经济重要力量。2000年，EU仍以13913亿美元区域贸易规模维持着世界第一的地位；美国主导下的NAFTA区域贸易规模也达6358亿美元。在东亚，一个以日本、中国和ASEAN为主导的贸易体制正在形成，其贸易规模甚至达到8007亿美元，超过了NAFTA。②此后，全球经济重心“东移”趋势更加明显，东亚地区开始成为世界制造中心，其特征是以中国（ASEAN为补充）为组装加工中心，以日本（韩国逐步加入）为零部件等中间品生产中心，形成了完善的区域分工体系。2008年东亚地区生产的最终消费品有2500亿美元规模出口美国，另有2200亿美元规模出口欧盟27国，二者占该地区最终消费品输出比例分别为28.6%和25.7%。③

① 日本经济产业省：《东亚国际分工结构及其变化》，《通商白皮书》，2012年，第178页。
② 日本经济产业省：《东亚国际分工结构及其变化》，《通商白皮书》，2012年，第178页。
③ 日本经济产业省：《东亚国际分工结构及其变化》，《通商白皮书》，2012年，第180页。

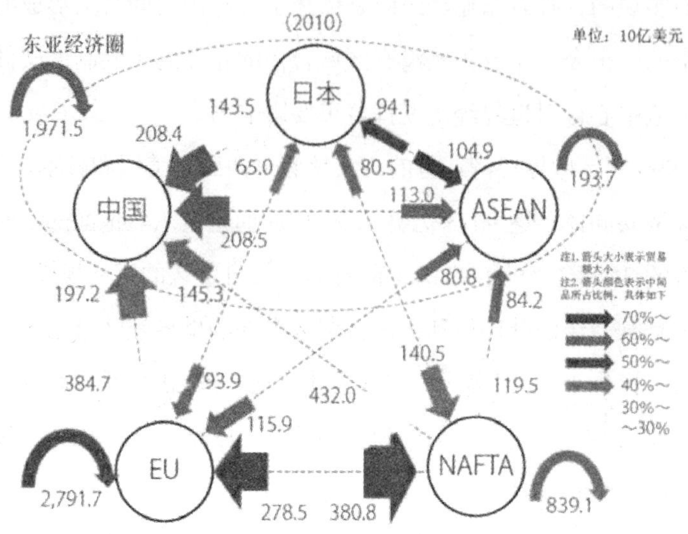

图 2–1　全球三大经济圈运行状况（2010 年）

资料来源：RIETI–TID2011，日本経済産業省.「通商白書 2012」、第 178 頁。

作为世界制造中心，与 EU 和 NAFTA 等两大经济圈相比而言，东亚经济圈具有如下特征。

其一，属于生产分工型经济圈，不同于 EU 和 NAFTA 的缔约型经济圈。EU 正式成立于 1991 年，它曾经历荷比卢经济联盟和欧洲共同体等两大发展阶段。期间，签订了 1951 年《巴黎条约》、1957 年《罗马条约》、1965 年《布鲁塞尔条约》以及 1991 年《马斯特里赫特条约》等，这些条约不仅是 EU 重要制度构成，也是发展的里程碑。与此相反，东亚地区却一直未能形成区域性约束性条约，各国之间结成“实际层面经济合作”而非“政策层面的经济合作”。①

其二，不同发展阶段国家形成的东亚分工体系，与以发达工业国家为主体的 EU 和 NAFTA 显著不同。德法两国主导下的 EU 是以发达工业国为主体的经济圈，NAFTA 同样以发达国家的美加为主导。东亚经济圈则是建立在中日韩以及 ASEAN 等更广泛的经济合作基础之上的，其中，日本对东南亚及中国的投资以及由此带来的区域内贸易，发挥了重要作用。

① [日] 玉村千治：《东亚 FTA 与日中贸易》，亚洲经济研究所，2007 年，第 5 页。

其三，东亚的区域内贸易是以零部件等中间产品为主体的，而 EU 和 NAFTA 则是以最终消费品为主体的，这也充分体现了东亚的区域内分工体系的特征。在 EU 区域内贸易中，最终消费品占比一直维持在 30%以上，NAFTA 的最终消费品贸易占比也超过 20%规模。但在东亚地区，消费品贸易占比却呈下降趋势，1990 年曾一度超过 20%，但 2010 年已降至 11.4%。与此相反，零部件贸易占比却快速增长，到 2010 年已达 32.5%规模，与此相反，EU 和 NAFTA 则分别仅为 16.2%和 17.2%。[①]

其四，中日两国成为东亚经济发展与运行的两大支柱，其中中国作为加工组装中心，而日本则是零部件供给中心。以 2010 年为例，中国对美出口的 4320 亿美元中，70%以上是最终消费品；对 EU 出口 3847 亿美元中，60%以上是最终消费品；对日本出口的 1435 亿美元中，消费品占比也超 60%。与此相反，日本对华出口的 2084 亿美元中，超过 60%是零部件；日本对 ASEAN 出口的 1049 亿美元中，零部件占比更超 70%；另外，日企投资为主的 ASEAN 对华出口 2085 亿美元中，也有 60%以上是零部件产品。

（二）中日经济贸易合作的面上特征

根据国际货币基金组织一项研究显示，中国全球出口每增长 1 个百分点，其从日本进口就增长 1.2 个百分点。[②]这充分印证了中日两国之间建立起来的密切经济联系和紧密的产业分工关系。2012 年受世界经济低迷影响，中国出口出现下滑，中日贸易也同比下降 3.9%，但仍维持在 3295 亿美元规模，是仅次于中美贸易的世界第二位。[③]而且，两国贸易结构也体现出鲜明的互补特征，中国对日以消费品出口为主，而日本对华则以零部件等中间产品为主。

具体而言，中日两国经贸合作的面上特征主要包括以下内容。

其一，两国贸易发展迅速、规模庞大，而且，中国是日本最大的出口国，日本是中国的最大进口国。早在 1990 年，中国对欧美日世界经济三大主体贸

① 日本经济产业省：《东亚国际分工结构及其变化》，《通商白皮书》，2012 年，第 179 页。

②［美］理查德•卡茨：《经济利益能否战胜中日民族主义》，《华尔街日报》中文版 2013 年 7 月 5 日。

③ 中华人民共和国海关总署：《海关主要统计数据》。

易合计731亿美元，全球贸易占比仅为8.8%，其中，中日贸易规模占比将近三分之一，为206亿美元。当时，三大经济主体之间贸易额已高达5134亿美元，占世界贸易量的61.5%。但是，步入21世纪之后，中国对外贸易增速显著。期间，受东亚区域分工体系影响，中日贸易发展更是快速。2008年中日贸易规模达2791亿美元，比1990年增长13.5倍，而且，两国贸易的全球占比也达到7.5%。[①]

其二，两国贸易结构也形成“中国出口消费品对应日本出口中间产品”的突出特征。根据日本财务省贸易统计数据显示，在2012年日本对华出口的11.5万亿日元当中，电子设备的贸易额达2.72万亿日元，在其出口占比中最高，达23.7%；其次是一般机械及相关部件，占比也订单20.7%，其中仅发动机一项就高达2936亿日元；此外，汽车零部件也达5934亿日元规模，占比达到5.2%。[②]与以这种“中间品”为主的日本对华出口恰好相反，中国对日出口则以最终消费品为主，其中，服装类占比高达13.7%，贸易规模超过2万亿日元；此外通信设备占比也达9.7%，贸易额为1.45万亿日元；计算机类产品占比8.3%，额度为1.24万亿日元。而且，值得关注的因素是，在中国对日出口消费品当中，在华日企所生产的一般器械及电子设备的对日“逆出口”占比较高。

其三，两国之间形成“生产加工中心与零部件供给中心”的产业链互补关系。其实，日本早就成为全球零部件供给中心，1990年其向全球出口中间品总额就达1313亿美元。泡沫经济崩溃之后，受模块化革命影响，日本企业出现“向产业上游转移”趋势。2009年日本出口全球的中间品总额达3405亿美元，比1990年增长2.6倍。日本继续维持着世界零部件供给中心地位，但其供应对象却发生了极大变化，中国成为其最大供给对象。1996年日本对华出口零部件规模为200亿美元左右，到2002年则突破400亿大关，两年后的2004又超过600亿美元，2008年则登上1000亿美元台阶（图2-2）。到2010年，日本出口中国

① 日本经济产业省：《世界与我国通商结构的变化》，《通商白皮书》2011年版，第87～89页。

② 日本财务省：《平成24年贸易统计（确定值）》，2013年3月13日。

零部件份额已占 31.6%。[①]而且，除此之外，事实上投资 ASEAN 的日本企业也在向中国提供零部件产品。

其四，中国成为日本企业对外投资的重要目的地，日本则成为中国最大的外资来源国。日本对华投资呈现了鲜明的阶段性特征：20 世纪 80 年代末至 1993 年为第一阶段，对华投资额在 10 亿美元之内；1994 年至 2000 年为第二阶段，受“南巡讲话”影响，日企判断中国仍将继续坚持改革开放路线，对华投资开始加速，如 1995 年达 31.8 亿美元；2001—2011 年为第三阶段，伴随中国加入世界贸易组织，日企对华投资大举提速，2001 年突破 20 亿美元，2004 年又突破 50 亿大关；2011 年日本大地震之后进入了第四阶段，受日本国内产业环境恶化影响，日企对华投资出现新的热潮，当年对华投资同比骤增 74%，突破 100 亿大关，2012 年继续保持增长势头，创下 134 亿美元峰值。[②]

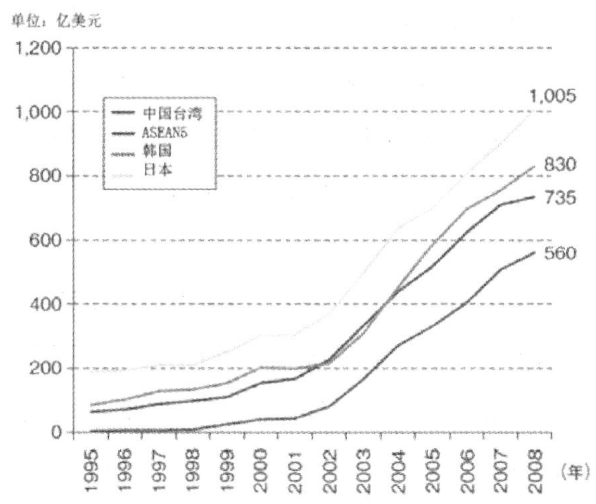

图 2-2　东亚区域对华中间产品出口发展（1995—2008）

数据来源：RIETI-TID2009，日本経済産業省.『通商白書 2010』、第 174 頁。

其五，中日之间经济合作的未来空间巨大，而且对世界经济具有重要影响。最近，中日间的金融合作已经起步，中国成为日本国债的最大海外持有国，2012

① 日本经济产业省：《世界与我国通商结构的变化》，《通商白皮书》2011 年版，第 98 页。
② 日本贸易振兴机构：《日本直接投资》。

年底持有量达20万亿日元。另外，日本也开始持有650亿元中国国债，成为发达国家中第一个将人民币作为外汇储备的国家。紧密的经济联系为中日金融合作提供广阔空间，双方未来在能源环境以及宜老社会构建等领域，进行合作具有更大潜力和空间。

截至2012年，中日两国经济总量已占全球GDP的18.7%，[①]中国对外贸易总额已达3.86万亿美元，进一步逼近长期位居世界第一的美国（同年3.88万亿美元）。[②]很显然，伴随着中国经济结构调整，其未来的市场需求空间巨大，而日本仍然拥有着强大的产业技术以及先进的生产制造水平，所以，中日之间的经济合作不仅将非常有利于两国经济发展，而且，对全球经济也具有重要影响力。

（三）对华投资是中日经济互补共赢的中核

自从中国实施改革开放以来，大量日企投资中国。这种投资行为，不仅促进了两国经济交往与合作，也带来了频繁的资金、物资以及人员的相互往来。总体而言，在华日企不仅自身得到了丰厚的投资回报，其利润率甚至远远高于世界其他地区。毋庸置疑，这些日企对中国经济发展也发挥了积极作用，双方因此而真正实现了互惠共赢的合作目标。

第一，日本对华投资规模持续增加，投资企业数量全球最多。

根据中方统计数据显示，日本对华投资一直居发达国家前列，甚至多年第一。截至2013年4月，日本对华投资累计已经超过900亿美元，而在华注册的日本企业数量也超过两万多家。特别是中国加入WTO之后（2001—2012），日本对华投资实现了年均67亿美元规模。[③]

另外从日本对外直接投资的视角来看，近年来的投资重点已经转向亚洲，特别是更青睐中国。截至2011年，在日本19250家投资海外的企业法人中，有4908家企业投资中国大陆，占比已超过四分之一（图2-3）。从其增长轨迹来

① 国际货币基金组织（IMF）统计显示，2012年世界国内生产总值中，中国占比10.4%，日本占比8.3%。IMF. WEO, April 2013.

② 日本经济产业省：《世界贸易动向》，《通商白皮书》2013年版，第29页。

③ 日本贸易振兴会：《日本直接投资及其余额》。

看，2002 年投资中国大陆企业为 1870 家，2003 年则超过 2000 家、2005 年超过 3000 家、2008 年超过 4000 家，如今已接近 5000 家。最近十年增长迅速，增加了 2.6 倍。反观日本对美欧投资状况而言，投资企业数量仅保持了小幅增长，如 2002—2011 年投资美国数量从 2462 家增长至 2649 家。中国成为日本投资海外企业数量最多的国家，是美国 1.85 倍、欧盟的 1.88 倍。①

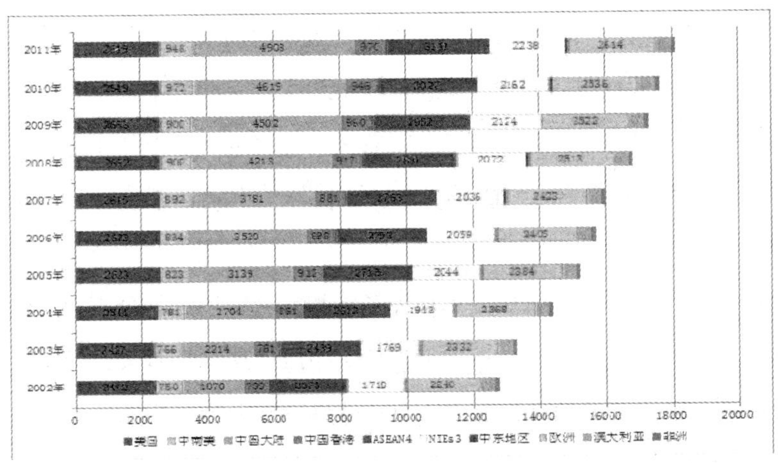

图 2-3　主要国家、地区的日本企业法人数量（2002—2011）

资料来源：経済産業省.第 42 回海外事業活動基本調査結果概要確報－h2c440nj.xls-04 現地法人企業数の推移。

第二，日企对华投资以制造业为主，不仅促进了经济增长，还有利于确立中国的“世界工厂”地位。

根据日本经济产业省的调查数据显示，2011 年在华日企的全部销售产值为 27.4 万亿日元，约合人民币 21910 亿元，若以 25%增加值率来计算的话，在华日企产值增加值为 5478 亿元。而 2011 年我国国内生产总值为 47.15 万亿人民币，所以，在华日企对中国国内生产总值的贡献比大约在 1.16%。而且，对华投资日企以制造业为主，其对中国技术进步意义更大。同样以 2011 年为例，在

① 日本经济产业省:《第 42 届海外事业活动基本调查结果概要确报——2011 年度实绩》,“关于现地法人的统计表”。

华日企制造业销售产值为19.1万亿日元，占总产值近七成（69.7%）。加之其制造业又以汽车产业为主体，其更长的产业链无疑能够带动更多企业的发展。[①]

而且，以汽车为主的在华日企与中国本土企业也形成了紧密协作关系。这既可以视为1994年中国出台《汽车工业产业政策》的结果，该政策“第九章国产化政策”明确规定，载客汽车的国产化率不得低于40%～80%，此举无疑促使日本企业不断加大采购中国当地企业零部件的比例。另外，最近以来，为降低和控制经营成本，日产、本田等日企也在主动地加大本地化采购规模，其国产化比例甚至最高超过90%。[②]显然，以制造业为主的日本对华投资，不仅推进中国继续向“世界工厂”迈进，一定意义上也促进了产业技术进步。

第三，在华日企借力于中国的“人口红利”，在其海外投资中中国就业贡献率最高。

根据2013年公布的《2012年国民经济和社会发展统计公报》显示，2012年中国劳动年龄人口9.37亿，同比减少345万，[③]这意味着长达数十年的中国“人口红利”现象即将结束。然而，自从1986年投资中国以来，特别是2001年之后，大量日本企业纷纷来中国投资经营，它们充分借力于中国的人口红利，实现了互惠互利的目标。2002年在华日企的雇佣人数为69.74万，此后雇佣规模开始快速增长。2004年日企雇佣员工突破百万，达100.95万人。2006年，中国大陆成为海外日企雇佣员工最多的地区，规模已达128.99万。2011年日本大地震之后，加速投资中国使得日企在华雇佣人数创纪录地增至158.14万人（图2–4）。另外，考虑到日企投资以制造业为主的因素，特别是集中在等产业链较长的汽车制造领域，其间接就业效果应该更大。

① 日本经济产业省：《第42届海外事业活动基本调查结果概要确报——销售额》，“关于现地法人的统计表”。

② REUTERS：《投资中国的日本汽车厂商以采购中国零部件来降成本》，2013年4月19日。

③ 中华人民共和国国家统计局《2012年国民经济和社会发展统计公布》，2013年2月22日，参见统计局主页：http://www.stats.gov.cn/tjgb/ndtjgb/qgndtjgb/t20130221_402874525.htm。

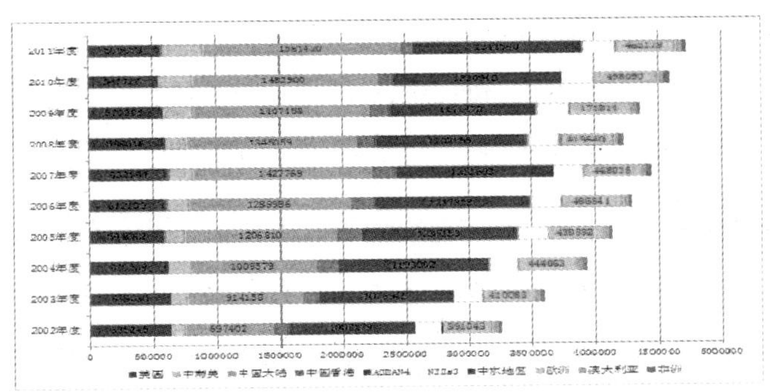

图 2-4　全球各地日本企业雇佣人数（2002—2011）

资料来源：経済産業省.第 42 回海外事業活動基本調査結果概要確報－h2c440nj.xls-04。

另外，从投资世界不同地区的日企经营状况来看，在华日企就业贡献率最高。以美国为例，它一直是日本海外投资的最大对象国，2012 年投资规模仍然高达 319.7 亿美元，占日本全部海外投资的 26.1%。[①]而且，美国也是海外日企销售额最高地区，2007 年曾创下 73.75 万亿日元最高纪录。2011 年在美日企销售额仍达 47.33 万亿日元规模，是在华日企 26.28 万亿日元的 1.8 倍。[②]然而，若进从就业贡献率来看，美国却又显著低于中国，2011 年在美日企雇佣人数为 56.9 万人，仅相当于在华日企的 36%。

第四，在华投资日企实现了利润与税收同步发展，达到了互惠共赢的目标。

近年，在华日企经常利润快速增长。调查显示，2002 年在华日企经常利润额为 2574.6 亿日元，2007 年该数字为 11245.6 亿日元，5 年间的年均增速高达 67%。2010 年在华日企经常利润更是高达 1.73 万亿日元（约合 1385 亿元人民币），甚至超过在美日企的 1.49 万亿日元，创下了最高纪录。[③]也就是说，中国加入世界贸易组织后的 9 年间，在华日企经营利润增长了 6.7 倍。在扣除各种经营成本之后，在华日企的纯利润增长速度更快，2010 年达到 1.41 万亿日元（约

① 日本贸易振兴机构：《日本直接投资•长期数据》。

② 日本经济产业省：《第 42 届海外事业活动基本调查结果概要确报——2011 年度实绩》，"关于现地法人的统计表"。

③ 日本经济产业省：《第 42 届海外事业活动基本调查结果概要确报——2011 年度实绩》，"关于现地法人经营利益的变化"。

合1130亿元)，是2002年1950亿日元的7.2倍。

很显然，在华日企投资利润回报明显高于欧美地区。以2011年为例，在华日企纯利润虽出现同比下降3.6%，但仍达1.36万亿日元。而同年在美日企的纯利润为1.35亿日元，在欧日企仅为8050亿日元。[①]参照2011年日本对外投资数据可见，日本对美投资达147.3亿美元，对欧投资更是高达398.4亿美元，而对华投资却仅为134.79亿美元，[②]投资规模分别是对华的1.09倍和2.96倍。

当然，与利润发展并行，在华日企的税收贡献也在同步发展。据统计，2011年在华日企缴纳企业所得税2995亿日元(约240亿元人民币)，当年中国企业所得税总收入16760亿元，在华日企贡献比约为1.43%。另从个人收入角度来看，日企收入普遍高于中国企业。根据日本政府调查数据显示，3666家在华日企2011年总共支付工资为7255.15亿日元(约合580.5亿元)，[③]根据在华4908家日企共计雇佣1581420名员工计算，平均每家日企雇佣人数322名员工，由此计算可得，在华日企的平均工资为49144元，高于全国职工平均工资水平的42452元。[④]

(四)具体案例：天津经济技术开发区(TEDA)与日企

日资企业是开发区外商投资的重要构成部分，对TEDA经济运行与发展起着重要作用。截至2012年9月，日资在TEDA投资累计43.6亿美元，排在第二位；工业产值2010年超过1000亿元，占比六分之一；自2005年以来税收一直位居第一，2011年的占比超过三成；就业人员6.02万人，占比十分之一左右。具体而言，在TEDA投资日企具有如下特征。

第一，投资规模排名第二位。截至2012年9月底，日本企业在TEDA投资总额累计43.6亿美元，占全部投资总额的13.3%，仅次于中国香港(100亿美

① 日本经济产业省:《第42届海外事业活动基本调查结果概要确报——2011年度实绩》,“关于现地法人本期营利益的变化”。

② 日本贸易振兴会:《日本直接投资•长期数据》。

③ 经济产业省:《第42届海外事业活动基本调查结果概要确报——2011年度实绩》，“营业费用及营业费用构成(中国大陆)”。

④ 福建调查总队与漳州调查队联合课题组:《居民工资性收入与劳动生产率关系研究——以福建省为例》,《调查世界》2013年6月，国家统计局主页。

元）之后，位居第二位（表 2–1）。目前，TEDA 共有日资企业 202 家，占全部企业数量的 12.9%，位列中国香港（408 家）之后。2011 年日本大地震之后，日资在 TEDA 投资有所加速，仅在 2012 年 1—9 月就投资 6.53 亿美元（其中增资 2.1 亿美元），近六倍于 2011 年的 1.14 亿美元。

表 2–1　开发区投资来源国别（地区）

序列	国别（地区）	户数	投资总额（亿美元）	占比（%）
1	中国香港	408	99.98	30.57%
2	日本	202	43.61	13.33%
3	美国	199	23.24	7.11%
4	（英属）维尔京群岛	102	31.42	9.61%
5	韩国	99	24.84	7.60%
全部	–	1566	327.04	100.00%

数据来源：TEDA 经济发展局。

第二，日企创造产值超六分之一。2011 年全区 6102.8 亿元工业产值中，日资企业的总产值为 1096.2 亿元，占比超过六分之一。近年来，TEDA 日资企业产值呈现稳步上升趋势，2009 年超过韩系企业产值成为第一，并蝉联 2010 年度。但金融危机及日本大地震影响，其增速波动较大（图 2–5）。2012 年 1—9 月，日资企业产值 857.6 亿元，同比增长 13.7%。

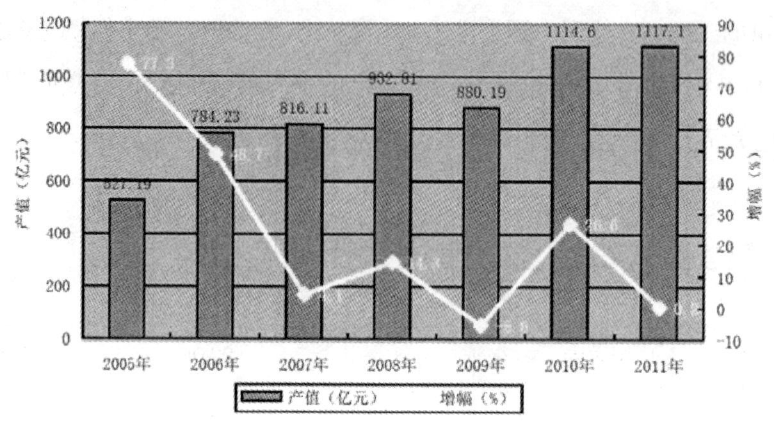

图 2-5　TEDA 日企产值及其增幅（2005—2011）

资料来源：TEDA 经济发展局。

第三，日企的税收贡献第一，总额过三成。TEDA 的日资企业经营效益较好，自 2005 年以来，日系企业提供的税收一直位列第一，远远高于其他各系。2011 年度日系企业税收 112.57 亿元，占全区税收的 31.98%。2012 年 1—9 月，其税收 102.4 亿元，占全部投资的 41.7%。规模以上日资企业平均利润 4200 万元、税收 5400 万元，超过企业平均利润 1900 万、税收 2000 万水平，更远超全部企业平均利润为 609 万、税收 616 万的水平。2011 年，产值过亿元的日企 45 家（全区 278 家），其中过 10 亿元的 15 家（全区 79 家）。

第四，日企就业占比超一成。截至 2012 年 9 月底，TEDA 就业人数为 50.69 万人。其中，日资企业的从业人员为 6.02 万人（日籍人员 463 人），占第三位。仅就直接就业效果而言，为全区的十分之一强（12%）。但考虑到日资企业主要集中在汽车及相关产业的因素，其对开发区及天津市的间接就业效果更大。

第五，日企的投资产业分布以汽车为核心。目前 TEDA 日资企业分布在汽车、电子、装备制造、石化、食品、生物医药以及新能源和新材料等领域，但从产值来看，则显著偏重于汽车产业，占比达 86.7%。而且，从开发区所占比重来看，日资是全区汽车产业的龙头和支柱，产值贡献率高达 75.6%（表 2-2）。

表 2-2　2012 年 1-9 月份日企分行业产值占比（亿元、%）

行业	汽车	电子	装备	石化	食品	生物医药	新能源新材料
全区产值	947.3	1336.5	509.7	387.4	461.7	102.7	209.4
日资产值	715.7	29.3	19.1	17.3	4.84	1.48	37.7
占比	75.6%	2.2%	3.7%	4.5%	1.0%	1.4%	18.0%

数据来源：发展改革局。

第六，对日贸易进口远超出口。TEDA 整体对日贸易的进口远超出口。2011 年从日本进口 41.13 亿美元（占总进口比重 23.6%），而对日出口仅为 13.77 亿美元（占总出口比重 8.3%）。对日贸易的进口规模相当于出口的三倍左右。从企业层面来看，2011 年日资企业进口总额 31.15 亿美元（占全区总进口 17.88%），出口总额为 12.61 亿美元（占全区总出口的 7.62%）。

三、政治对立使中日经济关系面临拐点

2010 年发生的“撞船事件”，本质上是民主党执政的日本政府在对华战略方针上的摇摆。在获得 2009 年“政权更替”大胜之后，民主党政权曾试图彻底颠覆长期执政的自民党所确立的执政方针，如对内试图摆脱长期形成的官僚主导体制，而对外则试图摆脱日美同盟的束缚，鸠山内阁甚至提出“等距离外交”。正是在这种“挑战旧体制”的过程中，民主党内鹰派人物试图通过对华强硬而获得更多支持，不仅放弃了自民党时代的战略互惠为基调的对华基本方针，甚至试图通过援引国内法处理该事件。但“经济利益”最终战胜了“政治对立”，试图挑战中日经济互补共赢关系的“政治因素”也因此而遭遇挫折。

（一）撞船事件与日本政治因素

2010 年 9 月 7 日，在钓鱼岛附近海域爆发的中日“撞船事件”引起了全球瞩目。双方政府为此采取了一系列对峙措施，但这场冲突却很快就发生了戏剧

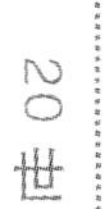

性转变。9月24日，竟由日本地方政府出面了断了这场冲突——那霸地方检察院宣布释放了中方船长，这场围绕领土问题展开的中日冲突，以出人意料的方式结束。不过，自此之后，中日之间政治关系却开始变得脆弱，此次事件重创了刚刚走出冰冻期的中日关系。①

按照后来日本媒体所披露的事实，该事件基本过程如下。

9月7日10时15分左右，在钓鱼岛附近海域，日本石垣海上保安部巡逻船与那国号（1349吨）与一艘中国拖网渔船（166吨）相撞。约40分钟之后，该渔船又与另外一艘日本巡逻船水城号（197 吨）发生碰撞。当日下午，日本第11管区海上保安本部命令该艘渔船停船、并实施上船检查。很快，日本政府做出决定，宣布逮捕中方船长并扣留渔船和其他14名船员为物证、人证。时任官房长官仙谷由人立即召集外务省及海上保安厅干部进行紧急协商。当晚，日本政府对外公布："将中方船长带到事发附近检察机关，并以日本司法程序予以处理。"②

随后，围绕该事件中日之间进行了频繁而密集的外交交涉。中国政府先后5次紧急召见日本驻华大使，要求日方先放人。9月13日，日本海上保安厅宣布释放14名船员和该渔船。但形势并没有因此而得到缓和。9月19日，日方再次宣布"依法"延长对中国船长的扣押。对此，中国政府立刻宣布采取相应反制措施，并停止了双方部级以上的交流。

9月24日，形势突然出现逆转。当日下午，日本那霸地方检察厅对外宣布释放中方船长。而根据日本相关法律，日方此次"延长"拘留理应到 9 月 28日为止。③于是，一时间剑拔弩张的中日关系骤然得到缓解，对峙了18天的"撞船事件"暂告一段落。

从事后逐步披露的事实可以看到，发生此次"撞船事件"纯属日本执政当局的"政治因素"使然，然而，在意识到事件很快发酵，甚至难以操控的严重

① 经安倍访华"破冰之旅"、温家宝访日"融冰之旅"、福田访华"迎春之旅"以及胡锦涛访日"暖春之旅"后，小泉时代"冰冻"的中日关系得以逐步恢复。

②《中国渔船船长被逮捕，尖阁附近与巡视船相撞》，《朝日新闻》2010年9月8日。

③ 日本国《刑事诉讼法》，[日]菅野和夫等：《口袋六法》，有斐阁，2008年，第1550~1551页。

性之后，这股“政治因素”又试图以地方检察厅为挡箭牌，欲以草草收场了事。

事件的“始作俑者”是民主党内鹰派人物前原诚司为代表的政治力量，其兴风作浪的契机就是当时进行的民主党党代表选举。作为执政党，谁能当选党代表就意味着其将成为新一届日本首相。为了连任，菅直人积极争取前原派的支持，因为前原麾下的“凌云会”拥有26名国会议员，是民主党内一支重要力量。“撞船事件”爆发的9月7日，距离党代表选举仅有一周时间。素以“中国威胁论”来赢得政治资本的前原诚司，当时恰好主政国土交通省，即事件当事者一方——日本海上保安厅的顶头上司。是前原下令逮捕中方船长，并提出适用日本国内法。①为了保住“江山社稷”，菅直人欣然迎合了前原的对华强硬路线。当选之后，作为“犒赏”，菅直人还任命前原出任外相要职，此举对于该事件无异于火上浇油。

该事件使得刚刚回暖的中日关系，再次面临再次“封冻”的危险。中方态度毅然严正：宣布停止省部级以上交流，并明确表示要采取进一步反制措施。菅直人很快意识到“自己的做法似乎有问题”，中日关系将陷入一场危机。与此同时，日本经济界为代表的各方压力也开始涌向日本政府。9月22日在赴美参加联合国大会前夕，菅直人指示“要尽快处理此事”②，放弃了此前“依照日本国内法严肃处理”的强硬立场。③

于是，那霸地方检察厅成为日本政府面对各种指责的挡箭牌。在宣布释放中方船长之后，日本政府仍坚称放人纯属“检方当局综合判断的结果”，否认政府介入了此次司法检查程序。但事实非常清楚，当日上午10时，那霸地检在紧急与福冈高检和日本最高检进行协商之后，把“放人决议”迅速上报日本政府。法务大臣柳田稔、官房长官仙谷由人、外相前原诚司均参与了该事件最后决策。④

①《前原说“是我命令逮捕的”》，《朝日新闻》2010年9月28日。

②《“尽快处理”日本首相访美途中急下命令》，《朝日新闻》2010年9月28日。

③《中日摩擦给检察院重压》，《朝日新闻》2010年9月25日。

④《尖阁渔船事件的释放理由已经提前报告政府》，《时事通信》2010年10月12日。

（二）挑战打破长期领土默契

事实上，日本政府此次事件的处理方式打破了中日两国长期达成的共同默契。1972 年中日建交前夕，中国总理周恩来提出：暂时搁置钓鱼岛等岛屿归属问题，等待条件成熟时再行解决，双方就此达成共识。“搁置争议”原则也成为中日两国突破困境、实现建交的关键所在。1978 年，在中日签署和平友好条约之际，邓小平再次强调钓鱼岛问题可留日后慢慢解决。“搁置争议”成为双方建交和实现和平共处的重要基石。

领土问题历来都是双边关系中最为敏感的领域，对于复杂的中日关系而言更是如此。新中国成立以来，台湾问题和历史问题曾经长期困扰着中日关系的发展，相比较而言，领土问题相对风平浪静，这是发展中日关系的重要基石。此次民主党执政的日本政府竟然不顾大局，挑起领土纷争这片“雷区”，显然此举有悖于历史发展的车轮，必将导致中日关系大幅倒退。

事实上，日本政府出现态度逆转的最根本原因是来自日本经济界的压力。长期以来，自民党政权把中日经济关系定位为双边关系的核心地位。特别是中国改革开放以来，伴随着中国经济的崛起，中日之间经济层面的联系愈加紧密。在这种背景下，“经济为纲”提升为日本对华战略中的战略核心，维护两国经济交往成为历届日本政府对华外交的首要目标。

缺乏执政经验堪称民主党执政的最大软肋，尤其在外交领域，其忽视了继承和连贯性的重要性。综观民主党执政后的日本外交形势，不仅无任何建树可言，相反，却被一系列问题缠身。日美之间因普天间基地问题分歧严重，甚至一度威胁到日美之间的基轴关系；日俄之间围绕北方四岛（俄称南千岛群岛）问题出现僵化，不仅日方坚持的四岛难以收回，就连俄罗斯原已基本同意归还齿舞、色丹两岛的方案也变得渺茫；中日之间则因“撞船事件”，使得逐步回暖的中日关系大有再次封冻之势。

日本民主党政权“导演”的此次撞船事件，不仅打断了中日之间构筑“战略互惠”型双边关系的建设进程，而且违背了长期以来的日本对华战略方针。如今，挑起领土主权纷争，显然是有悖于中日关系向前发展的。民主党政权所以出现背离长期对华基本战略的趋势，既有其改弦易辙、试图政治创新的意愿在其中，但更多是因为如下三个因素。一是上台不久，极其缺乏外交经验；二是未能建立与中国高层之间的政治通道，双方信息与交流严重受阻；三是受“美国因素”影响更大，如前原外相在征得美国政府及军方支持后，态度曾一度变得异常强硬。

事实上，围绕钓鱼岛问题，中日之间也曾发生各类冲突。最严重一次是2004年3月24日7名中国保钓人士登岛，引起日方不满。当时小泉政府以“非法入国”为由逮捕7人，但两天后就予以释放。显然，“搁置争议”一直是中日之间共同遵守的默契原则。

（三）民主党政权的战略回归

此次事件处理中，民主党政权的虎头蛇尾态度非常鲜明。而在各种压力不断加大趋势之下，菅直人内阁不得不回归到长期的对华基本战略上，即自民党时期确立的经济为纲战略。当时，若真的任由中日关系继续恶化，民主党将面临严峻的后果。仍处于发展扩大趋势的中日经济合作，对于日本经济具有极大拉动作用。特别是在2008年美国经济危机之后，中国经济刺激措施使中国成为当时全球经济的“一枝独秀”。这是迫使日本政府不得不实施政策转舵的根本原因。

第一，尚未走出低谷的日本经济，对中国经济具有明显依赖特征性。泡沫经济崩溃以来，尽管有所复苏，但日本经济并未彻底走出低迷。2008年日本国债余额达680兆日元，对国内生产总值比达170%，[①]而国债及借款总额更是高达846兆日元，远远超过其他发达国家。虽然20世纪80年代开始日本就试图转向内需主导，但因受老龄少子化等新问题困扰，出口仍然至关重要。[②]作为日本的第一大贸易伙伴，“中国特需”的重要性不言而喻。

第二，在华有拥有大量投资，中日关系稳定对日本至关重要。20世纪90年代开始，日本企业大举对华投资，1993年达到13亿美元。2001年中国加入世界贸易组织之后，伴随中国经济的增速，中国已不再仅限于日本企业的加工

---

① 日本财务省主页。

② 2007年出口占实际国内生产总值16%。日本经济研究中心：《日本经济的十大课题》，2009年1月。

生产基地，而是成为其巨大的市场。此后，日本对华投资规模年均超过48亿美元。日产汽车等企业的在华销售量，早已超过其本土，在华业务成为许多日本企业的利润支柱。

第三，以稀土为代表的稀有金属资源严重依赖从中国进口。“世界稀土产量90%在中国，而世界消费量一半在日本。”2006年日本工业用3.8万吨稀土88%来自中国，此外铟、镓、锂等稀有金属也多依赖中国进口。[①]稀土是高科技产品不可或缺的重要成分，而高附加值产业化正是日本产业升级的基本战略。日本政府和产业界一直高度关注中国稀土出口，甚至联合欧美等国，约束中国限制出口，并在全球范围展开“稀土外交”。显然，若中日关系恶化，必然对日本产业升级形成重创。

实际上，中日两国经济层面上的互惠型特征早已是双方共识，而且，未来双方合作领域也非常广阔。所以，民主党政权挑起的此次“撞船事件”，实属不明智之举。

（四）“岛争”对中日经济关系的影响

几乎在撞船事件过去整整两年之后，中日之间再度爆发了严重冲突。而且，这场由日本政府所亲手导演的钓鱼岛“国有化”闹剧所引发的政治对峙已经接近一年，中日关系陷入“四十年来的最低谷”。自中日爆发“岛争”以来，不仅中日贸易额大幅下降，在中国还出现民众抵制日货现象，甚至发生冲击在华日企的个别事件。

从表面上看，似乎中日经济关系并未因两国政治对立而“伤筋动骨”——不仅日本汽车在华销售基本恢复，而且，2013年以来日企还出现对华增资、扩资现象。[②]但是，政治关系恶化必将会传导到经济层面，事实也已出现相应征兆。例如，中国企业出现以韩国、台湾地区零部件替代日本的趋势，受此影响，2013年1—7月韩国对华出口同比增长12.4%，台湾地区与大陆贸易更

① [日]关本真纪：《稀土、铟、镓、锂的供需状况》，JOGMEC有色金属相关成果发布会2008年。

② 日本汽车企业为换回在华份额已开始着手扩大4S店，预计2013年全部在华日系将扩大10%，达到约3300个汽车专门销售店。参见《为使中国份额回升而增加店铺、日本车将增加1成、3300家4S店》，《日本经济新闻》2013年4月24日。

是增长 33.7%，二者在贸易规模首次超过日本。[①]同样，日本对华投资也出现转向趋势，2013 年 1—6 月，日本对海外直接投资同比 13%增长，总量达 5.4 万亿日元，其中，对 ASEAN 投资大涨 4.2 倍，但对华投资却出现同比减少 18% 的罕见现象。[②]

首先，中日双边贸易规模出现下滑趋势，相互依存度也因此而呈现降低态势。在钓鱼岛争端发生之后，以汽车为代表的日本商品在华销售大幅下滑，这不仅造成日本对华出口整体下降，其中，零部件出口受到影响更大，一是因为在华日企的产能急剧受挫；二是部分中国企业开始自主减少使用日本零部件，而是代之以韩国或中国台湾等地零部件。

2012 年 9 月，日本对华出口出现同比骤减 9.4%的现象。与此形成鲜明对照的是，韩国对华出口却大增加 9.1%，台湾地区出口中国大陆的规模更是同比大增 19.9%。从中国的进口规模上来看，韩国和台湾地区与日本之间的差距也在迅速缩小，9 月份韩国对华出口 161.5 亿美元规模，与日本对华出口 161.8 亿美元相差无几。[③]9 月之后，日本对华出口继续呈现持续下滑趋势，10 月同比减少 10%、11 月同比减少 15%、12 月降幅更达 19.5%。不过，2012 年日本仍然维持住了中国最大进口国的地位，其对华出口贸易额为 1778.1 亿美元，比韩国仍高出 91.6 亿美元，但与 2011 年相比，其差距还是缩小了 227.2 亿美元。[④]进入 2013 年之后，韩国以及台湾地区零部件替代日本的趋势越加显著，1—7 月，中国从日本进口规模为 908 亿美元，而从韩国进口则达 1029.4 亿美元，台湾地区进口也达 933.9 亿美元。

若韩国超过日本而成为中国最大进口国，这将对中日经济合作将产生重要影响。一方面，对中国而言，对日依存度逐步下降，而韩国、台湾地区则将取

① 中华人民共和国海关总署：《2013 年 7 月进出口商品主要国别（地区）总值表》，2013 年 8 月 8 日。

②《大幅向东盟转移》，《日本经济新闻》2013 年 8 月 11 日。

③ 中华人民共和国海关总署：《2012 年 09 月进出口主要国别（地区）总值》，2012 年 10 月 24 日。

④ 中华人民共和国海关总署：《2012 年 12 月进出口主要国别（地区）总值》，2013 年 1 月 21 日；《2011 年 12 月进出口主要国别（地区）总值》，2012 年 1 月 29 日。

代日本地位。尽管这一现象还可能出现变化，但中日关系若长时期得不到彻底改善，这将成为发展趋势。对于日本而言，对华依存度也在相应下降，而且，这种下降伴随着大批日企将损失更多的市场，因为中国既作为“世界工厂”向世界市场供货，同时，其自身市场仍在迅速扩大。当然，从目前产业互补特征而言，中日两国经济合作仍然具有极大拓展空间以及共赢特征。

其次，中日之间的双边投资仍继续发展，但日本对华投资已呈现减速态势。自 2001 年以来，中国成为日本对外投资的最主要地区。到 2012 年，对华投资占日本其对外总投资比重约为 11%。[①]而从投资余额来看，截至 2012 年底，日本对华投资累计余额为 932.15 亿美元，占其全部对外投资余额 8.96%。[②]而且，伴随双边经济关系的加强，中国企业也开始对日实施直接投资，如中芯国际集成电路（SMIC）以及华为集团等。

根据中国统计数据显示，2012 年日本对华投资为 73.8 亿美元，位居第二位，呈现继续增长趋势。其中：1—9 月日本对华投资额为 56.2 亿美元；10—12 月，日本对华投资达 17.5 亿美元，似乎并未出现因“岛争”而减少迹象。到 2013 年 1—4 月，日本对华投资额为 34.05 亿美元，占全部外商比 7.15%，超过 2012 年的 6.6%。[③]另据日本贸易振兴会（JETRO）数据显示，2011 年日本对华投资首超 100 亿美元，同比骤增了 74.4%；2012 年日本对华投资再创新纪录，达到了史无前例的 134 亿美元。而且，2013 年 1—3 月，日本对华投资 23.5 亿美元，占比 10.4%。[④]这些数据似乎表明“岛争”并没有影响日本对华投资。

然而，在中日关系长期对峙的趋势之下，日本产业界的所谓“中国风险论”开始蔓延，部分日企或将加速实施所谓“中国+1”战略，减少对华增资从而调整其生产布局。而且，在安倍内阁积极推行所谓“中国包围圈”的外交战略之际，日本政府宣布支持日企投资中国之外的东南亚地区或国家，这也将导致日本对外投资发生方向和结构分化。根据《日本经济新闻》一项最新统计显示，

---

① 日本贸易振兴机构：《日本直接投资及余额》。

② 日本贸易振兴机构：《日本直接投资·长期数据》。

③ 中华人民共和国商务部：利用外资统计相关数据，http://www.mofcom.gov.cn/article/tongjiziliao/v/。

④ 日本贸易振兴机构：《日本直接投资·长期数据》。

日本海外投资的重心已经发生转移。在 2013 年 1—6 月，日本对 ASEAN 投资达 9986 亿日元，在日本对外总投资占比为 18.4%；相反，对华投资却仅为 4701 亿日元，同比出现减少 18%的现象，而且，占日本对外投资比也从 2012 年 11%降至 8.7%。[①]

再次，在华部分日企因中日关系恶化而受损严重，但短期内仍然重视中国市场。中日关系骤然恶化，对以汽车为主的在华日企造到巨大冲击。2012 年 9 月，日系汽车在华销售骤降 42.2%、减产 28.4%。其中，受影响最重的丰田减产率高达 48%，本田也为 40%。[②]包括日产在内的三大日本汽车厂商的减产率，均超过了 2011 年日本大地震期间。10 月，日本对华的整车出口也骤减了 82%，在华日企汽车生产降入谷底，丰田同比降 61.1%、日产下降 44%、本田下降 54.2%。[③]据估算，包括以整车出口中国的富士重工在内，2012 年日本 7 大汽车厂商在华销售减少 20%，[④]纯利润损失约 1300 亿日元。[⑤]

不过，作为全球最大汽车市场——中国仍然吸引着日本车企驻足于此。最近，日本厂商不仅无意放弃中国市场，相反还采取重视中国市场的新举措。例如继续扩大产能，6 大在华日本厂商计划到 2015 年把在华产能提至 530 万台。此外，还大力丰富产品线、拓展销售渠道，除加大新车型投入之外，日产、本田等还开创中国独立品牌，2013 年日系车计划将在华 4S 店扩大 10%，达 3300 家左右。[⑥]同时，日企还实施产品技术升级、提高竞争力，丰田、本田均宣布

①《大幅向东盟转移》,《日本经济新闻》2013 年 8 月 11 日。

② [日]桑原健:《汽车巨头在中国销售下滑——继续拒买日货》,《日本经济新闻》2012 年 10 月 10 日。

③《丰田减产 6 成、本田减产 5 成，在华生产 10 月继续苦战》,《日本经济新闻》2012 年 11 月 29 日。

④ 在日本八大汽车厂商中，除大发工业之外，富士重工以整车出口中国市场，其他六家均在中国生产，即丰田、日产、本田、铃木、马自达、三菱。

⑤《7 大日本汽车厂商在华销售减少 2 成、纯利润损失 1300 亿日元》,《日本经济新闻》2012 年 11 月 10 日。

⑥《为使中国份额回升而增加店铺、日本车将增加 1 成、3300 家 4S 店》,《日本经济新闻》2013 年 4 月 24 日。

将在华拓展混合动力汽车销售。[①]汽车企业投资也带动了关联企业对华投资，如新日铁住金为提升高级钢板产能40%，而对华投资300亿日元；[②]JATCO为提高变速器产能也增加投资80亿日元等。[③]

最后，财金等双边合作举步维艰，深化合作面临巨大挑战。2012年9月以来，中日高层互访已戛然而止，双边关系陷入困境。由于导火索是领土问题，可以说，此次中日政治对立程度要远超小泉时代的参拜问题。当时，中日之间虽4年未能实现首脑互访，但却通过开辟了第三国外交场所，实现了10次高层会晤。[④]此次双边关系恶化已接近一年，但迄今为止，仍未实现任何形式的高层会面。受此影响，中日间由政府推动的合作项目以及多边谈判等均已停止，如中日间金融合作进程、中日韩FTA以及RCEP等谈判等。这些将对中长期的中日双边经济合作，以及中日韩、东亚经济合作等造成不利影响。

（五）实际案例："岛争"对TEDA日企经营的影响

为了深入了解此次"岛争"对中日经济合作的深层影响，南开大学与TEDA管委会在2012年10—11月进行了一次紧急调研，其重点围绕TEDA日资企业展开，核心内容包括：企业经营是否受到近期中日关系恶化的影响、受影响程度如何、受影响具体领域在哪里、是否影响到日本企业的对华战略、对中国地方政府工作有哪些需求等。本次调研的具体特征如下。

第一，超九成日企表示已经受或即将受到影响。92%受访企业表示已经受到影响或今后将会受到影响。其中，回答已受影响的为47%，未来将受影响的45%。也就是说，有将近一半的TEDA日资（含中日合资）企业已受到影响。

第二，本次影响主要以汽车及关联产业最大。就已受影响的企业来看，制造型企业（50%）显著高于服务型企业（30%），特别是汽车及相关企业受影响最为严重，有83%受访企业表示已受影响，另有13%企业表示将会受到影响。

---

①《丰田在华合资生产电池，投资156亿日元在当地生产HV（混合动力）》，《日本经济新闻》2013年5月31日。

②《在华建立新的高级钢板工厂——新日铁住金为日本车增产做准备》，《日本经济新闻》2013年6月11日。

③《捷特科80亿日元增产变速箱》，《日本经济新闻》2013年4月28日。

④ 冯昭奎：《对中日关系"政冷经热"的再思考》，《日本研究》2006年第2期。

第三，销售业务是受影响最严重的领域。就受影响领域而言，销售困难占比最高，有近四成（38%）受访企业表示其销售活动已经陷入困境。另有近两成企业（18%）表示其商务活动受阻，难以正常实施相关商务活动。生产领域影响也不小，在受影响最严重的汽车产业内，有 26%企业表示生产活动已受影响，因此被迫减产或一度停产。

第四，对日企的全年生产计划较大，但具体影响不一。总体看，近四成企业（37%）表示本年度生产计划已受影响。其中，制造型企业有 42%表示受到影响。在受影响严重的汽车企业中，有 70%表示本年度生产计划受到影响。但是，仍有近半企业（47%）表示本年度生产计划未受影响。服务型企业受到影响较小。

第五，日企的雇佣员工形势基本稳定。近七成企业（67%）表示雇佣员工形势稳定，超过六成企业（62%）表示近期无裁员计划。但是，也有近两成企业（18%）表示将进行裁员，另有两成企业表示持观望态度。其中 TEDA 最为关注的汽车产业，仅有 9%企业表示近期有裁员计划，仅为总比例的一半。

第六，日企业的进出口业务受到部分影响。日资企业的进出口业务基本未受影响，超过六成企业（65%）明确表示进出口业务未受影响，仅有 17%企业表示受到影响。在受影响最大的汽车产业中，有七成企业表示其进出口业务并未受到影响。

第七，日企内的日籍员工在华生活也受一定影响。仅有两成受访企业表示其日籍员工在华生活受到影响，但有 28%受访企业表示担心未来日籍员工的在华生活。有 37%受访企业表示其日籍员工完全未受任何影响。

第八，对日企的对华整体战略影响不大。关于是否影响企业对华战略的回答中，有 65%企业表示不调整对华战略，甚至有 13%企业表示将继续扩大在华规模。仅有 2%企业表示将转移东南亚等国，而没有企业表示回归日本国内。不过，也有 10%企业未作明确表态。

四、结论：如何持续互惠共赢？

如今，中日关系显然已经步入一个不稳定时期，这既与中日经济力量对比发生逆转密切相关，同时也不能否认日本出现整体右倾化趋势，另外，全球政治格局变动也是重要因素。在这种形势下，相互依存、互惠共赢的中日经济合作也将受到影响。

在刚刚结束的2013年参院选举中，新当选议员的74%赞成修改战后以来的日本和平宪法，这远远超过了反对者的19%。[①]这与2012年12月举行众院大选的趋势基本一致，当时，新当选议员的89%赞成修改日本宪法，而且，甚至还有79%认同日本行使所谓“集体自卫权”[②]。事实上，包括短暂的民主党政权在内，日本执政当局正在迈向实质性的右倾化道路。例如，2011年12月日本政府发表《藤村谈话》，宣布大幅放宽执行长达45年的“武器出口三原则”。不久之后，它又修改了JXAX法，宣布放弃长期坚守的“和平原则”。[③]在此次参院大选胜利之后，民族主义色彩浓厚的安倍首相将带领日本走向何处呢？中国该如何应对日本的政治右倾化问题是一个极其复杂的问题。

一般而言，从两国关系结构而言，可以划分为国家层面的宏观运行机制，以及企业及普通国民层面的微观运行机制，前者可以称为所谓“上层机制”或政治关系，后者则可其称为“底层结构”或经济与文化关系。就上层机制而言，往往更容易受到各种突发事件或结构性因素的影响，因此而迅速恶化。这对有着复杂历史渊源的中日关系而言更是如此。但“底层结构”相对显得更稳定些，比如企业投资或国民之间的交流，它往往更能发挥两国关系的稳定器作用。

就中日关系而言，构筑坚实的“底层结构”应该说将有利于中日关系的大局，这种努力也具有极大可行性。其一，在中日关系史上的“无邦交时代”

---

①《当选调查74%赞成修宪，民主党和公明党合计9人》，《每日新闻》2013年7月23日。

②《众议院当选者8成认可行使集体自卫权》，《朝日新闻》2012年12月18日。

③ 相关内容参见张玉来：《战后日本军工产业发展与“美国因素”》，《日本侵华史研究》2013年第2卷。

（1949—1972），中国展开了积极的对日工作，中日两国各界人士的往来，文化交流，以及以廖承志和高碕达之助个人名义推动的民间贸易，在没有外交关系的条件下，竟然可以发展到相当规模，为最终恢复邦交正常化奠定了民意基础，其实这就是一种“底层结构”的作用，历史的经验可以借鉴。其二，中日发展现状也有利于这种努力。自20世纪70年代中期日本完成由后发展经济向工业化经济过渡之后，它也由供给不足型转变为需求不足型经济，目前，日本已是成熟经济，社会需求、市场因素成为制约增长的瓶颈；相反，中国则处于向工业化经济过渡的高峰期，产品需求收入弹性大，加上收入不断提高的庞大消费者人口，需求收入弹性微小变动都会引致庞大的市场需求。这是开发区日资企业没有撤资计划、改变战略，仍然在观望、等待的原因所在。越是在这种情况下，日资企业对“底层结构”的需求增大，反而易于构筑“底层结构”。

因此，本文认为，中国政府应一方面坚持绝不放弃正当权益、绝不牺牲国家核心利益的原则，与此同时，还应加大力度进一步推进和夯实中日关系的“底层结构”，这不仅有利于中国自身的经济社会发展，同时，在日本政坛显著右倾化趋势之下，尽可能地稳定和发展中日关系大局。

最近的事实也在证明，经济上的相互依存和互惠共赢已经成为日本民族主义冲动的重要遏制力。安倍当政的政治目标可谓“司马昭之心”，但他在精心构筑“包围中国圈”之际，却不得不一再声称“与中国对话大门一直敞开着”。而且，迫于中韩压力，他也不得不明确放弃“战败日”参拜靖国神社，而这恰恰是他第一届内阁期间“最痛心疾首的事”。自中日关系严重受挫以来，日本经济界人士纷纷访华，试图破解这种僵局。同时，他们在国内也一直呼吁安倍政权不要采取任何挑衅行为。[①]这种努力，对日本民族主义及右倾化趋势显然具有一定遏制作用。

（张玉来，南开大学日本研究院副教授）

①［美］理查德·卡茨：《经济利益能否战胜中日民族主义？》，《华尔街日报》中文版，2013年7月5日。

近代日本早期右翼的系谱建构[①]

吴 限

成立于1881年的玄洋社被公认为日本右翼团体的源流、谱系的源头。但通过对右翼史内在理路的梳理与考察可以认为，在玄洋社成立之前，存在一个“早期右翼”的历史阶段。因“征韩论”失败而下野的“外征派”与福冈不平氏族的合流构成了早期右翼勃兴的组织基础，之后，其追随“外征派”参与武装叛乱与自由民权运动两条反政府道路，在右翼史的向度上，又为自身预设了政治运动的发展进路，而作为玄洋社前身的早期右翼组织在运动中得以建立的同时，也在事实上完成了其谱系的建构。

应该说，日本右翼的发展是一个历史的过程，战前右翼与战后右翼共同构成了完整的日本右翼史。就右翼谱系与思想的传承而言，战后右翼无疑是对战前右翼的继承，“母体”与“子体”的“血缘”关系恰恰是两者内在联系的本质。“物有本末，事有终始”，若要从学理上认清现当代日本右翼，从源头厘清日本右翼始终是无法绕开和必须正视的问题。在这个意义上说，探讨日本早期右翼起源与勃兴期诸问题无疑有着重要的学术意义和现实意义。

有鉴于此，本文拟以先行研究为参考，试图从组织谱系的视角，探讨早期右翼勃兴的诸问题。问题包括：其一，日本右翼运动是否始于1881年玄洋社的

① 有关近代日本右翼勃兴期的问题，拙文《论近代日本右翼的勃兴》（参见《新视野》2012年第3期，第125页）曾述管见，本文拟从组织谱系的视角再度探讨。

成立，在此之前，是否存在一个早期右翼的历史活动阶段。[①]如果存在，那么其勃兴的契机缘自何处？其发展的进路与特征如何？其二，玄洋社是否是日本右翼团体谱系的源头，其自身是否由其他组织沿革而来，换言之，日本右翼的谱系是否在玄洋社成立前已有构建，如果谱系的源头可以进一步向上追溯，那么其存在形态与沿革路径如何？

只有试图厘清上述问题之由绪，才可能还原日本右翼应有的历史长度，真正从源头认清其本来面目。

一、近代日本右翼的谱系及其特点

近代以来，右翼一直是活跃在日本政治舞台上的一支重要力量。从第一个右翼团体玄洋社的诞生（1881）至今已有百余年。经过百年的积淀和分化组合，日本右翼团体无论是在数量还是规模上都是其他国家右翼团体难以望其项背的。据日本警察厅公安二科的统计，到 1939 年，日本全国共有右翼团体 173 个、成员 182192 人，达到了战前右翼团体组织的最高峰。由于团体众多、理念驳杂，使得日本右翼在不同时期，其团体名称、思想主张、派系构成及行为方式上各有殊异。因此，日本右翼在谱系构成上也呈现纷繁复杂的局面。学界一般认为，总体上，日本右翼团体主要由“四大派系”构成，[②]即玄洋社、黑龙会系；老壮会、犹存社系；经纶学盟系；农本主义系。这四大派系也被认为是日本战前右翼运动史的四大支柱。[③]如表：

① 考虑到玄洋社成立之后的日本右翼其思想主张和行为方式更能体现“右翼”特点，故将之前出现的尚处于萌芽期和转变期的右翼称为早期右翼。从学理的角度，或称“前右翼”更为妥帖。一个“前”字即标示出了二者在时间序列上的前后联系，又揭示出二者内在的逻辑关系。

② “四大派系说”为日本学界的通常说法。详论者，参见警备警察研究会：《右翼运动》，立花书房，1954 年。但木下半治曾提出“两大派系说”。他认为：“战前的日本法西斯主义运动大体分为两大潮流——纯正日本主义派和国家社会主义派。纯正日本主义派偏重国家主义，国家社会主义派则偏重国家社会主义。前者是源于国粹主义阵营，后者源于社会主义阵营中转向的人员。”显然木下半治的观点是从思想史而非组织谱系的视角言说，其更强调的是右翼在思想理念上的传承关系。详见[日]木下半治著《日本右翼的研究》，现代评论社，1977 年。

③ [日]猪野健治：《日本的右翼》，ちくま文库，2007 年，第 16 頁。

表1　日本右翼的四大派系[1]

右翼派系	核心团体	中心人物	创立时间	团体类型
1.玄洋社、黑龙会系	玄洋社、黑龙会	头山满、内田良平	1881、1901年	国粹、日本主义
2.老壮会、犹存社系	老壮会、犹存社	大川周明、北一辉	1918、1919年	国家社会主义
3.经纶学盟系	大众社、经纶学盟	高畠素之、上杉慎吉	1921、1923年	国家社会主义
4.农本主义系	自治学会、爱乡会	权藤成卿、橘孝三郎	1920、1928年	农本自治主义

值得注意的是，虽然日本右翼在谱系上号称“四大派系”，但这四大派系之间并非平行的关系。以时间轴为序，在右翼史的向度上，显然玄洋社是成立最早的右翼团体，处于原初的位置，正因为如此，玄洋社才被右翼誉为“我国国家主义团体的鼻祖”[2]。毫不夸张地说，日本近代所出现的各色右翼团体，无不以玄洋社为“母体”，并深受其影响。虽然玄洋社是日本右翼团体的“鼻祖”，但日本右翼及其谱系的源头却并非始于此。

二、早期右翼的诞生

明治初期，政府高层内部围绕着“征韩论”而展开的权斗构成了右翼勃兴的现实背景及其组织基础。明治政府成立伊始，为了恢复因德川幕府倒台而中断的日韩关系，日本主动向朝鲜递交国书，要求恢复邦交。而朝鲜方面认为日方国书中含有“皇上”“公”等种种不合礼数的称谓，有视朝鲜为属国之嫌而婉拒。[3]对朝鲜的不合作态度日本大为恼火，并将其视为国辱，以此，国内征

① 公安调查厅：《战前右翼团体的状况•上卷》，公安调查厅，1964年。
② 公安调查厅：《战前右翼团体的状况•上卷》，公安调查厅，1964年，第1页。
③《日本外交文书》第3卷，第32页。参见[日]多田好问编：《岩仓公实记》下卷，原书房，1979年，第8页。

伐朝鲜的论调便甚嚣尘上。[①]

政府内部，西乡隆盛和木户孝允是征韩论的主要倡导者，并放言“惩处韩国乃是当务之急”。在二人的主导下，明治高层也制定了“开国进取”的国策。但是随着“岩仓使节团”出访欧美归来后，大久保利通和岩仓具视的“内治优先论”的国策却逐渐得到了统治阶层绝大多数人的认同。但是西乡仍然坚持征韩论。他认为征伐朝鲜由此“可确立皇国之大方向”，“他日大兴皇国”。西乡的策略得到了江藤新平（时任司法卿）、副岛种臣（时任外务卿）、后藤象二郎（时任参议）、板垣退助（时任参议）等高层的支持。如此一来，在国家发展策略上，政府高层发生了分歧。围绕着内治优先还是征韩为上，形成了以大久保利通、木户孝允、大隈重信、伊藤博文等人为代表的“内治派”[②]和以西乡隆盛、江藤新平、坂垣退助、副岛种臣、后藤象二郎等人为代表的“外征派”。[③]两派的形成最终导致统治阶级内部彻底分裂。[④]

因不满政府的“优柔寡断”和政治上的失势，西乡、江藤、坂垣等人愤而下野，连带着以土佐、萨摩为主出身的文武官员也相继辞官返乡。当时在野的

① 井上清并不认同征韩是由于朝鲜国书侮辱了日本的说法，他认为是日本早有预谋。在其所著《日本历史》一书中，井上清指出，“日本政府向朝鲜投递国书是1868年的12月19号”，而在此之前的“12月14日，参与木户孝允就已向辅相岩仓具视提出远征朝鲜的意见，随后，又与军务次官大村益次郎等拟定了具体计划”。参见井上清著：《日本历史》，闫伯纬译，陕西人民出版社，2011年，第229页。

②“内治派”与“外征派”日文一称“内治党”（ないちとう）和“外征党”（がいせいとう）（参见玄洋社社史编纂会：《玄洋社社史》，玄洋社社史编纂会，1917年，第60页）；一称“征韩反对派”（せいかんはんたいは）与“征韩派”（せいかんは）（参见[日]竹内好、唐木顺三编：《近代日本思想史讲座8》，筑摩书房，1960年，第14页）。本文之所以翻译为“内治派”与“外征派”，主要基于两点考虑。其一，西乡、江藤等人主张征韩其矛头虽指向朝鲜，但并非只针对朝鲜，其根本目的是要以朝鲜为跳板进一步对外扩张。若翻译成“征韩派”似无不可，但无法将其隐匿于征韩背后对外扩张的意向完整表达出来，而“外征”一词其意蕴较为深远；其二，考虑到当时藩阀政治主导下的日本根本未确立政党政治，政府内部只有派系而无政党的史实，若翻译成“党”容易被误解为某一政党，所以笔者认为翻译成“派”比较妥当。

③ 玄洋社社史编纂会：《玄洋社社史》，玄洋社社史编纂会，1917年，第72页。

④ 需要指出的是，无论是内治优先还是征韩为上策略并无本质区别，只是实现国家“富强”的手段差异，更有学者指出“其论争的焦点无非是其扩张策略及时机选择上的差别而已”。毋庸赘言，征韩论的焦点也并非征与不征，其本质无非是两派抉择日本近代化发展路径之争在国家战略上的反映。

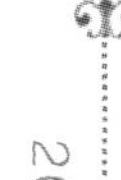

士族也对政府内治优先的国策十分不满，“征韩论者悉数下野，政权被内治派所把持。天下不平之士因之奋起反抗……这些叛乱的兴起，充分暴露内治派政府在对内问题上的失策；在对外问题上，特别是对于征韩一事更是毫无计划。这样无能懦弱的政府只会祸及国运”[①]。

脱离权力中心而走向在野的“外征派”与因明治维新而在政治上失势又无所事事的不平氏族、没落武士之间，在征韩问题上达成了共识。尤其是福冈的不平志士更是推崇“征韩论”。其代表者武部小四郎、越智彦四郎、头山满、箱田六辅、平冈浩太郎（后三人也被誉为“玄洋社三杰”）等人积极响应西乡的号召，并为此还制定了欲征朝鲜先要“清君侧”，密谋打倒岩仓具视和大久保的方针。[②]

如此一来，“外征派”与头山、平冈等福冈不平氏族由于政治理念的趋同而合流，并最终催生出了近代日本右翼——以福冈为中心的“武部小四郎、越智彦四郎、头山满、平冈浩太郎、箱田六辅等一批号称‘青年志士’的人是骨干”[③]，他们作为福冈不平氏族和没落武士集团的领导人物成为日本早期右翼最基本、最核心的力量。

下野后的“外征派”根据其对明治政府的态度，又分成两派。一派是以坂垣、后藤为代表的“民权派”，主张发动民权运动，通过议会斗争来推翻政府；一派是以西乡为代表的“主战派”，力主通过武力打倒政府。

1874年6月，“主战派”领袖西乡在萨摩设立不听政府节制的私立军校，实际上就是地方武装集团。“私学校”的建立，在事实上为“西南战争”的爆发积蓄了力量。1876年，对明治政府实在忍无可忍的不平氏族在各地纷纷发动叛乱。影响较大的有：佐贺藩的“佐贺之乱”、熊本的“神风连之乱”、福冈的“秋月之乱”、山口的“萩之乱”等，而规模最大的武装叛乱则是1877年2月西乡发动的“西南战争”。[④]但这些叛乱无一例外被政府军镇压，西乡也败死于城山。

---

①［日］内田良平：《日本的亚细亚》，黑龙会出版部，1931年，第225页。
②［日］木下半治：《日本右翼的研究》，现代评论社，1977年，第48页。
③步平、王希亮：《日本右翼问题研究》，社会科学文献出版社，第67页。
④［日］坂本太郎著，汪向荣、武寅、韩铁英译：《日本史》，中国社会科学出版社，2008年。

与西乡采取军事政变的极端行为不同，“民权派”领袖坂垣退助则采取非暴力的斗争形式。1874年（明治七年）1月，坂垣、后藤等人成立了“爱国公党”组织，向明治政府提交设立民选议院的建白书，自由民权运动正式展开。“从自由民权运动方面来看，西南战争发挥了自由民权运动的先驱作用。”①“民权派”最终发展为“自由民权运动”，“主战派”则因武装叛乱被明治政府镇压而惨淡收场。

之所以形成“民权派”与“主战派”，皆是因为“外征派”内部“文斗”与“武斗”两条截然不同的反政府斗争路线。而“外征派”的形成则缘于“征韩论”及其失败的结局。“‘征韩论’一事，实在是导致日本内阁分裂，佐贺、鹿儿岛之乱和江藤新平、西乡隆盛殒命的祸根，更是福冈草莽兴兵、大久保被杀以及民权论、民选议院开设运动勃发的内在诱因。”②本文无意探讨“民权派”与“主战派”两条斗争策略究竟孰是孰非，只想指出的是，这两条不同的斗争策略却在事实上为日本早期右翼运动的展开预设了发展的进路——促成其反明治政府的武装暴动与投机自由民权运动两个运动阶段的达成，也促使其组织谱系在这两个运动阶段中得以构建。

三、早期右翼谱系的建构

虽然“外征派”内部存在两条斗争路线，但是早期右翼并没有为是采取武装叛乱路线还是议会斗争路线而争论不休，运动伊始他们便选择了支援西乡武装叛乱。1874年，江藤新平在佐贺发动叛乱，史称“佐贺之乱”。佐贺叛乱发

① [日]信夫清三郎:《日本政治史》(第3卷)，上海译文出版社，1988年，第59页。包括坂垣退助在内的民权派部分人士最开始也有举兵的图谋。坂垣曾说:“若兵力达到八千或一万，并准备好枪支火药，我将出任三军统帅。”宫崎八郎也曾说:“造反让西乡取天下不亦快哉。”但西南战争的溃败，西乡的战死，让坂垣、宫崎等人认识到武装叛乱的道路行不通，反而更加坚定了通过自由民权运动推翻明治政府的决心。也是从这个角度说，“西南战争发挥了自由民权运动的先驱作用”。参见[日]坂垣退助监修:《自由党史》，青木书店，1955年；[日]永井秀夫:《自由民权》，载《日本历史》第25卷，小学馆，1977年。

② 玄洋社社史编纂会:《玄洋社社史》，玄洋社社史编纂会，1917年，第59页。

生后，箱田和越智迅速组建“士族队”暗中支援江藤。[①]但由于叛乱很快被政府军镇压、江藤被处死而中途失败。随后箱田和武部等又密谋刺杀大久保但也是无功而返。1876年，前原一诚在山口县荻的地方发动士族叛乱，史称“荻之乱”。事发后，福冈方面迅速发兵支援，但叛乱很快被镇压，箱田六辅也因此被捕。随后，头山、近藤等人因营救箱田和密谋刺杀大久保等罪名也被一一逮捕，迫于形势，武部、越智等人逃亡鹿儿岛，投靠西乡。1877年西乡举兵叛乱，“西南战争”爆发。为支援和配合西乡的军事行动，武部、越智返回福冈并纠集近千人组建武装发动叛乱。当时福冈叛军的军事编制如下：大队长：越智彦四郎、武部小四郎；大队副官：久光忍太郎、舌间慎吾；小队长：久世芳磨、加藤坚武、村上彦十；辎重部队负责人：大野卯太郎、内田良五郎（内田良平之父）；传令使兼差役：八木和一。[②]

并发表檄文称：

> 夫政府之责任在保全国民之幸福。然今庙堂之上三二奸佞当道，把持朝政、蒙蔽圣聪；阻塞言路、欺上瞒下，打压忠良之士；苛捐杂税，一致民不聊生。更甚者，为一己之私欲，图一朝之利益而不顾国家无疆的公道天理，实乃是悖天理、逆人心的祸害之举。今，福冈众之士愤然而起义兵，遂势单力微，但誓死以向天下昭明大义名分，维护我三千万同胞之权利，敬告上天，为保我日本帝国万世康宁、以扶翼无穷之皇运，今布公檄文，感召有志之士共举大义，愿天下体鉴明察吾等忠义之心。[③]

福冈叛军手持枪械袭击了福冈兵营、警察分署、福冈监狱等地，史称“福冈之变”。但叛乱很快被镇压，主犯武部、越智等人被处以极刑，而因此役死伤者达百余人。[④]头山、近藤等人由于之前参与“荻之乱”已被捕，所以未能参加福冈叛乱，侥幸躲过此劫。至此，明治初期的不平士族叛乱最终以西乡的兵败而偃旗息鼓，日本早期右翼追随西乡的“武斗”之路也以失败告终。

①［日］西尾阳太郎：《头山满翁正传》（未定稿），苇书房，1980年，第39页。
②［日］玄洋社社史编纂会：《玄洋社社史》，玄洋社社史编纂会，1917年，第123页。
③［日］玄洋社社史编纂会：《玄洋社社史》，玄洋社社史编纂会，1917年，第123~124页。
④［日］木下半治：《日本右翼的研究》，现代评论社，1977年，第50页。

的野半介（玄洋社机关报《福陵新报》社的社长，平冈浩太郎的义弟）后来在回忆右翼支援西乡武装叛乱这段历史时指出："由于岩仓、大久保等当局者在东洋政策上毫无建树、优柔寡断，所以大西乡、江藤、前原等豪杰才会断然与其决裂，清君侧以图维新，实现吞并朝鲜、中国的战略。头山氏为国事奔走呼号也是为了要推翻幕府、整顿内治，然后吞并朝鲜乃至中国。不幸的是，南洲翁、江藤等皆兵败殒命……"①

多次武装暴动的失败也促使日本早期右翼开始放弃武装叛乱转而向自由民权运动靠拢。实际上，正值叛乱其间，越智和武部就已经尝试与民权派接触。1875年2月，受坂垣民权理论的启发，二人出席了"大阪会议"，并提出要"大力伸张民权"②。二人随后又加入了坂垣创立的立志社。为了更加深入地学习民权理论，三个月后，以越智、武部、箱田、头山为核心的矫志社、强忍社、坚志社政治结社在福冈组建。三社组织构成如下：

矫志社：社长武部小四郎；社员箱田六辅、平冈浩太郎、头山满、近藤喜平太、宫川太一郎、林斧助、阿部武三郎、松浦愚、高田芳太郎、大仓周之介、高田广次、三好德藏、吉安谦吉、永野繁实、德川吉次、青柳禾郎、味冈俊太郎、月成重三郎、江藤修、半田吾老、横井六三四、山田宗三郎、筒井力、鸟居启、菅四郎、鹽川监机、庄崎登七郎、月成元雄。

强忍社：社长越智彦四郎，社员久光忍太郎、川越庸太郎、中野震太郎、大畠太七郎、舌间慎吾、松本俊之助、齐田信之助。

坚志社：社长箱田六辅，社员中岛翔、奈良原至、月成功太郎、横井丰、的野恒喜③、山中茂、中野锐太郎、久野藤次郎、西川九郎、箱田哲太郎、中

① [日]平井晚村：《头山满与玄洋社逸话》武侠世界社，1914年，第197页。

② [日]木下半治：《日本右翼的研究》，现代评论社，1977年，第49页。

③ 的野恒喜后改名来岛恒喜，并于1889年作为玄洋社一员在霞关制造了自杀式爆炸袭击大隈重信的恐怖事件。该事件不仅震动朝野，导致"修改条约案"戛然而止，也令玄洋社名声大噪。头山对此评价为："鄂天下者，莫如君之一击。"（参见[日]西尾阳太郎：《头山满翁正传》（未定稿），苇书房，1980年，第180页）来岛虽不是右翼的领导人物，但他的行为却具有象征意义——其恐怖主义行径被后世右翼团体所效仿，成为日本右翼团体重要特征。即便时隔百年之久，当今日本右翼团体中最负盛名的"一水会"其旨趣依然宣称要"继承来岛之精神"，足见其影响深远。"一水会"：http://www.issuikai.jp/issuikai.html。

山繁、藤岛常吉、内海重雄、山内义雄、吉浦英之辅、吉村驹十郎、安见辰之辅、渡边佳虎、滨勇吉郎、成井龟三郎。[①]

三社虽名称有异，但其目的和宗旨却如出一辙：

> 新政府优柔寡断、苟且偷安，以至于受到朝鲜小国之侮辱，实乃外交之大误；排挤正义忠节之士，压制公议而独断专行；大兴土木而劳民伤财……此等政府存之何用？当推翻之。如今三社始成，当与四方志士戮力同心以申明大义。"[②]

为进一步推动自由民权运动的开展，1877 年 11 月，头山、箱田等人又在福冈设立"开垦社"（别名"向浜塾"），开始"评议时政，以图政治改善"。

开垦社：领导头山满、近藤喜平太；主要社员奈良原、藤岛一造、月成勋、大原义刚、来岛恒喜；教师和田玄顺负责社内教学，会计平冈直吉负责财务。[③]

1878 年，大久保被暗杀。得知此事的头山叛乱之心被再次点燃。他亲赴土佐鼓动坂垣发动武装暴动，试图重返"武斗"的旧路。但是头山的土佐之行并未如愿。视"武斗"为莽夫所为的坂垣告诫头山："唯有伸张民权、实行立宪政体、扩大议员权利才有出路。"[④]被坂垣说服的头山返回福冈后，一心致力于民权运动。因经费问题，开垦社运作一年后关闭，头山、箱田等人又在福冈建立了向阳义塾，目的在于"讲习实学、宣讲自由民权学说，兼论政治时局之用"。为了便于开展政治运动，又另设政社组织向阳社，向阳社即为玄洋社的前身。向阳社的社旨开宗明义：

> 义塾者，在于秉承义务。即兴教育、培育民权意识，人尽义务，然后国家始成。吾辈同志皆思国之将来，而共设此社。发扬共同博爱之精神，践行厚德利民之道路，同心协力，为国尽绵薄之力，以无愧于天地。[⑤]

其组织构成：

社长：箱田六辅监事：头山满、近藤喜平太、山中立木、上野弥太郎。议

---

①［日］玄洋社社史编纂会：《玄洋社社史》，玄洋社社史编纂会，1917 年，第 105 页。
②［日］玄洋社社史编纂会：《玄洋社社史》，玄洋社社史编纂会，1917 年，第 106 页。
③［日］玄洋社社史编纂会：《玄洋社社史》，玄洋社社史编纂会，1917 年，第 181 页。
④［日］木下半治：《日本右翼的研究》，现代评论社，1977 年，第 51 页。
⑤［日］玄洋社社史编纂会：《玄洋社社史》，玄洋社社史编纂会、1917 年、第 209 页。

长：郡利（兼事务总监）、中村耕介。副议长：樋口竞、榊治人。书记：林斧助。会计：藤崎彦三郎、加藤直吉。

除了行政职务之外，还安排了教学科目及主讲教师：

高场乱[①]、龟井纪十郎、阪牧周太郎、臼井浅夫主讲中国学；伯利（英国）、奥村贞主讲法律；伯利主讲理化英语。另外，还设立法律研究所和律师事务所，受理相关诉讼。奥村贞任法律研究所所长，清原强之助、箱田三吉任律师事务所助理。[②]

当时来向阳义塾修学和就读者有300多人。连植木枝盛、北川贞彦等名人也特地来“向阳社”观摩学习，并在此宣讲自由民权主义。为了“宣扬民权思想兼顾开设国会请愿运动”，头山还奔赴鹿儿岛，出席大阪民权派的“爱国社”大会，并依据爱国社大会的决议，到各地组织集会、宣传民权思想。“向阳社一时成为自由民权运动的重要团体。”[③]“向阳社”投机自由民权运动的做法，在短时间内为早期右翼扩大了政治影响力，积攒了人脉资源，也为日后玄洋社的“腾飞”奠定了坚实的基础。[④]

可以说，这一时期是以头山、箱田、平冈为代表的日本右翼与自由民权运动的“蜜月期”。对此，木下半治不无调侃地说：“从日后玄洋社从事右翼活动来看，此时头山热衷民权运动的做法，不禁给人相当异样之感”[⑤]。头山、平冈等人之所以转向，除了自身所面临的现实困境之外，根本原因是自由民权运动附着浓厚的国家主义色彩及所暗含的国权主义性格迎合了右翼的政治诉求。“自由民权运动把以基本的人权为基础的民权论和把重点放在天皇、国家上面

---

① 据《玄洋社社史》一书载，高场乱是当时福冈有名的儒者，曾在福冈人参畑地方设家塾（一称“兴志塾”）专门讲习汉学，时人称其为“女丈夫”。日本早期右翼的主要成员武部小四郎、越智彦四郎、箱田六辅、平冈浩太郎、头山满等人早年在此学习过，并受到高一定的影响，书中称“其门下者皆负其志，悲歌慷慨、任侠义气者辈出”。（第155页）

② 玄洋社社史编纂会：《玄洋社社史》，玄洋社社史编纂会，1917年，第210～211页。

③ 公安调查厅：《战前右翼团体的状况·上卷》，公安调查厅，1964年，第8页。

④ 按照《玄洋社社史》的说法，当时头山、平冈等人认为：“向阳二字本为指向太阳之意，但太阳不仅是日月之日，更是天皇的代指，所以实在含有对天皇不敬之意，应该换名字。经过一番改组后向阳社更名为玄洋社”（第225页）。换名改组后，不仅扩大了原组织的规模，也明确了日本右翼新的政治目标，即以玄洋社为根基转向扩张国权、雄飞大陆。

⑤［日］木下半治：《日本右翼的研究》，现代评论社，1977年，第53页。

的国权论，互为表里地结合起来。”[①]坂垣自己也承认自由民权运动的立场就是“根据国家观念所调节的个人自由的主义……小则保全一身一家，大则维系天下国家，最终以增进天皇陛下的尊荣福祉，使我帝国与欧美各国对峙屹立，并驾齐驱于宇内，我等所欲，皆在于此。”[②]这样一个“更多带有浓厚的国家主义色彩，运动的发起人和参与者也大都具有国家主义的倾向”[③]的自由民权运动必然会对日本早期右翼产生巨大的吸引力，促成其转向也是理所当然的事情。

也许，当时的头山并没有深刻认识到自由民权运动的实质，但凭直觉他已敏锐地嗅到了自由民权运动所散发的国权主义味道。从这个意义上说，头山所从事的自由民权运动从一开始就已经在国权主义的延长线上了。

综上所述，在组织上，玄洋社大抵经历了前期的矫志社、强忍社、坚志社、开垦社以及向阳社的组织沿革。“上述结社组织虽然社名各异，但是其宗旨、主义、功能都是一脉相承的”[④]，也在实际上构成了玄洋社的前身。依据其在谱系上所具有的内在的传承性与统一性，可以确定日本右翼团体谱系在玄洋社成立之前即已建构。如图1：

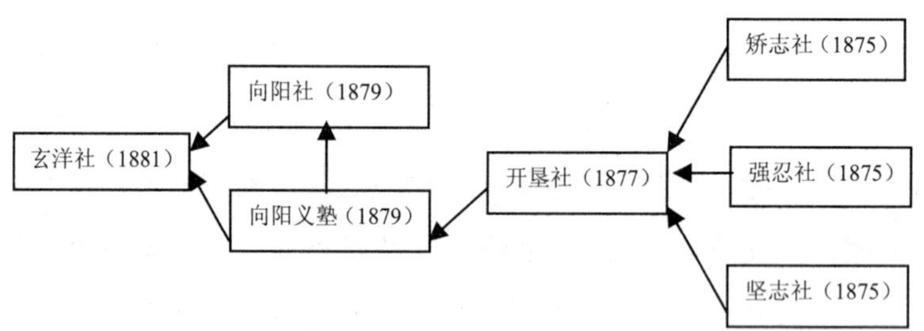

图1 玄洋社前身的组织谱系图

---

① [日]永井秀夫：《自由民权》，载《日本历史》第25卷，小学馆，1977年，第46~47页。
② [日]坂垣退助监修：《自由党史》（上），岩波文库，1957年，第247页。
③ [日]松本三之介著，李冬君译：《国权与民权的变奏——日本明治精神结构》，东方出版社，2005年，第51页。
④ 玄洋社社史编纂会：《玄洋社社史》，玄洋社社史编纂会，1917年，第227页。

四、结 语

由外征派分化形成的“民权派”与“主战派”导引出了自由民权运动与武装叛乱两种截然不同的反政府之路。而无论是主张“文斗”的“民权派”还是崇尚“武斗”的“主战派”，在右翼史的向度上，二者却汇成一股合力，为日本早期右翼运动的展开预设了发展的进路。而矫志社、开垦社、向阳社等右翼组织在运动中得以建立的同时，作为玄洋社的前身，也在事实上完成了早期右翼谱系的建构。可以说，头山、箱田、平冈等早期的右翼正是沿着“武斗”与“文斗”交错的发展进路，“继承西乡的征韩论，高举大亚细亚主义旗帜，为促成中日、日俄两国之战端、日韩之合并而奔走呼号”[①]，并最终蜕变为服膺政府对外扩张的鹰犬。

（吴限，中国社会科学院日本研究所博士后）

① 警备警察研究会:《右翼运动》，立花书房，1954年，第13页。

昭和天皇与九一八事变

龚　娜

九一八事变是日本军国主义攫取中国东北的侵华战争，是日本关东军部分中下级军官在军部的暗中支持下进行的一次有计划的军事活动，开启了日本扶持傀儡政权、以武力大规模侵略中国的序幕。九一八事变期间，正是昭和天皇即位后的前十年。虽然大陆政策的侵略目标早已制定，但如何具体操作，不仅军政之间存在严重分歧，甚至出现军部单干的“独走”行动，就连昭和天皇自己的看法和态度也一再变化。近代日本政治体制最突出的特点是，天皇始终处于决策体制的核心，并且被外环保护。军部直属天皇，只有大元帅天皇能够发布军事命令，即行使统帅权，所有战争指令都以天皇名义发出。而内阁、帝国议会与军部平行，无权直接过问军事统帅权问题。统帅权的独立，使军事与政治分离，能够协调二者关系并驾驭的只有天皇。九一八事变期间日本各方意见在不断发展的事态中趋于统一，昭和天皇在其中发挥了决定性作用。可以说，军部敢于“独断专行”、内阁和军部从对立到统一的变化，其根本原因在于昭和天皇的态度与选择。昭和天皇对九一八事变事后认可、纵容鼓励、颁布敕语、予以嘉奖的态度，不仅使日本的侵略野心进一步膨胀，扩大事态，更影响了日本此后的决策方向。

1931 年 9 月 18 日夜，日本关东军将校在日本控制下的南满铁路沈阳以北的柳条湖，制造了爆炸事件，并嫁祸给中国军队，进而以此为借口，炮轰中国东北军北大营，这次爆发的军事冲突和政治事件称为九一八事变。九一八事变过程中，昭和天皇支持对外侵略扩张的态度，直接影响了日本的对外决策，更导致军事机构不断擅自扩大军事侵略。

一、九一八事变的背景

日本觊觎我国东北地区最早可以追溯到德川幕府时期，当时以佐藤信渊、吉田松阴为代表，提出了“征服中国”“海外雄飞”的论调，主张从“满蒙”下手，然后向北京、南京等方面进军，幻想“数十年间中国全数底定”。[①]明治政府时期，制定了先吞朝鲜、再征中国，继而称霸东亚乃至全世界的大陆政策。其中“满蒙政策”是大陆政策的核心，是日本入侵“满蒙”的侵略总方针。

为了打开通向“满蒙”之路，日本通过中日甲午战争、日俄战争，基本控制了东北地区的交通和经济命脉。为了扩大“满蒙”利益，独霸中国，1915 年，日本政府向袁世凯提出了灭亡中国的“二十一条”。由于中国人民的坚决抵抗和袁世凯的死去，日本未能得逞。并且日本还于 1912 年和 1916 年两次制造了“满蒙”独立运动，均以失败告终。日本不得不改变对外政策，采取“怀柔”的策略，通过亲日政权推行“满蒙”政策。当时的东三省巡阅使张作霖为加强其军阀实力，积极投靠日本，成为日本侵略“满蒙”的重要棋子。日本在张作霖的协助下，进一步加深了对东北的侵略。然而张作霖对日本并不只是投靠、借助、利用和妥协的关系，还有抵制、斗争、不屈的一面。日张之间的矛盾在 1926 年张作霖进入北京，掌握北京政府大权后，日趋激化。

此时除了与张作霖的矛盾日益加深外，日本国内还爆发了一场全国性的金融危机，从而使自 1920 年经济危机以来长期萧条的日本经济进一步恶化。在中国，中国人民反对日本帝国主义侵略的浪潮日益高涨。国民党政府还发动了旨在打倒东北军阀的北伐战争。日本一方面担心北伐如果胜利，统一中国，那么将会损害日本在“满蒙”的权益；另一方面，美国的远东扩张开始严重影响日本大陆政策的实现。因此，军部和右翼势力以及政友会等资产阶级政党主张对华推行强硬外交，武力扩张，加快吞并“满蒙”。

① 薛子奇、于春梅：《近代日本满蒙政策的演变》，《北方论丛》，2003 年第 1 期。原文见于［日］佐藤信渊：《混同秘录》，《日本思想大系 45.佐藤信渊》，岩波书店，1982 年，第 426 页。

1927 年，田中内阁召开东方会议，提出《对华政策纲领》，决定对华采取强硬政策，以武力维护日本在“满蒙”的既得利益并最终吞并“满蒙”。东方会议之后，日本一方面出兵山东，阻止蒋介石北伐；另一方面，抓紧时机，趁张作霖还掌握北京政权之时，向张作霖索取“满蒙”权益。在遭到张作霖拒绝后，1928 年 6 月 4 日，关东军制造了“皇姑屯事件”，企图造成东三省军阀混乱，出兵占领东北。事件发生后，张学良毅然选择东北“易帜”，使日本占领东北地区的阴谋破产。1930 年下半年，日本又掀起“满蒙危机”的叫嚣，同时暗中制定出武力侵占东北的计划。

二、天皇制的权力结构

在近代日本政治体制中，天皇是国家最高元首、军队最高统帅，是政治决策机制的核心。天皇作为日本国家权力的拥有者是日本国家权力的唯一源泉。所有对外政策、军事战略决策都是以天皇为中心的，内阁、帝国议会、军部等所有政治体制及决策成员只对天皇负责。这样一种政治体制形成了同心圆式的权力结构。处在国家政治中心的是天皇，他是整合政治、军事、外交等全盘国策的终极性的存在。天皇及侧近集团及国务咨询机构枢密院等构成该政治体制的内核，拥有幕后策划和最终决策权。内阁、帝国议会、最高法院、军部作为天皇“辅弼”构成了体制的外环。处在外环位置的这些辅弼机构各行其职，形成一种相互依赖、合作、掣肘的复杂关系。因此，近代日本政治体制最突出的特点是，天皇始终处于决策体制的核心，并且被外环保护。

军部直属天皇，只有大元帅天皇能够发布军事命令，即行使统帅权，所有战争指令都以天皇名义发出。而内阁、帝国议会与军部平行，无权直接过问军事统帅权问题。统帅权的独立，使军事与政治分离，能够协调二者关系并驾驭的只有天皇，这正是明治宪法规定的原则。明治时期，由于明治元勋们健在，国务和统帅的分离所产生的矛盾还不太突出，对政府和军队具有压倒性影响的元勋们，决定了基本的国家战略。此时的统帅权独立，是在政府决定国家战略的基础上的独立，只是在具体作战时政府不介入军事行动罢了。但是，日俄战争后，陆海军官僚机构膨胀，各自制定自己的对外战略，扩大了政治上的发言权。大正时期，军部对国家战略的制定愈加显示出积极的态势。到昭和时期，随着元老的老化和逝去，明治以来的国家战略决策体制，即元老合议制失去效用，而政党政治还不能充分发挥作用。在这样一个政治过渡期，昭和天皇的思想理念和行动选择直接影响着日本对外侵略扩张的决策。

1926 年 12 月，昭和天皇即位后，亲自批准了日本出兵山东、进犯济南的命令，迈出了昭和时代以来日本武装侵华的第一步。这不仅反映了昭和天皇夺取山东权益的思想，更反映了他支持对外侵略扩张的态度。因此，在出兵山东的问题上，昭和天皇的态度可谓影响深远。“皇姑屯事件”发生后，昭和天皇斥责首相、姑息军人、事后认可、奖励军人的态度，更直接导致日本驻华军事机构擅自对华动用武力、扩大侵略的后果，影响到日本此后的决策方向。

三、事变发生前天皇的态度

“皇姑屯事件”后，日本内部的政治危机不断加深，内阁与军部的政治纷争日趋激烈。1931 年 6 月 13 日，昭和天皇的侧近侍从次长河井在日记中这样写道：陆军最高层联合一致、有组织地进行反裁军游说，声称决定兵力纯属统帅权的行为，应该由军部单独决定。西公（西园寺公望）担心政府与军部出现纷争，并认为不可轻视满洲出现大乱时陆军要求派兵的言论。[①]1931 年 6 月下旬，内大臣牧野伸显得到一部分军官在满洲搞阴谋的消息。不久，关东军便借口万宝山事件[②]和中村震太郎事件[③]，加大了对张学良政权的压力。

随着中日冲突的升级，陆军开始参与并干涉国家政策，军队纪律和等级体系在不断地遭到破坏。昭和天皇在元老的建议下，决定加强军纪管理。1931 年

① [日] 高桥紘等编：《昭和初期的天皇与宫中——侍从次长河井弥八日记（五）》，岩波书店，1993 年，第 103 页。

② 1931 年 4 月，一批朝鲜农民流落到长春万宝山一带，在日本的唆使下，非法占地，与当地农民发生争执。日本以此为借口挑拨中朝关系，扩大事态，并出动军队强占万宝山。

③ 1931 年 7 月，关东军大尉中村震太郎等二人在中国东北从事间谍活动，被东北军逮捕后处死。日本为此大造舆论，成为九一八事变的重要导火索。

9月11日，昭和天皇向陆相南次郎询问了有关军纪的情况。南知道关东军要用武力将满洲和内蒙古置于日本人控制下的秘密计划，他坦率地向昭和天皇承认，“最近，有年轻的陆军将校攻击说我们的外交软弱无能，因为他们说得不够全面，引起了误解。这样的行为是军纪上不允许的，应该彻底取缔。对于陆军来说，要承认外交作为国家政策应该由外务省执行，将来，（年轻的将校们）要注意这一点”。昭和天皇表示，“陆军的政治参与是对国家政策的干涉，要加强监督控制”。南回答道，“自从听到这样的传言，我非常关注并进行了取缔”。之后，昭和天皇让侍从长铃木转告牧野：“尽管陆军大臣向我报告说，为了不再发生上述那样不守军纪的事情，对违纪行为坚决取缔，这更要唤起我们的注意。”①

受到昭和天皇责备的南向陆军发出不要轻举妄动的指示。昭和天皇的态度使这些高级将校们更加小心、谨慎行动，绝不能无视内阁。于是他们立刻集于陆相官邸，召开紧急会议。最后决定让参谋本部情报部长建川美次亲自去奉天送信，告诫关东军要忍耐和延迟发动武力。然而由于建川的故意泄露和耽搁，关东军高级参谋坂垣征四郎早已收到“密谋泄露，在建川到来之前行动”②的电报，于是关东军提前行动，制造了九一八事变。

在这一过程中，昭和天皇和他的近臣们虽然已经感觉到军中不断增长的不稳定因素，但是误读了形势，没有及时对应。他们相信有足够的时间使昭和天皇的警告充分发挥压制的作用，但是从未想到关东军会占据先机，完全推翻了内阁的政策，破坏了昭和天皇的权威。③

四、事变发生后天皇的态度

事件发生后，关东军立刻为此次事件定下基调，声称责任全在中方，并请求派兵增援。朝鲜军司令官林铣十郎中将向东京的参谋本部请战，要求越过鸭

①［日］中尾裕次编集:《昭和天皇发言记录集成》上卷，芙蓉书房出版，2003年，第152～153页。

②［日］关宽治:《满洲事变前夜（1927—1931年）》，朝日新闻社，1987年，第434页。

③［美］赫伯特•比克斯著:《真相——昭和天皇与侵华战争》，王丽萍、孙盛萍译，新华出版社，2004年，第156页。

绿江进入满洲。军部无保留地支持关东军，内阁和外务省则主张“不扩大方针”。

九一八事变发生后的第二天上午10时，日本内阁召开紧急会议。若槻礼次郎首相在会上说：这次事变的原因“果真是中国士兵破坏铁路，并攻击守备铁路的兵员而引起的吗？是属于正当防卫吗？如果不是这样，而是日本军队的阴谋行动，那么我国又将如何面对世界呢？对于发生如此不幸事件，我表示十分遗憾”。[①]币原喜重郎外相朗读了驻奉天总领事林久治郎发来的各种电报，“这些情报多数是对陆军极为不利的”[②]。南陆相听到后，没敢再提议遣驻朝鲜军增援一事。会议最后决定“不使现今事态再行扩大”[③]。军部被迫暂时停止军事行动计划，参谋总长金谷范三于12时30分致电驻朝鲜军司令官“朝参报第五号关于增援关东军之事，望暂待奉敕命下达”[④]。下午6时10分，参谋总长又致电驻朝鲜军司令官“为增援关东军已出动之部队（飞行队除外），在未有另命之前，在新义州附近待命”[⑤]。

9月21日，若槻召集内阁开了6个小时的会议，“虽然在‘一举解决’满蒙问题上是一致的，但在是否自朝鲜派遣援兵的问题上，发生了分歧。只有陆相和首相认为援兵是必要的，其他人包括安保海相在内，都认为是不必要的”[⑥]。但就在内阁会议进行的同时，林铣十郎已经擅自行动，命令朝鲜军第三十九旅团于下午1时越境开往奉天（沈阳）。参谋本部得知情况后，企图通过帷幄上奏，由昭和天皇发布敕命，以达到承认驻朝日军擅自越境行为的事实，并以作战部长的名义向驻朝鲜军拍发电报，内容为：“关于贵军以后之行动，本部亦考虑，在形势发展特别需要时为将所需之部队立即开至满铁沿线及间珲地区，准备必

①［日］原田熊雄：《西园寺公与政局（二）》，岩波书店，1950年，第62页。
②［日］稻叶正夫等编：《走向太平洋战争的道路》别卷，朝日新闻社，1963年，第114页。
③［日］稻叶正夫等编：《走向太平洋战争的道路》别卷，朝日新闻社，1963年，第115页。
④［日］关宽治、岛田俊彦著：《满洲事变》，王振锁、王家骅译，上海译文出版社，1983年，第238页。
⑤［日］关宽治、岛田俊彦著：《满洲事变》，王振锁、王家骅译，上海译文出版社，1983年，第239页。
⑥［日］信夫清三郎著：《日本政治史》第四卷，周启乾译，上海译文出版社，1988年，第278页。

要时纵以帷幄上奏之形式，亦伏奏天皇发布敕命。”[①]

若槻内阁的不扩大方针使关东军在“北满”的军事行动和朝鲜军的出兵计划都暂时停止了，牵制了关东军试图一举占领“满蒙”的军事计划。关东军对政府和外务省的不扩大方针极为不满，因此当关东军向哈尔滨出兵的军事行动被制止时，便议论纷纷地说：“政府的真正意图何在？陆军大臣为什么不敢以正面冲突的决心来对待政府呢？”[②]这种情况再次表现了关东军和日本政府、外务省之间的所谓“扩大”与“不扩大”的矛盾。由于日本国内对冲突事件的观点不同，军部在政治上还处于弱势，是阻止事态还是支持扩张，只能等待昭和天皇做出选择。

9月22日，奈良在日记中记下了昭和天皇在这个紧要关头的表现：陛下问，是否已告诫参谋总长（金谷）不要扩大行动。奉答：已经告诫，其实总长不待告诫，亦颇能领会内阁会议主旨与陛下圣意，已依次处理。但驻屯部队势成骑虎，多有越轨，诚不胜遗憾恐惧……午后4时20分，金谷参谋总长拜谒，奏请准许追认朝鲜军混成旅团。陛下指示，此度已无他法，以后务必充分注意。[③]

由于昭和天皇已经表明态度，9月22日的内阁会议上各方意见趋于一致。“对于驻朝鲜军的独断出动，在内阁会议上出现了‘全体阁僚既没有表示不赞成，也没有表示赞成’的情况，但‘由于已经出动，故全体阁僚承认这一事实’，批准了经费开支。”[④]也就是说，内阁没有阻止驻朝鲜军的擅自越境行动。

虽然关东军的行为冒犯了昭和天皇的统帅权，但从行动的结果看是令昭和天皇满意的，陆军扩张了他的帝国版图。考虑到关东军前锋部队在数量上大大处于劣势，有必要对其进行增援，昭和天皇决定接受既成事实。

关东军的行为最终得到昭和天皇的认可，于是关东军变得更为大胆。在得知张学良在锦州成立政府的消息后，9月26日，关东军参谋会议决定轰炸锦州。

---

①［日］关宽治、岛田俊彦著，《满洲事变》，王振锁、王家骅译，上海译文出版社，1983年，第245页。

② 俞辛焞：《唇枪舌剑——九一八事变时期的中日外交》，广西师范大学出版社，1997年，第89～90页。

③［日］奈良武次：《侍从武官长奈良武次日记•回顾录》3，柏书房，2000年，第359页。

④［日］信夫清三郎著：《日本政治史》第四卷，周启乾译，上海译文出版社，1988年，第279页。

10月8日，日军飞机轰炸锦州。10月9日，昭和天皇批准了对位于京奉铁路（北京—沈阳）沿线的锦州的空袭，并指示："如果张学良在锦州附近重新集结部队，事件扩大不可避免，必要的话，余可同意事件扩大……"①

此时，国联理事会接受中国政府的要求，在日内瓦召集了一个特别委员会，会上一致强烈反对日本。10月27日，奈良的日记记录了昭和天皇的不安："圣上要侍从武官长询陆海军大臣，是否有遭到经济封锁，或与列国为敌开战的心理准备，是否做好了基础准备。"②

11月24日，关东军对锦州发动进攻。日军进攻锦州遭到了美国的严重抗议。参谋本部决定暂时停止进攻。参谋总长根据昭和天皇授予的权限，命令进攻锦州的部队于同年11月28日撤到辽河东部。12月，犬养毅担任首相后，要求天皇批准派遣两个大队去天津、一个旅团到满洲。从12月初开始，关东军在天津集结兵力，准备向锦州发动地面进攻。12月23日，就在昭和天皇向兼任外务大臣的犬养首相下达"不攻击锦州的方针"和"尊重国际间信义"③指示的时候，关东军正在继续向锦州逼近。美、英、法警告日本的行为违反了九国公约。12月27日，根据奈良的记述，昭和天皇又一次告诫犬养"深为轸念攻击锦州之对外影响"④。然而，关东军继续推进，从而加剧了日美紧张局势的恶化。28日，关东军再次进攻锦州，并在次年1月3日占领了锦州。

五、天皇对事变制造者的嘉奖

占领锦州后，昭和天皇再次提出不扩大事态的要求，并要求警戒关东军、朝鲜军的肆意行为，他对元老西园寺说："现在军部不顾统一命令，肆意行动，干涉国政、外交，为此，我对国家颇感忧虑。"⑤日本陆军"以下克上"的作风，不仅令首相和外相，甚至连陆相和参谋总长也毫无办法。为了整顿军纪，

---

①［日］奈良武次：《侍从武官长奈良武次日记•回顾录》3，柏书房，2000年，第367页。
②［日］奈良武次：《侍从武官长奈良武次日记•回顾录》3，柏书房，2000年，第373页。
③［日］中尾裕次编集：《昭和天皇发言记录集成》上卷，芙蓉书房出版，2003年，第173页。
④［日］中尾裕次编集：《昭和天皇发言记录集成》上卷，芙蓉书房出版，2003年，第175页。
⑤ 程永明：《裕仁天皇传》上，天津社会科学院出版社，2004年，第100页。

警示陆军，1932年1月4日昭和天皇发布《军人敕谕五十周年纪念日赐陆海军人敕语》，号召全体将士对明治天皇敕谕进行认真思考，恪守军人尽忠勇武之本分。[①]如果昭和天皇能够在此时选择继续加强军纪，则可能达到约束军部的效果。然而，昭和天皇却通过另一种方式，即发布《赐予关东军敕语》和奖励有功军人，鼓励、纵容、助长了陆军的行为。

《赐予关东军敕语》是昭和天皇经过仔细斟酌并亲自提出修改意见的重要敕语。1月5日，奈良在日记中记下："陛下对赐予关东军的敕语提出质疑，命令修改。"[②]天皇指出，在敕语中表达主旨的"解决满蒙问题"的字句不妥，并提醒"要注意用词，这样的话内容能解释成了本国利益而侵害别国利益"，[③]反对暴露侵略目的。1月7日，奈良将修改后的敕语请天皇过目，天皇看后认为可以并批准。[④]

1月8日，昭和天皇发布了表扬关东军的"御嘉赏敕语"。该敕语称："曩者满洲事变勃发，关东军将士基于自卫之必要，果断神速，以寡克众，迅速完成芟伐，此后，凌艰苦，冒奇寒，荡伐各地蜂起之匪贼，完成警备任务，或在嫩江、齐齐哈尔地方，或在辽西、锦州地方，不畏冰雪，英勇作战，以拔除祸根，宣扬皇军威武于中外。朕深嘉奖其忠烈。尔将士等其各坚忍自重，以确立东亚和平之基础，有厚望焉！"[⑤]

此敕语尽显荒谬言论，同时也暴露了昭和天皇的政治意向。敕语中明确提出，九一八事变是为了自卫才发生的。这完全颠倒了是非，不仅蒙骗了日本国民，更暴露了昭和天皇故意伪装侵略目的的意图。并且，敕语中用到"芟伐"一词，原意为"割除毒草"，是为嘉奖关东军用很少的兵力就将炸毁南满铁路、侵害日本权益的像"毒草"一样行为的中国军队铲除。敕语中对反击侵略的中国军队，用了"匪贼"一词，并且表扬关东军"完成保卫任务"，也就是说关东军的任务是保卫南满铁路，并很好地完成了。这充分暴露了日本天皇对中国军

①［日］千田夏光：《天皇与敕语及昭和史》，汐文社，1983年，第160～167页。
②［日］奈良武次：《侍从武官奈良武次日记•回顾录》3，柏书房，2000年，第398页。
③［日］儿岛襄：《天皇》（第二卷），文艺春秋，1988年，第166页。
④［日］奈良武次：《侍从武官奈良武次日记•回顾录》3，柏书房，2000年，第399页。
⑤［日］中尾裕次编集：《昭和天皇发言记录集成》上卷，芙蓉书房，2003年，第179页。

队的蔑视以及纵容关东军的态度。最后敕语中提出要将“皇军”的威武扩大到全世界，对忠烈深感自豪，今后也要为了“确立东亚和平”，继续忍辱负重。这里所说的“东亚和平”是日本侵略亚洲，而被侵略的一方不加反抗，其他各国也不反对日本的所谓“和平”行为。[①]

《赐予关东军敕语》嘉奖了不服从上级命令的关东军在“自卫”和打击中国“土匪”的战斗中英勇作战的行为，“向内外宣扬了皇军的威武”。受到天皇的表扬，不仅是本人或当事者的无上光荣，更是明示现人神——天皇的意志。因此，敕语在报纸上公布后，国民相信“满洲事变”是为了“确立东洋和平的基础”。如果有人提出反对战争或认为战争是侵略性质的，则大部分人会依据治安维持法被逮捕。

此敕语发布后，在国内外引起一系列重大影响。美国拒绝承认“满洲国”，朝鲜等国也举行了抗议活动，中国特别是上海引发了大规模的“对日经济绝交”活动。日本国内发生了袭击天皇的樱田门事件。

井上清曾经对这段敕语做出了如下评价：裕仁在发布诏敕时，对内容是经过仔细研究的。这里，裕仁特别具体地提到嫩江、辽西的两次作战加以称赞，是值得特别注意的。关东军擅自发动的这两次战役，使日本政府感到极大的为难，也成了国际上猛烈谴责的目标，可是由于这一敕语，在日本国内把对关东军的专断进行谴责的道路一下子就堵死了。这一敕语清楚地表明：裕仁的军队不管是擅自发动侵略战争也罢，擅自扩大战争也罢，只要取得成功，他就认为是应加赞赏的。[②]对日本占领锦州的侵略行径，井上清认为：如果参谋总长的委任命令权能够制止关东军的擅自进攻的话，那么比委任命令更严格的天皇本身的命令（作为诏敕命令下达到当地部队）一定能够制止战争。可是，天皇裕仁并不想发出制止关东军的命令，而是在事后一再追认战争继续扩大。[③]

可见，从这场战争一开始，昭和天皇所持的就是一种默认和纵容的态度，他先是表示“不扩大事态”，而后又对战争结果予以追认。昭和天皇的态度，不

①［日］井上清：《天皇的战争责任》，现代评论社，1975 年，第 73 页。
②［日］井上清：《天皇的战争责任》，现代评论社，1975 年，第 72 页。
③［日］井上清：《天皇的战争责任》，现代评论社，1975 年，第 72 页。

仅起到了镇压反对意见和推动民众趋近战争的作用，更使日本军国主义势力越发膨胀，更加肆无忌惮。昭和天皇以敕语的形式把关东军擅自采取的战争行动作为国策予以追认，使日本军国主义的侵略战争从“无诏书的战争”变成了以天皇名义进行的“圣战”。

除了敕语之外，对于擅自出击的军人，按照日本陆军的刑法，应该被处以重罪。但昭和天皇不但没有治罪，反而大为赞赏并提拔。这在日后更加促使了军人的擅自行动，使军人认为只要结果是成功的，昭和天皇就不会反对。

九一八事变过程中，受到昭和天皇嘉奖的主要是本庄繁和林铣十郎。1932年9月8日，昭和天皇对本庄繁大加赞赏并发布了《赐予关东军司令本庄繁敕语》：“卿为关东军司令，官居异域而指挥果断神速，在中外弘扬皇军威武，朕深深嘉奖卿之勋绩及将士之忠烈。”[①]接敕语后，本庄发表声明称：“关东军取得如此武勋，并能得到天皇嘉奖是枪后支援（日国内后方支援——千田注）的结果。”[②]不久，本庄繁被任命为昭和天皇最信任的侍从武官长。

在对待林铣十郎的朝鲜军越境问题上，元老西原寺曾提醒昭和天皇：“当陆军大臣或参谋总长就未经天皇批准而动用军队一事上奏时，陛下决不可宽恕他们。”[③]可是昭和天皇不仅宽恕了他们，还批准了林铣十郎的擅自越境行动。林铣十郎的行为按照日本陆军刑法第35、37条的规定，属于越权罪，应被处以死刑或无期徒刑。然而，他不但没有受到任何处分，反而受到嘉奖，并于1937年1月，接受组阁的大命。

在之后的几年中，昭和天皇批准了近三千名军人和文职官员的授勋和晋升，[④]他们都是在九一八事变中的有功人员。关东军司令本庄繁、陆军大臣荒木贞夫和海军大臣大角岑生被授予男爵爵位。昭和天皇对于陆军在满洲作战的公开支持，与他即使在他们违反了命令时都没有予以惩罚的做法前后一致。

---

①［日］中尾裕次编集：《昭和天皇发言记录集成》上卷，芙蓉书房，2003年，第201～202页。
②［日］千田夏光：《天皇与敕语及昭和史》，汐文社，1983年，第186页。
③［日］升味准之辅著：《日本政治史》第三册，郭洪茂译，商务印书馆，1997年，第705页。
④［美］赫伯特•比克斯著：《真相——昭和天皇与侵华战争》，王丽萍、孙盛萍译，新华出版社，2004年，第172页。

九一八事变是由中下级军官为主的部分关东军在军部的暗中支持下进行的一次计划性军事活动。在这场战争中，昭和天皇实际起了推波助澜的作用。他对九一八事变事后认可、颁布敕语、予以嘉奖的态度，促使日本的侵略野心进一步膨胀。从而开启了日本以武力侵略东北、扶持傀儡政权的序幕。

六、结　语

九一八事变期间，正是昭和天皇即位后的前十年。此间，虽然大陆政策的侵略目标早已制定，但如何具体操作，不仅军政之间存在严重分歧，甚至出现军部单干的“独走”行动，就连昭和天皇自己的看法和态度也一再变化。九一八事变期间日本各方意见在不断发展的事态中趋于统一，天皇在其中发挥了决定性作用。

第一，军部敢于“独断专行”的根本原因在于天皇的态度。在近代日本政治体制中，军部是一个特殊机构，直属天皇。而内阁与军部平行，无权直接过问军事统帅权问题。这就给关东军“独走”创造了制度上的可能。一战之后，侵占我国东北已成为日本的国策，“满蒙是日本生命线”的侵略意识已经深入人心，只要是有利于日本扩大在华权益的事就值得一搏，因而关东军中以河本大作为代表的激进个人和小团体开始了最初的试探性暗杀行动。由于关东军的行为并没有受到严厉责罚，反而得到昭和天皇的认可，于是由坂垣征四郎等中下级军官为代表的部分关东军进行了计划性军事行动。九一八事变后，得到昭和天皇默许和嘉奖的关东军更加有恃无恐，开始与上海陆海军及派遣军共同策划联合军事行动。在昭和天皇的支持下，军部的行动继续升级，逐渐演变为整个军部的扩大性军事行动。

第二，内阁和军部从对立到统一的变化，其根本原因在于昭和天皇的选择。九一八事变前后，日本的外交态度可分为四个阶段：反对关东军武力进占“满蒙”；屈从军部并逐渐转移立场；掩盖真相并为关东军辩解；退出国联并主动出击。内阁在初期出于对占领方式的不认同以及对国际环境的担忧反对过军部的行为，一时牵制了关东军的军事行动。然而这种军政分歧随着昭和天皇态度的表明而逐渐化解，意见趋于一致。最终，内阁、外务省在实际上还是配合了关东军的侵略行动，并制造了有利于事变的国际舆论和国际环境，以期使关东军的行动得到国际保障。

第三，昭和天皇采取机会主义态度，几经变化，终于为日本选择了战争道路。天皇的态度是军部、内阁行动的准则。内阁、军部都必须对日本最高统帅昭和天皇唯命是从，不得违抗。昭和天皇在九一八事变中的态度依次为：斥责首相姑息军人；事后认可奖励军人；增援上海嘉奖军队；发布敕语统一意见；发诏书支持退出国联；谨慎支持对外扩张。

昭和天皇在即位之初的几年间，缺乏有效统治、重新聚合统帅权。他不能允许内阁、军部对他的无视、不允许冒犯自己的统帅权，更不能容忍内阁将责任推给自己，这也是为何昭和天皇迫使田中内阁下台的根本原因。作为新一代君主，满洲更像是从祖父、父亲手中接过的遗产，在继续守护的同时更希望能在自己手中扩大这份家业，因此即使军部屡次冒犯他的统帅权，昭和天皇也都事后承认了，并且，每次都兴高采烈地看着帝国版图的扩大。然而，昭和天皇并不能像关东军那样不计后果般扩大战争，他必须要担忧国联、美国等国际社会的反应，还必须考虑国内经济现实的压力以及民众的要求等等，这些因素导致他谨慎地支持扩张。随着关东军的屡屡得手，昭和天皇的胆子也逐渐变大、野心不断膨胀，以致一次比一次更加支持扩张，最终走到了最前沿。这些原因影响了昭和天皇的态度变化与行动选择。

综上所述，虽然军部曾出现“独走”，内阁曾与军部对立，天皇曾事后知情，但是最终意见得到统一，支持军部扩张。其根本原因在于昭和天皇选择默认、纵容、鼓励、支持的态度，从而使日本在侵略扩张的道路上越走越远。

（龚娜，天津社会科学院日本研究所助理研究员）

从“支那通”到东条内阁的干将
——甲级战犯铃木贞一的侵华行迹探析

王美平

对于甲级战犯铃木贞一的侵华行迹，国内外均尚未进行专门的研究。作为军部中国通的铃木早年是最典型的“满蒙分离论”者，组建“木曜会”策划、推动“满蒙分离政策”，导致九一八事变的爆发。全面侵华战争期间，担任对华殖民机关“兴亚院”的实际掌控者，对华实施政治、经济、文化掠夺。在太平洋战争前后，担任计划、准备侵略战争的企划院总裁，作为“军需调配总工程师”，在国家动员、确保军需等方面为维持日本侵华战争并发动太平洋战争发挥了重要作用。铃木还作为东条英机内阁的得力干将，对日本最终做出发动太平洋战争的决策也发挥了不可替代的作用。铃木的侵华行迹恰好反映了日本发动十五年侵略战争的运行轨迹。

厘清犯有“破坏人类和平罪”的甲级战犯的基本侵华行迹，是当前中国抗日战争史研究的紧要课题。素有“西服军人”之称的铃木贞一[①]是东京审判被起诉的日本25名甲级战犯之一，并被法庭判处终身监禁刑。[②]尽管铃木贞一罪至甲级战犯，但在中国却鲜为人知，更鲜见对其侵略罪行进行系统梳理与探研者。即便在日本，除了日本近代史料研究会将对铃木的采访内容整理成册之外，学界亦未对铃木的战争责任和罪行进行专门的研讨。

---

① 铃木贞一（1888—1989），出生于日本千叶县山武郡二川村的一个地主家庭，1910 年毕业于日本陆军士官学校（第 22 期），1917 年毕业于日本陆军大学。

② 张效林译：《远东国际军事法庭判决书》，群众出版社，1986 年，第 601 页。

一、“满蒙分离政策”的策划者与推动者

东京审判为铃木贞一定刑时主要依据的是其全面侵华战争及太平洋战争期间的行为，而未对九一八事变前铃木的相关行径加以揭示。实际上，铃木贞一作为日本军界著名的“中国通”，对十五年战争的开端即九一八事变的爆发也发挥过重要作用，他是军部倡导并推动“满蒙分离政策”的重要代表人。

日俄战争后，日本开始了“满蒙经营”，不断扩大其在东北的势力范围，并曾在20世纪10年代官民勾结两度掀起“满蒙独立运动”均以失败告终。由于国际关系的限制，日本一直不敢突破底线直接占领东北。及至20世纪20年代，国际形势发生重大变化，尤其是中国的国民革命运动带来的包括东北在内的统一局势，使日本表现得躁动不安，要求在政治上领有“满蒙”的呼声日益高涨。当时就职于参谋本部中国科及作战科的“中国通”铃木贞一便是此间“满蒙分离政策”的重要策划者与推动者。

1927年6月27日至7月7日间，由日本外务次官森恪主导召开的东方会议针对北伐即将统一中国的形势而出台了《对华政策纲领》，实际上制定了“武力分离满蒙”方针。[①]事实上，作为政治家的森恪之所以主张“武力分离满蒙”政策，与铃木贞一的影响密不可分。1926年12月—1927年5月间，铃木贞一奉日本陆相宇垣一成之命到中国考察国民革命，在汉口期间与前来考察的政友会实力派人物森恪不期而遇并进行了长谈。铃木向森恪提出了“武力分离满蒙”政策，即日本国防必须聚焦于对苏战争，为此就必须解决满蒙问题。只要将满洲从中国分离出来作为日本的国防基地，日本就能有效地应对北方苏联的威胁。满洲正好位于苏联沿海州的侧腹，将之作为国防基地，对苏战争就如同内战一般。而且，日本占有满洲，不仅可以有效应对苏联与英国，也可将之作为应对中国本土问题的大后方。[②]森恪对此产生了强烈共鸣。不久后，森恪出任田中

① 《对支政策纲领》、山浦贯一编：《森恪》，原书房，1982年，第591～593页。

② 木户日记研究会、日本近代史料研究会：《铃木贞一氏谈话速记录》上，日本近代史料研究会，1974年，第68页。

内阁的外务次官，负责日本的对华外交事务。召开东方会议前夕，森恪召见铃木就满蒙问题进行密谋。起先森恪的意见是由日本来“负担满洲的治安”。铃木则提出如果不彻底解决“满洲问题”，就难以真正地解决大陆问题，并向森恪汇报了自汉口相遇后其在参谋本部、陆军省不断拉拢石原莞尔、河本大作等年轻人，并在军部尤其是年轻人之间就武力分离满蒙问题达成了一致的情况。森恪马上同意了铃木的建议，并答应铃木去说服内阁与政界。为了避免内阁、元老、重臣的反对，森恪决定将“武力分离满蒙”的方针进行“包装”[①]。随后，森恪召开东方会议，制定了《对华政策纲领》。由此，资历尚且的铃木便通过影响政要森恪使其“武力分离满蒙”的图谋升格为日本的国策。

铃木不仅向政界渗透“满蒙领有论”，而且在军部也大力推销“武力分离满蒙”政策。1927年7月，铃木从北京返回日本后转入参谋本部作战科。11月，他与要塞科科员深山龟三郎一起发起组建了木曜会。这是一个由日本陆军中央少壮幕僚组成的团体，因在周四开会而得名。其成员共有18名，主要由陆军士官学校第21—24期毕业生构成。也有个别资历稍长的要人参加，如陆军士官学校第16期的永田铁山、冈村宁次以及第17期的东条英机等。铃木担任干事一职，是该组织的运营者。木曜会从1927年11月至1929年4月共召开过12次会议。在1928年在3月1日举行的第五次会议上，时任陆军省军事课科员的东条英机明确提出了当下目标是要“在满蒙确立完全的政治势力”，即日本要掌控对满蒙的主权，由日本“领有”满蒙，并提出今后日本的备战对象主要是苏联。经过各种问答，木曜会在此次会上最终确定了如下决议：[②]（1）为了帝国的生存必须在满蒙确立完全的政治性权力。（2）为此，备战以对苏俄战争为主，对中战争则无须太大的顾虑，但应考虑到美国有可能参加此次战争，为此要进行防守性准备。以上判断是基于以下理由：日本为了生存必须在满蒙确立政治性权力。为此，就难免与图谋海路发展的俄国发生冲突。需要从中国获取的是物资，为了实现该目标所需兵力在半年内就可以准备好。中国兵力本不足论，况

①《铃木贞一谈》，山浦贯一编：《森恪》，第599～601页。

② 木户日记研究会、日本近代史料研究会：《铃木贞一氏谈话速记录》下，日本近代史料研究会，1974年，第378页。

且中国将满蒙视为“化外之地”，未必倾国相战。满蒙对于美国并非生存上之绝对需要，因此美国应不会因满蒙问题而与日本相战。但鉴于美国参加欧战等历史，也必须预防美国参加日俄战争。即在政略上应该避免美国参战，但在备战方面应该考虑到美国的参战而进行防御性战争准备。英国对于满蒙问题具有紧密关系，但可以通过非军事手段加以解决，故在备战问题上无须考虑英国因素。[①]上述决定成为木曜会之共同阴谋。1928年12月6日，木曜会召开第八次会议，再次确认了上述方针。[②]可见，早在九一八事变爆发的3年前，日本陆军中央便在铃木贞一组建的木曜会中提出并确定了“武力分离满蒙”的方针。

铃木不仅是“武力分离满蒙”政策的策划者，而且是该政策的推行者。1929年5月，木曜会与二叶会合并，组建一夕会。二叶会是由永田铁山、冈村宁次等陆军中央佐官级人物组建的，在地位上普遍高于木曜会成员。由于铃木贞一期望通过二叶会扩大势力，而邀请永田铁山、东条英机等二叶会成员出席木曜会的会议，两会逐渐走向合并。[③]两会合并时制定了刷新陆军人事，占据重要职位以重点解决满蒙问题，实现领有满蒙的政策目标。[④]当时，大佐以下的人事工作基本上由人事课长决定。因此，他们首先拥戴冈村宁次为陆军省人事局补任课课长，冈村上任后立即实施一夕会的计划，提拔加藤守雄为同省人事局高级科员。1928年，安排石原莞尔担任关东军主任参谋，1929年，安排坂垣征四郎接替直接制造皇姑屯事件的河本大作成为关东军高级参谋。1931年1月，铃木贞一被提拔为陆军省军务局军事课中国班班长，东条英机成为参谋本部动员课课长，武藤章成为同课作战科兵站班长。[⑤]总之，在九一八事变爆发前夕，日本陆军中央的主要职位均由主张“满蒙领有论”的一夕会成员占据。而且，经过铃木贞一及其上司军事课课长永田铁山的游说，陆军中央就武力解决满蒙

① 木户日记研究会、日本近代史料研究会:《铃木贞一氏谈话速记录》下，第379页。
② 木户日记研究会、日本近代史料研究会:《铃木贞一氏谈话速记录》下，第381页。
③ 一夕会会员包括冈村宁次、坂垣征四郎、东条英机、石原莞尔、土肥原贤二、武藤章等甲级战犯。
④ 佐々木隆:《陆军“革新派”的展开》，近代日本研究会:《昭和期的军部》，山川出版社，1979年，第13页。
⑤ 木户日记研究会、日本近代史料研究会:《铃木贞一氏谈话速记录》下，第265~266页。

问题达成共识，[①]关东军则由石原莞尔、坂垣征四郎等开始进行发动战争的准备工作。不久，日本制造了九一八事变，成为日本发动十五年侵华战争的开端。

二、对华殖民机关“兴亚院”的掌控者

根据现有资料，除向近卫文磨首相推荐主张发动全面侵华战争的坂垣征四郎为陆相之外，尚无证据证明铃木贞一直接参与了发动全面侵华战争的决策。然而，利用中国资源准备对苏战争是铃木一贯的思想，因此，在日本发动全面侵华战争之后，铃木主要担负了“兴亚院”的工作。

1938 年 10 月武汉会战后，日本被拖入长期作战的泥沼化战争状态。由于其国土狭小、资源匮乏，近卫文磨内阁发表了建设所谓“东亚新秩序”的宣言，制定了“以战养战、以华制华”政策，开发、利用中国占领区资源等问题迫在眉睫。然而，日本由于害怕美国发动中立法案对日禁运战略物资而一直未正式宣战，这导致其按照国际法无法在中国建立直接的军政统治，而不得不扶植傀儡政权。[②]起初日本是通过军部设置在中国各地的特务机关对各傀儡政权发号施令的，但这些特务机关往往无视日本中央政府的指挥，各行其是。更有甚者，控制中国各地方的日本军队产生地方军阀化倾向，将当地的资源视为己有，不容他人插手。鉴于以上情况，日本感到有必要建立专门管理中国占领区的机构。由此，“兴亚院”应运而生。

“兴亚院”是在铃木贞一的主持下设置的。铃木在 1927—1928 年间在参谋本部任职时就通过好友井上三郎大尉的介绍拜会了近卫文磨，此后常与近卫有往来。在七七事变爆发之际，身在中国东北的铃木与近卫首相也有书信往来。近卫常向铃木咨询如何处理对华战争问题。1938 年末，近卫急召铃木从东北回国，希望他组建“兴亚院”。当时的近卫意图停止扩大已经泥沼化的对华侵略战争，而军部则主张继续扩大战争。近卫希望通过由军部出身的铃木贞一负责“兴

① [日] 坂野润治：《近代日本的外交与政治》，研文出版，1985 年，第 124 页。
② [日] 加藤阳子：《从军事史研究的角度来看中日战争》，《抗日战争研究》2014 年第 1 期，第 26 页。

亚院”事务以调节政府与军部的意见，并在一定程度上节制军部。[①]

1938年12月16日，由铃木一手操办的“兴亚院”在日本原众议院旧楼中成立，直接归属于内阁府之下。“兴亚院”是日本中央决定和实施对华政策的总机关。[②]七七事变爆发以后，日本对华政策的重要事项都经过五相会议决定处理。作为五相会议的前期准备机构，设置了五相会议联络委员会。[③]“兴亚院”将原来的五相会议及五相会议联络委员会制度化，总理大臣担任“兴亚院”总裁，陆、海、外、大藏省四相担任副总裁，五相会议联络委员会成为“兴亚院”联络委员会，由“兴亚院”在协调相关各省意见的基础上专门负责制定对华政策，并由政务部负责统筹院内各部事务，同时对于驻华各联络部也负有贯彻方针、联络情况等职责。“兴亚院”的专职人员约有200人，下设政务部、政治部、经济部、文化部。总裁官房是由总务长官和四个部长做领导的。总务长官负责“辅佐总裁与副总裁，掌理院务”[④]。最初该职由陆军中将柳川平助担任，铃木贞一担任政务部部长。实际上，柳川并不管理业务，一切事物都交由铃木操办。[⑤]1940年12月23日以后，铃木更是直接出任总务长官兼政务部长。政务部由三个课构成。第一课所担当的职责是：制定对华政策、联络和调整各部事务、管理联络委员会及兴亚委员会的事务。第二课的职责是：对中国伪政权进行政治指导、统一各厅对华行政事务。第三课的职责是：在华进行政治、经济及文化调查，收集情报与“启发”宣传。

1939年3月10日，“兴亚院”又在中国北平、张家口、上海、厦门设置了四个联络部，分别管理中华民国临时政府辖区（华北）、蒙疆联合委员会辖区、中华民国维新政府辖区（华中）三个伪政权及厦门岛及其附近，后又在青岛、广州设立了两个派出所。这些联络部实际上是取代了原来军部驻华的特务机关，

---

① 木户日记研究会、日本近代史料研究会：《铃木贞一氏谈话速记录》上，第109页。

② 臧运祜：《“兴亚院”与战时日本的“东亚新秩序”》，《日本学刊》2006年第2期，第135页。

③ 由陆、海军省军务局长、外务省东亚局长、大藏省理财局长担任委员，陆、海军省军务局军务课长、外务省东亚局第一课长及大藏省理财局外事课长任干事。

④ 兴亚院政务部：《兴亚院执务提要》，第37－39页。

⑤ 木户日记研究会、日本近代史料研究会：《铃木贞一氏谈话速记录》上，110页。

代表“兴亚院”操控中国伪政权的实际运营。虽然避免军部的派出机构各行其是、擅作主张是兴亚院设立的初衷之一，但事实上，“兴亚院”的各部长及派出“联络部”的首长都是由军人担任的，其下设置了文官。而且，据铃木本人讲，“兴亚院”所制定的政策大多都是由现地军方提出，然后加以审议通过的，并未能起到节制军部的作用。[①]

“兴亚院”从成立到 1942 年 11 月归并于“大东亚省”，历时 4 年，对日本扩大侵华战争、准备对苏与对美战争都发挥了不可替代的作用。作为日本为巩固对华政治统治而设立的长期性机关，“兴亚院”掌管对中国占领区实施政治、经济、文化性侵略工作。

在政治方面，诱降汪精卫、扶植汪精卫在南京成立伪国民政府，堪称“兴亚院”在政治上的最大“功绩”。这一工作最早由军部秘密进行，后来外务省以及“兴亚院”也开始介入，成为日本的国策。具体负责制定相关政策的是“兴亚院”政务部第一课。兴亚院决定了诱降汪精卫的基本方针，研究了建立汪伪政府的各种具体政策，并最终做出建立伪政府的决定。以此为基础，“兴亚院”指导驻中国当地的工作机构与汪精卫进行各种交涉，并与军方保持了密切联系，与相关各省厅进行了多次商议，最终于 1940 年 4 月建立了以汪精卫为首的伪中华民国中央政府。对于汪伪政府与当时既存的几个伪政权之间的关系，“兴亚院”一方面让各个地方伪政权保持自己作为特殊地区的特殊性，一方面也命其配合、协助新伪中央政府成立的工作。[②]总之，“兴亚院”是日本实施诱降汪精卫卖国投敌、扶助成立傀儡政府、逼迫签订卖国条约政策的主体。此外，“兴亚院”会还主导了诱降吴佩孚以及建立伪蒙疆联合自治政府的工作。

在经济方面，“兴亚院”对中国占领区的“开发”与管控，主要是依靠两个国策公司即华北开发公司和华中振兴公司进行的。“兴亚院”对这两个公司进行指导监督，制定相关的基本方针，将开发重点置于交通、通信、动力等基础产业部门，特别是在与扩充日本本国生产力密切相关的铁、煤炭、盐等领域进行

① 木户日记研究会、日本近代史料研究会:《铃木贞一氏谈话速记录》上，第 114 页。

②《兴亚院功绩概要书》, 第 2 页。アジア历史资料センター、http://www.jacar.go.jp/DAS/meta/MetaOutServlet，2015 年 1 月 15 日连接。

了增产政策。以华北开发公司为例，它所经营的企业主要是运输、港湾建设、电力、矿山、盐的生产及贩卖。此外，“兴亚院”还鉴于中国的金融及财政是保障日本推行经济战的基干，对此倾全力加以控制。特别是由于维护日系通货是维持长期战争的根基，因此“兴亚院”将此作为最重要的任务。[①]事实上，兴亚院对中国占领区的经济掠夺是与日本为扩大对华战争并准备对苏、美开战而进行总力战的备战工作紧密结合的。日本早已实施国家总动员，但由于其资源匮乏等情况，物资动员计划进展不顺，于是“兴亚院”通过各种措施将对中国占领区的经济掠夺纳入日本总动员体制，以继续推行战争。正如曾担任华北开发公司总裁后担任大藏大臣的甲级战犯贺屋兴宣所言：在华北的物资动员计划主要有三：第一是给日本提供军需品，第二是扩充日本的军备，第三才是满足和平经济的需要。[②]

在文化方面，“兴亚院”接管了原外务省的对华文化事业，为策应日本所谓“圣战”的意义及实施，在思想控制、宗教传播、教育同化等方面制定了相关的指导方针。[③]日本侵华期间在中国各地建立日本神社、实施同化教育、拍摄同化电影等均与“兴亚院”的“大政方针”密切相关。

“兴亚院”还参与从事了罪恶的贩卖毒品工作。“兴亚院”规定设立伊朗鸦片购买协会，由三菱、三井公司平均分担。贩卖鸦片是委托给中国派遣军在各城镇所设立的特务机关去办理的。“兴亚院”经济部制定华北、华中及华南的鸦片需要量，并管理其分配。贩卖鸦片的利益交给“兴亚院”。“兴亚院”参与实施的鸦片贩卖政策，给中国人民带来了巨大的灾难。自被日军占领后，本已禁毒的南京又公开进行毒品买卖，甚至在报纸上登载广告。1939 年以前，在南京每月贩卖鸦片的收入估计有 300 万美元。日本占领上海、福建、广东以后，被占领的各省份及大城市的鸦片买卖就会大规模地增加起来。[④]日本通过鸦片买卖不仅解决了维持运营伪政权的财政问题，而且还摧残了中国人民的身体与意志。

① 《兴亚院功绩概要书》，第 3 页。
② 张效林译：《远东国际军事法庭判决书》，群众出版社，1986 年，第 365 页。
③ 《兴亚院功绩概要书》，第 4 页。
④ 张效林译：《远东国际军事法庭判决书》，第 369 ~ 370 页。

总之，“兴亚院”所发挥的作用当然不是“兴亚”，而是“灭亚兴日”。而铃木贞一自始至终都是“兴亚院”实际上的负责人，对于“兴亚院”所犯的种种罪行都负有不可推卸的责任。

三、运营侵略战争的“企划院”掌门人

1941 年 4 月 4 日，铃木成为预备役，同时升任企划院总裁，直至 1943 年 10 月企划院升级为军需省。企划院的前身是 1935 年设置的直属于内阁总理大臣的内阁调查局，该机构是在军部的推动下为推行战时统制经济设置的。1937 年 5 月，内阁调查局改组、扩大为企划厅。1937 年 10 月，日本侵华战争陷入泥沼化状态后，鉴于各省厅之间无论在人事上还是行政上都缺乏相互联系，致使经济统制涣散，政府无法对资金、资材和劳务等进行综合的动员使用，第一次近卫文磨内阁决定设置一个能够打破各省厅间权力界限、实现对国家资源进行综合动员和使用的机构，于是合并原来的资源局和企划厅，在内阁下新设了“企划院”。

企划院的主要职责是起草关于扩充与使用平时和战时国家资源的方案、统一调整各厅关于国家总动员计划的制定和实施。①企划院是日本实施国家总动员，统制和运用综合国力，推行战时统制经济以满足军需动员的中枢机构。②有关战时统制经济的各项方案一般均由企划院提出，大藏省、商工省、运输通信省、内务省、厚生省等省厅只是提出自己主管范围内的政策。可以说，企划院是推动日本战时统制经济、保障日本不断进行侵略战争的“后勤总部”。企划院的负责人就无异于是维持日本发动侵略战争的“军需调配总工程师”。

企划院的长官称“总裁”，由天皇钦命，铃木贞一担任了第五任总裁。1941 年 4 月，近卫文磨任命铃木担任企划院总裁，令其集中精力做好经济动员工作。铃木本人就是为实现总体战而推行统制经济的积极鼓吹者。早在 1934 年，时任

① 雷鸣：《日本战时统制经济研究》，人民出版社，2007 年，第 53 页。
②［日］有泽广巳编，鲍显明等译：《日本的崛起——昭和经济史》，黑龙江人民出版社，1987 年，第 262 页。

陆军省军务局新闻班班长的铃木推出《国防的本意及其强化》一书，极力鼓吹一战以来的战争是以一国经济实力为基础的总体战争，为此就必须动员一切国力推行国家统制经济，主张对重要产业部门实施国有化政策。[①]正因如此，在内阁调查局成立之初，铃木便代表陆军出任了调查官，以监管日本经济服从军部需求。

企划院是计划、准备侵略战争，并从事开发占领地区资源的重要机构。铃木贞一作为企划院总裁，积极地从事了此类计划及准备的制定与实施。[②]铃木上任企划院总裁之时，正值日本为彻底解决对华战争问题而准备发动太平洋战争的关键时期。此时亲自操控日本经济为战争机器服务的铃木面临两件棘手的大事：一是由于苏德战争的爆发，日本难以获取必需的特殊钢与机械工具等材料。二是由于日本向法属印度支那出兵，引发美、英等西方国家的对日经济封锁，日本急需的铁屑、石油、肥料等物资的供应被切断。其中特殊钢、机械工具、铁屑及石油都是被直接用于军需品的制造。铃木上任企划院总裁的首要工作就是制定1941年的“物资动员计划”，也即1941年度重要资材分配计划。“物资动员计划”（简称“物动”），是企划院负责制定的众多战时统制经济计划中最为重要的一项，是对一年间重要物资（主要是指原料）的供应能力做出估计，并决定这些物资的分配计划。它的制定对于维持、推动战争具有决定性意义。日本军需产业和出口产业的重要原料均需依赖海外，加上在战争情况下物资进口极其困难，因此，如果政府只制定财政预算而不制定“物资预算”就没有实际意义。“物动”是根据原料数量制定的计划，成为“物动”对象的物资达400余种。铃木制定的1941年度“物资动员计划”，将重点置于迅速地进行军备扩充，对于日本维持侵华战争并发动太平洋战争具有重要意义。远东军事法庭判定该计划当然是日本战争计划的一部分，是为扩大战争进行的物质分配计划，该计划的实施具有强烈的战争意识。[③]

① 陆军省新闻班：《国防の本義と其の強化の提唱》，1934年10月10日。
② 极东国际军事裁判所：《极东国际軍事裁判速记录》10，雄松堂书店，1968年，第309页。
③ 极东国际军事裁判所：《极东国际軍事裁判速记录》10，雄松堂书店，1968年，第307～308页。

铃木作为企划院总裁，在日本发动太平洋战争前夕，还制定、通过、实施了如下一系列重要的法令。1941 年 9 月 1 日，铃木按照同年 3 月 15 日通过的《帝国石油会社条令》成立了帝国石油会社，旨在确保获得“战争血液”石油。8 月 30 日制定通过了《重要产业统制法》，这是所有统制法中最为彻底的一个法律，是由日本政府完全掌控、统制所有重要产业的基础。[①]9 月 5 日制定了《运输动员计划书》，这是为发动太平洋战争而制定的陆上及海上运输计划。[②]9 月 13 日制定的《劳动者动员计划》，是由企划院与厚生省共同制定的，旨在提高军需品的产量，保证充足的劳动力。[③]

总之，铃木贞一作为企划院总裁，制定、颁布、实施的上述一系列法令及“计划”都是日本推行、维持战争不可或缺的，尤其对于日本偷袭珍珠港、发动太平洋战争具有决定性意义。

四、太平洋战争的主要肇事者

1941 年 4 月 4 日，铃木贞一在被任命为企划院总裁的同时，也被任命为国务大臣（直到 1944 年 7 月），虽不具体管理某个领域，但可以作为内阁阁僚出席各种决策会议。因此，在太平洋战争期间，铃木除担任企划院总裁维持、运营日本战争经济以支持军部不断扩大侵略战争以外，同时还作为国务大臣、内阁阁僚直接参与了日本发动太平洋战争的决策，并在其中发挥了不可替代的作用。

铃木贞一参加了联络会议。联络会议是调节日本政府与大本营之间意见的平台，虽不是决策机构，但由于内阁首相也出席联络会议，由联络会议反馈到内阁的政策几乎就没有被否决、修改过。从 1941 年 8 月末到 11 月末日本做出对美开战的决定期间，铃木被东条英机首相命令以企划院总裁的资格准备接受经济问题的咨询而不断地出席了联络会议。会上铃木曾明确表示反对在国联规

① 极东国际軍事裁判所:《极东国際軍事裁判速記録》10，第 308 页。
② 极东国际軍事裁判所:《极东国際軍事裁判速記録》10，第 308 页。
③ 极东国际軍事裁判所:《极东国際軍事裁判速記録》10，第 308 页。

定的期限内从中国撤退日本军队。在11月1日的会议上，铃木主张若美国不接受日本的提案，则只有开战一途。在5日为准备召开御前会议而召开的联络会议上，制定了《开始对美英敌对行为的主要理由》草案。在11日的联络会议上正式通过了上述草案。27日的联络会议上，满场一致决定了对美开战。[①]

铃木贞一还出席了1941年10月12日在首相官邸召开的阁僚非公开会谈。会议有首相、陆相、海相、外相以及铃木出席，目的在于就对美是否开战问题进行最后的磋商。此次会上，首相近卫文麿与陆相东条英机发生了严重的意见分歧。首相反对对美开战，而陆相反对从中国撤军。此后不久，第三次近卫内阁倒台，东条内阁成立，铃木继续留任企划院总裁与国务大臣一职。铃木作为东条内阁中为数不多的与东条同为军部出身的阁僚，成为东条的心腹干将。

铃木贞一还出席了1941年9月6日、11月5日、12月1日的御前会议。在御前会议上，他基于日本经济能力与军事力量的数量分析主张对美开战。尤其是在11月5日的御前会议上，身为企划院总裁的铃木贞一做了关于"物资国力预测"的说明，乐观地分析了战争的物资准备状况和开战后获取战略资源的前景，从经济的角度强调了发动太平洋战争的必要性，促使天皇下了对美英开战的决心。铃木认为，与美英开战需要保持300万吨的船舶运输能力，而日本国内可以保证年造船量60万吨并生产30万吨船用钢材，因此足以弥补战时船舶的损失而支撑这场战争。他还进一步蛊惑说，日本若占领东南亚，不但可以获得更多的战略资源，而且能够建立以日本为盟主的大东亚日元经济圈，届时战略物资可以通过"自给圈"和"补给圈"来解决，实现"以战养战"。例如，可以在泰国、印度支那获得稻米，在印度尼西亚获得铝土、橡胶和石油等重要资源。仅就石油而言，开战前夕日本的石油储备为840万千升，当时的估算是可支撑陆海军与美英打2年。但若拿下东南亚，则首年将获得石油85万千升，次年260万千升，第三年530万千升，此后继续增加，足以满足战争需要。他认为既然ABCD包围网[②]对日本禁运石油，那么日本在3年后石油就会使用殆

① 極东国際军事裁判所:『極东国際军事裁判速记录』10，第309-310页。

② ABCD包围网取自四个国家的头一个英文字母，包括美国（America）、英国（Britain）、中国（china）、荷兰（Dutch）。

尽，产业会随之衰退，无法支持军事行动，届时日本不仅会失掉中国，还会失掉满洲、台湾地区与朝鲜半岛。因此，他向天皇主张："与其坐以待毙，不如对美、英、荷开战更有利于增进国力"。[①]铃木的上述说明，坚定了日本最高决策层对美开战的决心。12 月 1 日的御前会议，做出了对美开战的决议。铃木在日本宣战诏书上也署名了。[②]可见，铃木贞一对于日本做出发动太平洋战争的决策也负有不可推脱的责任。

从策划、推动"满蒙分离政策"导致九一八事变爆发，到全面侵华战争期间作为"兴亚院"负责人积极从事对华政治、经济、文化侵略工作，再到作为"军需调配师"运营侵华战争并为彻底解决对华战争而发动太平洋战争，甲级战犯铃木贞一的对华侵略行迹正好反映了日本发动十五年战争的运行轨迹。

（王美平，天津大学马克思主义学院副教授）

① 『御前会议における企画院总裁御说明事项』，第 49 页。アジア历史资料センター，http://www.jacar.go.jp/DAS/meta/。

② 极东国际军事裁判所：《极东国际军事裁判速记录》10，第 312 页。

冷战时期日本对朝政策的演进轨迹及主要特征

李　华

冷战时期日本的对朝政策具有鲜明的意识形态特征，深受冷战体制和东北亚国际格局的束缚和制约，其中美国因素和韩国因素在很大程度上界定了日朝关系的走向。日本的对朝政策既有积极追随美国和韩国等盟国的一面，也呈现出基于自身国家利益的考量而不断进行调整的特征，由此导致日朝关系的发展经常摆荡于“缓和合作”与“紧张对抗”的矛盾态势之间。

一、战后初期日本对朝政策的缘起

1943 年 11 月 22 日至 26 日，中、美、英三国首脑在埃及首都开罗举行会议，签署并发表了《开罗宣言》，中、美、英三国承诺：二战后使朝鲜恢复独立。此后，1945 年 7 月 25 日至 8 月 2 日，在德国波茨坦举行的波茨坦会议上，中、美、英三国发表《波茨坦公告》，在敦促日本尽快无条件投降的同时，再一次重申：“必将实施《开罗宣言》的诸条件”，盟国方面再一次明确了二战后使朝鲜半岛恢复独立国家地位的原则立场。

日本接受《波茨坦公告》无条件投降以后，在划分盟军接受日军投降区域的过程中，美苏把北纬 38 度线作为美苏两国军队在朝鲜半岛进行军事行动的临时分界线。“二战后朝鲜半岛以北纬 38 度线为临时分界线事实上处于美苏两国军队的分区占领之下。美苏分区占领朝鲜半岛，对此后朝鲜半岛政治地图的形成产生了重大影响。”[①]

1947 年 10 月 28 日，联合国大会上围绕朝鲜独立问题，美苏产生严重的意见分歧，美国主张“先建立政府、后撤退外军”，苏联则主张“先撤退外军、后建立政府”。美苏为首的两大阵营展开的“冷战”，直接导致朝鲜半岛形成分裂对峙的局面。随着美苏两国之间的矛盾与冲突的加剧，双方开始在朝鲜半岛各自占领区内培植亲己势力。1948 年 8 月 15 日，在北纬 38 度以南的朝鲜半岛南部成立了以美国为首的西方阵营支持的大韩民国。1948 年 9 月 9 日，在北纬 38 度以北则成立了苏联为首的东方阵营支持的朝鲜民主主义人民共和国。1948 年 12 月 12 日，联合国大会上通过了关于承认大韩民国的联合国决议，其中在第 2 项中宣称：在韩日邦交正常化中，韩国是唯一代表朝鲜半岛的合法政府。虽然朝鲜在韩国宣布建国后成立了“朝鲜民主主义人民共和国”，但其结果是韩国取得了朝鲜半岛唯一合法政府的地位，朝鲜没有取得国际社会中应得到的地位，朝鲜和日本形成无邦交状态。随着朝鲜战争的爆发和美国参战，日本成为朝鲜战争中“联合国军”的后方基地，使日本间接地参与到朝鲜战争中，加之日本与美国签订《日美安保条约》，构筑了日美军事同盟，日本与朝鲜的关系也因之渐行渐远。

随着冷战形势的进一步发展，东北亚地区的国际格局形成以美国为首的自由主义阵营和以苏联为首的共产主义阵营激烈对峙的局面，而日本和朝鲜则分别处于两大敌对阵营之中，日本与朝鲜关系的发展很大程度上受制于这种国际构造的影响和制约。冷战时期的日本依托日美同盟，在外交政策上敌视苏联、中国和朝鲜等社会主义国家，日本的朝鲜政策也不免打上了鲜明的意识形态烙印。

二、冷战时期日朝关系的演进轨迹

（一）民间贸易往来阶段

20 世纪 50 年代，尤其是朝鲜战争之后，美国将朝鲜视为社会主义阵营在

---

① 安成日：《当代日韩关系研究》，中国社会科学出版社，2009 年，第 1 页。

东亚的前哨阵地，采取了封锁、遏制等极为敌视的态度，日本的对朝鲜政策也在冷战体制的大框架下，政治上基本追随美国，对朝鲜采取敌视的态度；经济上则一定程度上默认日朝民间贸易往来。

1954 年 12 月，日本首相鸠山一郎组阁后提出国民自主外交方针，鸠山内阁以实现日苏邦交正常化、改善日中关系为对外政策要点，对朝鲜也开始采取接触政策，日本国内出现了与朝鲜发展经济关系的动向。对此，朝方做出了积极反应。1955 年 2 月，朝鲜外相南日在《对外关系中的外务声明》中表示："朝鲜在与不同社会制度的所有国家和平共处的原则下，希望与我们建立友好关系的所有国家建立正常关系，首先在关系到相互利益的贸易与文化方面建立相互连带关系，同时加强政府之间的协商。"①然而日本政府对此却并未作出积极回应。1955 年 10 月，日本东工物产、东邦商会、和光交易三商社在北京与朝鲜贸易商社签订贸易合同。同一时期，"日苏贸易协会"一行访问平壤，与"朝鲜贸易促进委员会"签订了超过 3000 万美元的"民间贸易协定"。10 月 23 日，日朝有关机构公布了上述合同和协定，但日本政府在其后举行的次官会议上，认为这种做法有损日韩关系的发展，决定"禁止和北朝鲜的人和物的交流"，迫使日本与朝鲜的民间贸易不能直接进行。1956 年 8 月，日本成立了民间对朝贸易组织"日朝贸易协会"，双方开始进行"间接贸易"，当年的交易额为 60 万美元，迫于日本政府的限制，贸易采取的是三角贸易的形式。主要经由中国大连进行，即由日本向中国大连输出，然后再由朝鲜从中国大连输入。1958 年，由于日本右翼分子在长崎制造了毁坏中国国旗的事件，岸信介政府仅将这种严重挑衅中国的行为视为"损坏物品罪"加以处理，引起中国强烈抗议，并中断了中日贸易。在此情况下，日朝之间的三角贸易便转移到香港进行。这种三角贸易形式使贸易成本大为提高，日朝双方需额外多支付许多运输费、库存费、办事人员的差旅费等，引起日本商界的不满。直至 1961 年 4 月，经日本自民党小

① [日] 神谷不二：《朝鲜问题战后资料（第 2 卷）》，日本国际问题研究所，1978 年，第 34 页。

坂善太郎等人的努力，日本政府才认可了日本民间对朝鲜的直接贸易。[①]

1959 年 8 月，在朝鲜的连续要求下，日本与朝鲜之间签署了《朝鲜在日侨胞北送协定》。根据该协议，从 1959 年 12 月 14 日起，大约 88000 名在日侨胞得以返回朝鲜。从 60 年代开始，日韩关系显现正常化的态势，朝鲜对此表达强烈不满。朝鲜试图通过“朝鲜人总联合会（朝总联）”（1955 年 5 月在朝鲜劳动党援助下成立）来最大限度地努力阻止日韩结盟。1960 年 5 月 16 日，朴正熙发动政变上台执政，朴企图通过解决对日请求权问题（即日本对朝鲜殖民统治时期的赔偿问题）从日本引进资金，以摆脱经济危机，借日本的援助来弥补其弱势政权，使韩国和日本之间的关系更加紧密。1965 年《日韩基本关系条约》的签订，日韩邦交正常化对朝鲜形成很大打击，自此成为日朝关系发展的分水岭。

《日韩基本关系条约》的签定，标志着日韩关系正常化的实现，同时也意味着美国为核心的美日韩同盟关系初步形成。另一方面，《日韩基本关系条约》的签定，给日朝关系带来了巨大的冲击。但是，“日韩之间虽然最终建立了正常的国家关系，而且实质上处于同一战线之中，但彼此关系却远非融洽；日朝之间虽然分属不同的政治阵营，但在政经分离的原则之下，双方关系也取得了一定的进展”[②]。

（二）摆荡于“缓和”与“紧张”之间

国际关系的缓和给日朝关系发展带来契机，20 世纪 70 年代以后，日本开始注意改善同朝鲜之间的关系。朝鲜从自身的利益出发，也表现出改善同日本关系的积极态度。1971 年 9 月，金日成在接见日本记者时明确指出：“和日本建交是当然的。作为建交的前期阶段，朝日之间应该有贸易、自由往来、文化交流和交换新闻记者等。”对此，日本政府做出了积极反应，宣布“考虑到国际政治的趋势和南北（朝鲜）对话的进展，日本将在经济、文化、体育这些领域

① 王少普：《论日本与朝鲜半岛的关系》，复旦大学韩国研究中心编：《韩国研究论丛（第四辑）》，第 32 页。

② 陈峰君、王传剑：《亚太大国与朝鲜半岛》，北京大学出版社，2002 年，第 145 页。

（与朝鲜）扩大交流。”[①]1974年日本外相木村俊夫表示：“在将来的某个时期，例如南北朝鲜同时加入联合国，南北朝鲜同时被国际社会承认，南北朝鲜也对这种作法表示同意。这时，日朝间有可能就建交进行交涉。”[②]

20世纪70年代之初，以中美、中日关系的先后解冻为契机，对峙的朝鲜半岛也呈现出气氛缓和的迹象。田中角荣内阁着手调整朝鲜半岛政策，其基本方针是：在维持和发展日韩关系的前提下，本着“缓和紧张局势，扩大相互交流”谋求改善日朝关系。为此，田中首相和外相大平正芳相继表示，日本“将在人道、文化、体育、贸易等方面加深同北朝鲜的接触”，“同北朝鲜的接触要周密考虑，逐渐扩大规模”。[③]田中首相执政期间，日朝之间的民间交流有所扩大。1974年，日本官方的“一个朝鲜”的政策转变为“两个朝鲜”，从此，日本向韩国“一边倒”的姿态发生了重大变化。日本政府认为，在韩朝之间开展“双轨外交”，有利于加强其对双方的影响，提高自身在东北亚地区的地位。

1977年7月，日朝签订《日朝渔民暂行协定》。长期以来，日本政府一直采取“政经分离”政策，希望通过经济渗透逐渐改变日朝之间的不正常政治关系。由于日本采取的是民间经济交流的方式，尽管由原来的间接贸易转变为直接贸易，贸易量也曾呈现扩大趋势，但由于存在一些无法克服的问题，如政治关系的障碍、朝鲜负债无法清还等，日朝之间的贸易更多地表现为“朝朝贸易”，即由朝鲜与居留在日本朝侨的日本“朝鲜总联”之间的贸易。[④]

1982年，中曾根内阁再次调整对朝鲜半岛的政策，其政策重点重新向韩国倾斜，对朝鲜继续采取孤立和遏制政策。中曾根内阁热心于追随美国的军事战略，主张日本要作为西方阵营的一员发挥更大作用。1983年1月，中曾根与全斗焕总统会见后发表的联合声明中，明确表示支持韩国的统一方针，支持韩国增强军事力量以对付“来自北方的威胁”。这一声明表明日本的对朝政策发生实

① 陈峰君、王传剑：《亚太大国与朝鲜半岛》，北京大学出版社，2002年，第158页。
② 王少普：《论日本与朝鲜半岛的关系》，复旦大学韩国研究中心编：《韩国研究论丛（第四辑）》，第33页。
③ [日]山本刚士：《日朝不正常关系史》，《世界》（临时增刊号）1991年4月，第158～159页。
④ 巴殿君：《论制约日朝关系发展的三大因素的互动及其前景》，《韩国研究论丛（第十八辑）》，第159页。

质性的退步。日朝关系出现了严重的恶化局面。加上20世纪80年代相继发生"第18富士山丸事件""轻津号事件""仰光爆炸事件"和"韩国民航客机爆炸事件"等，日本参加西方实施对朝鲜进行制裁，使日朝关系又一次陷入低谷。

这一时期，日朝两国在经贸交流以及文化交流等方面取得了很大进展。但日本在政治方面未能突破"政经分离"这一原则，依然对朝鲜采取遏制政策，日本对朝鲜政策并未发生实质性变化。

（三）冷战末期的日朝建交谈判

20世纪80年代末期，冷战体制趋于瓦解，日本也逐步转变了以往的对朝敌对观念。1989年1月20日，日本外务省发表题为《关于我国的朝鲜半岛政策》的"政府见解"，表示"我们随时准备以不附加任何方式的形式，讨论日本和朝鲜之间存在的悬而未决的所有问题"，并呼吁日朝政府间进行直接对话。[①]1989年3月，日本首相竹下登在众议院预算委员会上表达了日本与朝鲜改善关系的愿望。他对日本过去给朝鲜半岛的"所有人民"所造成的伤害表示"反省和遗憾"，并希望"日本与朝鲜民主主义人民共和国一起改善双方关系""就双边关系中的所有问题开展无条件的会谈"。这是日本政府第一次对朝鲜正式使用为"朝鲜民主主义人民共和国"，表明日本对朝鲜政策开始发生重大转变。1990年继任的海部俊树首相对于推动日朝邦交正常化谈判十分积极，表示"日朝政府间对话如果实现，我想坦诚地对过去加给朝鲜半岛人民的巨大痛苦表示歉意"。

1990年9月24日，以日本前副首相金丸信和社会党副委员长田边诚为团长的代表团访问朝鲜，访朝期间代表团就与朝鲜劳动党建交问题举行了会谈，预备性会谈最终确定四项议题作为正式谈判的内容：（1）关于日朝国交正常化的基本问题（对朝鲜进行殖民地统治的谢罪问题）；（2）伴随日朝国交正常化的各种经济问题（赔偿、财产要求权的问题）；（3）同日朝国交正常化相关联的国际问题；（4）其他双方共同关心的各种问题（在日朝鲜人的合法地位、日本配偶问题）。[②]其后日方与朝鲜劳动党发表《三党联合声明》。联合声明称：三方

① 陈峰君、王传剑：《亚太大国与朝鲜半岛》，北京大学出版社，2002年，第182页。
②［日］高崎宗司：《检证日朝交涉》，平凡社，2004年，第26～28页。

敦促日本对36年殖民统治期间给朝鲜人民造成的不幸和苦难做出充分道歉，日本不仅应当为殖民统治期间造成的损害，而且应当为第二次世界大战结束后45年来朝鲜人民所遭受的损失做出赔偿；三党“认为应该消除日朝两国间存在的不正常状态，尽快建立外交关系”，三党“同意推动（各自政府）于本年11月开始为实现日朝两国建交和解决各种悬案而进行的政府间谈判”。[①]这是45年来两国执政党之间的首次正式接触。这次访问最大的意义在于双方就两国关系正常化问题达成了共识，并承诺为尽早举行两国政府间谈判而共同努力。这为两国政治关系的改善开辟了道路，也给两国关系的全面发展带来了转机。[②]

在此基础上，两国从1991年1月起至1992年11月，先后进行过8次建交谈判，双方围绕日本对朝鲜的殖民统治与赔偿问题、朝鲜的核开发与核查问题、“随军慰安妇”问题，以及战后日本因采取敌视朝鲜政策对朝鲜造成损失的赔偿问题等，意见严重对立。日方在日朝第3次建交谈判中要求朝方对“李恩惠”的身份进行调查。对此，朝方拒绝了日方的要求。在1992年11月举行的第8次会谈中，日方重提曾承诺不再提及的“李恩惠问题”激怒了朝方，朝方代表拂袖而去，谈判破裂。

日朝谈判期间，美国对朝鲜强硬态度的明朗化对日本起了决定性影响，会谈开始前，美国方面就一再表示，日朝邦交正常化必须与朝鲜接受国际原子能机构的核检查、与南北关系的改善挂钩，否则美国不会认可日朝关系的实质性进展。[③]由于美韩的牵制，以及主导日朝正常化会谈的日本外务省为首的保守势力的强硬政策，最终导致日朝第一阶段会谈破裂。朝鲜看到事情解决的关键是美国，此后将外交重点转移到了美国。1992年8月，金日成主席在同日本社会党参议员深田肇会面时，表示了将对美关系优先化的意向，“同日本的关系，保持目前的状态即可”[④]。通过这一阶段的谈判，日朝之间存在的问题大部分都已经暴露出来，这为以后谈判提供了基本议题。

① 历史研究会编：《思考日朝关系史》，青木书店1989年，第62页。
② ［日］高崎宗司：《检证日朝交涉》，平凡社，2004年，第30~31页。
③ 王少普：《试论冷战后日本对朝鲜政策框架的基本特点》，《世界经济研究》2002年第5期，第25页。
④ ［日］高崎宗司：《检证日朝交涉》，平凡社，2004年，第63页。

三、冷战时期日本对朝政策的主要特征

（一）外部因素对日朝关系发展的制约

冷战时期日本的对朝政策深受美国和韩国等外部因素的影响和制约，诚如朝鲜《劳动新闻》发表的评论所指出的："从历史上看，日本在朝日问题上，从来就没有自主性和主见，只是随声附和，忘记了日本的国家利益，正是日本的历代当政者的这种政治姿态，才使试图改善朝日关系的日本有先见之明的政治家的努力化为泡影。"①

战后美国基于其东北亚战略利益的通盘考虑，积极构筑美日同盟和美韩同盟，极力推动日韩关系的发展，逐步形成了美日韩三国协调机制，所以日本在发展对朝关系时在一定程度上不得不受到美韩的牵制。美国和韩国是日本推行其对朝鲜政策的主要牵制因素之一，在美国和韩国调整其对朝鲜的敌对和遏制政策之前，它们不希望日朝关系的改善走在前面，因而对日本采取主动改善日朝关系的行动往往施加压力，进行牵制，从而使日朝关系改善中途夭折。②

战后日本政府的对外政策以"日美基轴"为基础，日本对朝鲜政策理所当然地长期向美靠拢，受美国对朝鲜政策的影响。如果美国以封锁和经济制裁手段向朝鲜施压，日本就配合美国也对朝鲜实行遏制战略。与此同时，日本对外政策调整的根本的出发点在于，力争在瞬息万变的国际环境中谋求国家利益的最大化。日本外交政策中迎合国际局势变动的"机会主义"特质，导致其在某一特定的时间和地点，若考虑到某种程度上会损害日美关系，但其所得收益将会远远大于其所付出的代价，日本就会铤而走险地打破一味追随美国的外交原则，从而按照自己的意愿一意孤行。因此，具体体现在日本的对朝鲜政策上，并不固守既定原则，这就导致日本的朝鲜政策常常给人以反复无常之感。

韩国因素在影响日朝关系的发展上也是一个重要变量。朝鲜半岛与日本列岛地理位置的邻近性决定了日本一直把朝鲜半岛视为自己的"生命线"，正如日

① 转引自徐文吉：《日朝关系的发展及其意义》，《东北亚论坛》2001 年第 1 期，第 10 页。
② 赵阶琦：《新时期日本对朝鲜政策初探》，《日本学刊》2000 年第 6 期，第 18 页。

本战略家所言:"从地理位置来看,朝鲜半岛宛如从亚洲大陆上伸来的一把匕首,对准日本列岛的侧腹。因此,在朝鲜半岛上有一个同日本保持政治军事紧密关系的稳定势力,是日本国防上所必需的重要条件。"[①]正是基于这种认识,在冷战年代,日本视韩国为对抗北方力量的"缓冲国"。因此,日本十分重视对韩国外交,除政治上不断发展和加强相互关系外,在经济上不断增加对韩国的援助,以增强其经济实力,巩固其政治和国际地位。日本的对朝政策,是以加强和不损害日韩关系为前提的,在某种程度上可以说从属于其对韩政策。譬如在1990年10月举行的韩日第15次定期阁僚会议上,韩方专门针对日朝关系的改善提出了五项前提条件:"事先协商;有助于朝鲜半岛南北双方的对话与交流;促使北方签订核保障协议;反对日本在建交前向朝鲜提供赔款,以防朝鲜利用赔款加强其军事力量;促使北方改革开放。"这些条件的设置,无疑是给日本对朝政策的形成带来束缚。在这种约束之下,日本在日朝谈判中显然不能不顾及韩国的意愿。

(二)日本对朝政策的"矛盾性"与"两面性"

日本对朝鲜政策还处于一种矛盾和悖论之中:一方面希望有一个友好的近邻,另一方面又需要为自己走向军事大国制造口实。日本认为,朝鲜半岛局势仍能直接影响到日本的安全,因为如果半岛南部被敌对势力控制,则敌方很容易取得对日本的制控权,朝鲜海峡及日本西部海域也可能被敌人控制,日本本土特别是其经济、人口高度集中的战略核心地带就会处于敌对势力的威胁之下。因此,朝鲜半岛的局势,无论是核武器问题、导弹试射问题、还是南北统一问题,都直接关系到日本的安危,于是,维持和发展朝鲜半岛局势的缓和,也就自然成为日本对朝鲜半岛的根本方针。与此同时,日本更需要为自身的军事扩张制造口实,虽然这种口实可以寻机制造,而被妖魔化了的朝鲜无疑是一个绝佳的借口。日本政府通过夸大和渲染朝鲜的军事威胁,从而在日本国民之间营造充满危机的社会氛围,以期为其增强军事实力,实现军事大国化铺平道路。

日本与朝鲜两国之间由于存在意识形态、社会制度等方面的差异,日本方

---

①[日]服部卓四郎:《大东亚战争全史(第1册)》,张玉祥、赵宝库译,商务印书馆,1984年,第2页。

面无论是政府官员还是普通民众，都将朝鲜视为最直接的威胁。更有一些人认为，较之朝鲜的存在，朝鲜半岛的统一，对日本构成的挑战会更大。权衡利弊之后“两害相权取其轻”，即使不情愿也不希望朝鲜尽快垮台，而希望朝鲜半岛保持分治局面。正如日本学者所主张的，日本对朝韩开展等距离外交，尽可能地控制朝鲜半岛的统一节奏，保持半岛局势的稳定，最符合日本的利益。[①]

（三）日本对朝政策中的“变”与“不变”

纵观冷战时期日本对朝政策的演变轨迹，鲜明地体现出日本对朝鲜的敌视政策并未发生根本性改变。在不同历史时期，虽然日本根据国际局势和朝鲜半岛形势的变化以及对外政策的需要，采取某些主动行动谋求改善日朝关系，但其始终维系着对朝鲜的遏制和孤立政策，因而改善双边关系的基础十分脆弱，往往因各种内外因素干扰而受阻。

日本曾试图改变日朝关系，然而这并不意味着日本对外政策结构和对朝鲜半岛政策的根本转变。在冷战时期，即使两国都希望双边关系有所进展，但各自都以与本集团的关系为重点，而将双方的关系维持在周边的、次要的程度。而日本对朝鲜的接触与交流又不得不考虑美国和韩国的因素。虽然双方政府间进行了一系列官方接触，使双方关系一度有所缓和，但其对朝鲜的敌视和遏制政策则一以贯之。

自20世纪80年代中期开始，日本依托经济大国的实力，加快了迈向政治大国的步伐，日本的对朝政策也随着形势的变化而发生“嬗变”，积极推动与朝鲜实现关系正常化，提上了日本的外交日程，改善和强化日朝关系，有助于改善日本在亚洲国家中的形象，剪除“战败帝国”的“残余”，取消联合国有关“战败国”条款，最终实现世界一流政治大国的目标。由于朝鲜半岛素有大国利益平台之喻，与朝鲜实现了邦交正常化，意味着日本争取到了在半岛问题上的发言权，进而也就具备了主导亚洲事务的资格。可见日朝关系改善已成为日本走向政治大国而必须跨越的门槛之一。[②]

总之，冷战时期日本的对朝政策具有鲜明的意识形态特征，深受冷战体制

① [日] 渡边昭夫编：《战后日本的对外政策》，有斐阁，1985年，第180~181页。
② 徐文吉：《日朝关系的发展及其意义》，《东北亚论坛》2001年第1期，第10页。

和东北亚国际格局的束缚和制约。这一时期日朝关系的发展脉络摆荡于“缓和合作”与“紧张对抗”之间。日本政府基于自身国家利益的考量，对朝鲜采取的是一种“软硬兼施”以及合作与防范相结合的策略。“两手策略虽然是日本对朝政策两重性的最表层的体现，但却是由日本对朝战略目标所决定的。二者的并行与交织演进也构成了日本对朝政策的总体特征之一，并且决定或预示着日朝关系近期与中期发展的走向。”[①]

（李华，南开大学国际学术交流处）

① 王传剑:《试析冷战后日本对朝鲜政策的两重性》,《东北亚论坛》2000 年第 1 期，第 46 页。

“对日媾和七原则”与美国的东亚战略

张耀武

1950年9月，美国提出了“对日媾和七原则”。美国试图通过主持对日媾和，为建立战后亚洲冷战体系布局。为了不使中国台湾“落入仇视美国者之手”，或“为苏俄利用”，在美国的这份“对日媾和七原则”中，将早在《开罗宣言》中就已明确规定归还给中国的台湾和澎湖列岛，作为地位未定的“处理品”来接受再分配。这就使得战后的对日媾和在一开始就成为美国控制日本和中国台湾、牵制中国和苏联的一张王牌，进而成为美国在东亚推行冷战战略的重要一环。

自1947年远东委员会决定盟国要与日本签订和平条约以来，对日媾和就是在美国主导下进行的。但由于种种原因，媾和一直没有实质性的进展。直至1950年9月美国国务院顾问杜勒斯作为美国对日媾和的代表正式登场，对日媾和才进入了紧锣密鼓的阶段。

一、“对日媾和七原则”的提出

1950年9月22日的美英交涉，拉开了对日媾和谈判的序幕。此前的9月11日，美国国务院起草了由26条构成的对日媾和条约草案。同时，将主要内容归纳为七点，以此作为美国对日媾和谈判的“七原则”。

10月20日，杜勒斯与台湾驻美“大使”顾维钧会谈时，交给顾维钧一份“七原则”纲要，11月20日，杜勒斯又将一份经过修改的“七原则”交给顾维钧，落款日期是1950年11月9日。“对日媾和七原则”的主要内容如下：

1. 缔约国——凡参加对日战争之任何或全体国家，其愿依此处所建议，并经获致同意之基础而媾和者，均得参加缔约。

2. 联合国——日本之会员资格将予以考虑。

3. 领土——日本将：（甲）承认韩国独立；（乙）同意将琉球及小笠原群岛交联合国托管，并以美国为管理当局；及（丙）接受英、苏、中、美四国将来对于台湾、澎湖列岛、南库页岛及千岛群岛地位之决定，倘于和约生效后一年内尚无决定，联合国大会将作决定。日本在中国之特权及利益将予放弃。

4. 安全——和约中将提及在未有其他圆满安全办法，如由联合国担负切实责任之前，日本区域之国际和平与安全，将由日本供给便利与美国军队，或美国暨其他军队，以继续合作之责任维持之。

5. 政治与商务办法——日本将同意加入关于麻醉药品及渔业之多边条约。战前之双边条约得由相互同意予以恢复。在新商约未缔订前，除正常例外之情况外，日本将给予最惠国待遇。

6. 赔偿要求——各缔约国将放弃 1945 年 9 月 2 日以前因战争行为而引起之赔偿要求，但（甲）各盟国就一般而论，将保持其领土内之日本资产；及（乙）日本应将盟国资产归还或在不能完整归还时，以日元补偿其业经同意部分之损失价值。

7. 争端——补偿要求之争端，将由国际法院院长组织，特设中立法庭裁决之。其他争端将由外交途径或提交国际法院处理。①

以上的“对日媾和七原则”，给人以两点突出的印象：其一，美国极力扶持日本，给日本以较宽大的政策。媾和后，日本不仅可以立即成为联合国会员国，而且美国还要求各缔约国放弃对日本的战争赔偿要求，这无疑对日本尽快恢复元气大有裨益。其二，美国试图通过主持对日媾和，进而控制日本及东亚的安全。媾和后，日本将处于美国控制之下，包括在日本国内驻军及托管琉球和小笠原群岛。而最令人费解的是，早在 1943 年发表的《开罗宣言》中就已明确规定归还给中国的台湾和澎湖列岛，在美国的这份“七原则”中又成了地位未定、

① 中华民国外交问题研究会编：《旧金山和约与中日和约的关系》，中日外交史料丛编（8），1966年，第 10～11 页。

等待分配的“处理品”。这不仅为战后的两岸关系留下了隐患，也使得旧金山对日媾和从其开始阶段就与中国台湾问题紧紧地联系在一起。

二、中苏两国的态度

对于美国提出的“对日媾和七原则”，美国的冷战对手苏联旗帜鲜明地表示了反对。11 月 20 日，苏联代表马立克向杜罗斯递交了一份备忘录，对美国方面提出如下质疑：

1. 1942 年 1 月 1 日于华盛顿签署的宣言规定，同盟国不能单独与日本媾和。美国现在是否在考虑只让一部分缔约国参加媾和？

2. 《开罗宣言》和《波茨坦公告》已经决定将台湾及澎湖列岛返还中国。《雅尔塔协定》则将南库页岛返还苏联，并将千岛群岛割让给了苏联。然而，现在又将这些地区的未来归属交由四大国或联合国大会重新决定，这是为何？

3. 无论是在开罗，还是在波茨坦，都未论及将琉球群岛和小笠原群岛从日本的主权中分离出去之事宜。而且，参加《开罗宣言》和《波茨坦公告》的各国政府也都声明不扩大自己的领土。那么，将这些岛屿纳入由美国为施政者的托管制度下的根据何在呢？

4. 日本国民对《波茨坦公告》第 12 条所规定的有关外国军队从日本撤出之事，甚为关心。对日媾和条约是否与在欧洲签订的条约一样，对军队的撤退有明确的规定？

5. 在 1947 年 6 月 19 日举行的远东委员会上，制定了对投降后的日本之基本政策，即不许日本保有陆海空军。但是在“七原则”的第 4 条中，提到日本要与美国或其他国家的军队共同负责日本的设施。这是否表明：（a）要建立日本国军队；（b）美国的陆海军基地，在条约缔结后仍然留在日本的国土上？

6. “对日媾和七原则”未言及如何确保让日本发展平时经济。美国是否打算取消有碍这种发展的所有限制，允许日本接近原料资源，并允许其平等地参加世界贸易？

7. 多年来，中国遭受日本军国主义侵略之苦甚深，与对日媾和有着特殊的利害关系。美国为听取中华人民共和国政府的意见，采取了哪些措施？[①]

苏联政府在以上备忘录中，第一条就对美国有可能允许一部分国家与日本单独媾和提出了质疑，并表明了苏联对能否实现所有同盟国全面对日媾和的担心。这种担心在10个月之后成为现实。苏联的备忘录，其核心有两点，即领土问题和驻军问题。对美国提出的重新决定台湾、澎湖列岛、南库页岛及千岛群岛命运的提案，苏联政府表示了强烈不满。这固然因为南库页岛和千岛群岛与苏联有着密切的利害关系，而在这些被美国提出需重新决定命运的岛屿中，与中苏两国有关的各占百分之五十，这本身就说明该提案具有很浓的冷战色彩。就当时的国际局势而言，对美国决定“托管”琉球群岛和小笠原群岛，并在日本长期驻军，作为冷战对手的苏联表示出高度的警惕，也是可以理解的。

由于在“对日媾和七原则”中所提及的需重新决定命运的岛屿中，与中苏两国有关的各占百分之五十，因而，刚成立不久的中华人民共和国政府也对美国的“对日媾和七原则”表明了自己的立场。1950年12月4日，中国外交部长周恩来代表中国政府发表声明，主要内容如下：

1. 中华人民共和国中央人民政府是代表中国人民的唯一合法政府，它必须参加对日和约的准备、拟制与签订。中国国民党反动残余集团绝对没有资格代表中国人民，因而它没有资格参加任何有关对日和约的讨论和会议。对日和约的准备和拟制如果没有中华人民共和国的参加，无论其内容和结果如何，中央人民政府一概认为是非法的，因而也是无效的。

2. 中华人民共和国中央人民政府的基本方针是，力求于尽可能的短期内，缔结共同对日和约，以便早日结束对日战争状态。

3. 《开罗宣言》《雅尔塔协定》《波茨坦公告》及1947年6月19日远东委员会所同意通过的对投降后的日本之基本政策，这些由美国政府参加签字的国际文件，乃是共同对日和约的主要基础。

4. 关于台湾和澎湖列岛，业已依照《开罗宣言》决定归还中国。关于库页岛南部与千岛群岛，业已依照《雅尔塔协定》决定交还及交予苏联。关于琉球

① [日] 细谷千博：《旧金山媾和之路》，中央公论社，1984年，第117～118页。

群岛和小笠原群岛，不论《开罗宣言》或《波茨坦公告》，均未有托管的决定，当然更谈不上要指定“美国为管理当局”的事情了。美国政府要求对于这些领土问题重新予以决定，纯为假借联合国名义，在远东建立侵略的军事基地。

5. 根据《波茨坦公告》的规定，占领军应自日本撤退。然而，美国政府不但始终没有丝毫表示美国占领军有早日自日本撤退之意，并且利用日本作为侵略朝鲜、侵略中国的战争基地。美国政府在其备忘录中，要求在对日和约中，规定允许日本的设备与美国的军队继续合作负责维持日本地区的国际和平与安全。这就等于强迫日本人民接受美国军队长期驻留日本，并对亚洲人民进行侵略。

6. 美国正在公开武装日本。美国占领军正借用日本警察的名义来重建日本的陆军；借用海上保安厅的名义来重建日本的海军，并保留与修建日本军港；训练日本航空人员，以建立日本空军，并保留与修建日本空军基地。美国政府企图用它的军事控制，使日本完全成为美国的殖民地，并驱使日本作为美国侵略亚洲人民的工具。

7. 美国使日本的战争工业获得恢复和发展，并利用它来侵略朝鲜和我国台湾。相反的，和平工业则萎靡不振。美国政府这种绞死日本和平工业，鼓励战争工业的方针，只能是破坏日本人民的和平生活，加重其对日本人民的经济剥削。

8. 美国政府只有一个极端自私的目的，就是想霸占日本，奴役日本人民，变日本为美国的殖民地和侵略亚洲人民的军事基地。因此，美国政府这一关于对日和约问题的备忘录（即“对日媾和七原则”——笔者注）的建议，是不符合中国人民和日本人民的利益的。中国人民极愿与第二次世界大战时期其他盟国尽速订立共同对日和约，但和约的基础必须完全依照《开罗宣言》《雅尔塔协定》《波茨坦公告》及对投降后的日本之基本政策。[①]

中国政府的以上声明，虽有八点，篇幅也较长，但基本上与苏联政府的立场一致。这也是当时中苏关系的真实体现。中国政府的声明也给人以两个突出

---

① 田桓主编：《战后中日关系文献集 1945—1970》，中国社会科学出版社，1996 年，第 89 ~ 91 页。

的印象，即对美国占领并武装日本表示极大的担忧；同时，对参加对日媾和表现出积极的姿态。在以上声明中，对美国在日长期驻军并企图使日本军事基地化，中国政府表现得比苏联更为敏感，措辞也更加激烈。这是因为，日本若成为美国的军事基地，首当其冲的目标就是中国。而该声明在阐述中国政府关于反对美国占领并武装日本、重新决定台湾等地区归属的立场时，均以《开罗宣言》《雅尔塔协定》《波茨坦公告》及对投降后的日本之基本政策为依据，应该说是有理有据，很有说服力的。该声明对参加共同对日媾和的积极表示，则是对美国试图让台湾当局以"中国政府"名义参加对日媾和设想的牵制。相对而言，该声明对美国重新决定台湾及澎湖列岛命运的提案，未作太多的反驳。这大概与当时台湾地区是由国民党当局占领着这一现实有关。

三、台湾方面的反应

对于美国提出的"对日媾和七原则"，台湾方面也表明了自己的立场。不过它与美国的意见没有多大区别。1951 年 1 月 22 日，顾维钧将一份代表台湾当局立场的备忘录交给了杜勒斯。主要内容如下：

1. "中国政府"（指台湾当局，以下同——笔者注）亦极愿以适当之和约，终结对日战争状态，同时使日本重返自由及主权国家之社会。为此目的，"中国政府" 希望和会得以早日召开。唯如因一个或数个有关国家之阻挠，致此事无法实现时，则中国政府亦愿同意与日缔结双边和约之程序。

2. "中国政府" 甚愿见日本加入联合国，唯日本加入联合国之申请，自将在和约缔结之后提出。

3. "中国政府" 认为日本必须明白承认韩国之独立。"中国政府" 对于将琉球及小笠原群岛置于联合国托管制度之下，而以美国为管理当局一节，在原则上可予同意。至关于所谓台湾及澎湖列岛之地位，"中国政府" 经详加考虑后，认为各该岛在历史上、种族上、法律上及事实上，均为中国领土之一部，仅最后形式上之手续，尚待办理。因此各该岛之地位，实与南库页岛及千岛群岛之地位不同，但鉴于远东局势之不定，并为促进太平洋区域目前之一般安全计，“中国政府”对于对此四岛群之地位，取决于英、苏、中、美之会商一节，不拟表示反对。抑中国政府虽勉不反对此点，亦不愿他国以为“中国政府”对于台湾及澎湖列岛系属中国领土之基本意见，有所更改。

4.“中国政府”对于在未有其他圆满安全办法，如由联合国担负切实责任之前，对续由日本供给便利与美国及可能其他国家之军队合作负责，以维持日本区域之国际和平及安全之建议，表示同意。所宜特予注意者，即为此目的，其他国家之军队，亦一如美国军队均包括在此项计划之中。

5.“中国政府”对于日本应加入若干多边公约，尤以与麻醉药品有关者为然一节，具有同感。至关于战前之双边条约，就中日之间者而言，“中国政府”于 1941 年 12 月 9 日对日宣战时，业已宣布予以废止。故日本应于和约中明白承认此项宣布，但“中国政府”亦不反对在和约中列入一般性之条款，规定战前之双边条约，得由相互同意，予以恢复。

6.关于赔偿要求一节，兹应说明：由于日本之长期侵华，中国人民所受痛苦之久，牺牲之大，实较任何其他被侵国家之人民为甚。兹因中国境内之日产，不足以抵偿合法之要求，而三年前所收之一部分临时拆迁，亦仅属象征性之偿付，故要求日本充分赔偿因其侵攻而引起之损害，亦与公允之原则完全相符。但为便利对日和约早日缔结起见，“中国政府”愿放弃另提赔偿之要求，唯以其他国家同样办理为条件。如任何其他国家坚持付给赔偿，“中国政府”纵不要求受优先之考虑，亦将要求受同样之考虑。

7.对于美国节略（即“对日媾和七原则”——笔者注）第七项，所开解决补偿要求及争端之数种备选择程序，“中国政府”在大体上可予接受。①

相比周恩来的声明，顾维钧的这份备忘录，除了与美国的观点基本一致以外，最突出的一点就是对台湾及澎湖列岛归属的叙述笔墨较多。它一方面表明台湾及澎湖列岛“在历史上、种族上、法律上及事实上，均为中国领土之一部”，而另一方面却又赞同美国将该岛屿的归属交由英、苏、中、美四国讨论决定的

① 中华民国外交问题研究会编：《旧金山和约与中日和约的关系》，中日外交史料丛编（8），1966 年，第 16 页。

提议，给人一种自相矛盾的感觉。这可能是台湾当局为当时国际形势和自身地位所迫，不得已委曲求全的一种策略。

在这之前的1950年11月15日，顾维钧收到一份由台湾外交主管机关根据台湾的决议整理的关于如何应对美国“七原则”的指示电。其中，有关台湾及澎湖列岛地位的内容是这样的：

> 此与我方所持台湾澎湖已为“我国”领土之主张适相背驰。美方坚持此议，系其目前处境及现行政策所致。自非我方所能变更；然为维持我方民心士气起见，我于美方主张自亦未便竟予苟同。换言之，即唯有各持己见，而在其他方面另谋合作。[关于台湾澎湖之地位，中美所持主张既属无可调和，关于台湾澎湖之最终解决，自以尽量拖延为上策。查美方所提程序，如能贯彻始终，不生其他枝节（如同时由联合国大会予以处理），已能发生拖延作用，盖以和约何时观成，尚未可知，而台湾澎湖之交由联合国处理，复系和约观成一年后之事也。]似此我对该项程序，自不妨在原则上予以接受，而另附以如下意见：（一）所定一年期限，应酌予延长，改为两年或不作时间上之硬性规定，均属相宜；（二）台湾澎湖，应与南库页岛千岛群岛同时同样解决，俾更能曲尽拖延之能事。[①]

也就是说，台湾当局也知道美国对台湾的觊觎，也明白美台之间在台湾问题上的主张“不可调和”。但以当时的国际环境及台湾地区自身的地位，与美国进行针锋相对的抗争又是极不现实的。另外，根据当时的情况来看，中华人民共和国已经成立，而且其国际影响正在日益扩大，在这种情况下，即使联合国以《开罗宣言》为据将台湾归还中国，国民党政府也未必有十分把握能得到台湾。在这种情况下，台湾方面只好在顺从美国意见的基础上尽量拖延时间。这一方面可以获得美国在其他方面对台湾当局的支持，另一方面也可以等待国际局势朝着更加有利于自己的方向发展。

四、美国的东亚战略意图

然而，从“对日媾和七原则”来看，美国对台湾问题的立场与过去相比发

---

① 顾维钧：《顾维钧回忆录》（第九分册），中国社会科学院近代史研究所译，中华书局，1989年，第35～36页。

生了很大的变化。《开罗宣言》明确规定，日本将台湾和澎湖列岛归还中国。对这一点，美国作为《开罗宣言》的签字国，不可能不清楚。1950 年 1 月 5 日，美国总统杜鲁门曾说："为了遵守这些宣言（即《开罗宣言》和《波茨坦公告》），台湾已交给蒋介石。过去四年来，美国和其他盟国一直承认中国在该岛上行使权力。"同一天，美国国务卿艾奇逊也说："中国已经管理台湾四年了，美国和其他盟国都从来没有对这一占领权提出过怀疑。当台湾成为中国一省时，没有人对之从法律上提出过疑问。那就认为是符合约定的。"①

但是，在 1950 年 11 月公布的"对日媾和七原则"中，美国却提出将台湾及澎湖列岛与南库页岛和千岛群岛一并交由中、美、英、苏四国讨论，若讨论未果，则由联合国大会决定其命运。美国的态度为什么会发生这么大的变化呢？在这种变化的背后，又隐藏着美国怎样的战略意图呢？

1950 年 10 月 20 日，杜罗斯与顾维钧就美国拟定的"对日媾和七原则"中的有关领土问题，举行了杜—顾之间的第一次会谈。在谈到台湾问题时，顾维钧问："所谓台湾问题，美已提交联合国大会讨论，究竟美方用意及希望如何？"对此，杜勒斯作了如下回答：

美方之用意，欲将台湾地位暂付冻结。因美虽切望世界大战不再爆发，但并无把握；深不愿台湾落入仇视美国者之手，尤不愿为苏俄利用。美国人力不足，对太平洋防卫，只能利用海军空军树立强固防线。倘一朝有事，美能控制亚洲沿海大陆，而台湾岛正在此防线之内。②

谈到这里，杜勒斯唯恐台湾当局会有台湾在被美国利用之感，于是，又接着讲出了下面一段话：

> 冻结台湾岛地位，即是维持中国国民政府地位。故深盼贵国代表不在联合国会议席上积极反对美国对台立场。如贵国政府为表明贵国立场，而声明台湾为贵国领土，美可谅解。但如贵国在会议席上坚决反对美国对台

① 顾维钧：《顾维钧回忆录》（第九分册），中国社会科学院近代史研究所译，中华书局，1989 年，第 15 页。

② 中华民国外交问题研究会编：《旧金山和约与中日和约的关系》，中日外交史料丛编（8），1966 年，第 6 页。

立场，力与争辩，未免增加美国困难，使美不能贯彻保持台湾，维持贵国政府国际地位之宗旨。盖如美亦认台湾已纯为中国领土，不特贵国政府代表权问题即须解决，而美之派遣第七舰队保台，及自取领导地位，出为主持此案，亦将失却根据。①

从以上谈话可以看出，美国之所以出尔反尔，使本已有定论的台湾地位重新变为悬案，完全是为了构筑其战后的亚洲冷战体系。而将台湾地位的决定置于对日媾和之后，则是由于日本和中国台湾同为美国亚洲冷战体系的重要依托，如果中国台湾一旦“落入仇视美国者之手”，不仅不利于美国的亚洲战略，而且还很可能“为苏俄利用”，这是美国最忌惮的。因此，美国想把台湾交给一个既愿与日本媾和，又能对美国言听计从的“中国”。这样一来，美国就可以“控制亚洲沿海大陆”，在与苏联的冷战对抗中占得先机。退居台湾的国民党当局，为了得到美国第七舰队的保护，不惜将台湾的命运交由美国处置，则正是为了一党之私利而不顾中国的国家利益。

综上所述，对日媾和谈判伊始，作为主持国的美国就提出“对日媾和七原则”，为媾和定下了基调。而在这个“媾和七原则”中，包括台湾的地位在内的领土归属问题作为对日媾和的一个重要内容被提出，使得对日媾和在一开始就成为美国控制日本和台湾地区、牵制中国和苏联的一张王牌，进而成为美国在东亚推行冷战战略的重要一环。

参考文献

[1] 袁克勤:《アメリカと日華講和ー米・日・台関係の構図》，柏书房，2001年。

[2][日]渡边昭夫、宫里政玄编:《サンフランシスコ講和》，东京大学出版会，1986年。

（张耀武，大连外国语学大学教授，国际关系研究所所长）

① 中华民国外交问题研究会编:《旧金山和约与中日和约的关系》，中日外交史料丛编（8），1966年，第6页。

和平利用的军事目的

——战后日本核政策的表象与实际

乔林生

根据外交解密档案和有关当事人回忆，由于国民强烈的反核感情和战后特殊的国际环境，战后日本的核政策，表面上主张“和平利用”核能，倡导“无核三原则”，加入《核不扩散条约》，没有公开制造核武器。然而，在和平利用名义下进行的核电开发，实际上从一开始就有明确的军事意图，与追求核武器“制造”能力的军事目的紧密结合，成为一个“核电”与“核武”互为表里的复合型政策体系。在该政策的推行过程中，日本还先后两次与美国签署“核密约”，允许美国“运进”核武器，追求美国的核保护伞，并在依赖美国核保护伞的表象背后，通过发展核电，行独立保持“制造”核武器潜在能力之实。

目前，国内外学界关于战后日本核政策的研究，基本上是从军事安全或外交角度进行探讨的，而将与之紧密相关的“核电”纳入能源领域，作为不同问题予以对待。一般研究认为，日本和平利用核能、依赖美国的核保护伞，是坚持“无核三原则”的重要表现。然而，本文通过解读近年公开的日本、美国的绝密档案和有关当事人的证言、回忆录等新资料发现，由于特殊的历史原因和战后国际环境，日本的核政策，实际上是以核电的表面形式推进的，在“和平利用”核能与“无核三原则”的背后，始终隐藏着追求核武的军事意图。本文拟在这些新文献的基础上，探讨日本核电开发与核武装的关系，分析战后日本核政策的表面原则与实际政策，以阐明日本通过发展核电积极追求“拥有”核武器“制造”能力的基本政策路线。

一、日本核政策的缘起：和平利用三原则与重新武装

一个国家是否实行“核武装”，通常取决于政治意愿、经济技术能力和国内外环境三个因素。从1945年战败投降到20世纪50年代中期是战后日本核政策的萌芽期。从战败之初核研究被禁到日本取得独立后的核开发体制初创，战后日本的核开发是从核电入手的。众所周知，1955年12月日本政府通过《原子能基本法》，高调打出所谓“和平、民主与公开”的“和平利用三原则”。那么，从所谓“和平利用”核能的起点上看，日本到底有没有军事意图，即有无发展核武器的政治意愿，这是首先需要探讨的问题。

第一，战后初期日本的核开发，被保守派政治家们定位于修宪、重新武装的延长线上。

1945年8月，日本战败投降。9月22日，盟军总司令部下达第3号指令，全面禁止日本进行核研究。[①]在民主化和非军事化方针的指导下，1947年1月30日，远东委员会明确做出决议，禁止日本进行核能领域的研究、开发和利用。[②]然而，随着冷战展开与美国对日占领政策的转变，对日限制有所松动，日本对核问题的关注逐渐高涨。中曾根康弘自称亲眼看到广岛原子弹爆炸的蘑菇云而深受刺激，得悉东京理化研究所的回旋加速器被占领军拆掉丢进东京湾亦倍感屈辱。[③]1947年中曾根投身政界后，积极倡导“自主修宪”“重新武装”。1951年1月，他向赴日举行媾和谈判的美国特使杜勒斯提出建议，明言修改宪法、组建军队，并呼吁解除对核科学研究的限制。[④]

在朝鲜战争爆发和东西方冷战激化的形势下，美方强烈要求日本扩充军力。

---

① 連合国最高司令官司令部:《指令第三号》，1945年9月22日，外務省外交記録。
② 極東委員会:《原子力の分野における日本の研究ならびに活動に関する政策》，原子力開発十年史編委員会編:《原子力開発十年史》，日本原子力産業会議，1975年，第12頁。
③［日］中曾根康弘:《政治と人生——中曾根康弘回顧録》，講談社，1992年，第75～76頁。中曾根康弘:《自省録——歴史法廷の被告として》，新潮社，2004年，第42頁。
④［日］中曾根康弘:《天地友情——五十年の戦後政治を語る》，株式会社文藝春秋，1996年，第140、142頁。

吉田茂表面上拒绝了杜勒斯“重整军备”的要求，1951 年 2 月 3 日，私下却向美方提出“密约”，让其同意“在对日和约以及日美合作协定实施同时，开始重新武装”。[①]1951 年 9 月 8 日签署的《旧金山和约》中没再纳入禁止或限制日本从事核研究的内容，核能研究全面解禁。

1952 年 4 月，未及《旧金山和约》正式生效，首相吉田茂就迫不及待地下令组建“科学技术厅”。自由党议员前田正男模仿美国国防部科技局，制定了总理府下设科技厅的方案，其附属机构“中央科学技术特别研究所”的任务就是“从事包括核武器在内的武器研究、核动力研究和航空飞行器研究”[②]。同年 4 月 20 日，《读卖新闻》刊载了该消息，标题为“准备生产重新武装的武器，新设科学技术厅”。在距广岛、长崎的核灾难不到 7 年，日本执政者就已萌生了“拥有”核武器的想法。由于有的专家担心其成为军事性研究机构，还可能导致官僚管制科技研究的后果，该方案被暂时搁置。

1953 年 7 月到 11 月间，赴美研修的改进党议员中曾根，接受了哈佛大学教授基辛格“力量均衡论”的主张，对日本重新武装信心倍增。他还参观了美国的军校、军港及核研究设施，就核问题先后拜访了在哥伦比亚大学留学的原旭硝子公司纽约特派员山本英雄和在加利福尼亚大学留学的原理化研究所的嵯峨根辽吉。据山本回忆：“中曾根对核武器、特别是小型核武器的开发非常感兴趣。因为他是重新武装论者，将来或许会考虑日本也有必要拥有核武器。”[③]战前曾参与日本原子弹研究计划的嵯峨向中曾根提出的三点建议则是：“确立长期的国策；制定法律和预算，明确国家意志，保证稳定的研究；召集一流学者。”[④]

第二，战后日本核开发，是在政府主导下从发展民用核电入手的，从一开

①《再軍備の発足について》，1951 年 2 月 3 日，外務省条約局法規課：《平和条約の締結に関する調書 IV》，外務省外交記録。

② 日本原子力産業会議編：《原子力年表（1934—1985）》，中央公論事業出版，1986 年，第 24 頁

③［日］佐野眞一：《巨怪伝——正力松太郎と影武者たちの一世紀》，文藝春秋，1994 年，第 510 頁。

④［日］中曾根康弘：《政治と人生——中曾根康弘回顧録》，第 166 頁。

始就带有明确的研究“制造”核武器的军事意图。

鉴于政府的动向，学界也开始积极讨论核研究问题。物理学家武谷三男在1952年10月《改造》杂志上发表论文《日本原子能研究的方向》，提出了“和平、公开和民主”的“核能和平利用三原则”。同年10月，大阪大学伏见康治和东京大学茅诚司在日本学术会议大会上提出方案，主张设置“原子能委员会”，作为国家事业，以和平利用为目的，推进核能研究。该方案遭到与会学者的强烈反对。

但是当了解到美国欲改变核政策的动向后，中曾根认为“在这种紧急的非常事态下”，“交给左翼学者主导的日本学术会议的话，结果只能是变成马拉松式的争论，空耗数年时日，必须以政治力量打开局面，通过预算和法律”。[①]1954年3月3日，中曾根代表改进党、自由党和日本民主党，突然向国会提出2.35亿的《核反应堆建造基础研究费及调查费》预算案。一时间舆论哗然，纷纷批判其为“无知的预算”“暴力性预算”。[②]

日本学术会议的学者前往众议院和改进党党部陈述反对意见，被政治家们拒绝。此时学界普遍对核能开发持强烈的怀疑态度，担心被“动机不纯的政府”利用，失去研究自由，也忧虑政府主导下的核能研究，和平利用是不可能的，反倒有可能在对美从属的状况下卷入美国的对外军事战略，用于发展军事。[③]企业界也对核电并不积极，相对于研发阶段的核电，当时火力发电成本大幅下降，水电技术业已成熟。号称“电力之父”的松永安左卫门也认为，水坝可以半永久性地利用，还不是搞核电的时候。

面对为何是如此精确的2.35亿日元的质询，政治家的回答居然是因为“浓缩铀是铀 235”，为此引发一阵哄堂大笑。[④]其实，他们提案的目的很明确，就是要开展核武器研究，浓缩铀本身就是制造铀核弹的原料。在预算提交翌日，即1954年3月4日，改进党议员小山仓之助在众议院大会上就预算堂而皇之地

① [日] 中曾根康弘：《天地友情——五十年の戦後政治を語る》，第167頁。中曾根康弘：《政治と人生——中曽根康弘回顧録》，第166頁。

② 原子力開発十年史編委員会編：《原子力開発十年史》，第26頁。

③ [日] 吉岡斉：《原子力の社会史》，朝日新聞社，1999年，第59~61頁。

④ [日] 中曽根康弘：《政治と人生——中曽根康弘回顧録》，第167頁。

指出："……现代武器发展日新月异，使用也需要相当先进的知识。以现今日本的学术水平不易理解，故有必要从青少年开始就进行科学教育，亦必须对日本教育进行划时代的变革。我相信使用这些新式武器，必须要充分积累训练经验。……在《日美相互防卫援助协定（MSA）》下，为了防止美国借与旧式武器，也要了解新式武器和现今正在制造的核武器，还要掌握使用这些武器的能力，此乃先决条件。"[①]这一军事色彩浓厚的解说，可谓如实地反映了日本政治家们推进核能研究的真实意图。

第三，日本介入核开发，是战后美国转变核政策后双方"同床异梦"的产物。

二战结束后，杜鲁门政府对核技术实行严格的保密制度，意欲维持核垄断政策。然而，随着苏联、英国原子弹研制的成功，美国核垄断政策破产。1953年3月苏联试爆氢弹，东西方冷战局势下核军备竞争的激化，引发各界担心。与此同时，苏联、英国还积极研发核电技术，大有走在美国前面的势头。因此，艾森豪威尔上台后，1953年12月8日，在联合国大会上发表了"和平利用原子能"的演说，主张向盟国或友好国家提供核技术和原料，并创建国际原子能机构。美国核政策表面上由过去的核垄断转变为推进核能贸易与开展国际合作，其真正目的在于从军事方面牵制苏联，拉拢盟国和第三世界国家，壮大西方阵营；并通过国际机构掌控各国的核开发，以确立美国在核领域的国际性支配地位；从经济方面，在核电发展上夺取主导权，利用军工产业打入并控制西方盟国的资本市场，从军事、经济两方面维护美国的霸权地位。

意欲推销"和平利用原子能"的美国政府与打算积极介入"核武器"研究开发的日本政治家，可谓各取所需、不谋而合。1954年3月16日"比基尼事件"的曝光，一举加速了日本导入"核电"的进程。日本国民继广岛、长崎之后再度遭受核辐射，在各地掀起了声势浩大的反核、反美运动。为了消弭核试验给日美关系带来的不利影响，负责报道盟军总司令部（GHQ）的《读卖新闻》记者柴田秀利向美方提出建议："日本有句老话叫'以毒攻毒'，原子能是柄双

① 第19回国会衆議院本会議議事録，第15号，1954年3月4日。

刃剑，为了对付反对原子弹的势力，就要大力宣传原子能的和平利用。由此，让其对明天伟大的产业革命抱有希望。”[①]根据解密档案，在事件曝光后的3月22日，美国国防部长助理阿斯金向国家安全委员会（NSC）提出报告，建议“向日本提供核反应堆”，他认为“非军事使用核能的强大攻势，作为对抗苏联宣传的措施是符合时宜、富有成效的，加之，可以将在日本发生的危害控制到最低程度。”[②]于是，意欲进军政界的原甲级战犯、时任日本电视台和《读卖新闻》社长的正力松太郎，通过美国中央情报局，在宣传原子能“和平利用”方面扮演了重要角色。

1955年1月，日美两国开始私下秘密交涉“核能援助”问题，在绝密的口头备忘录中指出:“对反对与美国合作建造核反应堆的部分学者以及对核能问题敏感的舆论，要避免造成无用的刺激。”[③]11月14日，双方正式签署《日美原子能研究合作协定》，全称为《日本与美国关于非军事利用原子能的合作协定》。该协定规定美国向日方提供用于研究的核反应堆器材和6千克以内的浓缩铀（最大浓度为20%），但条件是日方要遵守秘密条款，返还生成的副产品——钚，并有义务保存研究记录，接受检查。众所周知，钚正是制造钚核弹的基本原料，美国本身对日本开发核武器亦心存戒心。然而，该协定的签署成为战后日本介入核研究开发的重要契机。

1955年10月，各党议员组建了“参众两院原子能共同委员会”，中曾根康弘出任委员长，以所谓“举国一致”的体制积极推进核开发。同年12月国会通过“原子能三法”，即《原子能基本法》《原子能委员会设置法》和《总理府设置部分修正法》。《原子能基本法》正式提出“和平、民主和公开”的“和平利用三原则”，其基本方针表明：“原子能的研究、开发和利用，以和平为目的，在民主运营下自主研究；其成果公开，以利于不断推进国际合作。”[④]1956年1

①［日］柴田秀利:《戦後マスコミ回遊記》，中央公論社，1985年，第301頁。

② G. B. Erskine, *Japan and Atomic Tests*, NSC Staff Papers, OBC Central File, Box #46, OCB091. Japan, File #1, EL. 转引[日]自山崎正勝:《日本の核開発：1939—1955》，積文堂，2011年，第175頁。

③《日米間原子力の非軍事的利用に関する協力協定関係一件》第2巻，外務省外交記錄。

④ 原子力委員会編:《原子力白書》第1回，通商産業研究社，1957年，第178頁。

月，原子能委员会组建，5 月，科学技术厅正式成立，正力松太郎出任首任原子能委员会委员长、首任科技厅长官。吉田茂等人组建科技厅的夙愿，终于得以实现，日本核开发体制初步创建。

二、日本核政策的摸索：核电开发与“核武装”论

从 20 世纪 50 年代中期到 60 年代中期的十年是日本核政策的摸索期。具备政治意愿之后，如何才能有效实现“核武装”的目的，从短期而言，面临着自主研发还是间接引进的路径选择问题，从长期而言，则存在着法律环境制约的问题。从 50 年代中期，日本兴起所谓第一次核能热潮。日本保守政治家们在发展核武器的强烈愿望驱使下，一方面举着和平发展核电的招牌，积极引进相关设备，追求着自身制造核武器的技术能力，同时亦尝试间接从美国引进核武器或通过“核密约”获得美方有效的核保护；另一方面则开始鼓吹“核武器合宪论”，为日本今后能够“拥有”核武器营造法律环境。

第一，日本政府积极购入商用核电设备，主要目的却是获得制造核武器的钚，和平利用核能计划暴露出明显破绽。

在第一次核能热潮中，事实上面向实用化推进建设的，只有原子能发电公司的东海核电站。1956 年 1 月，原子能委员会委员长正力松太郎走马上任后，表明欲与美国签署动力核反应堆协定，引进核电设备与技术，争取早日建成核电站。然而，正力很快改变想法，决心率先引进英国的科尔德霍尔（CalderHall）型黑铅反应堆。日本许多物理学家纷纷指出核电方面还没有足够的运营经验，尚处于研究而非实用阶段；特别是该核反应堆在经济和安全方面存在很大问题，譬如刚发生过大面积污染事故，而且反应堆生产的钚可能会被转用于军事。[①]事实证明，正力之所以绕过美国，首先引进英国的黑铅型反应堆，着眼的正是这个钚。

①［日］長崎正幸：《核問題入門——歴史から本質を探る》，勁草書房，1998 年，第 97 頁。原子力開発三十年史編集委員会編：《原子力開発三十年史》，日本原子力文化振興財団，1986 年，第 6 頁。

根据美国国务院解密档案，1956年7月3日，日本第一次原子能访英调查团团长石川一郎在出访英国前，前往美国驻日大使馆征询美方意见。他表示："现协定规定日本有义务向美方返还浓缩铀生成的副产品（钚等），这从日本立场来看难以接受，有可能免除这种义务吗？"7月5日，正力让《读卖新闻》华盛顿特派员坪川敏郎将自己的谈话内容发给美国原子能委员会，再次清楚地表明了日方旨在获取钚的意图。正力的谈话包括如下内容：日本若与英国缔结双边协定（购入核电的原子能协定），关于钚的使用没有限制条件；正力表示，美国的协定（动力）若能解除秘密条款，且价格具有竞争力的话，愿与美方缔结协定；与美国缔结协定时，不知道日本能否从美国购买或借得钚。[①]

尽管日本政府在1956年9月出台的第一个《原子能开发利用长期基本计划》中提出利用钚作为核燃料的想法，表示"为了将来确立符合我国实情的核燃料循环，要提高增殖堆、燃料再处理等的技术水平"[②]，然而，在动力堆尚未投入使用、增殖堆仍处于初期研发阶段的时点上，正力他们显然不是将钚看作增殖堆的燃料，而是动力堆的产物，即核武器的原料。当时，美国清楚地认识到了这一点。据业已解密的1957年8月2日美国国务院远东调查部绝密报告《日本制造核武器的预测》，该报告就"日本今后的核武器开发政策"指出："日本采取一切手段，欲取消限制条件。日本政府竭力推进包括内外对策在内的全方位计划，打算不接受美国和英国在出口核燃料时对副产品利用的限制条件，确保大规模核能计划所需的足够的铀的供给"，"假若日本在不受外国制约的条件下能够成功确保核燃料，造出核反应堆，那么通过运行该反应堆，就可以获得制造核武器的核分裂物质。（若反应堆是英国的'科尔德霍尔'型，即用天然铀矿的类型，则具有特别重要的意义）"[③]换言之，只要购得该种核反应堆，用日本本国或进口的天然铀矿做燃料就可以生产出核武器用的钚。

若从商业发电的角度看，比起引进规模庞大且发电量又少的英国科尔德霍

---

①［日］有馬哲夫：《原発と原爆》，文藝春秋，2012年，第79、66～67頁。

② 原子力委員会編：《原子力白書》第1回，第185頁。

③ 国務省極東調査部：《日本の核兵器生産の見通し》，1957年8月2日，国務省情報調査局《情報報告》第7553号。[日]新原昭治編訳：《米政府安保外交秘密文書資料・解説》，新日本出版社，1990年，第68、71頁。

尔型黑铅反应堆，设备小且发电量较高的美国轻水反应堆显然更具合理性，而日本之所以最初选择英国的核电设备，其中一个不可忽视的重要原因在于，美国的轻水反应堆制造原子弹用的高质量钚比较困难，而英国的黑铅减速反应堆，原本就是由军用生产钚的反应堆改良而成，只要调整运行方式，就很容易变成批量生产高品质钚的设备。日本所谓“和平利用”核能的路线，再次露出“真实面目”。

第二，“核武器合宪论”是日本“解释修宪”的具体表现，为日本将来进行核武装预留了空间，其反映了保守派政治家们的共同意志。

在正力松太郎紧锣密鼓地推进进口核电设备时，同为甲级战犯的“狱友”（东京巢鸭监狱）岸信介爬上了首相宝座，随即抛出了“核武器合宪论”。鉴于和平宪法第 9 条“不保持战争力量”的限制，1957 年 5 月，刚上台不久的“改宪派”首相岸信介在国会等场合公开表明，“在现行宪法下，为了自卫可以拥有核武器”，“只因名称是核武器就说违宪，这样的宪法解释是错误的”，然而，在国内和平舆论的压力下和不具备生产技术条件的情况下，他虽然鼓吹“核武器合宪论”，但也不得不做出姿态，表示“当前不打算拥有核武器，自卫队也不准备核武装”。[①]可是，“核武器不违宪”的这种立场，为此后历代自民党政府继承，成为日本政府的正式主张。[②]正如岸信介本人在回忆录中的自我坦白那样，“我预先明确区别宪法解释和政策论两个立场，这对日本将来有利。”[③]换言之，这为日本将来即使是在不修宪的情况下也可以进行核武装预留了空间。

岸信介非常清楚“和平利用”核能的军事意义。1958 年 1 月，他在年初正式访问了日本最早建立的核设施——茨城县东海村的原子能研究所。他在回忆录中明确指出核能的“和平利用”与“军事利用”不可分割的主张，还进一步

① 第 26 回国会参議院内閣委員会会議録，第 28 号，1957 年 5 月 7 日。

② 1978 年 3 月，福田赳夫首相在参议院表明：“根据宪法第九条，只要是防御性的，作为最小限度的防卫力，可以拥有核武器。”1982 年 4 月，内阁法制局长官角田礼次郎在参议院解释：“根据宪法第 9 条第 2 项”，“为了自卫必要的最小范围内的核武器，是可以拥有的。”参见第 84 回国会参議院予算委員会会議録，第 8 号，1978 年 3 月 11 日；第 96 回国会参議院予算委員会会議録，第 20 号，1982 年 4 月 5 日。

③［日］岸信介：《岸信介回顧録》，廣済堂，1983 年，第 310～311 頁。

解释了核开发涵盖的多重军事意义。他认为："核能技术本身，原本可和平利用，亦可用于武器。用于哪方面是政策、国家意志的问题。日本根据国家、国民意志决定把原子能不用于武器生产，专门进行和平利用，然而即使是和平利用，随着技术进步，作为武器的可能性也会自动提高。日本不拥有核武器，可随着潜在可能性的增加，在裁军、核试验等国际问题上的发言权也会逐渐提高。"① 在后来的一次演讲中，他更是明确指出："核能的和平利用和军事用途只隔层窗户纸……虽说是和平利用，有朝一日也不是不能用于军事目的。"②

当时美方已经注意到岸信介的言论，据上述美国国务院绝密报告《日本制造核武器的预测》，美方认识到不久的将来日本可能会掌握核武器制造能力。该报告指出："美国政府当局认为，到 1967 年之前日本可能会依靠自己的能力制造核武器"，"日本防卫当局、国会和执政党自民党内的同伙，根本上都想让日本自卫队装备核武器"，"自民党（政调会）国防部部会长、原司令官保科善四郎将研究核战争的笔记在国会议员间传阅，其主张日本能否进行有效防卫，在于日本本土的军队是否可以使用战术核武器，进而，间接地也在于美国是否拥有比苏联更多的战略核武器"，"一般都认为岸首相最近暗示日本日后应拥有防卫性核武器的言论，就是受这些人想法的影响。"③

第三，日本追求间接"核武装"和制定"核密约"的行为，本身与和平利用核能方针背道而驰。

日本的核开发一直存在着自主研发和对外引进两条路线，核电与核武均是如此。池田勇人曾考虑通过从外国购入的间接方式实现核武装。他一直对核问题有着很高的积极性，1958 年任大藏大臣时，鉴于美国在欧洲配备核武器的动向，他主张："日本也必须进行核武装。"④当时，美国也存在向日本提供核武

① [日] 岸信介：《岸信介回顧録》，第 395 ~ 396 頁。

② [日] 岸信介：《最近の国際情勢》，国際善隣倶楽部，1967 年，第 13 頁。

③ 国務省極東調査部：《日本の核兵器生産の見通し》，1957 年 8 月 2 日，国務省情報調査局《情報報告》第 7553 号。[日] 新原昭治編訳：《米政府安保外交秘密文書資料・解説》，第 67、68、72、73 頁。

④ [日] 伊藤昌哉：《池田勇人——その生と死》，至誠堂，1966 年，第 197 頁；[日] 伊藤昌哉：《日本宰相列伝 21　池田勇人》，時事通信社，1985 年，第 205 頁。

器的主张。当美国获悉中国发展核武器的情报后，1961 年 2 月，美国空军参谋部在对策报告中，曾建议通过出售或转让核武器的方式，武装美国在亚太地区的盟友（日本、印度以及中国台湾等），但这项冒险违反美国的核不扩散计划，最终被国务卿腊斯克否决。[①]池田出任首相后，也曾试探过美方的态度。1961 年 11 月，在箱根第一次日美贸易经济共同委员会上，他对国务卿腊斯克表明，包括现任阁僚在内，日本自民党内有些政治家主张核武装。腊斯克马上以强硬的口吻回应，"美国反对核武器的扩散"。面对腊斯克的反应，池田没再展开话题，只是表明"到目前为止，我还没有考虑要造核武器，不过我认为在日本要是有核武器的话，对于日本防卫来说是必要的。然而现在来看，关于核武器，还有很多要学习的"。[②]据从大藏省调到防卫厅的小田村四郎回忆，"此时池田的想法是，若能从美军得到核武器的话，就省钱了"[③]。鉴于日本尚无能力制造核武器的客观现实，池田出于财政经济方面的原因，考虑是否可以从美国购进核武器。然而，美国肯尼迪政府反对核扩散，只是希望利用中国核试验的影响，促使日本扩大防卫能力，但不支持日本核武装。[④]换言之，美方更倾向于向驻日美军基地配备核武器，而不是帮助日本核武装。

在不能从美国手中购入而"拥有"核武器的情况下，池田政府沿袭前任岸信介政府的政策，继续承认美军向日本"运进"核武器的行为。在 1952 年确立的日美安全体制下，美军的舰艇和飞机，无论"搭载核武器"与否，都可以自由进入日本领土。在 1960 年《新日美安全条约》签署时，双方发表共同声明，以"交换公文"的形式，表面上就"美军部署的重要变动、装备的重要变动和

① 孟昭瑞：《中国蘑菇云：中国核工业发展五十年的惊天巨变》，辽宁人民出版社，2008 年，第 9 页。

② *Memorandum of Conversation* (No.3, 1961) FRUS, 1961–1963, Vol.22, p.711.

③ 小田村四郎的证言，[日]中島信吾：《戦後日本の防衛政策》，慶応義塾大学出版会，2006 年，第 199 頁。

④ Leonard L. Bacon to Mr. Usher. *Chinese Communist Nuclear Explosion* .December 3, 1962. Lot File69D347,Box3,RG59,N.A.转引自[日]池田直隆：《日米関係と二つの中国》，木鐸社，2004 年，第 155 頁。

作战行动的基地使用”实行“事前协商”制度。[1]然而，据美国解密档案显示，实际上双方另以“核密约”的形式（即“安保核密约”），具体确认了美国可以将“包括中远程导弹在内的核武器运进日本，并建立储存基地”，搭载核武器的飞机或舰艇进出日本，不属于事前协商对象。[2]1963年3月，就美国核潜艇申请停靠日本港口一事，池田在国会上明言：“不允许装备核武的美军潜艇将核武器运进日本国内。”[3]可是，事实上经过赖肖尔大使与大平外相会谈，日美双方再次确认了“核密约”，认为“搭载核武器的舰艇通过日本领海或停靠港口”，不属于事前协商对象，不算运进核武。[4]最后，池田内阁做出决议，同意美国核潜艇停靠日本港口。

三、日本核政策的形成：无核三原则与核武器制造潜力

从20世纪60年代中期到70年代中期，或者亦可以说佐藤荣作内阁时期是日本核政策的正式确立期。从60年代中期起，日本兴起第二次核能热潮，各电力公司纷纷着手兴建核电站。与此同时，当制造核武器的“意愿”与“能力”逐渐具备之后，面对国内外环境的制约，何种程度或何种形式上将“核武装”付诸实践，成为日本政府制定核政策的核心问题。在打出“无核三原则”和加入《核不扩散条约》的政策背后，佐藤政府切实地探寻了核电与核武器的“接点”，正式确立了保持核武器制造潜力的核政策。

第一，“无核三原则”的基本国策流于表面形式，获得美国的“核保护伞”才是重要目的。

众所周知，1967年12月11日，首相佐藤在众议院预算委员会上正式提出，

---

①《内閣総理大臣から合衆国国務長官にあてた書簡》（条約第六条の実施に関する交換公文），外務省外交記録。

② *Treaty of Mutual Cooperation and Security*, Record of Discussion, Tokyo, June 1959，档案全文参见［日］不破哲三：《日米核密約》，新日本出版社，2000年，第182～183頁。

③ 第43回国会衆議院予算委員会会議録，第18号，1963年3月2日。

④ U.S. Department of State,Incoming Telegram, from U.S. Ambassador EdwinReischauer to Secretary of State,No.2335,April 4,1963,7 PM （Tokyo-Corrected Copy），档案全文参见［日］不破哲三：《日米核密約》，第147頁。

“不拥有、不制造和不运进核武器的三原则”[①]。然而，1968 年 1 月 30 日，佐藤在施政方针演说中又提出“四大核政策”，即“坚持无核三原则；促进核裁军；在日美安全体制下依靠美国的核遏制力；促进核能的和平利用”。[②]四大核政策涵盖了日本政府公开场合下的基本立场，一般而言，其标志着日本核政策的正式形成。

相对于全面否定核武器的无核三原则，四大核政策意义明显降低，旨在表明对美国核保护伞的依存。获得美国的“核保护伞”，是日本核政策追求的主要目标之一。1965 年 1 月佐藤第一次访美，在与约翰逊总统会谈中，首次明确要求美国提供“核保护伞”。他指出：“尽管中共（中国）进行了核武装，但是日本不准备核武装，要依靠与美国的安全条约，希望美国保证能够始终保护日本。”约翰逊当即口头表示，“我可以保证”[③]。1967 年 11 月，佐藤第二次访问美国，再次向约翰逊总统确认了核保护伞。他声称，“日本不具备核能力，因此希望在美国的核保护伞下保障安全”[④]。

为了获得美国的核保护伞并保证冲绳顺利归还，1969 年 11 月 19 日，佐藤第三次访美时，还与尼克松总统签署了一份新的“核密约”（即“冲绳核密约”）。日方同意在归还冲绳施政权后，美国仍有权向冲绳“运进”核武器。[⑤]在获得美国核保护的许诺后，1970 年 2 月，首相佐藤才在《核不扩散条约》上签字。按照条约规定，日本同意不直接或间接接受核武器，不制造、不取得核武器。1971 年 11 月，日本众议院通过“无核三原则”决议，其作为日本核政策的基本内涵，被定位为所谓的“基本国策”。

第二，利用核电技术设施，日本政府研究并制定了保持核武器制造潜力的

---

① 第 57 回国会衆議院予算委員会会議録，第 2 号，1967 年 12 月 11 日。
② 第 58 回国会衆議院本会議会議録，第 3 号，1968 年 1 月 30 日。
③《第 1 回ジョンソン大統領・佐藤総理会談要旨》，1965 年 1 月 12 日，外務省外交記録。
④《佐藤総理・ジョンソン大統領会談録（第 1 回会談）》，1967 年 11 月 14 日，外務省外交記録。
⑤ 全文参见[日]若泉敬：《他策ナカリシヲ信ゼムト欲ス——核密約の真実》，文藝春秋，2009 年新装版，第 448 頁；佐藤荣作去世后，这份密约原件在家中被发现，2009 年末由佐藤荣作次子佐藤信二（原通商产业大臣）公布。参见《核密約文書が現存》，《朝日新聞》朝刊 2009 年 12 月 23 日，第 1 頁。

核政策。

事实证明，佐藤并不相信无核三原则，也非真心想加入《核不扩散条约》，只是将其作为表面招牌，应对国际社会与本国国民的压力而已。进而言之，在日方看来美国的核保护伞也是靠不住的。借原外务省事务次官、驻美大使村田良平的话来说，就是“美国的核保护伞，并没有以明文规定的形式对日做出保证，原本就内容不明、语焉不详”[①]。因此，自己“生产”、“制造”核武器，才是日本统治者们一如既往的真实意图和矢志追求的既定目标。在 1965 年 1 月访美时，佐藤荣作曾对美国国务卿腊斯克表明：“我个人认为，中国若拥有核武器，日本也应该拥有核武器。但这不符合日本国民的感情，只能在内部小圈子里谈论。”[②]1968 年 9 月 16 日，佐藤还在公车内对秘书楠田实表露了“应该进行核武装”的真实想法。[③]当然，这种主张并非仅停留于佐藤个人想法的程度，而是通过相关政府机构对利用核电设施进行核武装可行性的多方研究调查，最终形成日本政府的“内部政策”。

防卫厅方面，1966 年国防会议事务局长海原治以防卫厅干部为主成立了“安全保障调查会”。该调查会在对日本的大学和“动力核反应堆·核燃料开发事业团”（简称“动燃”）等相关核电设施进行详细调查的基础上，完成了调查报告《日本生产核武器的潜在能力》（1968 年）。该报告从“核弹头的生产能力”“运载手段的生产能力”和“民间喷气式飞机的利用”三个方面，系统论证了日本生产和运载核武器的能力。报告指出：“只要改变以和平利用为目的而使用的通常核反应堆的运转方式，就可以很容易地制造出钚”，“从生产军用钚来看……可以用日本原子能发电公司的东海核反应堆”，“一年至少约可生产 20 枚核弹”。[④]曾任防卫厅长官的中曾根，也证实了防卫厅内部曾对日本核武装进

---

①［日］村田良平：《村田良平回想録》下卷，ミネルヴァ書房，2008 年，第 315 頁；［日］村田良平：《何処へ行くのか、この国は——元駐米大使、若者への遺言》，ミネルヴァ書房，2010 年，第 216 頁。

② Memorandum of Record, June 13, 1965, NSF, CO, Japan, 1/11–14/65 Sato's Visit Memo & Cables, Box253, LBJL. 转引自［日］黒崎輝：《核兵器と日米関係》，有志舎，2006 年，第 58 頁。

③ 楠田實：《楠田實日記》，中央公論新社，2001 年，第 260 頁。

④［日］安全保障調查会：《日本の安全保障——1970 年への展望》，朝雲新聞社，1968 年，第 306、309、314 頁。

行过秘密研究的事实。据中曾根回忆，当时伊藤博文的孙子是防卫厅的技术官僚，1970 年前后以他为首成立专家组，研究了日本核武装的可能性，得出的结论是“需要 2000 亿日元，5 年以内可以造出来”[①]。

内阁方面，1967 年夏，在内阁调查室（现内阁情报调查室）调查官志垣民郎的领导下，由上智大学国际政治教授蜡山道雄、东京工业大学核物理学家垣花秀武等人为中心组成研究小组，邀请不同领域专家，对日本核武装问题进行了两年多的秘密研究。该小组先后向政府提交了两份内部报告《日本核政策基础研究（一）——创建独立的核武器战斗能力的技术、组织与财政方面的可能性》（1968 年 9 月）和《日本核政策基础研究（二）——独立的核武器战斗能力的战略、外交与政治方面的诸问题》（1970 年 1 月）。报告认为：其一，从技术方面看，用东海村的核反应堆可以较容易地制造少量钚核弹，但当前尚无浓缩铀的制造能力，再处理技术设施正在计划建设中，并且导弹的运载和制导技术亦比较落后；其二，核武装“即使可以宣扬国威，满足民族主义情绪，但效果亦不会长久，反而会制造出一些新的、更难的约束条件”，特别是得不到国民的普遍支持，亦面临人力资源、组织和财政方面的困难；其三，日本战略腹地狭小，外交上“不仅会引起中国进一步的警惕，还会招致苏联和美国的猜忌”，“必然陷于孤立”。因此，报告结论是，“鉴于技术、战略、外交、政治上的限制，日本不应该拥有核武器”。[②]然而，“不应拥有核武器”的结论，事实上并不妨碍日本政府在核武器制造技术上的政策追求。

外务省方面，在原日本海军参谋、自民党参议员源田实等政治家的推动下，外务省也就是否实行核武装与加入《核不扩散条约》问题，进行了多方探讨。根据 2010 年 11 月外务省解密的绝密档案，1968 年 11 月 20 日，外务省审议官近藤晋一等人召开“外交政策企划委员会”会议。国际局科学科科长矢田部厚彦提交了一份题为《“核不扩散条约后”日本的安全保障与科学技术》的绝密报告。该报告指出：“随着原子能的和平利用，特别是原子能发电技术的开发，可

①［日］中曽根康弘:《自省録——歴史法廷の被告として》，第 224 ~ 225 頁

②《日本の核政策に関する基礎的研究》，参见［日］蝋山道雄:《日本核武装論批判の立場から》，《メールマガジン“オルタ”》第 35 号，2006 年 11 月 20 日。

以说制造核武器的大门已一扇扇地打开。原本重水堆是制造原子弹材料钚的副产品，轻水堆是开发核潜艇的结果，所谓理想的反应堆——高速增殖堆的开发，就要了解钚的性质与临界状态，这与掌握原子弹的秘密近乎同义。”有鉴于此，“在国际政治上，为了对抗中国，拥有发言权，保持核战能力，恐怕不可或缺”。裁军室主任仙石敬则主张：“（日美）安保条约不可能永久持续下去，若没有安保条约，国民感情也许会改变，那时国民若说退出《核不扩散条约》，制造核武器，我们就可以造。”国际资料部部长铃木孝也强调：“在高速增殖核反应堆等方面，一边保持立即可以进行核武装的状态，一边推进和平利用，这是没有异议的。”据矢田部和志垣民郎证实，当时日本原子能发电公司的嵯峨根辽吉副社长和今井隆吉（后出任裁军大使），为外务省、内阁调查室等提供了原子能与核武器方面的技术情报，还为内阁调研、《核不扩散条约》谈判提供了诸多建议，他们都曾参与了东海村核电站一号堆的建设。[①]

此外，日本 NHK 电视台依据德国外交部、日本外务省绝密档案和原外务省事务次官村田良平、德国原总统府副长官安功•巴尔的证言透露，在日本外交当局的提议下，1969 年 2 月 4—5 日，日德两国曾就《核不扩散条约》问题在日本箱根举行过秘密会谈，试图找出推翻该条约的方法。外务省国际资料部部长铃木孝在会谈中表示：“日本因为有宪法第 9 条，不能拥有战争力量，所以在和平利用的名义下，掌握了原子能技术，开发了火箭技术，对此谁也不能有异议”；而且，“日本和联邦德国应该与美国保持距离，追求更加自立的道路”，“为了成为超级大国，两国联合协作是重要的”。其中，令巴尔终生难忘的一句话是“假如我们日本某一天认为有必要的话，就会制造核武器”[②]。

根据 2010 年外务省的解密档案显示，经过多方研究，1969 年 9 月 25 日，外务省“外交政策企划委员会”制定了内部绝密报告《日本外交政策大纲》。该报告由“日本外交的前提条件”和“当前我国的外交政策”两部分构成，在第

---

① “NHK スペシャル”取材班：《“核”を求めた日本——被爆国の知られざる真実》，光文社，2012 年，第 89 頁。

② 国際資料部調査課：《第 1 回日独政策企画協議要録》，1969 年 2 月 6 日，外務省外交記録；「NHK スペシャル」取材班：《“核”を求めた日本——被爆国の知られざる真実》，第 33、44、54、55 頁。

二部分“安全保障政策”第 9 项中指出：“关于核武器，不论是否参加 NPT（核不扩散条约），当前采取不拥有核武器的政策；然而，同时要一直保持制造核武器的经济、技术潜力；对此不容掣肘。”[①]可以说，这才是日本核政策的真正内涵。《日本外交政策大纲》的出台，才是日本核政策真正正式形成的标志，而非“无核三原则”，亦非“四大核政策”。

第三，在无核三原则等的幌子下，为了切实保持制造核武器的能力，日本政府排除各方阻力，持续推进核开发建设计划和技术研发。

在“无核三原则”“四大核政策”的表面原则下，佐藤继续向国内外宣扬着“当前不拥有核武器的政策”。1970 年 2 月，佐藤签署《核不扩散条约》，同时发表政府声明。声明指出，“该条约不得妨碍原子能的和平利用”，“不得泄露产业机密，不得妨碍产业活动”，而且还特意强调：“日本政府注意到条约第 10 条规定的‘每个缔约国如果断定与本条约主题有关的非常事件已危及其国家最高利益，为行使其国家主权，有权退出本条约’。”[②]1971 年，众议院通过无核三原则决议。因此，佐藤还获得了 1974 年诺贝尔和平奖。[③]即便如此，直到 1976 年 6 月，福田赳夫内阁时日本国会才正式批准《核不扩散条约》，并再次发表政府声明，重申“条约不应妨碍无核武器的缔约国进行和平利用核能的活动”[④]。

关于“一直保持制造核武器的经济、技术潜力”，正如在外务省长期担任原子能外交工作的原外交官远藤哲也所言，“所谓潜力，光表现在语言上，没有什么意义”[⑤]。换言之，就是必须要落实到实践中，即如何通过发展核电切实“保

① 外交政策企画委員会：《わが国の外交政策大綱》，1969 年 9 月 25 日，外務省外交記録。
②《核兵器不拡散条約署名の際の日本国政府声明》，1970 年 2 月 3 日，外務省外交記録。
③ 2001 年挪威诺贝尔奖评委会刊行的《诺贝尔和平奖——追求和平的百年》，严厉地批评了当时的评委会，其认为：“评选佐藤荣作获得和平奖，是诺委会犯的最大错误”，据后来美国公布的档案，佐藤本人曾说日本的无核政策是没有意义的空话。”参见《“佐藤元首相の平和賞は疑問”ノーベル賞委員会が記念誌に記述》，《朝日新聞》夕刊 2001 年 9 月 5 日，第 1 頁。
④《核兵器の不拡散に関する条約の批准書の寄託の際の政府声明》（1976 年 6 月 8 日），［日］細谷千博、有賀貞、石井修、佐々木卓也編：《日米関係資料集 1945-1997》，東京大学出版会，1999 年，第 954 頁。
⑤“NHK スペシャル”取材班：《“核”を求めた日本——被爆国の知られざる真実》，第 96 頁。

持制造核武器的经济、技术能力”才是日本核政策的核心内容。某种程度上说，这实际上等同于做出了“拥有核武器”的选择。如上所述，日本政府的一系列秘密研究报告的技术评价，正是基于对东海村核反应堆的燃料再处理而进行的，即核电站生产出来的钚，需要经过再处理工厂加工提纯，才能达到核武器级别的纯度。该反应堆是从英国最早引进的黑铅减速反应堆，原本就是英国用来开发研制核武器的。使用该反应堆的东海第一核电站，1965 年 11 月正式并网发电。1966 年，佐藤政府决定从法国引进高速增殖堆的再处理技术。1967 年 4 月，日本原子能委员会制定第三个《原子能研究、开发以及利用的长期计划》，首次正式提出开发高速增殖堆计划。因为轻水堆燃料再处理后得到的钚 239 纯度为 58%，虽可以用来制造核武器，但难以实现量化生产、配备实战，而经过高速增殖堆提取的钚 239 纯度高达 98%，可以用来生产高性能的战术核武器。

1967 年 10 月，隶属于科技厅的特殊法人动力堆•核燃料开发事业团成立，负责推进高速增殖堆、新型转换堆以及核燃料再处理的建设开发。1971 年 6 月，动燃在东海村开始建设再处理工厂，1977 年成功提取出钚。1977 年高速增殖实验反应堆“常阳”建成，1978 年新型转换堆“普贤”建成，1983 年高速增殖堆“文殊”开工建设，1991 年建成。与此同时，1969 年 10 月，特殊法人“宇宙开发事业团”成立，负责开发导弹制导技术。1986 年 8 月，使用自主研发制导技术的 H1 火箭发射成功。事实上，日本生产和运载核武器的技术性问题至此已经基本上全部解决。

为了“不容掣肘”，日本政府始终强调核开发是出于电力生产和能源政策需求，从各方面排除来自国内外的障碍或干涉。1967 年 10 月，在《动燃开发事业团法》表决成立之际，自民党、社会党、民社党和公明党四党共同通过附带决议，强调“从推进能源政策、科学技术等观点来看，建设动力堆、核燃料开发以及原子能产业，是极其重要的国家性课题，因此，政府应将其作为重要国策，不受经济变动的左右，长期地、强有力地推进”[①]。20 世纪 60 年代末在东海村建设再处理工厂时，茨城县议会以靠近美军射击场而难以确保安全为由表

① 動燃三十年史編集委員会:《動燃三十年史》，動燃開発事業団，1998 年，第 8 頁。

示反对，佐藤政府则通过内阁决议，决定搬迁射击场，推进再处理工厂建设。70 年代以来，面对在全国各地掀起的反核电站运动以及由此引发的多达 20 余起的行政或民事诉讼，日本行政与司法当局极力压制，几乎所有核电诉讼，法院都采纳了政府与电力公司的主张，被批判为“司法的失败”①。同时，政府默认电力公司在核电站选址、运转和增设核反应堆的公开论证会上动员赞成派作秀，冒充民意，积极推进核政策，人为掩盖着核电的“军事目的”。

向日本提供浓缩铀的美国，很清楚再处理工厂的军事意义，出于防止核扩散的政策，卡特政府根据《日美原子能非军事利用合作协定》介入了日本第一个再处理工程——东海村再处理工厂，反对日方开工提取钚。福田赳夫首相在国会上明确指出，“恐怕这是在妨碍和平利用……这种核的和平利用，还有当前东海村再处理设施的启动问题，无论如何不能让步”②。为此，福田专门成立了由外务大臣、通产大臣和科技厅长官（兼原子能委员长）组成的“核燃料特别对策会议”。1977 年 3 月，福田与卡特举行日美首脑会晤，双方首次以核问题为主题展开会谈。经过日美代表三轮“白热化”地讨价还价，最终达成协议：日本开始运转再处理工厂，但只能有限度地利用钚。本次日美谈判，被日方称为“战后日美间首次真正的对决”③。对日本而言，再处理工厂启动运转瞬间，意味着那将是日本真正掌握制造核武器能力的历史时刻。

此后，日本在浓缩铀、核燃料再处理和铀矿开发上加快了自主步伐。1979 年冈山县浓缩铀实验工厂开始运转，1986 年青森县六所村再处理工厂筹建。1987 年中曾根利用与美国总统里根的特殊个人关系，修改了日美原子能协定，获准可以大量拥有钚。据 2011 年 7 月《朝日新闻》透露，日本国内已经储存着相当于制造 1250 枚核弹的 10 吨钚，继美俄英法之后，名列世界第五位。事实上，日本例外地成为所谓“非核武器国家”中唯一拥有核燃料再处理设施和浓缩铀设施的国家。

---

①［日］海渡雄一：《原発訴訟》，岩波書店，2011 年，第 9、220、221 頁。

② 第 80 回国会衆議院予算委員会会議録，第 24 号，1977 年 3 月 17 日。

③ 日本原子力産業会議編：《原子力は、いま　日本の平和利用 30 年》（上巻），中央公論事業出版，1986 年，第 388 頁。

四、结 语

作为世界上唯一遭受核武器轰炸的国家，日本国民有着强烈的反核意识。由二战“敌国”变为战后“盟友”的美国，亦对日本核开发有着一定的警惕感。在这种内外多重环境的制约下，日本核政策是以政府为主导，从发展民用核电入手的，在和平利用的名义下，从一开始就带有明确的追求生产核武器的军事意图，其被定位在修宪、重整军备的延长线上，是日本保守政治势力在重整军备形势下力主推动的主要“国策”之一。与此同时，日本也以和平利用核能为由，在日美安全体制下私下通过制订“核密约”，承认美国“运进”核武，追求着美国的“核保护伞”，旨在通过核武器的“自主生产”和“外在保护”两条路线以确保日本的安全。

日本核政策的特殊性在于，表面上主张“和平利用三原则”“无核三原则”与加入《核不扩散条约》，实际上更倚重美国的“核保护伞”；进而，表面上主张依靠美国的“核保护伞”，实际上从根本上并不相信美国的口头承诺，而是一直在追求着自己的核武器“制造”能力。在国内外环境的制约下，这种核武器潜在“制造”能力，正是隐藏在和平利用核电和无核三原则的表象下。因此，战后日本的核政策，走了一条“民用”与“军事”复合的特殊道路，成为一个“核电”与“核武”互为表里的综合性政策体系。从某种程度上而言，战后日本已经做出了“拥有”核武器的政策选择。

（乔林生，南开大学日本研究院副教授）

非均衡演进、理性冲突与底层结构
——关于中日关系的若干理论思考

莽景石

影响中日关系的各种因素，在学者的研究清单上不断增多，现在又新增了日本对钓鱼岛的所谓“国有化”以及中国的强烈反制。影响中日关系的因素不是递减而是递增，这一事实本身就说明中日关系的历史的复杂性和发展的不确定性。其中，政治因素和经济因素以及两者之间的相对关系，相比其他因素在更大程度上决定了现在和未来的中日关系。本文将选取政治与经济这两个基本变量，通过对最近十五六年来中日关系的经验观察，尝试建立一个可能的分析框架，用以解释中日关系对理想状态的偏离，以及探寻回归理想状态的可能路径，尽管“理想状态”一词本身就很难理想地界定，也许可以用“在竞争中达成妥协的均衡状态”来表述。

一、中日关系的政治——经济非均衡演进

在中日之间前所未有的最大规模的战争结束后，才迟迟于 27 年后的 1972 实现了中日邦交正常化。不仅如此，中日邦交正常化并非日本的主动选择，而是美国改变对华战略所产生的国际效应之一，也是由当时中国在中、美、苏大三角关系中的地位决定的。对于两个有着百年恩怨，深层的历史问题并未获得实质性解决，又处于同一地缘政治板块上的国家来说，根植于普遍的历史共识和社会心理的真正意义上的和解，并非如邦交正常化那样简单。就这一点而言，

两个国家和解的“中日模式”，显著不同于“德法模式”，从而使得中日关系的发展，也明显不同于德法关系的发展。不仅如此，对各自所在的区域影响和作用也大相径庭，德法和解对地区安全与稳定、欧洲一体化的进程起到了关键性的作用，而中日和解并未起到这样的本来应该起到的作用。由此可以认为，邦交正常化的中日模式，本身具有脆弱的一面，潜伏下日后中日关系出现种种问题的可能性，集中地表现为政治与经济的非均衡演进。

虽然中国和日本在1972年实现了邦交正常化,但大规模的中日交流却始于中国改革开放后，中国由封闭的计划经济向开放的市场经济过渡，为中日关系的进一步发展提供了制度条件，并曾有过一段“中日友好”的岁月。那时中日关系的突出特征是什么？首先，中国是一个政治大国，但又是一个经济弱国；日本恰好与中国相反，是一个政治弱国，但却是经济大国。因此中日关系的第一个特征就是政治大国与经济大国之间的交流关系；第二个特征是发展中国家与发达国家之间的交流关系。

但是，进入20世纪90年代以后，以上这两个特征开始越来越淡化了，意味着原有的中日关系格局已经被打破。首先，在历经了持续的高速增长以后，仅就经济总量的绝对规模而言，中国已经不仅是一个政治大国，还是一个经济大国了；其次，日本在国际舞台上已经不满足于仅为经济大国的地位，跃跃欲试充当政治大国的角色。中国和日本分别力图改变自己强政治—弱经济、强经济—弱政治角色定位的国家转型，将使两国之间的互补型关系演变为竞争型关系，最终在东亚历史上第一次出现两个大国并立的现象，但成熟的大国关系的形成却有待时日，两国之间的碰撞和冲突，在新一轮中日关系磨合期结束之前将不可避免。

中国现在已经是世界第二大经济体，中国的崛起不可避免地要引起东亚区域的权力与利益的再分配，与其他国家、特别是日本形成竞争关系，从而深刻地影响到东亚国际关系格局。因此，中国崛起的过程恰与中日关系政治与经济日益失衡的过程保持了时间上的一致性，这并不是偶然的。自从20世纪90年代中期以来，在政治和经济这两个决定中日关系的基本领域中，政治关系不断走低，经济关系则持续升温，概括中日关系这一显著特征的一个广为人知的词汇，就是“政冷经热”，这已成为一个典型化事实。

为了更好地理解中日关系的政治—经济非均衡发展，指出下述历史的经验事实是非常重要的。1996年，日本开始就中国的台湾海峡军事演习问题、核试验问题、西藏问题等发难，中日政治关系迅速走向低谷；与此同时，中日经济关系仍然稳步发展。在中日经济关系中，官方行为和民间行为是大相径庭的。前者如日本对华政府开发援助，日益政治化，甚至附加了人权条款，进入20世纪后，大幅度减少，最后走向终结；而后者如日本对华贸易、对华直接投资，并没有受政治的影响，规模不断扩大，一直持续到钓鱼岛危机发生。说明中日关系的政治—经济非均衡发展已经长期化，包括后小泉时代中日关系的有限改善，以及民主党上台后外交政策的调整，并未从实质上改变中日关系的政治—经济非均衡发展态势。以下我们将尝试从企业家与政治家行为的目标函数差异，及其在中日关系上表现出来的理性冲突，解释中日关系的政治—经济非均衡的长期化这一国际关系史上少有的现象。

二、政治家与企业家在中日关系上的理性冲突

中日关系的政治—经济非均衡发展，说明存在着帕累托改进，即在良好的经济关系的基础上，存在着政治关系的改善空间，直至恢复到中日关系的政治与经济的高水平均衡。但事实是，这种非均衡发展持续已有15年之久，恢复到高水平均衡并非易事，不仅如此，钓鱼岛危机发生后，反而滑向低水平均衡。如果从理论上究其深层次的原因，可以发现中日关系政治—经济非均衡发展的背后，与现象背后的人的行为有关，或者说与主体的行动选择有关。中日政治关系的行为主体，是中日两国的政治家；中日经济关系的行为主体则是中日两国的企业家。以下我们将基于理性行为模型的判断，分别考察政治家和企业家这两个主体的行动选择，及其对中日关系政治—经济非均衡的影响。

一般意义上的常识认为，政治和经济是分不开的，但政治和经济确实往往是以不同的逻辑运行的，原因在于其背后的主体的行动选择是不同的。政治家和企业家在都是理性的这一点上是共同的，但政治家和企业家的目标函数是不

同的，政治家追求的是包括再次当选、维护其统治等在内的政治租金最大化，企业家追求的则是利润最大化。

（一）政治家的行动选择使中日政治关系趋冷

政治家的理性表现为追求政治租金最大化，无论在有选举制还是在没有选举制的政治制度条件下，民意基础对政治家来说都是至为重要的，直接关系到他的政治租金的租值增大或者租值耗散。因此政治家往往功利性地迎合或者屈从民意，以巩固自身政府的合法性。

最让人担忧的是，在中日政治关系趋冷的过程中，特别是在钓鱼岛危机发生之后，中日两国都出现了比以往更为强烈的民族主义浪潮，各种调查表明，两国人民的彼此好感程度在不断下降，说明中日两国互信递减，以致已经出现了互信赤字。在这种情况下，中日两国的政治家都很难不为受到民族主义影响的舆论和民意所左右，从而在改善中日政治关系方面难以有所作为。

小泉首相在其执政期间的政治行为，就支持了本文的上述论点。这里之所以以小泉作为案例进行分析，仅仅是因为在小泉内阁时期，中日关系的政治—经济非均衡发展体现得最为典型。实际上，所有政治家在政治家理性和行为模式上与小泉并无二致，有的仅仅是通过具体的政治行动表现出来的程度上的差异。小泉在参拜靖国神社问题上一意孤行，对中国态度强硬，应视为在日本民族主义日趋强烈的政治氛围中，以特立独行的姿态和新保守政治的旗号，追求政治租金的最大化。实际上小泉已经成为战后日本第二位长期执政的首相，这一点部分地诠释了日本民族主义与小泉上述政治行为之间的关系。当然，小泉在获取政治租金的同时，也付出了相应的政治成本，同周边国家的关系恶化、增大了日本“入常”的不确定性、引起了对中日之间的政治趋冷威胁到经济关系的担心，这些在当时就招致了反对党和利益集团的批评。所以才有后小泉时代的中日关系的调整，但是，基于我们上述的论点观察，中日关系的政治—经济非均衡发展态势并未获得实质性的扭转。中日关系的政治—经济非均衡状态的长期持续，其后果是今天中日关系前所未有的恶化，使邦交正常化以来历经艰难曲折积累起来的中日关系成果毁于一旦。

（二）企业家的行动选择使中日经济关系趋热

资本的趋利性往往是摆脱政治约束的最大力量，在开放经济与市场经济的条件下，中日两国的政治关系的紧张，未能阻挡中日两国经济的持续扩大的基本趋势，只要中日两国的市场对双方的企业家和投资者是有利可图的，这正是形成中日关系政治—经济非均衡演进的动力所在。

和任何双边经济关系一样，中日经济关系并非没有波动，而且由于中日关系的政治—经济非均衡演进的特殊性，其波动的不乏政治因素的影响，但主要还是经济因素本身的影响，所以中日关系的政治—经济非均衡演进才会长期持续。从另一个角度观察，在中日关系政治—经济非均衡发展最为典型的 2004 年，中欧、中美之间的双边贸易额一度分别超过了日本，日本一直是中国第一大的贸易伙伴的地位，已经被欧盟和美国所取代。但是，这一事实并没有改变中日关系政治—经济非均衡演进的基本格局。只要中日经贸关系继续与中美、中欧经贸关系共同构成了中国对外经贸关系的三大板块，中日之间的大规模经济交流就是可持续的。事实上中日经济关系，也并没有像中日政治关系那样大起大落，从总体上说一直处于良好的态势。据中国商务部统计，在钓鱼岛危机发生的前夜的2011年，中国实际使用外资金额1160.11亿美元，同比增长9.72%，其中日本的投资在所有国家中居第 1 位。不仅如此，日本与中国双边货物贸易额达到 3030.6 亿美元，增长 30.6%，其中，日本对中国出口 1496.9 亿美元，增长 36.6%，占日本出口总额的 19.4%，提高 0.5 个百分点；日本自中国进口 1533.7 亿美元，增长 25.2%，占日本进口总额的 22.1%，下降 0.1 个百分点。日本与中国的贸易逆差 36.8 亿美元，下降 71.6%。截至当年 12 月，中国是日本第一大贸易伙伴、第一大出口目的地和最大的进口来源地。

就经济总量而言，目前中国是世界第二经济大国。自去年以来，中国经济下行的压力不断增大，同时面临增长方式转变和结构调整，一般都认为，中国经济 10%的高速增长时代已经结束，但 7%～8%左右的相对高速增长还将持续，特别是中国的工业化和城市化远远没有完成，无论是消费需求还是投资需求，对世界经济的牵引意义、特别是市场意义重大。这对包括日本在内的世界上任何一个重要经济体来说都不是不重要的。日本的企业家和政治家都是理性的，也都会敏锐地认识到这一点，但正如前面说过的，企业家和政治家虽然在都是理性的这一点上是共同的，但他们的目标是不同的，因此在中日关系上企业家的理性与政治家的理性起了冲突，企业家的理性使中日经济关系趋热，而政治家的理性却使中日政治关系趋冷，这两种理性的冲突，就使得中日关系的政治—经济非均衡演进成为现实并长期化了。

三、构筑中日关系的“底层结构”

中日关系的政治—经济非均衡演进，在钓鱼岛危机发生以后，似乎正在走向低水平均衡，出现了一些令人不安的变化。据报道，2012年度日本对美出口额时隔两年转增，同比增长10.4%至113 963亿日元，对华出口则减少9.1%至113 440亿日元，连续两年下降，美国已经替代中国成为日本第一大出口对象国。2013年1—6月，日本对东盟直接投资达9986亿日元，同比扩大4.2倍，对中国直接投资则下降18%，仅为4701亿日元，日本对东盟投资额达对中国投资的2倍。这种变化的出现，自然有中国经济减速、劳动力成本上升等经济因素的影响，但中日关系恶化等政治因素的影响同样不可忽视，甚至更为重要。

在一些专家叹息中日钓鱼岛争端无解、两国高度僵持的当下，中日关系中的政治与经济的高水平均衡几乎不可企望，低水平均衡又应该尽量避免，那么非均衡状态就成为一种次优选择，它在这里的含义是：政治与经济分离，不要让中日政治关系损害到中日经济关系的发展，双双跌入谷底。中日两国关系的改善，哪怕是有限改善，都会增大两国居民的福利水平，因此两国居民都会期待政府有所作为，改善中日关系，使中日关系回归正常状态。言及于此，两国居民马上会面临一个悖论：通常只能委托政府来改善两国关系，但政府恰恰是两国关系恶化的原因。正是由于存在着这种悖论，在目前政府难有作为的形势下，为规避中日关系走向极端的风险，有助于缓和中日关系的紧急态势，我们提出构筑中日关系的“底层结构”这一设想。

“底层结构”的含义是，相对国家层面上的中日关系的宏观运行机制，企业和个人层面上的中日关系的微观运行机制。底层结构的行为主体，不是政府而是企业和个人，底层结构将是一种稳定结构，在中日关系紧张甚至出现目前这样的急剧恶化的态势时，可以起到缓冲、润滑的作用。

构筑一个底层结构的必要性在于，在中日关系恶化，政府之间妥协空间缩小、回旋余地有限的情况下，一个良好的底层结构，能减弱双方民众的对立情绪，维系双方民众之间的交流，民间利益集团的诉求所形成的压力在一定程度上可以起到加速双方走向缓和的作用。构筑一个底层结构的必要性还在于，有助于化解民族主义情绪，包括中国和日本在内，整个东亚民族主义势力的抬头，具有相当的危险性，历史的经验表明，在战争与和平之间进行抉择的紧要关头，民族主义激起的大众狂热，往往会形成左右局势向悲剧方向发展的力量。一个良好的底层结构，意味着两国之间经济生活日益紧密地联系在一起，更频繁的人员往来，更多的不同文化之间的相互理解，为对方的商务往来和文化交流提供更好人文环境，民族主义势力将会因此受到遏制和削弱。

构筑中日关系的底层结构，不仅具有必要性，也具有可行性。之所以能得出这种判断，是基于历史的、现实的、经验的观察：

1. 1949—1972 年是中日关系史上的“无邦交时代”，但中国展开了积极的对日工作，中日两国各界人士的往来，文化交流，以及以廖承志和高碕达之助个人名义推动的民间贸易，在没有外交关系的条件下，竟然都可以发展到相当规模，起到了一种“以民促官”的作用，为最终恢复邦交正常化奠定了民意基础，其实这就是一种“底层结构”的作用，历史的经验可以借鉴。

2. 自 20 世纪 70 年代中期以来，随着日本完成了由后发展经济向工业化经济的过渡，原来的供给不足型经济也随之转变为需求不足型经，目前日本已经是成熟的经济社会，需求—市场因素成为制约增长的瓶颈；而中国则处于向工业化经济过渡的高峰时期，众多产业部门的产品的需求收入弹性都大，加上收入不断提高的庞大的消费者人口，需求收入弹性的微小变动都会引致庞大的市场需求。这是在历经了中国大规模的抗议日本侵犯钓鱼岛主权的示威游行、甚至遭受极端行为造成的损失后，在华日资企业总体上没有撤资计划、改变战略，仍然在等待、观望，甚至不乏继续扩大在华业务的原因所在。越是在这种情况下，日资企业对底层结构的需求增大，反而易于构筑底层结构。

3. 自20世纪90年代中期开始，中日关系即进入了政治—经济非均衡发展阶段，并且一直持续到钓鱼岛危机发生。必须看到，中日之间的大规模经济交流，以及中日经济日益紧密地联系在一起，大部分时间都是在这种政治—经济非均衡演进过程中实现的，证明中日关系的底层结构是有现实基础的。中日关系不可能像目前这样永远僵持下去，除非爆发战争，否则最终会走向有限改善，只要这种局面出现，目前中日关系走向低水平均衡的趋向，就会重新回归到作为次优选择的政治—经济非均衡演进的路径，这是由资本的趋利性决定的，先行构筑底层结构，将有助于这种转变，并为更长时期的"在竞争中达成妥协"的中日关系奠定有效的微观基础。

构筑一个中日关系的底层结构并使之发挥作用，中日两国政府、居民都可以利用，并且这种利用具有"非竞争性"和"非排他性"两个特点，这就使"底层结构"带有国际公共产品的性质。如果这种底层结构进一步拓展，受益者不限于中日两国的居民，而是使东亚域内所有国家及其居民都受益，那么它就会成为涵盖整个东亚区域的国际公共产品。中日两国的企业家、民间有识人士、媒体都应有意识地承担起构筑中日关系底层结构的责任，实际上也就是从点做起，产生示范效应，成为整个东亚区域底层结构的初始、有效的构成部分。与国际机构、非政府组织、国际协议、合作机制等有形的区域国际公共产品相比，底层结构虽然是无形的，但更直接地体现出东亚区域内居民的心理感受，蕴涵着多元文化及其相互理解，对东亚的和平、稳定、发展起着不可替代的作用。

（莽景石，南开大学日本研究院教授）

中俄日三角关系的变化与发展趋势

杨　雷

中俄日关系在三角关系的理论研究中具有很强的代表性，对中俄日三角关系互动规律的总结和探索具有较强的理论意义。在中国经济迅速崛起的时代大背景下，三国关系呈现什么样的变动趋势值得研究，这是本文的价值和意义所在。

一、中日关系的不稳定引发俄日、中俄关系的变化

本文研究的三角关系就是三对双边国家关系之间相互影响、相互制衡的关系。笔者认为，三角关系的互动类似于三角形三条边之间的数量关系，一条边发生变动必然影响其他两边发生变化。从理论上来说，在三角关系中，任何一对关系的趋近或疏远都将对另外两对关系产生直接的影响，唯其影响的具体效果难以测定。在由中俄日三个国家构成的系统中，三角关系中的每一个成员国都对其他两国关系的发展状况保持着警惕，并竭力设法分化对方两国的关系，使之相互牵制，形成对己最为有利的环境。从这一角度来看，新中国成立后随即于 1950 年与苏联结盟，这一形势的变化促使日本死心塌地致力于发展与美国的紧密关系，直至结成政治军事同盟都具有理论上的必然性。可见，中俄日三角关系的互动关系在东亚地区冷战格局的形成过程中曾经发挥了一部分重要的作用。

三角关系的互动规律对于认识当前中俄日三角关系的变化有一定的指导意

义。以下依此分析之。

在美国的推动下，从2005年起，日本防范中国的态势表露明显，而自2010年底中国经济总量超过日本后，地区形势的变化更加促使日本将中国视为威胁，中日关系出现不稳定。在2011年3月日本发生福岛核事故后，美日联盟关系得到加强，中日两国则由于领土争端而逐步陷入对峙状态。受此影响，根据三角关系的基本规律，日俄关系、中俄关系必然会出现变化。而在现实中，类似的现象已经出现。

第一，日俄关系趋近，双方积极寻求解决北方四岛（俄称南千岛群岛）领土争端。①一方面，在福岛核事故后，日本迫切需要俄罗斯的能源供应，在领土问题上积极寻求谈判路径，虽然双方在领土问题上很难达成妥协，目前的缓和不过是有意地搁置问题；另一方面，日本不想在周边多方树敌，以便能够集中力量应对来自中国崛起形成的压力。而从俄罗斯的角度来看，在日中两国的对峙中，采取中立立场对其更为有利。在中日争端中，俄罗斯可以保障中国的能源和资源供应安全，但是在军事政治上维持不介入的政策能够使其获取最大的国家利益。实际上，为了破解与中、俄、韩三国岛屿争端同时被激化的不利状态，日本前任野田政府已经选择了将俄罗斯作为突破口。在直接视察北方四岛（俄称南千岛群岛）的梅德韦杰夫总统卸任后，日本立即向俄罗斯释放出友好信息，希望复任总统的普京能够推动两国关系的改善。日本2012年外交蓝皮书说，在2011年福岛核事故俄罗斯向日本派出紧急情况部救援人员小组与人道主义救援物资后，莫斯科与东京的关系开始朝着积极的方向发展。2012年9月11日，野田首相在符拉迪沃斯托克举行的APEC会议上与普京达成了一系列加强双边关系的协议。双方签署了打击偷猎海产品进入日本的合作协议，双方分别派出俄联邦渔业署署长安德烈•克赖尼和日本驻俄大使原田亲仁签署了该协议。野田与普京还签署了能源合作协议，该协议规定，日本将在符拉迪沃斯托克投资建设第二个液化天然气厂（年产量1000万吨）和其他设施，以扩大进口

① 按照1956年《苏日联合宣言》的精神，只要日本与俄罗斯签署和平条约，日本就可以获得色丹和齿舞两岛，这一点也曾经被普京总统证实过。但是日本各界不愿意就此止步，而是提出了北方四岛一并归还的要求，这导致俄日双方在领土问题上长期僵持，互不让步。

俄罗斯天然气。由于日本的能源主要依赖进口，在2011年3月福岛核电站事故后，日本更加依赖化石燃料的生产国。选择能源合作为突破口，既能利用俄罗斯的地缘优势保障日本的能源安全，又能为双方谈判解决领土问题创造条件。简单一点说，日本希望利用自身的资金与技术，促使俄罗斯在领土问题上做出让步。在APEC首脑会晤后，俄日两国的政治交往明显加强。2012年10月22日，俄联邦安全会议秘书帕特鲁舍夫访问日本，双方签署了俄罗斯安全委员会和日本外务省的联合备忘录。两国还举行了经贸合作跨政府委员会会议等交流活动。俄驻日大使阿法纳西耶夫指出，近期两国之间的对话越来越频繁。俄联邦委员会主席马特维年科、国家杜马主席谢尔盖•纳雷什金、莫斯科和全俄东正教大牧首基里尔都在2012年对日本进行了访问。

自安倍出任首相后，日本的对俄政策更趋积极，这些政策变化体现出其缓解俄日领土争端，减轻来自北方的军事、政治压力，专心应对中国的意图。2013年2月21日，安倍派出的特使森喜朗访俄。在这次访问中，俄日双方重申了2001年伊尔库茨克宣言的承诺，并且指出俄日和平协议的谈判基础是1956年的《苏日联合宣言》。虽然日本对俄政策的调整主要体现在经济领域，但却剑指领土问题。4月28日，安倍成为10年来首位访问俄罗斯的日本首相，他与俄罗斯总统普京进行了会谈。两国首脑会谈的议程涉及贸易、投资、能源、人道主义和科技合作等问题，并就包括朝鲜半岛局势在内的国际问题交换意见。在此次俄日首脑会晤中，除领土争端问题之外，贸易合作与对中国的政策协调成为双方讨论的重点。安倍此次访俄的最大亮点就是随访企业家人数之多，涉及领域之广。除经济团体联合会会长米仓弘昌，经团联日俄经济委员会委员长、住友商事顾问冈素之等经济界要人外，还有三菱重工、丸红、日清食品等能源、食品、医疗和房地产开发等行业大亨陪同出访，人数达五六十人。同时，负责日本对外投资援助的日本国际合作银行相关人员也参加了代表团。安倍表示，“日俄关系是最具发展潜力的双边关系，希望经济合作扩大到能源以外领域”。日本计划扩大与俄罗斯的合作，包括积极参与远东自然资源的开发和现代化建设。

第二，在中俄关系方面，中俄战略协作伙伴关系得到进一步的加强，在原则性问题上双方坚定的相互支持，但是在经济利益方面，俄罗斯出现了借助日本因素谋取更大利益的倾向。中俄两国在国际问题上的战略协作力度加大，双边军工贸易关系有所恢复和扩大，能源合作继续推进，双边贸易额快速增长。在中国学界还不断出现与俄结盟的呼声。这反映出中俄两国关系在外部压力下呈现出了一种新的发展趋势，但这尚未被两国官方所采纳。在现阶段，中国希望俄罗斯更加积极地介入亚太地区事务，以为援手。在东北亚地区，中俄两国存在着共同利益，双方一致反对任何国家篡改《联合国宪章》和其他国际文件对二战做出的定论。中国在 1972 年与日本恢复邦交正常化的时候，正处在中苏关系恶化的时期，因此对于俄日领土争端，中国采取了支持日本的立场，自那时以来中国出版的地图均将北方四岛（俄称南千岛群岛）标注为日本领土的颜色。而现在中国调整了对俄日领土争端的立场，保持中立。中国媒体将以往单方面的称谓“北方四岛”改为同时标注两方，即“北方四岛（俄称南千岛群岛）”，这是中国采取中立政策的具体体现。中国的政策立场调整对俄罗斯较为有利，这对俄罗斯是极大的鼓舞。但是中国还不能完全支持俄罗斯的领土主张，官方坚持认为，领土争端应当由俄日两国通过双边政治谈判来解决。俄罗斯基于发展远东的考虑，急于利用周边种有利因素，因此在短期内，俄罗斯试图挑起中日韩之间对其能源、资源供应的竞争，以求获得更大的自身利益，并取得一定成效。但是总体上来看，这种自利行为毕竟有限，不足以影响中俄全面战略协作伙伴关系的全局。

目前来看，中国对俄罗斯、对日本的政策体现出明显的热与冷的落差，对俄关系不断锦上添花，对日政策则处于一个历史的十字路口上。

二、中俄日三角关系变化的基本规律

本文在用三角关系互动规律分析中俄日三角关系的时候，考虑到了中俄日三角关系所具有的一些特点。笔者认为，中俄日关系在世界众多国家关系中具有如下特点：第一，三国相互独立，任何两国间不存在结盟关系，因此三国能够较为自由地处理三角关系。第二，中俄日是东北亚地区三个主要的大国，三国关系主导了地区局势的发展。不过由于日本与美国结盟，这又使地区局势受到美国因素的影响。第三，三国实力对比从历史到现实发生了巨大的变化。俄罗斯在历史上曾经属于西方列强，侵略过中国和日本，并侵占过两国的领土。日本在19世纪末后来居上，击败俄国，侵略中国。进入21世纪，中国终于在经济上崛起，居三国国家实力之首。第四，在历史上，中俄日三国曾经为争夺领土多次爆发战争，由此导致各国间民族互信严重不足。目前除中俄间已经解决了领土纠纷外，俄日、中日间仍旧存在领土争议。俄日两国自二战结束至今还未签署和平条约，处于法律上的战争状态。

三角关系的互动规律对中俄日三角关系的变化发挥着较大的影响，同时受到中俄日三角关系自身特点的影响，三国关系的互动呈现出如下几个突出特点：

（一）俄罗斯寻求在中日之间维持某种平衡

俄罗斯的东方外交主要以中国、日本、韩国为对象国，其中对日关系最为复杂。在政治方面，俄日关系受北方四岛（俄称南千岛群岛）问题的制约发展迟滞，但是除了领土问题之外双方不存在其他严重的障碍。日本在中国崛起的背景下，迫切希望借助俄罗斯来平衡中国的影响，而俄罗斯在远东地区一直以中国为外交优先方面，忽视了日本。现在俄罗斯认为需要在三角关系中保持一种适度的平衡，以给自己增加更大的机动空间。

在领土争端问题上，俄罗斯曾经表现出利用日本与韩国、中国领土争端激化的时机，实现火中取栗的意图，这在2010年9月初中日钓鱼岛撞船事件后，俄罗斯总统梅德韦杰夫访问北京后很快视察北方四岛（俄称南千岛群岛）的举措中得到体现。但是在2012年更为尖锐的中日领土斗争中，俄罗斯表现得明显平静了很多。俄罗斯外交部仅表示："希望中国和日本能够通过对话解决领土争端，不要威胁到亚太地区的安全。"这一方面与2010年间俄罗斯对日施压毫无所获的结果直接相关，另一方面也反映出俄罗斯外交政策的调整。面对中国的快速崛起，俄罗斯逐渐倾向于在中日之间建立某种适度的平衡关系，以更大程度地维护自身利益。一些俄罗斯学者认为，对于俄罗斯来说，俄日岛屿争端和中日岛屿争端属于同一类型，俄在南千岛群岛（日称北方四岛）争端中的处境恰恰与日本在钓鱼岛争端中的处境相同。中国质疑钓鱼岛主权和日本质疑俄岛屿主权的性质有相似之处。因此，倘若支持中方，俄难以自圆其说；另一方面，俄罗斯也没有理由参与到中日两国的争端中去，如果俄罗斯插手，就会将一个双边问题国际化，这将给美国帮助其盟友日本提供充分的理由。[①]此外，俄罗斯选择中立立场可以说是针对中国对俄日领土争端持中立立场的一种对等策略，也是两国政策协调的结果。

在经济方面，俄日双边贸易额在彼此的对外贸易量中微不足道，但是双方经济互补，存在深厚的合作基础。受经济利益的驱使，俄罗斯千方百计想从日本获得资金和技术，以推动远东地区的开发。另外，基于中国企业在远东地区不断扩大的竞争力，为了限制中国的可能威胁，俄罗斯希望引进更多的来自日本的经济力量。俄罗斯科学院美国和加拿大研究所首席科学家亚历山大•尼古拉耶维奇•帕诺夫2012年10月10日在接受专访时表示，很显然，吸引日本企业参与开发远东和西伯利亚地区符合俄罗斯的经济利益，也符合国家的政治利益。除了萨哈林-1、萨哈林-2号外，日本还在科萨科夫的液化天然气厂、东方港、伊尔库茨克的煤炭开采厂、森林开发、汽车制造工厂等领域有投资。为了吸引日本资金，俄罗斯需要采取一种有计划的政策，以增加俄日间的信任水平。[②]受多数俄罗斯专家学者观点的影响，俄罗斯政府向日本提出，在领土问题无法得到解决的情况下，双方可以在搁置领土问题的前提下发展尽可能亲密的俄日关系，正如在20世纪90年代俄日两国曾经实现的亲密合作那样。这样的关系对于俄罗斯、日本两国巩固自己在亚太地区的地位，以及处理与美国、中国的关系都是有利的。俄罗斯希望在中日两个经济大国间维持平衡，促进两国之间的经济竞争，以实现自身利益最大化。这一点在俄罗斯与中国、日本的能源合作

---

① Заместитель директора Института Дальнего Востока РАН проф. С.Г.Лузянин об итогах визита премьера Госсовета КНР Вэнь Цзябао в Россию.Источник: Радиостанция "Голос России", http://rus.ruvr.ru/2012_12_07/Rossijsko-kitajskij-balans/，上网时间 2013年10月2日。

② Александр Панов: Все проекты развития ресурсов Сибири и Дальнего Востока связаны с Японией, Интервью с Александром Николаевичем Пановым, главным научным сотрудником Института США и Канады РАН, членом РСМД.Беседовала Наталья Евтихевич, программный менеджер РСМД，http://russiancouncil.ru/blogs/riacmembers/?id_4=182，上网时间：2012年10月10日。

中体现得极为明显，从远东石油管道的走向之争，到俄沿海陆架石油天然气资源的勘探权，俄罗斯均有意在中日之间挑起竞争。尽管最终俄罗斯都选择了与中国企业合作，但是日本企业在市场角逐中抬高了中国的出价，帮助俄罗斯实现了利益的最大化。[①]

俄罗斯虽然力图在中日之间维持一种平衡，但是却具有很强的短期性质，因为俄罗斯始终将美日军事同盟视为其远东地区的主要安全威胁，而中俄战略协作伙伴关系则是其保障远东安全的主要屏障。俄罗斯的对日政策更多是为了获得日本的资金和技术，以助力远东地区的开发。而日本则基于自身战略目标和资金安全方面的考虑，总是在对俄投资方面雷声大、雨点小。可见，经济利益是俄罗斯在中日之间维持适度平衡政策的主要目标，这也是俄罗斯抬高中国在经济合作中出价的一种有效手段。

（二）由于日本与域外大国美国发展紧密的同盟关系，因此中俄日三角关系呈现两边长、一边短的状态

在中俄日三角关系的互动中，中日矛盾、俄日矛盾因领土争端均难以彻底化解，这使得中俄日三角关系呈现出两边长、一边短的状态。造成这一状态的根本原因在于，日本与外部大国美国建立和发展着紧密的同盟关系，这对中俄两国均构成了直接威胁。日本作为美国在东北亚地区的代理人，其地区利益与政策目标已经和美国的全球战略融为一体，从负面的角度影响和限制着中俄两国的地区利益，因此很难与中俄两国达成思想和行动上的一致。

俄罗斯对俄日实力对比的变化趋势一直忧心忡忡，为此它始终不懈地加大远东军事力量的建设，以防日本寻机改变俄实际占有南千岛群岛（日称北方四岛）的现状。俄罗斯在远东地区频繁显示军事力量的行动显示出其自信不足。俄罗斯认为，日本在国内公开出版的地图上将俄罗斯领土萨哈林岛标注为第三国的颜色，这反映出日本的长远领土野心。即使俄罗斯在北方四岛（俄称南千岛群岛）问题上做出让步，日本也不会满足于此，他们必然会向俄罗斯提出更多的领土要求，包括萨哈林岛。与此同时，此先例一开，很多国家将会向俄罗

① 有关这方面的案例和详细分析，请参阅笔者《中俄日油气关系及其前景》一文，载于《东北亚学刊》2013 年第 5 期。

斯提出归还领土的要求，如德国对加里宁格勒、芬兰对卡累利阿等。而到那时，俄罗斯绝不可能让步，则俄日关系依旧不可能改善，而俄罗斯的整体外交环境则将全面恶化。所以，俄罗斯多数的学者和政治家认为，在领土问题上自始就应当坚定立场，不对日本做出丝毫的让步。民意调查结果显示，在俄罗斯，对日本有好感者的比重从 1995 年 69%下降到 2011 年的 44%，而对日反感者的比重则从 19%增加至 31%。[①]近 90%的受访者反对向日本移交有争议的南千岛群岛。在民意支持下，俄罗斯高层官员无视日本的愤怒，一再登岛视察，并大张旗鼓地加强争议岛屿防御力量和基础设施的建设。当前，俄罗斯在战略上将日本视为东部方向长期的安全威胁和竞争对手，欲逼使日本做出政治上的让步，放弃强硬的四岛一并归还的主张，回到谈判桌上，与俄相互妥协，以求解决领土问题。在战术上，俄罗斯联合中国共同防备日本军国主义的复活，这是俄罗斯发展中俄战略协作伙伴关系的深层目标所在。

（三）中俄战略协作伙伴关系具有全局意义，东北亚地区只是一角，全球性国际议题和其他地区性问题也将影响中俄关系，从而对中俄日三角关系产生着间接的影响

中俄战略协作伙伴关系更为关注全局，因为正是在改造现行不平等的国际政治经济秩序，反对美国单极霸权，参与全球治理方面，中俄两国的国家利益与战略目标高度一致。而在地区性问题领域，中俄双方之间可能存在着具体的利益和政策目标的差异。虽然中俄关系在东北亚地区也存在着经济利益上的磨合，但是从全局来看，这些都是次要问题，不足以撼动两国关系的全局。在两国具有战略性眼光的政治家眼中，中俄关系的稳定发展是世界和平、地区稳定的重要保障。

在中俄日三角关系的互动关系中，以上三个特点较为明显，这也是中俄日三角关系区别于其他三角关系的特点所在。

---

① Двадцать лет российских реформ. Итоги многолетних социологических замеров.. Аналитический доклад. М.: ИС РАН, 2011, с. 192–195. См. также опрос ВЦИОМ http://vcc.su/amic_ru/23737-vciomissledoval-otnoshenie-rossiyan-k-yaponcam.html

三、中俄日三角关系的发展趋势

中俄日三角关系的发展趋势受到三角关系互动一般规律的制约，同时还体现出自身的一些特点，笔者认为，其发展趋势如下：

（一）日本虽然极力拉拢俄罗斯，但是很难改变中俄战略协作伙伴关系不断加强的方向。俄日关系尽管还有改善和发展的空间，但是形式大于实质，双方已经接近了合作的极限

与20世纪的相互敌视不同，自苏联解体后，特别是进入21世纪以来，日本积极推动其对俄政策。日本提出了几项在日俄邻海地区合作的计划，特别是在能源领域对俄罗斯进行了大笔投资。目前俄日边境地区的经济关系处于历史上最好的时期。但是这种合作终究无法突破领土问题的阻碍，双方互有戒备，日本对北方领土的索求始终阻碍着俄日双边关系的深入发展。历届日本首相在北方领土问题上力图有所作为，但都铩羽而归。自2013年2月份派遣前首相森喜朗为特使出访俄罗斯以来，现任日本首相安倍已经与俄罗斯总统普京会晤了四次，双方外交部门也就解决北方四岛（俄称南千岛群岛）领土争端问题多次举行了直接谈判，但至今未有显著进展。两国政治家和学者普遍出现失望情绪。

日本对俄政策调整更为重要的目标是以此为突破口，改善周边环境，特别是对中国形成压力。日本学者提出，俄日应加强合作，以某种方式来平衡中国力量的崛起。一些日本学者说，俄罗斯和日本不仅可以而且必须树立和认真发展在各个领域的合作：首先，俄日关系远远落后于中俄关系、中日关系，俄日关系是最薄弱的环节；其次，俄日应加强合作以某种方式来平衡中国的权力和影响世界；最后，俄罗斯和日本很像，两国都存在着与西方模式不同的传统政治制度。两国都有着悠久的民族历史和文化，既不同于西方文明也不同于亚洲文化。在一定程度上，俄罗斯属于欧洲的局外人。日本也是一个在亚洲的局外人。两国处于相同的国际境地。日本政府为改善俄日关系已经做出了极大的努力，然而日本拉拢俄罗斯的政策成效并不明显。俄日两国贸易额与周边国家相比依旧较小，日资迟迟不敢进入俄罗斯市场，双方在领土问题上的立场依旧根

本对立。俄罗斯时常对日本施加军事威慑。俄日两国有关领土问题的谈判也更像是在摆出一种姿态，实际进展有限。对于导致这一状态的原因，笔者总结如下：第一，俄日领土问题解决的条件尚不成熟，双方间民族互信严重缺乏。俄罗斯战略研究中心专家柯申金认为，无论政治还是心理上，俄日都不可能就领土问题达成妥协。他说："俄日不仅要在双边关系上扩大合作，而且要加强在东亚地区问题上的合作。合理利用政治、贸易、经济、文化和其他关系的趋近，以在这两个国家创造正面形象的舆论。经验表明，如果没有这样的一种合作，缓和民族感情，俄日领土问题是不可能解决的。"[①]第二，俄日双方各打自己的算盘，很难谈到一起。俄罗斯希望与日开展经济合作，普京经常说一个更好的经济关系可以促进俄日争议岛屿的谈判解决。日本很难想象贸易和投资真能带来一个领土问题协议，但也不愿轻易放弃这条路，试探着做些投资。对于日本企业来说，帮助俄罗斯开发东西伯利亚和远东经济存在很大的政治风险，而且远东地区投资环境很差，与俄开展经济合作无利可图；第三，北方四岛（俄称南千岛群岛）经济、军事价值非同小可，俄罗斯不太会轻易放弃。俄罗斯已经强化了对争议岛屿的治理，基础设施建设在提速，力求提高当地人民生活水平，创造就业机会。如果《2007—2015年千岛群岛社会经济发展计划》得以实施，俄罗斯将进一步强化对这些岛屿的控制；第四，日本首相安倍晋三属于日本右翼势力的代表人物，尽管他做出了改善俄日关系的承诺，但在领土问题上很难做出让步。受国内各派政治力量的制约，安倍很难在对俄政策上取得实质性突破。目前来看，安倍能做的只有延续前任的政策，降低两国关系在领土争端方面的紧张强度。

总之，俄日关系所取得的改善可以说已经接近了极限，两国关系要想进一步趋近面临着根本性的障碍。即便安倍的努力能够取得一些成效，其成果也仅仅是降低俄日两国在领土问题上的紧张强度，避免陷入南北夹击状态。从日本拉拢俄罗斯对中俄关系影响的角度来说，日本的努力可谓事倍功半、收效甚微，它对中俄关系产生的负面影响十分有限，这反而可能促进中俄两国进一步就东

---

① А. КОШКИН，РОССИЯ И ЯПОНИЯ: ВОЗМОЖЕН ЛИ КОМПРОМИСС О КУРИЛАХ? Aziia i Afrika segodnia,　No. 11,2008

北亚地区事务加强协调。俄罗斯虽然不愿意介入中日钓鱼岛争端，但却希望充分利用这一机会，提高本国在亚太地区的影响力和话语权。俄罗斯已经确立了“向东看”的外交战略，随着远东经济开发和国家实力的增强，它将不断增大对日本外交政策的强度，在与日本领土争端上的立场将更为强硬。

（二）日本将继续强化其与美国的同盟关系，以形成对中俄关系的制衡，这在美国实施亚太再平衡战略的大背景下将更趋明显

美日两国与中俄两国在东北亚地区的对立情势将更趋明显，中俄日三角关系中两边长、一边短的特征还将长期保持。在中俄日三角关系中，中俄关系较为接近，两国以全面战略合作伙伴关系形成了某种对日制约的态势。而日本在这种不利的形势下，虽然继续抱有分化中俄关系的意图，但其在外交政策中体现出的坚定依靠美日同盟的立场也足以说明，它对中俄日三角关系的实质有着清醒的认识。日本的这一政策选择也预示着中俄日三角关系中两边长、一边短的特征还将长期保持下去。

（三）受中俄日三角关系的制约，东北亚地区的多边合作很难展开

中俄日之间的三对双边关系相互牵制、彼此排斥，无法形成一种多边主义的互动关系，这阻碍着东北亚地区形成区域性的合作机制。在三角关系构成的系统中，任何一方都想借助其中的一方而对第三方形成压力和牵制，以实现自身利益的最大化，这与互利合作共赢的多边主义精神相矛盾。此外，中日关系是东北亚地区关系的枢纽，中日关系围绕领土争端而产生矛盾的进一步发展将继续对中俄日三角关系的变化产生直接的和决定性的影响。中日之间的这种对峙和竞争在不爆发战争的前提下，有利于两国实现自身的更快发展和在地区范围内扩展各自的国家利益，同时两国领土争端问题也不具备彼此妥协的各项条件，因而在短期内，中日关系很难改善，这就导致东北亚地区多边合作的构想很难在实践中被付诸实施。最后，在中俄日三角关系中，正如所处的唯一能源供应者地位一样，俄罗斯处于较为有利的地位，它能够从中日两国日趋尖锐的竞争中获得更大的利益。但是俄罗斯是中俄日三角关系系统中国家综合实力最弱的一方（硬实力的潜力很大，软实力虚弱），它的这种有利地位并不能使中日

两国产生嫉妒，反而有可能使系统趋向稳定，使地区局势更为稳定，这是东北亚地区每个国家自然选择的结果。

综上所述，三角关系的互动规律具有一定的普遍性，其对中俄日三角关系的一般变化趋势有所反映，但是在用其考察和分析其他国家间关系的时候，必须结合该三角关系自身所拥有的特点进行综合研判，如在中美日三角关系中，美日是盟友关系，且美国至今是世界上唯一的超级大国；而在分析中日韩三角关系时，必须理解中韩两国在历史上形成的对日本军国主义势力同仇敌忾的民族文化心理。

（杨雷，南开大学周恩来政府管理学院副教授）

美主日从、相互依赖的日美关系透析：一种心理文化学的视角

张建立

第二次世界大战期间，日本曾将美国视为不共戴天之敌国，但战后却摇身一变对美国表现出异常的顺从，在日本被美军占领初期所形成的美主日从关系，成为战后日美关系的原型。1960 年以来，日美谋求发展全面伙伴关系，从 20 世纪 60 年代初建立经济伙伴关系，到 70 年代中期建立政治伙伴关系，再到 90 年代致力于建立军事伙伴关系，虽皆名为伙伴关系，但美主日从关系并没有实质性改变。1991 年苏联解体，冷战下的两极格局瓦解，日美同盟赖以存在的前提条件虽不复存在，但日美同盟非但没有终止，而且，进入 21 世纪以来，日美双方依旧表示要继续予以加强，历届日本政府也一再声称其外交原则是“以日美同盟为基轴”，新近复归首相之位的安倍晋三更是极尽讨好美国之能事。环视全球，日美间六十余年来美主日从的关系绝无仅有，现实主义理论强调的“权力”并非形成这种日美关系的唯一动力，在心理文化学看来，日美基本人际状态的特点，亦是形成战后日美关系的重要原因。

一、战后日美关系的特点

（一）战后日美关系的学术性定位

在当今世界各大国关系中，皆为经济和科技大国的日本与美国或许是最奇特的一对，尽管 1960 年以来，日美谋求发展全面伙伴关系，但在日本被美军占

领初期所形成的美主日从关系至今一直没有实质性改变。正如冯召奎所指出的那样，“在日本尚不具备迅速发展独立军事力量的条件下，唯一可行的是在维持日美安保体制现状的前提下，逐步增强‘独自的军事力量’和‘政治自主性’。这意味着日本仍然需要依赖美国，而只要日本在安全等方面继续依赖美国，日美之间在实际上还是没有达到真正的平等关系，因为自己国家的防卫要靠人家，谈何与人家平起平坐呢？何况，即使在作为日本的‘强项’的经济方面，进入20世纪90年代以来，美国以‘日元升值’和经济制裁（适用‘超级301条款’）两手，使日本深感到美国的厉害，事实上，光是日元升值这一手就让日本引为自豪的竞争力‘亮了底’，在1995年春甚至使缓慢复苏的日本经济停下了复苏的步伐，这意味着日本即使在经济方面也仍然不能与美国‘平起平坐’”[①]。也就是说，所谓“全球伙伴关系”也是徒有其名，虽然日本在经济上可为美国构筑世界新秩序提供某些支持，但无论是在政治还是在军事上，日本还都无法担当起“政治大国”的重任，日美关系实质上还是一种美主日从的从属关系。

对于战后日美关系，学界大多认为小泉纯一郎执政的约五年半期间（2001年4月至2006年9月）是日美最亲密的时期，日美两国政府也都如此宣称，但澳大利亚学者加文•麦考马克却犀利地讽刺道，“美国与‘属国’的关系被双方说成是从未有过的亲密。但是这种‘亲密’只意味着日本单方面遵循美国的要求，逐步提高给美国的补贴金以坚挺美元和支持美国所发动的战争，而日本从不会对美国的政策发生影响”，“主权的自我放弃是附庸国心态的先兆”。[②]

（二）战后日美关系的形象性描述

除了上述代表性的基于学术分析而得出的论断外，对战后“美主日从”的日美关系特点还有诸多形象的表述。据2003年2月19日《朝日新闻》记载，时任自民党政策调查会会长的久间章生在被记者问及在伊拉克战争逼近时日本应该持何立场时回答说：“我认为日本别无选择。毕竟，日本就像美国的一个州。”据2004年9月21日《朝日新闻》记载，著名保守政治家后藤田正晴在去世前

① 冯昭奎：《日美关系：从战后到冷战后》，载《美国研究》1996年第3期。

② ［澳］加文•麦考马克：《美国怀抱中的日本》“序言 日本是附庸国吗”，于占杰、许春山译，社会科学文献出版社，2008年，第6~7页。

曾痛心疾首地写道，“日本已沦为美国的仆从国或者说属国”。2011年，早在20世纪80年代就著书主张日本要对美国说“不”的石原慎太郎，[①]又在其新著中称，日本就是美国的“妾国”，“看看至今美国每年强加给日本的《年度改革要求书》的实际内容，就知道这个国家无疑是一直隶属于美国的，就像美国的‘妾’一样的存在，此间，我们作为被圈养者，当然一直没有任何自主可言。”[②]也有中国媒体人说，以前日本充当的是仰仗美国鼻息的“小妾”角色，如今已逐步升级为“情人”。[③]还有美国智库传统基金会高级研究员克林格纳曾形容民主党鸠山由纪夫内阁时代的日美关系是一种“家庭内分居的夫妻”关系。[④]也有学者将美日关系说成“师生关系”。[⑤]

（三）战后日美关系的本质特点——从属式依赖

战后日美关系的特点，可概括为“从属式依赖”。顾名思义，这是一种非对等的、极特殊的依赖关系。主流国际关系理论趋于用权力（power）解释国家间形成的非对称性依赖关系，因而日本对美国的极度顺从，往往被理解成是美国的权力使然，这也是目前已有数百篇日美关系研究论著的大体共识。但日美关系的特点无法完全用权力解释，日本虽在政治、经济等权力方面逊于美国，但远没到足以使日本如此顺从美国的程度。即便承认“权力”是决定国家间关系的主要因素，这种外在因素也会因行为体双方内在的不同特性而有不同表现，此类例子在国际政治领域有很多，不必说曾经让美国筋疲力尽的越南战争，[⑥]也不必说有损美国国际信誉的伊拉克战争，[⑦]就拿以反恐为名开战而使美国陷入泥潭的阿富汗战争来说，美国一厢情愿设计输出的政治民主模式也是举步维艰，

① ［日］盛田昭夫、石原慎太郎：《「NO」と言える日本——新日米関係の方策》，光文社，1989年。

② ［日］石原慎太郎：《新・堕落論》，新潮選書，2011年，第49頁。

③ 三眉：《日美关系：日本从“小妾”变成了“情人”》，载《新华每日电讯》2005年11月15日第3版“新闻观察”。

④《「普天間」迷走　きしむ同盟　日米関係は「家庭内別居」》、《産経新聞》2009年11月7日。

⑤ 刘世龙：《日美关系的两个周期》，载《日本学刊》2002年第3期。

⑥ 梁志明：《越南战争：历史评述与启示——越南抗美战争30周年胜利纪念》，载《东南亚研究》2005年第6期。

⑦ 田文林、郭襄平：《伊拉克：美国的另一个越南?》，载《现代国际关系》2007年第3期。

[1]可以说，无论哪一场战争，美国自身及被其拖入战争的发达国家之力量都不可谓不强大，其对越南、伊拉克、阿富汗的国家组织体层面的摧毁也都不可谓不彻底，但强权对这些国家的文明体的损伤并不是很大，因为无论哪一个国家都没有让美国一厢情愿输出的民主生根，无论哪一个国家都没有让美国再度尝到当年改造日本的成功之喜悦。

主流国际关系理论把解释的重点放在了国家的“组织体”层面，而国家还有“文明体”层面，解释国家行为体的行为以及国家间关系模式，还必须考虑文化和文明因素。当我们的分析转向文化视角时，早年“文化与人格”学派的学者对日本行为的解释或许仍不过时：“想用命令方式创造一个自由民主的日本，美国做不到，任何外国也做不到。不论在哪一个被统治国家，这种办法从未成功。任何一个外国人，都不能强迫一个与其具有不同习惯和观念的国民按照其愿望去生活。”[2]实际上，日美间六十余年来“美主日从”的独特关系，不是美国的权力所能达到的。或许有人会说，日美关系特殊性的原因在于日本的战败国地位，但恰如道尔在《拥抱战败》“序言”中所述，同为战败国的德国，在被占领时期由美国等分而治之，但与美国的关系却不具有这样的特点。[3]因此，至少，现实主义理论所强调的“权力”并非形成这种关系模式的唯一原因。

虽同为文化的视角，但日美关系也无法用建构主义的三种文化理论来描述。战后日美关系的特征，显然不属于以全面战争、杀戮为特点的霍布斯文化，因为日美已不是敌对关系；不属于以规则、竞争为特点的洛克文化，因为美国总是规则的制定者，日本几乎只是一个规则的执行者，日美间不存在实质性竞争关系；日美关系也不属于以平等合作、友谊为特点的康德文化，因为日美间完全是美主日从的关系。

前述所谓日美间是“夫妾关系”等说法，是在用人际关系来比拟日美关系。

---

① 张红：《阿富汗撤军：美国体面得起来吗》，载《人民日报海外版》2011 年 8 月 13 日第 006 版“环球扫描”。

② [美] ルース・ベネディクト：《菊と刀——日本文化の型－》，[日]长谷川松治译，社会思想社，1992 年，第 365 頁。

③ [美] 道尔：《拥抱战败：第二次世界大战后的日本》“序言”，胡博译，生活•读书•新知三联书店，2008 年，第 5 頁。

国家间关系当然不能简单还原为人际关系，但二者并非没联系。主流国际关系理论不考虑二者的联系，把国家行为体简化为受权力驱动的自利的“经济人”，忽视文化因素对国家行为体的影响，从而无法解释像日美这种两国关系的特殊性。心理文化学注重人际关系与国际关系的联系，可为解释这种特殊性提供启发。“基本人际状态”是心理文化学理论的重要概念，直白而言或可视为人的生存方式。该视角的一个基本预设是国际政治中的主要行为体“国家”建立在不同的基本人际状态之上，因此导致国家形式、对异文化的看法以及对国际关系的认知模式等也会有不同，从而导致不同的对外政策和行为。日本、越南、伊拉克、阿富汗等在面对美国强权时的不同表现就是很好的例证。

二、日本人的基本人际状态与日美关系

心理文化学用“缘人”概念来表述日本人的基本人际状态，这种基本人际状态在日本社会占有优势地位。日本社会可称为“缘人社会”，表述缘人社会主要价值观体系可称为“缘人主义”。[①]

（一）日本人的基本人际状态的特点

日本人的基本人际状态的特点是，其最亲密的人际圈子成员并非完全基于血缘资格，还包括基于其他某种机缘（地缘、业缘等）而共同生活在一起的非血缘关系者，而且，这些成员都是按照缘约原则按等级排列成一个拟血缘的、序列区分明显的集团，人们把本来投注于亲属集团的感情扩展到亲族之外的人、事、物，通过对集团序列中上位者的忠顺来获取安全感。由于日本社会强调这种纵向的人际关系，从而形成精细的序列区分，使日本人具有强烈的等级意识，对自己的位置十分敏感。在日本人的人际关系中，这种明确的“地位差”可谓无处不在，即便强调社会结构的日本学者中根千枝也称：“在资格、身份相同者之间，经常会意识到序列带来的差别，而这种序列的实际存在，对该集团内部的个人来说，由于是人们直接关心的事情，它更容易具有超出职业、身份和职

① 详见尚会鹏：《“缘人”：日本人的“基本人际状态”》，载《日本学刊》2006 年第 3 期。

位不同的重要性。事实上，先辈后辈的序列在社会集团内部具有出乎人们预料的作用。”[①]

（二）“地位差”在人际关系的典型表现是亲子关系

缘人基本人际状态下的日本社会集团比较重视其成员间的纵向关系，明确的“地位差”成为日本纵向社会集团的一个最主要特征，其典型表现就是纵向亲子关系。

亲子关系本意是指父母与子女关系。父母与子女关系是所有亲属关系的核心组成部分，但在日本社会，“亲子”具有特殊的含义和特别的重要性。缘人社会的基本人际状态特点使得日本的亲子关系并不仅限于血缘之亲，还可凭借各种机缘将这种关系扩展到非血缘人际层面。“亲”，不仅指家庭中的父母，也泛指各种集团的头人、统帅者等像父母一样的人或构成单位；而“子”，不仅指子女，也泛指集团的一般成员、下位者等像子女一样的人或构成单位。[②]人们在谈到亲子关系时，不仅包含基于血缘联系的父母与子女的人际关系，更多是指一种基于拟血缘的社会性关系，其性质是庇护与效劳、主与从的关系，是一种明显带有地位差和保护与被保护的关系，[③]如父亲与儿子、家元师父与弟子、公司老板与职员、黑社会组织中的头目与喽啰等等。中根千枝亦指出，“亲子”这种关系广泛存在于日本人际关系之中，“以‘亲子’为象征的人际关系，不仅在政治家和黑社会的世界里，实际上在有进步思想的人士，被称为文化人的人士、在大学讲授西欧经济或西欧社会课程的教授，或是在最尖端技术的大企业里工作的人们中也能看到。这个根深蒂固的人际关系状况，绝不是像人们历来所说的那种‘封建性’的简单关系，又不是用工业化或西欧文化影响便能简单纠正的东西。”[④]

维系这个根深蒂固的纵向亲子关系的情感纽带，就是“娇宠（amae）”和“被娇宠（amaerare）。娇宠理论的提出者土居健郎指出，“娇宠”心理是一种

---

①［日］中根千枝：《纵向社会的人际关系》，陈成译，商务印书馆，1994年，第40页。

②［日］鳥越皓之：《家と村の社会学　増補版》，世界思想社，1993年，第127～128頁。

③［日］鳥越皓之：《家と村の社会学　増補版》，世界思想社，1993年，第138頁。

④［日］中根千枝：《纵向社会的人际关系》，陈成译，商务印书馆，1994年版，第86～87页。

"爱"，它根植于人的爱的本能，但它不是一般意义上所说的"相互爱"（symmetrical love），或称"对象爱"，而是一种"单方面爱"（asymmetrical love），又称"非对象爱"。娇宠心理以"地位差"和"权威"为前提，是下位者对上位者的依赖，含有"服从权威"的因素。[①]不仅日本人的文化心理具有"娇宠"的特点，日本社会也是一种能够允许这种心理存在的结构，即日本人在自己所属的集团中相互依赖、相互"娇宠"。土居健郎说："'娇宠'不仅是理解日本人精神结构的关键概念，也是了解日本社会结构的关键概念"。[②]"娇宠"不仅是一种心理状态，同时也是日本人人际关系的模式，其行为表现是依赖、服从。

（三）缘人的心理社会均衡模式与日美关系

当我们将日本人际关系的这种特点与前述日美关系的特点联系起来思考时，发现二者有很大的一致性，即日美之间的主从关系与"亲子关系"很相似，或者说日美关系就是一种特殊形式的亲子关系。我们尚不确切知道二者之间的机制，但有几点可以肯定：一是，这种一致性绝非偶然，它不大可能出现在美国与其他国家的关系中；二是，这种一致性无法用"权力"、"战败国地位"等解释；三是，日本人的人际关系比日美关系更为根本，如果二者之间有联系，只能是前者影响了后者而不是相反。由此我们或可推测，日本人是按照亲子关系模式来处理与"外部世界"关系的，或至少受其影响。以下尝试从这种一致性上分析日美关系的亲子特点。

就亲属关系中的亲子关系而言，作为"亲"的一方，其功能至少包含三个层面，即生、养、教。对于拟血缘的亲子关系而言，所谓"生"，虽非通过生殖赋予其生命，但"亲"对"子"所做的一切几乎不亚于再度赋予其新生；所谓"养"，即保护无力弱小之"子"，助其成长；所谓"教"，即对"子"进行社会化的功能，使其熟悉社会文化环境，遵守社会文化规则。[③]战后六十余年来，美国对日本可谓尽到了"亲"的责任和义务，日本算得上一个听话的"孩

① 尚会鹏：《土居健郎的"娇宠"理论与日本人和日本社会》，载《日本学刊》1997 年第 1 期。

②［日］土居健郎：《"甘え"の構造》，弘文堂，1991 年，第 23 頁。

③［日］井上健治：《子どもにとって親とは何か》，载［日］加藤一郎：《東京大学公開講座 17　親と子》，東京大学出版会，1984 年，第 77 ~ 88 頁。

子”。这方面的研究很多，比较具有代表性的著作如，杨栋梁著《日本近现代经济史》，可以让我们清楚地了解到美国是如何对日本发挥作为“亲”的“养”之功能的；[①]道尔著《拥抱战败：第二次世界大战后的日本》、加文•麦考马克著《附庸国：美国怀抱中的日本》，可以让我们清楚地了解到美国是如何对日本发挥作为“亲”的“生”与“教化”之功能的；[②]肖伟著《战后日本国家安全战略》，也可以让我们清楚地了解到美国是如何对日本发挥作为“亲”的“保护”之功能的。[③]

另有学者通过对美国如何在日本人中培养美国文化精英的分析，指出战后美国对日本实施的软实力战略是形成日本几乎半永久性追随美国的根源。[④]对美国而言，战败后的日本的身份开始由敌人转变为需要美国控制、改造、保护和帮助的对象，美国对日本的改造不仅停留于硬件方面，在软件方面也下了很大功夫。不仅是日本的精英阶层，而且在更广泛的日本普通民众层面也有数字可以作为美国对日本改造成果的证明。1973 年至 2008 年，日本“NHK 广播文化研究所”连续 35 年进行了“日本人的意识”调查。调查问卷总计包括 50 余项，涉及社会、文化、政治、经济、外交等诸多方面，其中，第 45 问是“你最喜欢的国家是哪个？请选出一个。”在日本人喜爱的外国国家排名中，35 年来的调查数据显示，美国一直列居日本人喜爱的外国国家之首位，中国基本上是在第 7、8、9 名徘徊。2008 年的调查结果显示，中国已经滑落到了第 10 名的位置。从受喜爱的百分比程度来看，100 个日本人中，表示喜爱美国和中国的比例，基本上是维持在 20∶1 这样一个态势。紧接着第 46 问又给出了 11 个喜爱外国的明确的理由，请接受调查者从中选出最接近的理由。从调查数据结果来看，日本人喜爱外国的理由，既不是单纯依据其与日本是

① 杨栋梁：《日本近现代经济史》，世界知识出版社，2010 年。

②［美］道尔：《拥抱战败：第二次世界大战后的日本》，胡博译，生活•读书•新知三联书店，2008 年版；[澳]加文•麦考马克：《附庸国：美国怀抱中的日本》，于占杰、许春山译，社会科学文献出版社，2008 年。

③ 肖伟：《战后日本国家安全战略》，新华出版社，2000 年。

④［日］松田武：《戦後日本におけるアメリカのソフト・パワー——半永久的依存の起源》，岩波書店，2008 年版。

否有外交关系，亦不是依据该国的富有程度，而主要是看其自然环境和人文环境的优劣，即该国家是否拥有令其心悦诚服的优秀的软实力。[①]这些数据也恰好说明，正是因为美国的行为发挥了作为“亲”的功能，符合了作为亲子关系的“亲”方身份，也符合了日本人对“亲”方的期待，所以才得到了作为“子”方的日本人的认同。

在心理文化学看来，日本社会中人际关系普遍带有亲子关系特点或许与缘人的亲属体系的特点——父子关系占优势地位、母子关系占亚优势地位——有关。人际关系模式是在无意识层面起作用的，或许正是由于这个原因，日本人才会表现出不仅令美国人也令自己都费解的顺从。这样的例子可以列举很多，不必说战后初期日本对美国态度的180度大转变，[②]仅以近些年的日美之间每年交换的《年度改革要求书》为例，亦可见一斑。《年度改革要求书》正式文件始于2001年，但类似文件早在1994年就已经实施了，对美国每年提出的要求日本基本上是照单接收，当年不能改正的也会为之继续努力；而日本对美国提出的要求，美国从来就没有接受过。日本为何会对美国如此俯首帖耳呢？心理文化学奠基人许烺光曾指出：“日本人害怕美国将会离开日本；在一个不确定的年代，美国的支持及权威使他们感到安心。”[③]日本的顺从与其说是出于利益考量，莫如说是担心遭到美国的抛弃，因为对于“缘人”而言，日本作为亲子集团中的“子”，若被作为“亲”的美国所抛弃，那将是比任何经济制裁都可怕的事情，其内心的惶恐不难估量，或可以说这种恐惧心理已沉淀为日本民族文化心理的一部分。在民主党实现政权交替后，第一任首相鸠山由纪夫为了日本的自立和自尊，曾想打破过度依赖美国的现状，故鼓足勇气倡导构建“自立与共生”的东亚共同体，结果有勇无谋成了短命首相。鸠山由纪夫内阁时代，废除了“日美管制改革委员会”，实际上也就等于停止了《年度改革要求书》的交换，但其

① NHK放送文化研究所編：《現代日本人の意識構造》[第六版]，日本放送出版協会，2005年；《現代日本人の意識構造》[第七版]，日本放送出版協会，2010年。

②［美］ルース・ベネディクト：《菊と刀——日本文化の型－》，［日］长谷川松治译，社会思想社，1992年，第197～200頁。

③［美］许烺光：《彻底个人主义的省思》（许烺光著作集 9），许木柱译，南天书局，2002年，第147页。

后美国仍在其驻日本大使馆网页上登载以“日美经济调和对话”为题的文件，要求日本就一些产业领域进行政策调整和法制改革。很多人认为除了普天间基地搬迁一事惹怒了美国之外，废止《年度改革要求书》的交换，也是导致美国要教训鸠山的重要原因之一。维基网站爆出的美国外交电文显示，日本民主党鸠山内阁短命，与违背美国意愿有很大关系。[①]该则新闻 2011 年 5 月 4 日 17 时 27 分在“时事通信”网站上一经报道，即引来了一千余条网络留言，其内容除了对鸠山的信口咒骂和对美国的千恩万谢外，就是对日本周边国家发泄的莫名怨愤。其中，甚至有这样的留言：“美国与中国，如果成为其属国的话，你选择谁？如果有人这样问我，我则毫不犹豫地回答选择美国。”[②]上述网络留言所反映出来的极端心态，其实也正是日本人按照亲子模式看待世界的结果。在战前，日本曾把自己描绘成已高踞于国际等级制的金字塔的顶端，“大东亚共荣圈”就是一种想象中的以日本亲子关系为架构的秩序；[③]战后，日本一厢情愿的“大东亚共荣圈”梦想虽然破灭了，但日本人按照亲子模式来处理与“外部世界”关系的行为模式却依旧在发挥着重要作用，“日本人承认美国权威处于等级制的最高位置”，[④]将当下的国际秩序看作以美国为“亲”的亲子社会。日本前驻泰国大使冈崎久彦宣扬的对美国霸权的臣服论，[⑤]与上述甘愿做美国之属国的网民心理可谓并无二致。

---

①《東アジア構想“米首脳部に驚き”＝キャンベル氏、両国関係の危機警告－公電》，《時事通信》2011 年 5 月 4 日，http://headlines.yahoo.co.jp/hl?a=20110504-00000062-jij-int。

②《東アジア構想“米首脳部に驚き”＝キャンベル氏、両国関係の危機警告－公電》コメント，《時事通信》2011 年 5 月 4 日，http://headlines.yahoo.co.jp/hl?a=20110504-00000062-jij-int 网络留言。

③ 游国龙：《序列意识与大东亚共荣圈》，载《日本学刊》2013 年第 2 期。

④［美］ルース・ベネディクト：《菊と刀－日本文化の型－》，［日］長谷川松治訳，社会思想社，1992 年，第 58 頁。

⑤ 尚会鹏：《日本人的等级意识——“日本人意识”漫谈之二》，载《当代亚太》1996 年第 4 期。

三、美国人的基本人际状态与日美关系

（一）人际关系与国际关系的联系

人际关系不能直接等同于国际关系。人际关系处理的是活生生的人在共同文化背景下形成的关系，更容易达成某种默契，国际关系处理的是非人的组织体之间的关系，无政府状态下的国家间往往缺乏共同的文化背景，彼此的关系也更加错综复杂很难融洽。因此，日美间之所以能够形成一种特殊的“相互依赖、美主日从”的关系并得以延续至今，显然并非日本单方面的行为使然，亦必与美国人的基本人际状态特点有契合之处。因此，我们不能仅满足于考察日本方面，还应同时考察美国的基本人际状态特点及其对美国处理外交事务时的心态的影响，这样才能全面揭示战后日美关系形成的原因。

（二）美国人的基本人际状态的特点——“极致个人”与“自我中心”

心理文化学用“极致个人”概念来表述美国人的基本人际状态。“个人”这种基本人际状态以强调人的个体性、弱化人的相互性为特点，在西方社会（盎格鲁—撒克逊—条顿人）中占优势地位，而在现代美国社会得到了最完整的表达，发达为一种极致形式，故把美国人基本人际状态称为“极致个人”。以“极致个人”为基础的社会称为“极致个人社会”，反映“极致个人”价值观体系称为“极致个人主义”，它们分别是“个人”、“个人社会”和“个人主义”的极致形式。[①]

极致个人这种基本人际状态的主要特点是对人的界定趋于与作为生物体基础的个体完全一致，趋于以个体性呈现的人的本真生存结构来掌握外部世界和自身命运，并把自身感受当作权衡一切事物的标准，甚至把本性移加到那些事物上，这种自我认知模式在对待外部世界的态度和行为上的表现就是强烈的民族使命感和自我中心倾向。强烈自我中心的自我认知模式，使个体需要采用种种方式来强调“我”与“他者”的区别以维持自己的优越地位，因而又极易产

① 尚会鹏：《心理文化学要义》，北京大学出版社，2013 年，第 74 ~ 75 页。

生种族优越感。极致个人最亲密的人际圈子成员缺乏亲属成员之间的恒定、密切联系，多是由一些资格相同者按照契约原则构筑的俱乐部式的集团，成员们追求的东西相似或相同，所以彼此之间存在着激烈的竞争，这给个体带来不安全感，致使个体不得不透过各种办法，向内或向外投入极大的心理能量以获得均衡。极致个人具有强烈竞争性的人际关系特点表现在美国外交方面就是，它在任何时候都需要以竞争者的眼光对外部的他者世界进行清晰而明确的定位，确定谁是其“敌人”及“竞争对手”——未来可能对美国地位构成挑战的潜在“敌人”，同时，出于其强烈的民族使命感和种族优越感，它还会在外部世界中找出那些他认为地位较低、较落后、需要帮助的人，由此来求得其心理社会的均衡。①

（三）美国人的心理社会均衡模式与日美关系

关于极致个人谋求心理社会均衡的方式及其在对待外部世界的态度和行为上的表现，许烺光曾精彩地论述道：“极致个人主义者受限于自我中心的观念，被教导要以自己的想象去塑造世界。他要超越所有障碍来提升自己。如果需要的话他甚至会忍受从众以达到目的。但是，对于那些地位低的人来说，他则会要求大家符合他的期望。他也许会投入很多精力，非常照顾他们，帮助他们，教育他们，并不怕麻烦地改造他们，直到他们俯首称臣，并照他的吩咐去做。对他而言，最无法忍受的事是他认为地位较低的那些人要求与他平等，更糟的是实际上要凌驾于他之上。由于极致个人主义者终极的目标是要超越所有的人，因此他无法忍受挫败或自己的领先地位被改变。他会拒绝承认这样的改变，并取消主动接触。如果需要的话，他当然也会为了保持领先而诉诸武力。接着他会企图建构一些令他满意的理由来解释为什么这样做，不论这些理由是否能够让他人信服。在白人社会的人际关系中，极致个人主义者也许会暂时承认较低的地位，以作为权宜之计，但是在国际关系中，极致个人主义者绝对无法忍受

① 尚会鹏、游国龙：《心理文化学：许烺光学说的研究与应用》，南天书局，2010年，第422页。

他的社会比别人落后。”[①]美国著名经济学家、地缘政治学家威廉•恩道尔撰写的《霸权背后：美国全方位主导战略》恰好可以作为许氏此说的最佳证明。

这种情况也存在于美国对日本的关系上。从美国对日本的改造情况来看，不仅仅是体现在政治方面，如美军占领初期接连发布以《神道指令》为首的各种指令和主导制定实施至今六十余年来都未进行文字修订的《日本宪法》，在广泛的领域强力推行非军事化、民主化改革；而且还体现在经济等方面，如通过“道奇计划”“夏普税制改革”等积极促进日本接纳西方先进的经济制度，及至今天美国仍然在以各种方式对日本进行着改造，如近些年的日美之间每年交换的《年度改革要求书》实质上就是美国对日本的一种温和修理。美国在处理对日关系时，带有个人社会处理人与人之间关系的特点。无论是战后初期将日本视为改造对象时，还是20世纪60年代始提升为合作伙伴至今，皆是如此。日本人听从美国人的意见时，美国人也会诚心诚意地尽心尽力地帮日本，但是，当美国人觉得日本将成为潜在敌人时，敲打起日本来也是毫不客气，而日本的表现恰好契合了极致个人的“超越、战胜、改造、帮助他人”的人际关系模式，因此，作为美国来说，自然也乐意维持这种“相互依赖，美主日从”的日美关系。另一方面，当日本战后初期遇到困难求助于美国时，美国总是慷慨相助，乃至后来日本经济的复兴突飞猛进，以至于大有超越美国之势而招致美国的打压，作为“子”方的日本，虽然也会对作为“亲”方的美国表现出种种不满，也会表现出据理力争，但最终还是大都会顺从作为“亲”方的美国的意愿，对美国人的行为表示理解和认可。

四、结　语

战后以来的日美关系是一种保护者与被保护者关系，这既符合了日本人“缘人”基本人际状态下亲子关系的特点，也是美国人“个人”基本人际状态下寻求社会心理均衡的结果，因此导致亲子模式下美主日从关系能够延续至今。那

① ［美］许烺光：《彻底个人主义的省思》（许烺光著作集9），许木柱译，南天书局，2002年，第10～11页。

么，今后随着世界格局的变化，这种关系又将发生怎样的变化呢?

心理文化学认为，不同基本人际状态下的“心理社会均衡”结构模式不会轻易改变，但为了维持其心理社会的动态均衡，其构成要素的更换则会相对容易一些。日本与美国，不过都是彼此社会心理均衡模式的一个构成要素而已，若彼此能够继续保持基本功能发挥正常，则这种日美关系仍将会一如既往，反之，只要有一方功能弱化，则其将难以为继。

所谓功能弱化，有两层含义。其一，是指彼此的基本人际状态发生了改变，如此则必然影响亲子模式下美主日从关系的延续。基本人际状态这一文化结构比其构成内容有更持久的倾向，但并非一成不变。例如，心理文化学用“缘人”表述日本人的基本人际状态，把日本社会称为“缘人社会”，但近些年日本社会却呈现出向“无缘社会”发展的倾向，若任其发展，日本人的基本人际状态也会发生改变。若作为世界第三大经济体的日本出现这种状况，则受影响的恐怕将不仅限于日美关系，对东亚乃至世界格局都必将会造成重大影响。本文的分析说明，日美关系的“美主日从”特点是日本获得安全感的重要来源，这暗示着，当日美关系模式发生变化或者世界出现了可能会影响这种模式的重大因素时，日本在行为上会有更明显的缺乏安全感的焦虑表现，近几年日本对中国崛起的种种过度反应也可从这个视角得到解释。

所谓功能弱化的另一层含义，即在基本人际状态相对恒定的前提下，彼此在对方“心理社会均衡”结构模式的位置仍存在被替代的可能。日美关系是一种从属式依赖，它是特定时空下的产物，恰巧同时满足了日美各自的心理需要。但美国人与日本人处理人际关系的方式在本质上并不相同，因此，在从属式依赖关系中，彼此的冲突也不会少见。随着其他国家综合国力的增长，美国的衰退，日本也不会甘于一直处于从属于地位，就像过去日本摆脱从属于中国主导的国际秩序一样。若将来出现了能够取代美国做日本人“亲”的国家或更大的文明体时，日本即使无力独自做大，但仍可能与美国分道扬镳，与新“亲”重构一种亲子模式下的关系。不过，就目前情况来看，美国研究专家王缉思、程春华从美国历史发展的轨迹，综合外部和美国国内因素，通过纵向和横向的比较后明确指出，“美国的唯一超级大国地位在未来20～30年内不会动摇，美国的相对实力已经达到世界历史的顶峰，‘超更强’的局面不会出现。但是这个顶峰可以比喻为一座‘平顶山’，其上还有凹凸坑洼。至于美国在这座平顶山上能走多长时间而不致无可挽回地滑到下坡路上，现在的任何预测都是缺乏牢固根据的。应当避免根据一两年的事态发展或一两件重大事件，就得出美国将要从顶峰跌落的结论。中国的经济总量可能在未来的10年左右赶上美国，但其综合实力仍然远远落后于美国，而且发展道路上有比美国更多的不确定因素。作为整体的新发展中国家尚不能对美国和西方世界形成足够有力的牵制，远不具备重塑世界秩序的实力和条件。”[①]《参考消息》2013年9月9日第4版报道，世界经济咨询机构预测研究所预测，20年后中国国内生产总值仍赶不上美国。另外，从日本方面来看，2013年8月，日本NHK就现代日本人的“和平观”进行了一次舆论调查，其中第11问是：你认为今后应该如何对待与美国基于日美安保条约的同盟关系？在给定的答案中，选择“（1）应该比现在进一步加强”的占受访人数的26.3%；选择“（2）维持现状即可”的占49.5%；选择“（3）应该比现在再弱化”的占8.4%；选择“（4）应该予以解除”的占5.1%；选择“（5）其他”的占0.5%；选择“（6）不知道或者没有回答”的占10.1%。综上所述，目前乃至未来很长一段时期内能够做日本之“亲”的，大概仍将非美国莫属吧。

（张建立，中国社会科学院日本所研究员）

① 王缉思、程春华：《西风瘦马，还是北天雄鹰——美国兴衰再评估》，载黄平、倪峰主编《美国问题研究报告（2011）》，社会科学文献出版社，2011年，第54～55页。

细谷千博与日本的实证外交史研究

宋志勇

细谷千博（1920—2011）是日本战后最负盛名的国际政治学家，尤以外交史研究享誉海内外。他 1920 年 4 月出生于东京，1945 年毕业于东京帝国大学法学部政治学科。次年进入本校研究生院学习深造。1962 年获法学博士学位。1951 年至 1983 年长期在著名的一桥大学任教，担任过该校法学部部长。他还先后担任过美国国际政治学会副会长、日本国际政治学会理事长、日本外交文书编集委员会委员长、日本和平学会理事、国际大学副校长等职。1990 年，细谷教授当选为代表日本最高学术地位的学士会会员。

细谷在学术研究道路上辛勤耕耘，写出了《西伯利亚出兵史研究》等一批有影响的专著，对日本的外交史研究起了指导性作用。他的许多学术观点，不仅为学术界认可，而且受到日本政府的重视。细谷特别重视对青年学者的培养，开设了“西洋外交史”“日本外交史”“国际关系论”等多门大学及研究生课程，指导学生走上学问之路。在他的门下成长出了像臼井久和（国际关系论）、丸山直起（中东国际政治）、野林健（国际关系论）、大隅宏（国际机构论）、南羲清（国际统合论）、滝田贤治（美国外交史）、横山宏章（中国政治外交史）、岩田贤司（苏联研究）、大芝亮（国际机构论）、井上寿一（日本政治外交史）等一大批知名的国际关系及外交史研究的专家。细谷教授不仅注重培养国内学者，还注重国际学术交流，他的足迹遍及欧、亚、美各洲，多次在海内外主持、举办国际学术讨论会，促进了国际外交史研究的发展。

一

细谷在外交史研究领域的最大贡献是“开创了日本实证外交史研究的道路”①。他反对主要靠主观判断泛泛而论的外交史研究方法，提倡对外交史进行缜密的实证主义研究。细谷教授的成名作《西伯利亚出兵史研究》就是一部实证外交史研究的经典著作。在这部著作中，他利用了大量的第一手外交档案和其他第一手材料，分析、研究问题，得出了令人信服的结论。他是日本第一位全面利用外交档案进行外交史研究的学者。他的研究方法不仅影响指导了一代日本外交史的研究，而且在国际外交史研究界产生了很大影响，受到了普遍的认可和推崇。

细谷千博外交史研究的第二个特色是广泛地应用比较方法论。外交史的研究要涉及两个以上的国家或地区。运用比较方法论，能更全面、更准确地把握外交史上的问题点，得出正确的结论。细谷教授在《西伯利亚出兵史研究》中充分地应用了这一方法。围绕西伯利亚出兵问题，他利用第一手材料，对日本、美国、英法及苏维埃政府的外交政策进行了全面的比较，还对各国国内因素进行了剖析，例如英、法与美国在出兵问题上的矛盾，日美在出兵问题上的异见，威尔逊总统与影响威尔逊外交决策的蓝辛集团、豪斯集团之间的关系，日本国内“协调出兵论”与“自主出兵论”的比较等。通过这种深层的比较研究，较为清楚地提示了西伯利亚出兵政策的形成过程和性质。

细谷外交史研究的第三个特色，是注重外交政策决定过程的研究，曾主编过《对外交政策决策过程的日美比较》（东京大学出版社，1977 年）。1955 年至 1957 年，细谷在美国度过了两年的海外研究生活。他查阅了美国最高政治领导人及国务院、军事机关的档案，接触了当时流行的美国国际政治学的理论，特别是政策决定过程论。这对细谷教授后来的外交史研究产生了很大影响。他把理论和日本外交史的实践相结合，从而找出了日本外交决策过程的特色，并就

① 《朝日新闻》，1990 年 12 月 13 日。

此发表了一批论文。在1965年美国历史学大会上，细谷教授作了关于太平洋战争前日本对外政策决策过程之特征的学术报告，在1972年美国政治学会上，细谷教授又发表了“日本外交决策决定过程的特色”（英文）的论文。在这篇论文中，细谷对日本外交的决策过程进行了深层的理论阐述，指出战前日本外交的决策用合理主义的决策模式是难以解释的。他列举实例，论述了军部及外务省的中层骨干官僚起了重要作用。对细谷教授在日本外交政策决策方面的出色研究，日本著名外交史专家有贺贞教授给予很高评价。他指出：“在日本外交政策的决策过程中，中坚官僚起了重大作用，这在今天已是国际性的常识。但这种常识大都受细谷的研究报告或论文的影响。”[①]有贺教授还指出，把战前日本的决策过程结构赋予圆锥体模式的特征、战后则以三脚架模式（在强大的自民党、官僚、财界这个三脚架之上，内阁行使决定权）把握，这些观点都来源于细谷的研究。而近年有关日本对外政策决策过程的讨论也都是以细谷的观点为基点而展开的。

细谷教授外交史研究的第四个特色，就是以日美问题（日本外交政策的核心）为基轴，进行整体的全方位研究。时间跨度从近代一直到当代。范围涉及日苏、日英、日德、日中以及英美、苏美等关系。细谷教授的外交史研究是以日苏关系（日俄关系）开始的。以后转向太平洋战争时期日美关系。进入20世纪80年代后，又主攻战后美国对日政策、特别是对日媾和政策。后期，细谷教授的研究方向又侧重日美关系的历史与现状的关系，着眼于国际政治经济秩序的建立。细谷教授研究领域之广，从他以下的研究成果中可以得到证实。《俄国革命与日本》（原书房，1972年）、《对外政策决策过程中的日米比较》、《欧洲共同体（EC）的研究——政治力学的分析》（新有堂，1980年）、《国际政治的世界——第二次大战后国际秩序的变容与未来的展望》（有信堂，1981年）、《通向旧金山媾和的道路》（中央公论社，1984年）。此外，还有《日英关系史——1917—1949》《亚太国际经济纷争史——1922—1945》、“三国同盟与《日苏中立条约》”“日美中三极关系的历史构图”等领域的研究。细谷教授还担任

① 见《一桥论丛》，第89卷第4号，第98页。

了外务省史料馆组织的日本外交文书编集委员会委员长，1979 年主持编写了战后日本第一部权威的日本外交史辞典，并获“吉田茂”奖。

二

《西伯利亚出兵史的研究》（有斐阁，1955 年）是细谷教授的处女作，也是他的成名作。在这部著作中，细谷教授利用了大批国内外第一手资料，特别是外务省的外交档案，对西伯利亚出兵这一历史过程进行了精细的实证研究，是日本外交史研究的一部经典著作。

细谷教授用了大量笔墨，论述了在西伯利亚出兵问题上英法与美，日本与英法美从矛盾、对立到统一的过程；论述了日美统治阶级内部在这一问题上的分歧、特别是原敬、牧野伸显和伊东已代治对日本出兵政策的态度和影响。

细谷教授还特别强调了“双重外交”问题。指出了明治宪法体制下，日本的外交表现出一种独特的形态，即军部和外务当局执行不同的外交政策，形成一种军部优先，外务省追随的局面。细谷教授认为，双重外交最终把日本推入太平洋战争的悲剧，而双重外交的起点可以追溯到西伯利亚干涉战争。

细谷教授用大量翔实的材料证实，第一个干涉西伯利亚的方案，是由法国在十月革命爆发后不久召开的协约国巴黎会议上提出的。该方案主张立即占领符拉迪沃斯托克或西伯利亚铁路，以援助仍在同德军作战的沙俄军队，阻止德国向远东进犯。鉴于当时的形势，法提出由日美两国向西伯利亚派兵。同年 12 月成立的“英法协定”又确认了对苏维埃的干涉政策。

关于重建东部战线的问题，细谷教授在肯定了协约国中怀有扼杀新生的苏维埃政府的意图和本质外，还强调不可忽视经济背景。沙俄的丰富资源和市场、法国在俄国的巨大投资，都对协约国的对苏政策产生了很大影响。细谷教授认为，在十月革命后最初的一段时间，英法极力主张武装干涉西伯利亚，主要是从重建东部战线，彻底打败德国的角度考虑的。

细谷教授仔细分析了日美迟迟不向西伯利亚发兵的原因。指出日本国内在乘机干涉西伯利亚谋取权益方面是一致的，但存在着“自主出兵论”和“协调出兵论”的分歧。“自主出兵论”者主张日本单独出兵，但遭到了外交调查会内原敬、牧野伸显为代表的“协调出兵论”的反对。他们主张在出兵问题上须与美国协调一致。而美国担心日本乘出兵之机，肆意扩大在西伯利亚的势力范围，故原则上反对日本单独出兵。同时，美国与日本一样，国内也存在着两个意见相悖的派系，即强硬的蓝辛（国务卿）派和稳健的豪斯（总统最高顾问）派。而威尔逊总统被挟持在中间，在对苏政策上左右摇摆。直到1918年5月“捷克军团事件”发生，威尔逊总统和两派系方在出兵问题上达成共识，同意日美共同派兵，日本的“自主出兵论”和“协调出兵论”的争论也由此终止。通过对日美两国出兵决策过程的论述，不仅使人们对这一历史过程有了清楚的认识，而且使人们了解到了两国政府决策体系的不同及两国不同的政治力学。

三

细谷教授1955年出版了《西伯利亚出兵史研究》之后，并未停止对这一问题的研究。他利用在美国研究的机会，进一步发掘美国的外交资料，对苏联十月革命时期的国际关系进行了深入的研究，发表了一批价值很高的学术论文。在此基础上写成了《俄国革命与日本》的专著。在这部专著里，细谷教授具体分析了在西伯利亚出兵问题上日美关系的发展演变。他认为，日本的统治上层从最初就无干涉社会主义革命的意图，而是参谋本部出于设立缓冲地带的目的和支持只对东西伯利亚感兴趣的谢苗诺夫。对于原敬，他在组阁前对出兵持批评态度，但在组阁后却改变政策，支持旨在打倒布尔什维克的高尔察克政权，细谷教授认为可能是受“米骚动”的冲击所致。细谷谈古论今，“痛感日本的西伯利亚出兵和美国介入越南有历史的相似之处”，认为历史的经验包含有对当代问题的启示，历史的教训可为后人借鉴。

历史人物是时代的一个重要侧面。细谷教授十分重视外交史上重要人物的研究，把人物与事件、是代结合起来研究，赢得了学术界的好评。《日本外交的坐标》（中央公论社，1979 年）就是他人物研究的一部力作。其第一部分通过对七个人物的论述，描绘出了从1919年巴黎和会到战后媾和三十年日本历史的轨迹。在“牧野伸显与凡尔赛和会”中，细谷教授高度评价了牧野的外交感觉和外交主张，同时指出了他在行动上的消极性。在“外交官吉田茂的梦想与挫折”中，细谷教授分析了这位战后日本名首相在30年代中期从事“日英提携”的活动，以及英国政府对“日英提携”的态度。他认为吉田有敏锐的政治判断力，但有理想主义的因素。因此，他虽积极主动地去推动日英提携，但终因缺乏现实基础而失败。在“松冈洋右与飞翔外交”中，细谷教授通过对松冈在三国同盟、日美交涉等问题上的表现和政策，寻找极富特色的松冈外交的特色。指出松冈外交想象有余，在实践中常常超越客观条件，去追求不切实际的目的，是一种自我意识过大的外交。松冈外交的挫折，除了他性格上的缺陷外，主要还是遭遇到了棘手的日美矛盾。对于松冈主持缔结的三国同盟，细谷教授认为“那是把日本国民带入残酷结局的决定性的第一步”。在“近卫文麿的悲剧性”中，细谷教授分析了1941年日美交涉中近卫首相与罗斯福总统会谈未能实现的过程，指出日美首脑会谈未果与近卫的“悲剧性”没有直接的联系。扩大日中战争和缔结三国同盟所体现的近卫的内在本质和日本的精神风土形成了近卫的“悲剧”。他指出，没有内因的“悲剧”是不可想象的。

从20世纪70年代开始，日本与美国、欧共体国家等的经济摩擦日趋激烈，并走上了政治化。作为解决这个问题的办法，细谷教授主张“日本在考察现在面临的对外经济摩擦问题的时候，应将其置于战前开始的历史视野中。这样，即可产生新的认识，又可通过过去的事例外找到现在实践的指针”。为此，细谷教授在1978年与有关学者组织了研究会，并在1983年将该研究会的成果编辑出版了《亚洲、太平洋圈的国际经济纷争史（1922—1945）》（东京大学出版会，1983年），细谷教授担任该书主编并执笔撰写了“围绕北萨哈林石油资源的日、美、英经济纷争”。该书包括了日中、日苏、日美、日澳、日英、日美加等国间的经济纷争研究，从不同的侧面分析了经济纷争的原因，获得了学术界的赞誉。

细谷教授从美国留学归国之后，研究方向开始转向日美关系。1962 年至1963 年出版的《走向太平洋战争》（朝日新闻社）多卷本就是在以细谷教授为中心的日本国际政治学会太平洋战争原因研究部编集的。它是研究太平洋战争史的必读物。1969年细谷教授又积极推动日美学者共同研究太平洋战争史，主持召开了日美关系史学术讨论会，并于1971—1972年间出版了4卷本的《日美关系史》(东京大学出版会，细谷千博、斋藤真、今井清一、蜡山道雄编)，在两国外交政策决定过程的比较研究方面取得了重大成果，该书也因此获得了“每日出版文化奖特别奖”和“吉田茂奖”。在这次共同研究成功的基础上，细谷教授又组织主持了20年代日美关系的共同研究，1976年在夏威夷召开了日美合作研究会议，1978年出版了《华盛顿体制与日美关系》论文集。该书将20年代的日美关系放到太平洋及东亚国际关系史中考察、分析、论述了围绕中国问题的日、英、美关系。

英国在战前日本的外交中占有重要地位，与日美关系也密不可分。细谷教授在研究日美关系中，越来越注意日英外交的重要性，并开始进行日英关系史的研究。1975年他发表了《约翰•萨苏姆与战后日本》(《中央公论》第1062号)的论文，用确凿的新史料证实，萨苏姆作为日本史学家，他的建议对英国提出的波茨坦公告修正案给予了很大影响，并成为日本的统治形态由直接军统统治改为间接统治的契机。1978年，他发表了“1934年的日英互不侵犯协定问题”，并在外交史料馆作了“太平洋战争不是日英战争吗？”的报告。1982年他主编了日英学者共同研究的学术成果《日英关系史——1917—1949》(东京大学出版会)，该书围绕着日英战争是如何爆发的这个中心议题，从不同的侧面和角度进行了论述。

进入了80年代后，细谷教授又把研究方向转向了战后对日媾和政策，并发表了一批论著。1983年他根据刚刚解密的美国外交档案，写成了《围绕吉田书简的诸问题》(渡边昭夫编《围绕旧金山和约的政策决定》，东京大学教养学部，1983年)的论文，分析了“吉田书简”的形成过程，指出了在媾和问题上日美错综复杂的关系。1984年，细谷教授又推出了论述对日媾和政策的力作《通向旧金山和约的道路》(中央公论社)。他利用刚公开的英美外交档案，介绍了同盟国在对日媾和政策上的异同。该书的特点是，强调了英国在对日媾和政策及美国的东亚政策展开过程中的重要作用。此外，他如下的新见解也得到了学术界的重视：一是，日美安全保障构想的原型来自1947年片山内阁芦田外相的备忘录和次年的英国外交部次官助理戴尼克的提案。二是，杜勒斯反省凡尔赛会议对德惩罚失败的教训，主张对日实行宽大的媾和条件。三是，朝鲜战争的恶化使美国的对日交涉力变弱，但日本没能察觉这一点，失去了使用相应战术的机会。四是，苏联出席媾和会议使英美两国政府受到冲击，他们曾策划通过议事规则来压制苏联。美国对媾和会议能否顺利进行深感不案。五是，杜勒斯鉴于《凡尔赛和约》未获上院批准的教训，强迫吉田茂选择承认中国国民党政府，吉田则试图利用英国来回避杜勒斯的压力。“吉田书简”就是在这种复杂的过程中产生的。不能单纯地用冷战的模式来解释。通过上面的考察，细谷教授认为日本政府选择了“多数媾和”具有重大意义。“全面媾和论”虽是一种高尚的理念，但“只是一种缺乏现实性的外交选择的愿望”。细谷教授的这部力作受到学信界的高度评价，被称为是“在对日媾和国际政治研究中奠定了重要基石的重大业绩”。

细谷教授对战后日本的外交史学和国际关系论的发展起了“指导性作用”（有贺贞教授语），而且在推动研究国际化方面做出了很大贡献。他重视历史与现实的结合，赋予了历史以时代的活力。细谷教授还以历时学家的社会责任感，参予了“村山谈话”的起草和“亚洲历史资料中心”的设立工作，为促进日本正视历史和强化近代史研究做出了积极贡献。

（宋志勇，南开大学日本研究院教授）

南海争端的处理模式与东亚秩序
——东盟模式的可能性

云大津

一、前　言

南海①古代称为涨海。汉武帝时代（前 140—前 88 年）发现南沙群岛和西沙群岛，宋元时代称之为“千里长沙、万里石塘”，在这里更多记载的是渔民的生活情境。随着中国船舶在中国和东南亚、甚至远达东非地区的往来，人们逐渐加深了该本海域的了解。明清以后中国开始对该海域进行管辖。随着明朝的“海禁令”的实施、清朝的衰落，列强开始蠢蠢欲动。首先是德国进入南海，紧接着日本、法国等也染指该海域。第二次世界大战后，越南、菲律宾和马来西亚陆续介入。

现在国际关系中的南海问题，围绕着领土权和确保资源，各国间的交涉、对立甚至冲突已成为人们关注的焦点问题。处理南海争端的模式可概括为：大陆架理论（或先占理论等）、南极模式和东盟模式等三种方式。②大陆架理论和先占理论是明确“所有权”的理论依据，南极模式可理解为依据了搁置“归属问题”共同开发利用的模式。而东南亚国家联盟（ASEAN，简称东盟）模式则

① 浦野起央引用资料原文是“南支那海”，本文统称“南海”。

② 进入 21 世纪，围绕南沙主权的争端继续升温,成为国际政治中的热点之一。各方为此提出种种方案,如“U 形方案”“环形方案”“北海模式”“印尼澳航路模式”“南极模式”，以及“多边分割”方案等，其中“南极模式”较有影响力。

是在东盟这一平台上，组成国达成“共识”，是不带有强制力却能促成共同认识的模式。

本文通过第二节南海的生活、政治和经济空间的演变过程，明确争端的历史背景、主体和本质。同时，从第三节争端处理模式的探讨中，论述东盟模式的可能性。最后，从世界秩序（帝国论与制度论）和国际关系（政治、文化）、社会的公共资本（经济）和网络民主（社会）的视角，总结东盟模式的历史意义。

本文是对浦野起央观点①的解读和整理，同时参照了川胜平太和滨下武志等海洋的国家观，②和“在海上划界线”而出现的本来畅通无阻的“自由的海”被分割的视点、藤原归一③的不通过战争能否形成世界秩序的探讨，和宇泽弘文的“社会的共同资本”④概念中提到的、不否定“私有”（既成社会秩序），扩大公共空间（“社会的公共资本”），对争端处理模式进行了探讨。本文是对南海争端处理模式的理论性和思辨性的摸索。

本文强调的是，“冷战的结束方式”的启示，是不通过暴力也能改变世界秩序（藤原归一）；通过扩大公共空间，即通过对“私有”的管理和经营注入历史和社会的标准解决私有制所带来的弊病（宇泽弘文）的两点。ASEAN 模式和 APEC 的宽松规定，具有容易促成“共识”的可能性，而印度尼西亚和马来西亚所达成的东西马来西亚之间的海域的“所有权”和“使用权”的协议，是对“私有”的扩大解释的具体事例。前者的“共识”起到理论指导作用（基准），后者则是两国间，对“私有”（领有）注入历史和社会性要素具体操作的实例。南海争端处理的“东盟模式”，即网络民主的模式反映了时代的特征对东亚秩序的形成有很大的可操作性。

---

①［日］浦野起央：《南海诸岛国际纷争史》，刀水书房，1997 年，第 11 页。本文的引用省略作者尊称。

②［日］滨下武志编：《东亚世界的地域网》，山川出版社，1999 年。［日］川胜平太、滨下武志编《亚洲交易圈和日本工业化》，藤原书店，2001 年。川胜平太编《亚洲太平洋经济圈史》藤原书店，2003 年。

③ 东京大学社科研究所编：《20 世纪体系》（1、6）东京大学出版社，1998 年。

④［日］宇泽弘文：《社会的公共资本》，岩波新书，2000 年。

二、南海争端的演变过程——南海的“面孔”

（一）在南海的交易和航海活动——生活的空间

1. 生活的记载、中枢文明的转向

早期中国文献关于南海的记载，不光涉及航海也有很多开发的描述。在这里是不受任何阻拦“自由的海”，是“中国的回廊”。早在公元前1世纪就开始了中国和罗马的贸易。南海通道不仅是丝绸的运输通道，同时是生活圈的一部分。①另外，《更路簿》是海南岛的渔民往来南海诸岛的航海指南，积累了许多航海者的航海智慧。南海首先是中国人生活的世界，受中华世界（秩序）的影响。从经济的角度，中华秩序具体体现在中国对外关系的“朝贡制度”，即实质上的贸易管理政策。②

中国人和世界的往来从宋朝（960—1279）开始活跃起来。“10—11世纪的海上交易通道和中国陶瓷的出土”，证明了中国陶瓷遍布西亚、印度、非洲东岸、东南亚和东亚等广阔区域。另外宋的铜钱也遍及世界，当时东南亚海域的中心港市三佛齐交易的基准货币是宋钱甚至远至东非也挖掘出宋代的铜钱，这反映了当时宋钱的世界货币作用；“蒙古帝国的领域和重要网络通道”，反映的是陆地实施了“驿递制”联结了地中海、黑海周边到日本海的巨大领域，控制在蒙古帝国单一制度之下。海上建立起了中国和波斯湾的海上主干线，元朝最大港市福建的泉州，是当时贸易额世界最大的两大海港之一；“元明时代的‘西洋’和‘东洋’”，指出宋朝从东南亚到印度洋周边广阔的海域，中国传统上统称为“南海诸国”，根据海流的关系往印度尼西亚半岛称“上岸”，从东南亚岛屿部

① 1世纪的《异物志》记叙了南海诸岛的海龟和玳瑁等，晋时代裴渊的《广州记》记载了中国人在南海诸岛渔业的一端。关于在南海生活的描述，之后的书籍中有较多较详细的记载。

② 17—19世纪中国和周边的关系参看图1（[日]滨下武志：《中国的吸收银的力量和朝贡贸易关系》，川胜平太、滨下武志编，2001年，第36页）。朝贡制度的经济政策作用参照滨下武志的“朝贡贸易与近代亚洲”（[日]滨下武志：《近代中国的国际的契机——朝贡贸易与近代亚洲》，东京大学出版会，1990年）。中华秩序一般体现在，政治上的“册封制度”和经济上的“朝贡政策”的两个方面。

往印度洋沿岸诸岛称“下岸”。另外，相对应于“上岸”和“下岸”，航路近的称“浅番”，远距离的称“深番”。可是到了元朝，由于航海频繁和航海通道网络的密集化，原本是航海用语的这些称呼却成了地理认知名称，本来是航向用语的“东洋”和“西洋”也是在这个时代开始用于海域名。中国元朝迎来了海上交通网络最为发达的时代。①

中华世界（秩序），从川胜平太、滨下武志编国际商品流通的研究也可见一斑。②16—18 世纪普遍史的“初期近代期”中的“亚洲交易圈”③，是以棉花、砂糖、生丝和茶叶为主要国际商品，“长江三角洲”为生产和消费中心地带的交易圈。④“亚洲交易圈”由“东亚交易圈”和“东南交易圈”组成，从陆地和海上连接了亚欧大陆两端的日本和欧洲，连接“大西洋交易圈”，形成了“世界交易圈”。具体的交易的特征是：日本和欧洲出口货币材料换取从以“长江三角洲”为中心的“亚洲交易圈”产品。从中世过渡到近世，欧洲通过殖民地政策，而日本则实行进口代替政策，几乎同样经历了一个世纪，即持续到 19 世纪初欧洲和日本完成了国际产品的进口替代生产（欧洲的殖民地政策和日本的国内生产体制）。

“近代世界秩序”⑤，即中心—半周边（半边远）—周边（边远）的三重结构围绕着大西洋地区于 1450—1640 年成立。而“近代世界秩序”和日本的“锁

① 以马六甲海峡和苏门答腊岛（Pulau Sumatera）的蓝无里国（Lamuri）为界，西边为西洋，东边为东洋。以文莱为界线东边为“小东洋”，西边为“小西洋”（[日]宫崎正胜:《郑和的南海大远征》，中公新书，1997 年，第 7、11、23、29 页）。

②[日]川胜平太:《关于日本的工业化的外部压力和亚洲间关系》，川胜平太、滨下武志编，2001 年。

③ 中国分别于 10—14 世纪和 16—17 世纪经历了两次商业革命（[日]斯波义信:《重新点评 16—18 世纪的世界状况》，川胜平太、滨下武志编，2001 年，第 272 页）。“亚洲交易圈”研究的概况见[日]石井宽治:《亚洲贸易圈的形成与重组》，川胜平太、滨下武志编，2001 年，第 259 页）。

④ 中世过渡到近世期，欧洲和日本同时期出现了国际商品大众化。日本和英国的国际产品替代过程参考川胜平太、滨下武志编，2001 年，第 179、180 页。

⑤[日]川北稔译《近代世界秩序（1、2）》，岩波书店，1981 年。

国”是在同一时期，[①]以不同的方式各自完成了亚洲的国际商品的进口替代生产，即19世纪初期出现了中华秩序影响下的“亚洲交易圈”（商业时代），开始向以大西洋为中心的“近代世界秩序”（资本制度、工业时代）的中枢文明的转向。

2. 南海从“管理贸易”到“统制贸易（国家垄断贸易）”

“近代世界秩序”成立之前的南海，具有“生活空间”的特征，即南海是以中国渔民为主的捕鱼场所，同时也是连接亚洲和世界经济海上交通的主要通道。当时的亚洲是世界经济中心，同时也是世界文明的中心。“亚洲交易圈”包括“东亚交易圈”（中国“文明”圈）和“东南亚交易圈”（东南亚“文明”圈），是在中枢文明“中华秩序”（体系）的不同程度作用下逐渐形成的。

从海洋的角度，“亚洲交易圈”包括：东海、南海、印度尼西亚海等独自的交易圈和各交易圈间的往来。而中国的华南、华中沿岸地区和至少在10世纪为止属中国领土的越南北部地区相交汇的公共部分，形成南海海域交易圈。而至少从汉代到宋末的南海交易，不是东南亚和东亚之间的交易，而是南海海域内的交易。可是随着中国大消费市场的吸引力，和具备了连接东西物流运输能力的东南亚海海域的推动下，“南海交易圈”加入了“亚洲交易圈”。

南海贸易秩序在宋代形成，宋朝海外交易设有市舶司贸易官，采取的是贸易管理政策。[②]另外，宋朝中国尖底帆船的出现，使至今依靠东南亚船和西方船只的南海，成为中国人的海。中国尖底帆船是宋朝出现南海交易盛况的最大功劳者。宋代南海商业秩序是在南海海域、印度尼西亚海海域的诸中心地区、福建沿海和广州的国际中心城市的统合下所形成的秩序。其核心要素是无与伦比巨大的中国市场、中国尖底帆船商船队华人的航海技术和组织能力，而不是依靠国家的统制力量的作用。

南海的分割是在14世纪末明朝出台海禁令之后，即禁海令的出现，南海

---

① “锁国”是日本从以中国为中心的“册封体制”中自立出来的过程。“近代世界秩序”和日本“锁国”（自立）的母体是亚洲（以中国为核心的“中华秩序”，或是以中国为主要生产和消费地的“亚洲交易圈”）。

② 市舶司制度始于唐代，13世纪前期的《诸蕃志》记载了在南海海域展开交易的管理情况。16世纪黄衷的《海语》记载了广东读书人对南海物产的向往。

的历史才开始有中国史和东南亚史之分。南海圈的交易也从宋朝的"管理贸易"转变到明朝的"统制贸易""国家垄断贸易"。禁海令[①]（统制贸易）是重建中华世界秩序的一部分，郑和的远征也是国家垄断贸易、重整中华秩序的一个环节。[②]

3. 南海和印度尼西亚海域的分离——南海的国家垄断贸易

明朝的禁海令一方面使海上交易受到了阻碍，另一方面琉球和朝鲜的关系、琉球和东南亚诸国的关系反而得到迅速发展。同时在禁海令外缘，利用朝贡体制秩序册封诸国间的横向连带也得到加强，环绕着陆地中国出现了琉球、马六甲等国际型国家和城市。[③]同时17世纪30年代日本的"锁国"直接影响了日本商船队，荷兰东印度公司也因此替代日本进入了东海交易圈。

荷兰东印度公司17世纪初开始从亚洲运送大量的香料到欧洲，依靠收集信息的能力、海运能力和筹备资金的实力，把15世纪以来处于分裂状态的南海和东海和印度洋交易圈连接起来。17世纪后半期荷兰东印度公司垄断了印度尼西亚海域的交易，成为在南海中国商船队强劲的对手。17世纪末随着大航海时代的结束，商业时代远地贸易的盛世也因此衰落。东印度公司垄断体制的完成，是17世纪70年代以后贸易出现停滞现象的直接原因。

18世纪前期，欧洲市场长时间的萧条而清朝经济不断增长，清朝中国市场成为东南亚产品的大消费地。在荷兰的垄断政策和生产管理下，从印度尼西亚海海域分离出来的南海海域，不得不依靠中国市场。可是和印度尼西亚海域——印度洋交易相比，南海贸易在朝贡体制下受到极大的限制。南海诸地域的国家垄断贸易一直持续到19世纪，也就是说，亚洲各国的商业资本从附属于国家处在未成熟阶段就直接进入了殖民地时代。

① 明朝（1368—1683）的洪武帝（1368—1398）为了安定国内经济，规定禁止朝贡交易之外所有交易的法令。为此，中国封锁了南海的北半部。万历年间（1563—1620）海禁令事实上被废除，这促进了经济发展。

②［日］樱井由躬雄著《东亚与东南亚》（滨下武志编，1999年，第88页）。图7"亚洲的海域圈"（川胜平太编《从海洋看到的历史——读解费尔南德布罗代尔（Fernand Braudel）的"地中海"》，藤原书店，1996年，第162页）。

③ 倭寇在东海、中国商船队连接南海和东海、东南亚船只的广泛的活动参考滨下武志编，《东亚世界的地域网》，1999年，第85页。

（二）南海的战略（政治）空间和资源（经济）空间

1. 从生活的空间到战略的空间和资源的空间

1909 年自从清代的两广总督张人骏派遣水师提督李準等到西沙群岛调查并建立石碑以来，虽有对当地的华商活动进行保护，其主权行使和管辖统治只涉及海南岛。[①]因南海诸岛的部分岛礁被视为航行危险地带，海南岛是当时中国唯一通向印度洋海域的南海通道。南海在历史上虽不缺乏中国的控制权的行使，但它处在交易、移民、朝贡的中华秩序的周边，同时南海的外缘存在朝贡国区域，而南海在其内侧，其特征更多反映的是生活的空间（渔业和交易通道）。南海的空间，虽有显示中国的生活圈的地图，但没有注明行政区划。[②]

南海战略地位的重要性，首先表现在以渔业和磷矿资源的开发为主的民间活动所引发的各国间摩擦。此外第二次世界大战以前，1931—1933 年间针对航海和航空基地需要，围绕西沙群岛领有问题出现中法对立。[③]1933—39 年间日法间出于军事战略上的考虑争夺南沙群岛。[④]南海的地理位置决定了它在水路上的重要性。此外，南海经济价值的空间于 20 世纪 70 年代石油危机之后倍受关注。为此，在该海域除了越南之外，菲律宾、马来西亚、文莱等国主张领海权。这样，南海从生活的空间演变到战略的空间和资源的空间。

2. 领有主张——中国、越南和列强（渔业、磷矿、航海通道）

进入 20 世纪以来对南海的关注，首先是对渔业资源、海岛的鸟粪堆积而成的磷矿石的采取。二战期间，南海的航空和海上运输通道的中转站作用成为各国关注的焦点，而二战后更关心的是石油资源。对南海关注对象的变迁，反映了南海的生活空间、战略空间和资源空间，不同时期的不同“面孔”。

明朝虽对南海行使管辖权，但只停留在为尽可能避开危险航海地带而加深

---

① 浦野起央第 37 页引用丘岳宋、符敬《海南地理之研究》

② 浦野起央第 38 页引用赵宋岑《中国的版图》第一次世界大战后开始出现护照（[日]濱下武志编：《东亚世界的区域网》，山川出版社，1999 年，第 213 页）。

③［日］入江启四郎：《中国的国境和领土问题》，载入江启四郎编《现代中国的国际关系》，日本国境问题研究所，昭和 50 年）。

④ 外务省记录 A-4-1-0-2-1《各国领土发现及归属关系杂件——南支那海诸礁岛归属关系》第二卷，第 49 页。新南群岛的军事地位在《南支那年鉴》（昭和 14 年）有记载。南海的战略性作用在《太平洋地政学》（1942 年）有较为全面的论述。

对该海域认识的层面，当时关心的重点是东西洋往来，对疆域的认识不足。如对南洋[①]诸国往来船只的主要航路“七洲洋（东沙群岛）[②]”的关注，是出于对“七洲洋”航海难的缘故。[③]中国对南海行使管辖权反映在《广东通志》和《泉州府志》[④]等的记叙中，这充分体现了中国对南海的关心。可见，明代和清代的南海更多反映的是，“生活空间”的特征。[⑤]

15 世纪地理上的发现之后，西欧各国涌向东南亚。[⑥]随着列国对南海的调查和测量，精细化了南海诸岛的航海地图，加深了对南海诸岛的了解。另外法国 1859 年占领西贡后开始介入南海诸岛，而“锁国”解除，即明治以来的日本也开始进入南海。由于发现大陆以来殖民地政策的非法性，这一阶段列强在南海诸岛行使的一系列活动不成为主张领有的依据，南海诸岛仍然是生活空间的“面孔”。同时南海诸岛出现了中国、日本和法国的对抗局面。

3. 领有主张——中国、日本和法国

日本进入南海诸岛可为三个阶段：首先是以探险、开采磷矿石为主的民间活动为第一阶段。日本从 20 世纪初开始在南海诸岛活动，主要与当时的清朝发

---

① 南洋是明、清时期对东南亚一带的称呼，是以中国为中心的一个概念。包括马来群岛、菲律宾群岛、印度尼西亚群岛、中南半岛沿海、马来半岛等地。清朝时期也指江苏以南的沿海诸地称为“南洋”（江苏以北沿海称北洋）。

② 陈伦炯《海国见闻录》（上卷，《南洋记》，1730 年）的“四海总图”中记有“东沙”和杨炳南笔录《海录》（1820 年；冯承钧注译：《海录注》中卷，中国台湾商务印书店，1970 年，第 44 页）记叙的“亚洲总图”最初出现“东沙”的名称。陈鸿瑜（《南沙诸岛主权与国际冲突》，幼狮文化事业公司，1987）和符骏（《南海四沙群岛》，世纪书局，1981 年）认为东沙群岛的记叙是正确的（浦野起央，第 118 页）。另外，韩振华主编《我国南海诸岛史料汇集》（东方出版社，1988 年）也有七洲洋、千里长沙/万里长沙、千里石塘/万里石塘是东沙群岛的描述（浦野起央，第 113 页）。此外“七洲洋”还存在，西沙群岛和其附近海域（《元史》）、海南岛东南部的海洋（苏续庼的《岛夷志略》校对）和西沙群岛（东之：《我国的西沙群岛》，《新生报》，1947 年）的三种说法（浦野起央，第 88 页）。

③ “自古舟师云：去怕七洲回怕昆仑”（纪昀《钦定续文献通考》卷二三九，上海鸿宝书店，1902 年，第 81 页）。

④ 金光祖《广东通志》（卷二，疆域，1697 年）和郝玉麟《广东通志》（卷四，琼州府，1731 年）的疆域记叙都引用了南宋的《琼管古志》。郭赓武整理的《泉州府志》（卷五六，《国朝武迹》，1870 年，第 43 ~ 44 页）记载了海军副提督对南海诸岛的巡视。

⑤ 明清时代“对疆域认识不足”的观点出自浦野起央，第 105、121 页。

⑥ ［日］浦野起央，第 139 ~ 142 页。

生关系。清朝灭亡后经历了日本人和中国人对东沙岛开发的混乱，[①]1927年10月23日中国军队占驻西沙群岛。1928年中山大学设立西沙群岛调查筹备委员会，5月22—6月6日对西沙群岛进行现地调查，并由广东政府正式发布了“西沙群岛的调查报告”的调查结果。此后对东沙岛也进行了调查，1929年4月广东建设厅的东沙岛调查报告刊登在4月18—19日的“新国华报”上。

日本和清朝中国间发生东沙岛争端后，清朝把目光转向开发西沙群岛，同一时期日本则开始关注南沙群岛，出现了日本民间人士对南沙群岛的探险。日本政府也开始介入南海诸岛，相关文书有1933年7月17日以“关于南中国海岛屿”为题整理了至今为止南海诸岛的事宜。1933年8月7日“西沙群岛的归属”和1933年8月12日的“关于东沙的文件”中分别指出“西沙群岛属北京政府”，正式承认东沙为中国领土。关于南沙群岛日本政府的相关政府文书有1936年度议会质疑应答文书、1939年“关于新南群岛（即南沙群岛）的交涉经过”和1940年“关于新南群岛问题的由来”等。[②]

第二阶段是二战前后，日本在“南进论”[③]的作用下，1938年12月23日，日本内阁决定将新南群岛并入台湾地区，同年12月27日内阁决定兼并西沙群岛。1939年以武力侵占海南岛和南海诸岛。而法国于1859年2月18日占领西贡后，1884年占领整个越南，期间和清朝政府签订了一系列的“条约”，但法国和清政府的国界划定条约中没有设定西沙群岛和南沙群岛的领土权。[④]1925年11月6日安南政府和法国间的“顺化条约”签订后，法国开始高度关注南海。出现了日法对南海诸岛的争夺局面。

---

① 如关于东沙，于1909年10月11日在广东签署了《交还东沙岛条款》，其特点是，“日本一方面承认中国的主权，一方面避开领土权”。比如日本外务省亚细亚局第一课1933年8月7日“关于西沙群岛的归属问题”的秘密文件，和同年8月12日的“关于东沙岛”文书同样反应了这一特征。清朝中国西沙群岛全领域占有过程见（外务省记录A-4-1-0-2-1《各国领土发现及归属关系杂件——南支那海诸礁岛归属关系》第二卷）。1907年清朝中国对西沙群岛的合并在日本的《海军水路志》中也有记载。日本人对东沙的开发参见浦野起央，第147页。

② 外务省记录A-4-1-0-2-1《新南群岛关系》第二卷，外交资料馆。

③ 关于“南进论”参看浦野起央，第977页）。

④［日］浦野起央，第249页。

4. 二战后领有问题——《旧金山和约》规避南海诸岛的归属

第三阶段为日本处战败阶段是战后世界秩序的形成期。与日本主权相关联的有，1943 年 11 月《开罗宣言》涉及日本国主权、1945 年 7 月 17 日《波茨坦公告》敦促日本无条件投降、1951 年 7 月 12 日《美英和约草案》和 1951 年 9 月 8 日《旧金山和约》涉及战后日本的领土问题。《开罗宣言》规定，"剥夺日本 1914 年第一次世界大战之后掠夺和占领在太平洋的一切岛屿，以及将如满洲、台湾及澎湖列岛等日本国从清国人手中盗取的一切地域，归还给中华民国，驱逐日本国通过暴力极其贪婪所掠夺的其他一切地域"，但关于南海诸岛的归属，只有"日本国从清国人手中盗取的一切地域归还给中华民国"这一句，这是否包括了南海诸岛没有明确说明，也没有展开充分的议论。

另外，1939 年 3 月 30 日新南群岛并入台湾地区管辖时，台湾地区是否属于南海诸岛也没有得到充分的确认。而《波茨坦公告》的第八项中"履行《开罗宣言》的条款，日本国的主权应局限在本州、北海道、九州及四国，以及我们所决定的诸小岛"。这里也没有明确南海诸岛的归属问题。1945 年 8 月 14 日，日本虽然接受了《波茨坦公告》的无条件投降，但依然没有明确南海诸岛的归属。日本的战争结束文书中都没有涉及南海诸岛的归属问题。《旧金山和约》，同样只涉及日本放弃南海诸岛，这和美国在战略上有意规避南海诸岛的归属有关。

5. 二战后领有之争——中国、法国、越南、菲律宾、美国

《旧金山和约》签署阶段，菲律宾、越南、法国、中国台湾当局、中华人民共和国之间，各自声明或实行占驻南海诸岛的相关岛屿，出现了持续混乱的局面。[①]另外，战后菲律宾和美国在南海诸岛的活动，是南海争端的新现象。[②]南海诸岛占据的现状参看浦野起央的 4.5 表"20 世纪 80–90 年代的南海

① 1951 年 9 月 8 日签订《旧金山和平条约》，其中的第二条（f）项的"放弃新南群岛及西沙群岛的所有权利、原权及请求权"，南海诸岛的归属再次陷入混乱状况（浦野起央，第 392～418 页）。

② 1956 年菲律宾对南沙群岛主张"先占"的合法领有权开始介入南海诸岛。1957 年从印度支那（中南半岛）和南海战略的重要性出发，美军占领了南沙群岛的三个岛屿（浦野起央，第 418 页）。

诸岛的实效的管辖”。

三、南海争端处理模式的摸索——ASEAN 模式

（一）《杜鲁门公告》等公约

二战前，南海的主要“面孔”是生活的空间和战略的空间，虽然日本以及美国已开始关注南洋的石油资源开发，但是在二战后随着六七十年代海底调查报告的公布，特别是70年代石油危机后对海底资源更加关注，领土权主张和冲突也因此日益突出。二战后的南海成了资源争夺的空间。

而二战后各国依据法律法规主张领海权，是从1945年9月28日美国总统杜鲁门发表《杜鲁门公告》(“美国关于大陆架的底土和海床的天然资源的政策”和“美国关于公海水域的沿岸渔业的政策”)开始，大陆架制度(Continental Shelf Regime)，使人类长期以来以捕鱼和海运为主要目的使用海洋的自由原则走向崩溃。[①]为此，于1958年2—4日在日内瓦召开了第一次国联海洋法会议，同年4月29日签订了《领海及毗连区公约》《公海公约》《公海捕鱼及养护生物资源公约》和《大陆架公约》[②]等一系列的海洋法条约。之后，围绕着南海诸岛领海之争“东盟模式”受到关注。

（二）ASEAN 模式

1. 印度尼西亚与马来西亚领海领空协定

20世纪70年代后半期的局面是以越南、中国的对立为主线，各国争端焦点明显地向围绕石油开发而进行的海域统治和海域防卫转移。进入80年代后，南海诸岛的关系国间的矛盾激化继续加深，其特点是，继承了70年代以来以中越对立为主线的领权主张的模式，进入了各当事国实行实效性统治的局面。

---

① 各国的主张和声明参见表4.7“南支那海关系国的海洋法制”(浦野起央，第1043页)。

② 1982年联合国连续召开的第三次海洋法会议，通过了《联合国海洋法公约》，确认了“群岛国”概念，使一大片公海成为这些国家的内水；确认了“专属经济区”概念及其宽为200海里；重新定义了“大陆架”概念，并把大陆架扩展到最远可达350海里，不足200海里的沿海国也可以扩展到200海里。

在此背景下，在《吉隆坡宣言》[①]起草国马来西亚的支持和以印度尼西亚为首的与南海诸岛没有直接利害关系国（没有领海权主张）探索和平解决方案的努力下，1981 年 12 月，印度尼西亚与马来西亚就领海和领空问题达成“共识”，1982 年 2 月签署了即不改变使用现状（“使用权”）又明确了“所用权”的具有最大限度包容特征的条约。并提倡南海改称“和平及中立的海(SOPAN)”，这和 1971 年“吉隆坡 ASEAN 和平、自由、中立宣言”的精神密切相关。[②]印度尼西亚与马来西亚间的协定是向世界宣布两国间最为密切关系的见证，马六甲海峡和南海也因此成为连接两国的纽带。

两国所达成的协议是 ASEAN 探索和开发和平解决纠纷问题的成果。另外，1988 年 3 月菲律宾表明希望与中国通过和平手段解决南沙群岛争端，菲律宾与越南之间也达成同样的协议。[③]

2. 和平解决南海潜在争端的进展

1990 年 8 月 12 日中国总理李鹏“共同开发”的发言和东盟精神、东盟组

---

① 1967 年《ASEAN 成立宣言》(亦称《曼谷宣言》)、1976 年第一届首脑会议在巴厘岛公布《ASEAN 协约宣言》除当初的政治协助外启动了区域内的经济协助、1987 年第三届首脑会议决定从“集体重工业化战略的替代进口”向“集体依靠外资的出口志向工业化战略”转变、1992 年第四届首脑会议开始推进东盟自由贸易区（AFTA，ASEAN Free Trade Area)、2003 年第九届首脑会议通过“ASEAN 第二协约宣言”(亦称“第二巴厘宣言”）宣布于 2020 年建成东盟共同体（AC，2007 年 1 月第十二届首脑会议把期限提前到 2015 年)、2005 年 12 月第十一届东盟首脑会议通过制定东盟宪章的“吉隆坡宣言”、2007 年 11 月第十三届首脑会议通过《东盟宪章》《东盟经济共同体蓝图宣言》等一系列重要文件并重申在 2015 年前建成东盟经济共同体、2011 年第十九届东盟首脑会议通过了《在全球国家共同体中的东盟共同体巴厘宣言》(又称《巴厘第三协约宣言》)、2013 年 10 月第 23 届东盟首脑会议主题为“凝聚人民，共创未来”重点讨论在 2015 年前建成东盟共同体及加强东盟对外合作等问题。当今的东盟已发展成为从注重区域建设转变到影响区域外和世界秩序形成的主体。

② 马来西亚在 20 世纪 60 年代提出地区中立主张对东盟产生相当大的影响。一般而言，1971 年东盟依据马来西亚的地区中立主张公布《吉隆坡宣言》,《和平、自由与中立区域宣言》确立了东盟的对外立场和原则。马来西亚和印度尼西亚于 1982 年 2 月 25 日正式签署条约，全文共 25 条（浦野起央，第 705、710、745 页)。“自由的海”形成的相关协定参考浦野起央，第 744 页。

③ 1995 年 4 月中国与 ASEAN 间达成继续通过交涉和平决定南海诸岛领土问题的协议。1995 年 8 月中国与菲律宾间达成南沙群岛周边海域八项行为准则，和通过友好协商决定领土纠纷的协议。同样于 1995 年 11 月中国与越南间达成通过对话决定南沙群岛等领土问题的协议（“八项准则”参考浦野起央，第 942 页)。

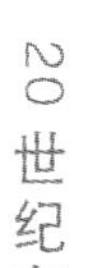

成国间在南海争端问题上取得的一系列成果相关，具有回应 ASEAN 期待的意义。[①]可是，1992 年 2 月中国领海法[②]公布引起关系国的担忧和警惕。另一方面，和平解决南海潜在的争端也有了进展。1992 年 7 月东盟外长会议通过了《南海各方行为宣言》。[③]基本内容是：暂时搁置领土权和统治权，将南海作为合作地区，并确认了和平解决争端的方向。另外，1982 年制定的《联合国海洋法公约》于 1994 年 9 月生效，成为各国间合作和领海划定的基本准则。[④]

在这一背景下，以《联合国海洋法公约》《南极公约》以及 1989 年印度尼西亚和澳大利亚间签订的《帝汶缺口公约》（"The Timor Cap Treaty"）为基础，印度尼西亚提出"Goughnut Formula"的设想。也就是，将从南海沿岸国海岸线到 320 公里线的区域设定为排他性的国际海域，这个环绕着南海沿岸的区域就是各领有权主张国的共同开发海域。70 年代以来正是这一构思的作用下，泰国和马来西亚、印度尼西亚和马来西亚、马来西亚和菲律宾之间取得了共同开发的成果。[⑤]

3. ASEAN 模式

1971 年的《吉隆坡 ASEAN 和平、自由、中立宣言》确立了 ASEAN 的基本原则、1982 年印度尼西亚和马来西亚等东盟组成国间达成的"协议"、1992 年《南海各方行为宣言》和 2005 年《吉隆坡宣言》的 ASEAN 宪章制定等东盟区域取得一系列的成果，是东盟实行区域主义以软实力，安全导向、政府主导、"东盟方式"决策、奉行开放原则和不干预主义（不干涉内政）的独自的"东盟模式"有效性的体现。在东盟各国间"限制争端能带来共同利益"的"共识"

① 李鹏提出以与越南关系正常化为基础，暂时搁置南沙群岛主权争议，与 ASEAN 各国共同开发的提议。1991 年 6 日杨尚昆主席访问东南亚各国也确认了李鹏讲话。中国的南海政策早在 1984 年邓小平已提出"共同开发"的思路。

② 1996 年 5 月中国通过了于 1994 年生效的《国联海洋法条约》，并发表了声明（浦野起央，第 952 页）。

③［日］浦野起央，第 1013 页。

④ 但《联合国海洋法公约》提到的 200 海里排他经济领域的应用、大陆架的划定、群岛理论（群岛直线基线）的应用、低潮高地和岩石等产生了很多争议。根据大陆架理论划定海域的国家参考浦野起央，第 1045 页，各国海洋法制定参照表 4.7（浦野起央，第 1043 页）。

⑤［日］浦野起央，第 1013 页。

已形成了东盟共同的信念。搁置相异对外保持一体性，一致应对和解决问题，成为东盟行动的共同准则，即“ASEAN Way”①。

在处理南海领土问题上，东盟采取参与和协商的策略，通过参与和协商达成社会性的学习效果和文化调整适应的效果，有利于达成“共识”和实施，“东盟模式”有扩展到区域外的趋势和可能性。②

四、历史性、社会性和法律法规

（一）国际法上的合法性

二战后各国主张领海权的理论依据源于1945年美国的《杜鲁门公告》。从国际法的角度对领海权的分析归纳如下。③

关系国对两群岛的主张和所实施的行动是否构成领有的根据，在国际裁判上，对争端地域的主张发生争执时，或领域纠纷的具体化的时间为决定的日期（critical date）。国际法上承认这一时期以前的事实的证据能力。在领土争端中，历史事实或争端之后通过实力统治的主张，是当事人在争端之后制造出来有利于自己的事实，不作为具有证据能力给予承认。

关于国家领域取得的“原权”的有否，在国际裁判上一般是通过论证“实效性”（effectiveness）的有无加于判断。不是通过割让条约等取得，而是自古以来领土的主张，要求发现具备长期行使国家权限的持续性和平稳性的特征。也就是说以“作为主权者行为的意图与意思”以及“这一权限某种程度实际的行

① 2008年来自泰国的歌曲“东盟方式”当选为东盟盟歌，反映东盟文化和民族的多样性，体现东盟的尊严、合作与团结精神。

② 1992年7月发表《关于南中国海问题的宣言》、1999年7月中国同意制定《南海行为准则》、2002年7月东盟决定改“准则”为“宣言”、2002年11月中国和东盟签署《南海各方行为宣言》、2004年12月东盟提议制定《落实〈南海各方行为宣言〉指针》、2011年7月签署《落实〈南海各方行为宣言〉指针》。“指针”签署后，围绕着开展务实合作还是着手制定“南海行为准则”等问题，中国和东盟间进行了一系列的会谈。2013年9月中国和东盟在苏州举行了“落实《南海各方行为宣言》”第六次高官会和第九次联合工作组会议。

③ 使用资料为，日本外务省委托财团法人和平·安全保障研究所于平成18年3月发表的《南中国海周边的领土问题》的研究报告。该报告基本代表日本政府的意见（和平·安全保障研究所：《南支那海周边的领土问题》，平成17（2005）年度外务省委托研究）。

使或发现”作为具有“实效性”的判断。“先占”取得的核心要素是，实效的占有或实效的支配（effective occupation）。[①]从国际法上“原权”[②]和“实效性”有无的观点看，证明不了南沙群岛是相关国家所主张的“自古以来的领土说”[③]。因此，从国际法上可下这样的结论，南沙群岛是没有明确领有权的国家之间的争讼地。[④]

（二）历史性、社会性和法律法规

可见从国际法、联合国海洋法公约等，即依据相关的法律法规“在海上划线”时，出现技术上的难点和争议。即大陆架理论、群岛理论和先占理论等都是明确“所有权”的理论。可是，法律法规（理论）和历史性、社会性（实践、习惯、现状）有区别甚至发生冲突。

争端的决定方法如，印度尼西亚和马来西亚于 1981 年 12 月 3 日影响两国关系的印度尼西亚群岛理论的实施在第五次最终的会谈中，达成了互相承认领海及领空的“领有权”和“使用权”方案。其特征是，既成利益（现状=历史性和社会性）和领有（理论=法律法规）的最大限度的包容。

五、结语：网络民主形成的“共识”和“社会的公共资本”

区域或世界秩序的形成一般通过“霸权（强权）下的国际体制”和“达成协议之下的区域统合”（在国家之上的机构下的地区统合）的两种方式。其依据分别是，“自由主义”的普遍价值观，和“传统价值”区域统合的利用，前者的代表是美国，后者是 EC/EU。除此之外，南美共同体和东盟，在设立过程既不需要霸权也不依靠区域文化或传统的存在（即使各国间有文化的类似性），藤原归一把这种约束力弱的组织定义为网络民主。ASEAN 和 APEC 具有网络民主的

① [日] 小寺彰他：《讲座国际》有斐阁，2004 年，第 239 页。关于南沙群岛的“先占”性见和平·安全保障研究所，2005 年，第 62 页）。
② 关于领域的原权指形成取得领域根据的事实（小寺彰他，第 239 页）。
③ 和平·安全保障研究所，2005 年，第 61 ~ 63 页。
④ 和平·安全保障研究所，2005 年，第 58、69、73、76 页。

特征，是利用“冷战的结束方式”的例子。①

而印度尼西亚和马来西亚所达成的领海及领空的“领有权”和“使用权”的协议，是没有否定领有（“私有”），同时尊重历史和传统的例子，是对“私有”的排他性内涵根据理论和实际进行再定义的实例。也就是说承认私有允许私人管理，但作为整个区域和社会的共同财产，不只是按照市场的“单项标准”还必须遵循历史和社会等“多项标准”进行管理和运营。印度尼西亚和马来西亚达成的协议是“社会的公共资本”概念具体的运用。②

ASEAN 和 APEC、冷战的结束方式、印度尼西亚和马来西亚两国间达成的协议，是通过网络民主形成“共识”和“社会的公共资本”运用的结果。南海争端处理的“东盟模式”反映了时代的特征，同时 80 年代以来中国提出“搁置争议，共同开发”的新思路，与东盟所形成的“限制争端能带来共同利益”的“共识”、同样中国主张的双边谈判与多边协商区别对待，与东盟组成国间在领海问题上所取得的成果的商议过程没有本质上的区别，也就是说东盟和中国不管是在思路和操作方面都很接近。“东盟模式”对东亚秩序的形成有推动作用和存在很大的可操作性。

东南亚区域内交易网于 20 世纪 60 年代末的东盟成立，和 1987 年以后中南半岛各国的加入，终于开始形成了曼谷、新加坡、雅加达为中心，和连接南海的越南、连接太平洋的菲律宾的新的交易网络，重新出现海洋东南亚的局面。新时代的“东亚交易圈”“东南亚交易圈”和“亚洲交易圈”等从海洋东南亚的角度充满了新的可能性。

（云大津，海南大学社会科学研究中心教授）

① “冷战的结束方式”，是没有通过暴力政治的可能性的技术性事件，同时藤原归一在“霸权（帝国）和网络民主”中指出了 ASEAN 和 APEC 的网络特征(东京大学社科研究所编，1998 年)。APEC 可理解为 ASEAN 的扩大版。

② “社会的公共资本”是 19 世纪末凡勃伦（Thorstein Veblen）的制度主义概念的表现。1968 年生物学家 Garett Hardin 提出“共有地的悲剧”（The Tragedy of the Commons）的命题和“社会的公共资本”的区别见宇泽弘文 2000 年，第 4、21、23、79、83 页）。

菅直人内阁边界领土政策探析

尹　虎

菅直人内阁在执政期间推出了一系列值得关注的边界领土政策，并与中、俄、韩等国展开了围绕领土问题的外交博弈。鉴于菅直人内阁对鸠山内阁的边界领土政策进行了较大调整，同时为野田内阁的边界领土方针的出台做出了政策铺垫，加之菅直人内阁的领土边境政策导致东北亚政局的剧烈震荡，围绕领土问题的的外交冲突空前凸显，因此深入探讨菅直人内阁的边界领土政策有助于把握当今日本政坛的领土问题认识，展望日本对外政策的走向，具有较大学术价值。

一、问题的提出

2011 年 8 月 30 日，在党内斗争与在野党的倾轧下，时任日本首相的菅直人万般无奈地解散内阁，辞去了首相职务。“市民政治家”菅直人最终也未能逃脱“短命内阁”的政坛怪圈，成为 2007 年以来日本第五位“短命首相”。在长达 14 个月[①]的执政期内，菅直人内阁在内政、外交等领域均面临了艰难局面。在菅直人内阁所经历的诸多“政治风波”中，使其处于“栉沐风雨”“跋前踬后”的困境，同时又给菅直人内阁的执政根基带来巨大冲击的应属领土纷争问题。菅直人内阁的边界领土政策不仅引来了日本国民的不满，还遭到了国际社会的谴责，最终成为促使其倒台的主要原因。

① 菅直人于 2010 年 6 月 8 日就任首相，于 2011 年 8 月 30 日辞职。

虽然日本与周边诸国间的领土争端由来已久，但是像菅直人执政时期那样领土纠纷在“多方”、“同时”升温的情况则十分罕见。而且，在日本战后外交史上也未曾出现过同一时期因领土问题导致中日、日俄关系处于全面停滞的状况。不仅如此，菅直人执政期的韩日关系也因领土问题而面临了不稳定局面。2011 年 8 月，韩国外交通商部一改以往向级别较低的使馆政务参赞提出抗议的惯例，直接召见日本使馆政务公使，提出了相关领土问题的抗议。[①]这一抗议形式的变化充分体现了在领土问题上日韩对峙的激烈程度。

菅直人内阁在执政期内围绕领土问题推出了一系列政策，并与中、俄、韩等国政府展开了不同层面的外交博弈。召回驻俄大使，不顾中国政府的多次抗议坚持扣留中国船长达 18 天之久，向西南岛屿增派军队等措施说明了其政策的强硬程度。菅直人内阁的边界领土政策也呈现出了战术上的多样性。菅直人内阁采取的考虑对外关系而推迟“防卫白皮书”的审议时间，联合第三国在领土问题上共同制衡“对手国”，活用司法理论等措施都是历届日本内阁未曾重视或没有使用过的政策。这些都充分表明了菅直人内阁的边界领土政策在日本政治外交史上的重要地位。

由于日本与中、俄、韩等国存有领土纷争，从而针对某一国的边界领土政策往往会引起涉及多国利益的连锁反应。因此想要把握日本政府边界领土政策的“全貌”及本质，就不得不通过“多边”视角来进行分析、比较和概括。尽管中国学术界近些年涌现了不少关于中日钓鱼岛问题、日俄北方领土问题（俄罗斯称南千岛群岛）、韩日独岛问题（日本称竹岛）的优秀研究成果，但令人遗憾的是这些研究大部分都没有超出“双边关系”的视角局限，也没有把日本政府的某一特定内阁设为研究对象以“多边”视角来分析该内阁的边界领土政策。本文将设定菅直人内阁的边界领土政策为考察对象，分析其边界领土政策的主要特征，并进一步探讨菅直人内阁领土政策的影响。

①《人民日报海外版》，2011 年 8 月 4 日。

二、菅直人内阁边界领土政策的基本方针

日本民主党自成立之日起就把解决领土问题设定为主要政治目标。菅直人内阁上台后更是表现出了对领土问题的高度关注。出于稳定国内政治及加强美日同盟等因素的考虑，菅直人就任首相后便对前任鸠山内阁的“友爱外交”进行了修正，采取了基于“价值观”和“同盟论”的边界领土政策。[①]

对于日韩间的独岛纠纷，菅直人内阁在承认存在领土问题的基础上，采取了重视同盟关系并极力淡化领土纷争所引起的负面影响的方针。菅直人曾指出：“日韩双方均为美国的同盟国。即使互相有不满，也应该共同承担推进日美韩合作，维护地区稳定的责任。”[②]他还强调：“日韩两国具有民主主义、自由主义及市场经济等共同的价值取向。”[③]由此可见，在菅直人内阁的对外战略中“价值观”和“同盟论”等因素处于重要地位，同时可以推测菅直人主张的是持有相同价值观、又同是美国盟国的日韩间信赖关系的构筑。[④]

理论上俄罗斯实施着西方模式的市场经济和民主主义，应属于菅直人内阁主张的拥有共同价值观的国家，但是日俄间的经贸关系和文化交流却没有像韩日两国那么多。面对俄罗斯这一不属于同盟国的“陌生的对手”，菅直人内阁在承认日俄间存在领土问题的前提下，采取了积极主张北方领土所有权的趋于强硬的边界领土政策。

对于中日间的钓鱼岛争端，菅直人内阁表现出了与韩日、日俄间领土问题截然不同的认识，提出了钓鱼岛是日本的固有领土，不存在任何领土问题的方针。[⑤]菅直人内阁的外务大臣前原诚司还公开否认了中日间钓鱼岛问题“搁置

---

① 周永生：《菅直人内阁的外交政策》，《国际论坛》，2011年，第2页。

② 环球网：《菅直人“新政”的外交政策：修复强化日美关系》，2010年9月11日，http://world.huanqiu.com/roll/2010-09/1111779_2.html，2012年5月3日检索。

③ 中国新闻网：《菅直人新政外交缺乏建设性 亲韩疏华凸显短视》，2010年9月21日，http://www.chinanews.com.cn/gj/2010/09-21/2547953.shtml，2012年5月3日检索。

④ 尹虎：《试论民主党执政后的日韩关系》，《前沿》,2011年,第22页。

⑤［日］藤冈信胜、加濑英明：《中国为什么要来取回钓鱼岛》，自由社，2010年，第38页。

论”的存在。面对中国这一价值观不同，又不属于同盟国的“对手”，菅直人内阁采取了以日美同盟为外交基轴，积极抗衡和抵制中国的边界领土政策。

此外，在推进对外交涉的过程中，菅直人内阁显得“急功近利”，一味地强调己方立场，同时采取了强硬的对外政策。这又与鸠山内阁时期所推行的“友爱外交”形成了鲜明对比。后来执政的野田内阁延承了菅直人内阁边界领土政策的基本特性。但是与菅直人相比，野田佳彦更是大胆地开展了强硬的以日美同盟为基础、价值观外交为辅助的边界领土政策。可以说，民主党政府的边界领土政策从鸠山由纪夫的基于“友爱外交”“东亚共同体论”的政策转变到了野田佳彦极富攻击性的基于“美日同盟基轴论”的方针。毋庸置疑，菅直人内阁在这一过程中起到了承上启下的作用。而且，菅直人内阁强硬的边界领土政策滋长了日本国内右翼势力的气焰，加剧了日本政坛的右倾化。第二次登上首相“宝座”的鹰派安倍晋三的“钓鱼岛政策”中也能找到菅直人、野田内阁强硬的边界领土政策的“影子”。

三、日本与周边邻国间的领土争端以及菅直人内阁边界领土政策的施行

菅直人内阁边界领土政策的基本方针在同周边国家间的领土争端中表现出了其“原貌”。而且，在应对日韩间围绕2010年度《防卫白皮书》的外交纠纷，中日间“钓鱼岛撞船事件”，以及俄总统视察南千岛群岛而起的外交争端的过程中，菅直人内阁边界领土政策的内容进一步得到了充实。

（一）日韩两国间的领土纠纷与菅直人内阁的边界领土政策

“淡化领土问题”和“正视领土问题”成了菅直人内阁与李明博政府围绕领土问题的博弈的关键。与中俄两国的领土纠纷加剧的情况下，菅直人内阁力图避免“三面受敌”的不利局面的出现，而李明博政府则想利用这一“机会”，在韩日领土纷争中占据有利位置。

2010年9月10日，民主党政府审议通过了执政后的第一部《防卫白皮书》。2010年版《防卫白皮书》把韩国实际控制下的独岛描述成了“日本固有的领土”。

为了避免与韩国的外交冲突，减少来自领土纷争的压力，在审议通过2010年度《防卫白皮书》的当天，外相冈田克也在记者会上解释道，2010年度《防卫白皮书》中的有关领土问题的表述与“过去”没有任何变化。[①]暗示了《防卫白皮书》中的领土问题是自民党政府遗留下的，民主党政府一时不好处理的处境。另外，对于2010年度《防卫白皮书》的审议结果，官房长官仙谷由人也曾表示：“日韩关系的主流不会因竹岛的表述问题而发生变化。深化日美同盟和强化日韩合作是（日本政府的）一条主线，韩方对此也应给予理解。”[②]事实上，鉴于2010年8月29日是日本对朝鲜半岛实施殖民统治的《日韩合并条约》签署100周年，菅直人内阁顾及韩方反应，已经把内阁会议审议通过2010年度《防卫白皮书》的时间从原定的7月推迟到了9月。[③]战后日本外交史上从未有过顾及对外关系而推迟《防卫白皮书》审议时间的前例。由此可见，菅直人内阁为了减轻领土纷争而起的负面影响采取了诸多措施，付出了巨大努力。[④]此外，为了给边界领土政策的顺利推进营造出良好的政治氛围，在淡化两国领土分歧的同时，菅直人内阁还积极实施了对韩友好政策。例如，菅直人在《日韩合并条约》签订100年之际发表了“首相谈话”，就36年的殖民统治给韩国人民造成的严重伤害以及巨大损失表现了深刻的反省和由衷的歉意。同时，菅直人政府决定向韩国返还殖民统治时期非法流出的部分文物。[⑤]在“延坪岛炮击事件”发生后，菅直人内阁立刻表明对韩国政府的支持，积极推进了与韩国的军事合作。

值得注意的是，菅直人内阁的边界领土政策未能得到韩国民众的满意。韩国民众对只重视淡化领土纠纷引起的负面影响，而忽视寻求领土问题解决之策的菅直人内阁表示出了反对态度。在国内舆论和东北亚局势的影响下，李明博

---

① 日本共同社电，2010年9月10日。

②《中国日报》2010年9月10日。

③《朝日新闻》2010年7月28日。

④ 尽管菅直人内阁积极地推行了淡化领土纷争的对韩外交政策，但领土问题依然存在，还不时出现激化领土争端的“意外事件”，让菅直人内阁防不胜防、忙于应付。例如，韩国民主党议员持俄罗斯的签证访问（俄称南千岛群岛）的事件在日本国内引起了轩然大波，日本媒体大肆报道此事件，严重影响了淡化日韩领土纷争的政策效应。

⑤《朝日新闻》2010年8月10日。

政府也在领土问题上采取了强硬的政策。2011 年 8 月，李明博政府拒绝了欲进入领土争端地区考察的 3 名日本自民党议员的入境申请，并严词驳回了来自外务省的抗议。而且，在菅直人内阁通过 2011 年度《防卫白皮书》又一次主张对独岛的主权时，李明博政府还一改以往向级别较低的使馆政务参赞提出外交抗议的惯例，直接召见了日本使馆政务公使提出了交涉，表示出其维护领土主权的决心。[①]可以说，菅直人内阁的对韩领土政策并没有取得预期效果，未能让日韩两国关系走出“剪不断，理还乱”的怪圈。

（二）中日两国间的领土纷争与菅直人内阁的边界领土政策

在 2010 年 6 月 22 日举行的日本朝野各党党首辩论会上，菅直人发表了将美军普天间机场搬迁问题与中国军力增长挂钩的言论，并强调了“势力均衡”和“美军威慑力”的重要性。此外，在 2010 年 7 月出台的《参议院选举政策公约》中，菅直人内阁又一次主张了领土问题和安全问题上提防中国的扭曲的政策方针。以此种菅直人内阁的对华认识为背景，2010 年 9 月 7 日，中日间发生了“钓鱼岛撞船事件”。中日两国围绕“钓鱼岛撞船事件”进行了邦交正常化以来的最为激烈的外交博弈，导致两国关系又一次陷入低谷。

“钓鱼岛撞船事件”由日本海上保安本部巡逻舰在钓鱼岛附近撞击中国渔船，并扣押中国船员而起。在此次钓鱼岛撞船危机中，日方关押中国船员达 18 天之久，还试图依照日本法律来审判中国船长，想以此来表明日本对钓鱼岛周边海域的主权及执法权。在 2004 年 3 月发生的“登岛事件”中，小泉内阁只是迅速地遣返登上钓鱼岛的 7 名“保钓人士”，并没有将他们移送至日本检察厅。[②]而这一次，菅直人内阁采取了与小泉内阁完全不同的领土政策。尽管菅直人内阁有过化解危机的机会，而且完全可以避免矛盾的升级，但其却向中国摆出了强硬的姿态，企图试探中国维护领土完整的政策底线。面对菅直人内阁的挑衅，中国政府果断回应，在要求日方无条件放还船长的同时，采取了中断省部级以上政府交往，终止向日本提供稀土，在河北省的军事管理区扣押日本建筑企业藤田公司 4 名日籍职员等严厉措施。钓鱼岛撞船危机的发生正

①《人民日报海外版》2011 年 8 月 4 日。

②《读卖新闻》2004 年 3 月 27 日。

值民主党党首选举，当中国接二连三地出台对抗措施时，菅直人却被国内政治牵扯了太多精力，应对迟缓。面对中国的强硬态势菅直人内阁最终做出了让步。

尽管撞船事件的最终结果说明，菅直人内阁误判了形势，低估了中国政府护领土主权的坚定意志。但是经历这场风波之后菅直人内阁依旧没有改变强硬的边界领土政策。日本巡逻船和巡逻飞机对中国渔政船的跟踪和干扰并没有得到减少，而且，菅直人内阁还决定增派2000人的军队部署到西南诸岛，以此来对抗中国的军事力量。另一方面，菅直人内阁不仅在钓鱼岛问题上积极寻求了美国的帮助，还同与中国存在领土纷争的印度签署了全面经济伙伴关系协定，欲借美国和印度之手制衡中国。①2010年10月，日本防卫大臣北泽俊美陆续会晤了越南、印度尼西亚、澳大利亚、泰国及新加坡等国国防高官，试图在钓鱼岛问题上得到这些国家的支持与帮助。②虽然菅直人内阁推行的联合第三国共同制衡对手国的边界领土政策未能达到预期效果，但给中国带来了不可小视的外交阻力和安全隐患，引起了中国政府的高度关注。

（三）日俄两国间的领土纷争与菅直人内阁的边界领土政策

在民主党的积极推动下，日本国会众议院于2009年6月11日通过了《促进解决北方领土等问题的特别措施法》的修正案，首次在法律上把北方领土规定为日本的“固有领土”。③对此俄罗斯外交部传召日本大使表示了抗议。2010年9月11日，菅直人内阁又在2010年度《防卫白皮书》中写入日本对北方领土的主张再一次刺激了俄罗斯领导人。

俄罗斯政府开始把日本民主党的边界领土政策视为是对本国核心利益的挑战。为了应对来自日本的“威胁”，2010年9月29日，梅德韦杰夫总统发表声明重申了北方领土是俄罗斯重要组成部分的立场，并于11月1日登上国后岛（俄称库纳施尔岛）进行了视察。紧接着俄罗斯第一副总理舒瓦洛夫、国防部长谢尔久科夫、国防部副部长布尔加科夫、以国家杜马访问团为首的俄政府各阶层

①《中国评论新闻》2010年10月25日。

②《上饶日报》2010年10月14日。

③ 新华网：《日国会通过法案将北方四岛规定为日本固有领土》，2009年7月3日，http://news.xinhuanet.com/world/2009-07/03/content_11646154.htm，2012年5月2日检索。

代表团陆续登临了北方领土。俄政府官员们用实际行动向日本政府表明了维护领土主权的决心。

针对俄政府官员接二连三登岛“宣示主权”的做法，2010 年 11 月 2 日，菅直人内阁宣布暂时召回日本驻俄大使以示抗议。日本召回驻俄大使的做法前所未有，表现出了菅直人内阁的边界领土政策的强硬程度。随着日俄外交冲突的加剧，菅直人内阁还加大了对俄舆论攻势。2011 年 2 月 7 日，在东京召开的“要求归还北方领土的全国大会”上菅直人指名道姓地批评梅德韦杰夫总统，并对俄总统的北方领土视察称之为“不能容忍的粗暴之举”。前原诚司也在同一大会上做了极为激进的发言，并表示：“为了尽早让领土回归，我要豁出自己的政治生命去努力。”[①]虽然日本历届政府的政要们也曾表示过对北方领土问题“不容拖延”的立场，但像菅内阁这样的犀利用词并不常见。对于日本的言论攻势，俄罗斯政府于 2 月 7 日发表声明表示抗议的同时也加强了对日舆论攻势。

为了更有效地对抗俄罗斯，外交大臣前原诚司与内阁官房长官枝野幸男分别于 2010 年 11 月 30 日和 2011 年 2 月 21 日乘坐飞机视察了北方领土。此外，在日俄领土纠纷加剧时，日本驻格鲁吉亚大使会见了与俄罗斯存有领土争端的格鲁吉亚临时议会领土完整委员会主席马拉什赫伊日，双方就相互承认对方与俄罗斯存有争议的领土主权进行了磋商，并探讨了对抗俄罗斯的方案。[②]

日俄两国围绕北方领土的“口水战”和“心理战”，使日俄关系陷入低谷。但北方领土毕竟处于俄罗斯的实际控制之下，如想解决两国间的岛屿争端，又不得不继续与俄罗斯进行谈判，这使菅直人内阁处于一种进退两难的尴尬中。为了不让两国关系跌至无法挽回的地步，失去继续谈判解决问题的机会，菅直人内阁只好采取缓和日俄关系矛盾的措施。前原诚司于 2011 年 2 月 10 日访问俄罗斯同俄方进行了协商。可是领土争端已使原本就不牢固的两国关系更加不稳定，致使谈判未能取得预期效果。进退维谷的前原外交，更是让菅直人内阁陷入更深层次的执政危难之中。

①《中国评论新闻》 2011 年 2 月 11 日。

②《南方日报》2011 年 2 月 24 日。

四、菅直人内阁的边界领土战略的主要特征

基于民主党政权特有的政治特性，日本与周边邻国间领土问题的特点以及任期内寻求领土问题解决方案的迫切期望，菅直人内阁采取了积极主动的边界领土政策和对外政策。在相关政策的推进过程中，菅直内阁的边界领土政策呈现出了其明显的特征。而且，其中几点特征又共同体现在了菅直人内阁与周边邻国政府进行的每一次围绕领土问题的博弈中。其主要的共同特征可以总结为以下四点。

第一，孤立“领土问题”。菅直人内阁的边界领土政策并不像鸠山内阁的“东亚共同体论”一样具有最终解决领土纷争的目标及具体的理论体系。一味地孤立“领土问题”，只强调淡化日韩间的领土纷争，而忽视解决矛盾本质的菅直人内阁的边界领土政策，最终未能得到韩国民众的理解。在应对中日、日俄间的领土纷争时菅直人内阁同样孤立了“领土问题”，忽视了国内经济等因素，并采取了缺乏国际关系大局考虑的“硬碰硬”的强硬政策。不论菅直人内阁围绕领土问题实施的强硬的外交对抗政策，还是以外务大臣前原诚司的“中国歇斯底里论”和官房长官枝野幸男的“中国恶邻论”为代表的言论攻势，都严重刺伤了邻国的感情，其影响超出了领土问题的范畴，阻碍了双边经贸关系的正常发展，最终导致日本国家利益的损失。对日本而言，在国内财政恶化、经济连年不景气、美国与欧洲均陷于经济困境自身难保的情况下，中国的市场、俄罗斯的资源变得越来越重要。再则，灾后重建则更需要中、俄等国相关的经贸因素的拉动。为了自身经济利益，最终菅直人内阁不得不主动修复步入“死胡同”的中日、日俄关系。

第二，重视“司法理论”。菅直人内阁上台后，在独岛和北方领土问题上曾沿用“非法占据”这一传统的外交措辞，以此表达了其强硬立场。但鉴于北方领土与独岛的实际控制权不在于日本的现实，菅直人内阁时而改口将“非法占

据”说成“没有法律依据的控制”[①]，传达了缓和与韩、俄关系的意图。在“钓鱼岛撞船事件”中日本政府强行扣押中国渔船，试图用日本国内法审判中方船长，暴露了菅直人内阁制造出一个“判例”，试图把钓鱼岛的控制转变为“法理现实”的野心。尽管菅直人内阁频频使用法律用语与司法理论来显示其领土主张的“正当性”，但这种做法却使外交个案成为漫长的“司法诉讼”，阻碍了相关问题得到迅速化解。[②]

第三，拉进“美国因素”[③]。2010年9月23日，前原诚司专程访问了美国，与国务卿希拉里在纽约举行了会谈，并获得了“钓鱼岛属于日美安保条约的涵盖范围”的美方承诺。“延坪岛炮击事件”后美国不断强调构建美日韩三国间军事合作体系的必要性，希望对美韩、美日同盟进行整合。[④]美国的这一东北亚战略又推动了日本政府淡化日韩领土争端，加速强化了日韩准同盟关系的政策出台。在领土问题上一直主张激进政策的前原诚司也对独岛问题保持了“克制”，这又进一步表明了菅直人内阁成员重视“价值观”及“同盟论”的共同认知。而且，在中日领土争议上菅直人内阁又积极借助美国的外力。钓鱼岛撞船事件发生后，前原诚司分别于2010年9月23日和10月28日，两度会见希拉里国务卿促使美国再一次重申钓鱼岛适用于日美安保条约；[⑤]当日俄发生领土争议时，美国也公开支持了日本在北方领土问题上的立场。[⑥]美国的态度给菅直人内阁服下了“定心丸”，使其更加明目张胆地同中、俄两国进行对抗。

第四，联合第三国，制衡“对手国”。在“钓鱼岛撞船事件”发生后，菅直人内阁与印度、越南、印度尼西亚等国进行磋商，欲寻求共同应对中国的方案。2010年10月，日本防卫大臣北泽俊美接连会晤越南、印度尼西亚、澳大利亚、

①《环球时报》2011年2月25日。2011年2月24日，在国会众议院发言时外相前原诚司和内阁官房长官枝野幸男接连把以此传达了缓和日俄关系的意图。

② 翟新：《日本民主党政权应对钓鱼岛问题的异常性问题》，《国际问题研究》，2011年，第62页。

③ 朴东勋：《朝鲜半岛局势变化与美国的亚太战略》，《韩国观察》，延边大学出版社，2011年，第42页。

④《中央日报》2010年12月11日。

⑤《读卖新闻》2010年9月24日。

⑥《朝鲜日报》(网络版)2011年2月21日。

泰国及新加坡等国国防高官试图得到这些国家的支持。在日俄领土争端加剧时，日本驻格鲁吉亚大使又会见了格鲁吉亚临时议会领土完整委员会主席就相互合作进行了磋商。菅直人内阁的联合第三国制衡“对手国”的政策导致了“双边”领土问题发展为利害关系错综复杂的“多边”问题。而且，菅直人内阁的联合第三国制衡“对手国”的边界领土政策又为其继任者野田首相高调介入南海问题提供了先例。

五、结　论

菅直人内阁的边界领土政策给日本外交及东北亚政局带来了不可忽视的影响。首先，菅直人内阁的边界领土政策导致中日、日俄关系陷入低谷。菅直人内阁采取的迎合美国东北亚战略抵消中国与俄罗斯在东北亚地区影响力的边界领土政策，虽然有着促进日美关系改善的一面，却加剧了该地区的紧张局势。其次，菅直人内阁的边界领土政策加速了日本军事大国化进程。为了应对“钓鱼岛问题”，菅直人内阁主张在防守力量薄弱的冲绳县宫古岛以西部署军队，为未来可能爆发的岛屿争夺战做准备。设有假想战场、假想敌的菅直人内阁的国防政策与强硬的边界领土政策得到了有效结合，为日本军事大国化的推进创造了有利条件。最后，菅直人内阁支持率因领土问题而大幅下降，直接影响了执政根基。菅直人内阁上台后由于内政外交失误连连，其支持率迅速下跌。菅直人内阁在领土纷争中采取强硬政策，不无借助国内民族主义情绪提高支持率的打算。但菅直人内阁最终没能充分把握好“民族主义”这把“双刃剑”，反而把自己立于舆论攻击的位置。随着中日、日俄、日韩领土纠纷的发展，日本国内出现了国民对政府应对措施不满的现象，最终削弱了菅直人内阁的执政根基，成了菅直人下台的主要原因。①

在14个月的执政期，菅直人内阁与中、俄、韩等三国政府进行了围绕领土问题的博弈。不言而喻，推行重视“价值观”“同盟论”的外交，把特定国家设

① 姜龙范：《论日本民主党执政后的中日关系》，《东疆学刊》，2012年，第32页。

定为牵制对象，并联合第三国共同进行制衡“对手国”的菅直人内阁的边界领土政策，产生了消极、负面的影响，加深了区域内国家间的隔阂，并进一步加剧了地区局势的紧张程度。但是菅直人之后的野田和安倍内阁依然未能认识到持有不同“同盟观”和“价值观”的东北亚国家间因领土问题而发生对抗时，可能导致的事态的严重性和不确定性。野田和安倍内阁强硬的边界领土政策和挑衅的姿态，带给了爱好和平的东北亚各国人民忧虑及深思。

如何解决中日、日俄、韩日间领土问题将是关系这一地区能否维持持久和平的关键问题。抛开冷战思维，通过对话谈判来增进互信，加强合作，共同维护地区安全与稳定才是实现地区长久和平与共同繁荣的唯一出路。

（尹虎，清华大学思想文化研究所研究员）

安倍政权的继承与选择

刘　云

从明治维新伊始，日本的大国战略就具有一定的传承性，是政治经济与安全的统一。“明治三杰”之一的大久保利通赴欧美诸国考察后，大力推行殖产兴业，走上了“富国强兵”的道路。大国战略是每一个日本政治家的理想，也是每一段政治生涯的宿命。战后日本在美国迫使下进行了一系列民主化改革，成为发展的新起点。对于日本政治家来讲，挣脱民族枷锁实现大国战略是重大使命。安倍继承了战后日本政治家的大国战略思想，试图恢复日本真正意义上的独立。

一、民粹思想

大国战略离不开民粹主义。饱受民粹思想浸淫，安倍号称“纯种的政治家”，立志“把日本建设成自己理想中的国家”，理想指的就是构建日本“安全保障和社会保障”，实现大和民族的大国战略想。

安倍秉信“国民永远不会成熟，国家需要真正的精英”，“做出成熟判断的国民”这一民主主义暗淡前提是难以实现的。真正的精英要具备一般国民无法比拟的大局观和综合判断力，要具备一旦有事勇于为国家、为国民欣然献出生命的气概。①面对理想，安倍将“自反而缩，虽千万人我往矣”，坚定自己的独

① ［日］藤原正彦：《国家の品格》，新潮社，2006 年，第 55 頁。

立思考“勇往直前”[①]。安倍再次执政，不但不会轻易放弃改变战后体制的理想，而且会更坚定地向这一目标迈进。

在安倍眼里，日本肩负着“神圣的使命”，自民党存在的价值即是自主制定宪法。欧美人的精神结构是基于“对立”，自然是人类为获取幸福而理应征服的对象，其他宗教和不同的价值观都应该排除。与此相反，对日本人而言，自然是神，人是其中的一部分，是一体化的。“这种不同的自然观形成了欧美人与日本人间的本质差异”，日本“必须教会以欧美为首尚未开化的人什么是本质”[②]。1951年《旧金山和约》的缔结使日本恢复了形式上的主权，但战后日本的制度设计，宪法以及作为教育方针的教育基本法都由美国制定，最初的意图是“困住日本的手脚，防止它东山再起、跻身强列”。在优先发展经济的保守本流下，日本确实实现了经济强国，“物质上得到很多，精神上也失去很多”。“安全保障和保卫日本与自由、民主主义是一致的”，自民党的诞生就是要让日本“恢复真正意义上的独立”，建党精神之一就是倡导“制定自主宪法”，“日本的国家框架必须要用国民自己的双手从头开始构建，只有这样才能实现真正的独立”[③]。安倍经济政策最终落脚点依然是日本的国家安全，在“富国”的基础上实现“强兵”。

对于安倍来说，日亚与日美平衡非常重要。日本难以得到国际社会的尊重，是因为“附属国”必须“按美国意志行事”[④]。日本需要靠自己来保卫自己的国家，但日本也需要维护与美国的同盟关系，因为日本无法依靠独自的力量确保安全，必须考虑“核遏制下的地区平衡”，或“远东地区的稳定”。日本将成为亚洲的核心，对亚洲进一步开放，让日本成为一个“世界中众多人口渴望来此工作，并希望向这个国家投资的国度”，即一个“充满机遇并能充分发挥能量的国家”，“世界上有人能够与日本的国家和理想产生共鸣”，“让子女接受日本教育或成为日本人”，这直接关系到“日本的生命力”[⑤]。日亚与日美平衡决定

① [日] 安倍晋三:《美しい国へ》，文藝春秋，2006年，第20~21頁。
② [日] 藤原正彦:《国家の品格》，新潮社，2006年，第114頁。
③ [日] 安倍晋三:《美しい国へ》，文藝春秋，2006年，第11、39、88頁。
④ [日] 藤原正彦:《国家の品格》，新潮社，2006年，第128頁。
⑤ [日] 安倍晋三:《美しい国へ》，文藝春秋，2006年，第88、112頁。

了日本的未来，不仅仅是经济与市场的逻辑，还在国家战略层面关系到日本的安全格局。

二、政经并重

安倍以史为鉴，欲在战术上寻求保守本流和旁流的完美结合。安倍所处的国际环境与吉田茂、岸信介时期具有惊人的相似性，其从小耳濡目染各类政治家的处世韬略，既不想走只发展经济的保守本流道路，也不想冒保守旁流的风险，希望能够将两种战术合二为一。

保守本流为日本迂回实现大国战略指明方向。下野复出的吉田茂采取“重经济，轻军备”的现实主义路线，充分利用国际形势变化，以恢复经济为突破口改变了战后体制。通过签订《旧金山对日和约》与《日美安全条约》，日本与英美实现单方面媾和，结束了军事占领状态，获得了法律意义上的国家独立。

美苏冷战愈演愈烈，日本国内保守主义与革新主义间的意识形态对立加剧。因此，美国东亚战略发生变化，调整了对日占领政策，为吉田茂重构美日关系提供了基础。第三次吉田内阁成立两周前，美国陆军部长罗耶尔和底特律银行总裁道奇访日，意味着美国重新调整了全球战略中的日本位置，把推动日本经济复兴作为第一要务。美国在冷战结构日渐成型的情况下，欲协助日本经济自立，并推动设立对日媾和的条件，1948年罗耶尔发表《日本是对抗集权主义的防护屏障》这一演说，1949年陆军副部长德雷普发表了一篇谈话报告，提到“振兴日本符合美国利益”。道奇强势推动“稳定经济九原则”，包括均衡预算、稳定租金、单一汇率、强化物价统制等，在稳定通胀的同时也造成“道奇不景气”，使日本国内意识形态严重对立。在此情况下，吉田茂派大藏大臣池田以会见道奇为由，绕开盟军总部直接与华盛顿交涉，其媾和的基本构想可以归纳为两点：一是希望早日讲和，二是可主动提出美军驻守日本的请求。[①]对此，美国提出了对日媾和构想的四项重点：一是对日本的重建军备不给予任何限制，统一该

① [日] 宮澤喜一:《東京 — ワシントンの密談》，實業之日本社，1956年。

国最大限度的经济、通商自由，并促使其参加联合国及“反共”共同体；二是为了保护日本免于遭受远东之地的侵略，针对美军驻守日本一事，寻求日本的许可；三是为了设置美军基地，缔结日美两国之间的协定；四是由于没有武装和战力的日本将成为远东之地的“武力真空”，有诱使他国侵略的危险，所以重建一个“适当武装”的自由国家日本，是美国的主要目的。[①]

吉田茂“重经济，轻军备”的路线是基于现实主义考虑，在经济与安全两者间向经济倾斜。吉田茂做过外交官，对外交有深刻的理解，认为“外交既不是技巧也不是权术，正确的外交方针应以国力为基础，通过苦心经营和不断努力来开拓国家的命运”[②]，采取“重经济，轻军备”是由于“日本战败，国力消耗殆尽，如同一匹瘦马，若让这匹晃晃悠悠的瘦马负荷过度的重载，就会累垮”[③]，是在现实主义基础上对经济与安全的取舍。1945 年，第一届吉田内阁专门设立了经济稳定本部，采取倾斜生产方式，通过强化生产增加商品供给，实行积极的财政政策，“财政的第一要务就是动员闲置生产要素，为达这一目的，即使财政出现赤字，增加货币发行量也无碍”[④]，颁布《复兴金融公库法》为重工业复兴提供金融支持。1951 年，针对杜勒斯所提出的“日本想要恢复独立成为自由世界一员，日本应对自由世界的强化发挥何种贡献”问题，吉田茂答道：“现在的日本一心想着恢复独立，谈如何做出贡献言之尚早。重建军备会让日本的经济无法自立，会让国内外担心军国主义复活”，“在经济上构建再军备的完善基础，还需假以时日。”[⑤]

但是，吉田茂尊崇天皇、倡导国粹，其保守的政治理念并非放弃独立的安全构建，而是等待经济复兴后的时机。吉田内阁后期，吉田茂认为日本所处的环境已发生改变，经济上已脱离依靠援助的困境，在防卫上已经能够依靠自身力量保卫和平，因此，对外通过《日美相互防御及援助协定》强化了日美同盟关系，对内制定了《自卫队法》并建立了自卫队。

---

①［日］原彬久：《尊皇的政治家——吉田茂传》，中国台湾商务印书馆，2007 年，第 159 页。

②［日］吉田茂：《十年回忆——第四卷》，世界知识出版社，1965 年，第 1 页。

③［日］吉田茂：《十年回忆——第二卷》，世界知识出版社，1965 年，第 30 页。

④［日］有沢広巳：《昭和経済史》，日本経済新聞社，1994 年，第 46 頁。

⑤［日］石丸和人：《戦后日本外交史 Ⅰ》，三省堂，1983 年，第 162 頁。

保守旁流是日本对实现大国战略的直接尝试。岸信介以日美平等为核心，将战略重心由经济转向安全，试图以经济主导东南亚为修改安保条约创造条件，但并未得到美国认同。虽得益于国际形势剧变岸信介实现了《日美安全保障条约》的修改，但最终还是被保守本流所取代。

岸信介组建内阁，正是日本结束战后复兴的年代，经济已经再次达到战前水平。此时，日本认为不能再指望以复兴为基础的增长，社会主流普遍担忧国内经济前景。正是在社会对经济前景迷茫之际，奉行政治中心主义路线的岸信介得以上台，其主张计划性的经济政策，坚持修改日美安全条约和宪法。岸信介认为首相应在外交和治安上下工夫，经济工作则交给官僚处理，[①]制定了《国防基本方针》和《第一次防卫力量整备计划》，成立了内阁宪法调查会，提出了《警察职务执行法修改案》，并出访了东南亚各国和美国，为修改《日美安全条约》做铺垫。

1957年，岸信介出访东南亚后，打着"日美新时代"的口号访问了美国，提出了修改《日美安全条约》和《行政协定》要求，但遭到艾森豪威尔的拒绝。显然，故作亲美反共姿态的岸信介并没有得到美国的信任。岸信介东南亚之行提出了构建"东南亚开发基金"的设想，认为"这一构想的实现将确立日本在东南亚的主导权，排除中国在这一地区的影响，强化自由主义阵营的立场，这关系到日本的产业利益和安全政策"[②]，期望实现日美关系正常化和占据东南亚。岸信介的东南亚之行看似落脚点在经济援助，其实真正目的在于改变战后政治格局，以经济的方式占据战前所觊觎的"南线"，与美国的安全战略产生了冲突。

但是，随着苏联政治经济实力膨胀、各地民族解放运动蓬勃兴起、日本左翼反美形势加剧等情况出现，美国接受了外相藤山再次提出的修改申请，在条约区域、行政审定、事前协商等问题上做出了让步。《日美相互合作及安全保障条约》的签订，意味着日本通过对集体自卫权的限定实现对美平等，将条约区域限制在除琉球群岛和小笠原群岛外的日本岛，改变了美军在日本随意部署的

---

①［日］田尻育三:《岸信介》，吉林出版社，1980年，第144页。

②［日］岸信介:《岸信介回顧録》，廣済堂，1983年，第320頁。

状态。

围绕条约修改，“安保斗争”成为战后日本最大的一次群众运动，共有1000多万人参与其中，进行了23次统一行动，形成了超越党派、阶层和信仰的统一阵线。[①]1960年，池田内阁建立，提出了国民收入倍增计划，经济再次取代政治成为社会主流，主张修改战后宪法以及完善独立体制的保守旁流路线重新回归重视经济的保守本流路线上来。从1961年开始，摆脱了“政治”约束的日本，以民间设备投资、消费增长为动力，实现了超过国民收入倍增计划所设想的高速增长。[②]

三、产业主导

亚洲对日本具有极其重要的安全与经济利益。安倍的“外交五原则”依然是“亚洲门户构想”的翻版，将日本规划为亚洲中心，在文化、政治等多个领域按照日本的需求进行制度设计，垄断金融市场、人才技术和贸易规范，构建日本化的亚洲格局。

安倍欲借TPP重掌东亚产业主导权。以日本为中心的东亚经济曾是东亚整合的要素之一，形成无实质国际政治制度化的独特地区主义，[③]是日本影响亚洲的重要手段。TPP谈判成为安倍二次任期内的核心议题，与RCEP、中日韩自贸区构成日本亚洲战略的基础，有望在知识产权、投资保护、服务贸易等领域形成高标准。安倍将东盟视为未来产业转移的重点，多次出访东盟，并借ODA带动投资，2013年上半年累计增长4.2倍。

1968年，日本GDP超过德国，成为世界第二大经济体，在船舶、电器、汽车等领域占据制造大国地位。“雁行模式”最初表现为纺织业、机器制造和重化工业输出，大量进口使东亚逐步建立了经济发展的基础，从轻工业的进口替

① 王振锁：《战后日本政党政治》，人民出版社，2004年，第130页。
② ［日］浜野洁等：《日本经济史》，南京大学出版社，2010年，第244页。
③ ［英］巴里•布赞、[丹]奥利•维夫：《地区安全复合体与国际安全结构》，上海人民出版社，2010年，第151页。

代向资本密集型的出口导向过渡；80年代中期后表现为汽车、电子、机械设备输出，日本自身发展起航空、计算机、医药等创新导向型产业。

“雁行模式”采取金融、生产和技术的等级形式，由日本向东亚其他经济体逐级递推。[①]国家发展需经历引进、进口替代、出口增长、成熟和逆进口五个发展阶段，日本作为东亚经济增长的领头雁，将其成熟产业按东亚各经济体发展水平高低进行转移，“四小龙”为雁翼，东盟和中国为雁尾。日本依靠经济增长和技术进步，主导东亚整体的产业升级和出口，既实现了本国的产业结构调整，又促进了东亚各个经济体经济增长和产业升级，在东亚追求经济增长的共同目标下，形成了“共同追随日本”的政治经济模式。“雁行模式”由日本政府和私人资本共同推动，前者主要包括政府开发援助、出口信贷、投资担保等，后者则为财团对外直接投资和内部交易。[②]

日本在“雁行模式”下实现了对东亚的全方位外交。1972年，日本与中国恢复邦交正常化，1978年签署《中日和平友好条约》并于次年提供ODA援助；1977年提出福田主义，与东南亚建立“心心相印”的关系，为东南亚地区和平与繁荣贡献力量，试图充当发达国家与东亚发展中国家的“桥梁”。“雁行模式”在20世纪80年代和90年代带来了前所未有的经济增长率，加上对追求发展目标的共同承诺，开始在东亚安全方面承担重要角色。[③]巴里认为，“雁行模式”通过持续的经济增长形成了东亚国内和国际政治的安全维度，东亚的政治对抗、领土争端和历史敌对，都可以通过经济增长克服或至少得到搁置。

日本的经济利益聚焦亚太。海外市场是日本经济的重要支柱，2011年，日本国民生产总值（GNI）为60416亿美元，超过国内生产总值（GDP）14480亿美元，安倍上任仅半年，即出访美、俄、欧、东南亚等国家和地区，致使海外

---

① Helleiner, Eric, R*egionalization in the International Political Economy: A Comparative Perspective*, Toronto: University of Toronto and York University Joint Centre for Asia-Pacific Studies, East Asia Policy Papers no.3,1994。

② Saburo Okita, *Japan' s Role in Asia-Pacific Cooperation*, Annals of the American Academy Political and Social Science, Vol513, 1991,30。

③ Cossa, Ralph A. , Jane Khanna, *East Asia: Economic Interdependence and Regional Security*" , International Affairs 73(2), 1997, 219 ~ 234。

援助和投资激增，2012 年度（4 月至 2013 年 3 月）政府开发援助（ODA）增加 11%至 1.5 兆亿日元，国际协力机构（JICA）有偿贷款增加 15%至 1.23 兆亿日元，带动海外投融资增加 95%至 5.73 兆亿日元，为历史最高纪录；2013 年度政府贷款目标增加 8%至 1.3 兆亿日元，为历年最高。[①]亚太地区，美主导的 TPP 谈判已进行 17 轮，安倍于 3 月加入 TPP 谈判，拉拢东盟，旨在推销日本标准，在服务贸易、知识产权保护等领域争夺规制主导权，期望在 2018 年将自由贸易协定（FTA）覆盖率推至 70%，上升近 51 个百分点。

安倍的增长战略布局未来核心产业。知识产权是国际经济新秩序的核心之一，既是发达国家的强项，亦是新兴国的软肋。美国热炒“网络商业窃密”，暗示知识产权将成为发达国家固化与新兴国家差距的重要手段。日在高新技术占有优势，据经济新闻社调查，日本有 12 种商品占全球贸易首位，集中在精密制造、高性能部件以及工业设备等领域。环保市场方面，安倍早在 2007 就提出“21 世纪环境立国战略”，据亚行估计，亚洲环保市场 2020 年将达到 300 亿日元。日本在治理环境污染方面有实际经验，废弃物处理、烟尘脱硫、太阳能发电等技术在全球领先。日本已形成了“以外务省、环境省、经产省为核心，以国际协力银行和国际协力机构为支点，以企业为先锋”的气候外交体系，计划在 2015 年底确立“双边减排”机制，向亚洲增长较快的 10 座城市提供环保技术，为国内过剩产能寻求海外出路。能源方面，力推核电设施出口，安倍出访土耳其签订合约，由日法组成的财团为土耳其在黑海沿岸建造一座 220 亿美元核电站。此外，安倍瞄准美国页岩气、俄罗斯北极油气、非洲能源等项目，既可获得能源保障，又可获得海外能源基建市场，如三井、住友、日本邮船等日企参与页岩气从生产到运输的多个环节，与俄罗斯共建远东天然气液化设施。

① 日本経済新聞社，《海外への援助・投資、過去最大》，2013-07-01。

四、战略选择

长期看，世界向发达国家和新兴国家共存的“二重力量结构”[①]转变。2008年金融危机是世界经济格局变革的导火索，新兴国家崛起，传统西方国家衰落。“经济危机是资本主义制度的内在矛盾和为维持这一制度所采取策略的复合物，在衰退中资本主义自我调节机制越来越难发挥作用”[②]，与以往危机中的表现不同，以美国为首的西方阵营难以依靠一国自身力量化解危机，只能求助于集体量宽“抱团取暖”，阻止整体经济实力下滑。

格局变革直接表现为新兴国家的崛起。过去20年，以中国为首的新兴国家在世界经济总量中的占比不断上升。2010年，中国取代日本保持40年的世界“经济老二”地位。2012年，金砖国家在世界经济总量中的占比已达25%。新兴国家的上升态势不可逆转，日本经济新闻社2013年7月的调查显示，世界市场的中心向新兴国家倾斜，全球50种主要商品，新兴国家有36种商品的市场规模扩大，对日本传统优势产业构成挑战，根据日本内阁府2010年的预测，2030年中国将在世界经济总量中占比23.9%，超过美国7个百分点、超过日本18个百分点。

集体量化宽松是西方国家应对危机、应对新兴国崛起的“不二法门”。从去年11月至今，安倍借量宽推动日元贬值，对美元急贬超过30%，对欧元、人民币也急剧贬值，震动了国际市场，增加了我国经济调整和宏观调控的难度。但是，在G7、G20财长会等多次国际会议上，西方国家否认“货币战”的存在，默认日元贬值。总统奥巴马、美联储主席伯南克及美副财长均公开首肯“安倍经济政策得当”，纵容其以量宽促贬值。从日本的角度看，安倍急需日元贬值。核电事故之后，日本经济直面“政府债务”“贸易赤字”和“日元升值”的困境，

① “政策シンクタンクPHP総研”在《「先進的安定化勢力·日本」のグランド·ストラテジー》（2011年6月）中将其称为“先進国/新興国複合体”。

② Hillel Ticktin. *The Crisis and the Capitalist System Today*. Critique: Journal of Socialist Theory, Vol. 38, 2010.

成为日“主宰亚洲”的羁绊，影响力下沉。日本财务省统计，2012年底，国家借款总额达997.2万亿日元，比上年增37.3万亿日元，同时，核电停机，电力紧缺，液化天然气进口激增1000余万吨，2011年贸易收支31年来首次呈赤字，2012年赤字规模再膨胀2.7倍，经常顺差随之缩小，国债风险陡增，国家能力受到质疑。金融危机后，日本央行政策谨慎，造成与美欧利差和量差的悬殊，诱使国际游资追逐，日元持续升值，企业收益萎缩，产业加速外移，国内物价持续低迷，通货紧缩加剧。从西方整体来看，化解危机的重要手段就是集体“放水”。1963年，弗里德曼和施瓦茨在《美国货币史》一书中创造了“货币主义”，认为货币供应量急剧减少导致严重通货紧缩，伯南克进一步将焦点转向“货币传导机制”，确认了“金融危机—信用成本上升—产出下降”的危机逻辑。但是和以往危机不同，北美和欧洲不再是影响货币供应量的唯一市场，依靠一国自身的“凯恩斯主义”“里根经济学”或者“新保守主义政策”都无法解决当前问题，不得不纵容“安倍量宽”。美国持续5年量宽，亟须日本作为盟友追加量宽，增持美国国债，弱化日元，托浮美元，仿效小泉充当美国“半个财政部长”，掩护美国财政金融政策脱离险境，实现战略转进。

安倍大国战略还需处理好日亚与日美平衡问题。安倍既要美国提供保护，又需亚洲提供市场，欲在日美同盟的基础上，加强与印度、东盟等国家的合作。日本需要靠自己来保卫自己的国家，也需要维护与美国的同盟关系，因为日本无法依靠独自的力量确保安全，必须考虑“核遏制下的地区平衡”或“远东地区的稳定”。安倍的目标是将日本建成亚洲中心，让其成为一个“世界中众多人口渴望来此工作，并希望向这个国家投资的国度”，即一个“充满机遇并能充分发挥能量的国家”。在价值观上，安倍希望“世界上有人能与日本的国家概念、理想产生共鸣”，“让子女接受日本教育或成为日本人”，这直接关系到“日本的生命力”。

维护日美同盟是为了更好的打破现存日美关系。日美同盟是日本经济与安全的保障，必须从形式上进行维护，强调日美同盟为日本国家安全的基轴。为巩固日美同盟关系，安倍未上台之前就宣布优先出访美国，在加入TPP的问题上表示出积极态度，希望借亚太经济合作秩序重构之际，改善日美经贸关系，搭美国经济“顺风车”。安倍把日美同盟放在首位，表示“日本必须首先把基点放在与太平洋对岸的关系上”，而美国在亚太地区再平衡的战略中，“美国对日本的需要并不亚于日本对美国需要”[①]。安倍把日美同盟放在首位，其深层次目的是，将美国重返亚太战略的矛头引向中国，构建类似岸信介时期的冷战对立环境，使“新政府站在强有力的位置上”绑架美国，使美国的政策符合日本的大国战略。

安倍视修宪为祖业，早在日本战败60周年之际，就曾提出“回到战后原点，改变战后体制”，其初任首相之时亦宣布“考虑在任期内完成修宪”，并于2007年强行通过《国民投票法案》，在参众两院设立“宪法审查会”，解决了修宪程序的法律问题。第一次执政，安倍鹰派作法动摇了日美同盟的基础，触动了美国在亚太的战略利益，最终未获成功。2013年安倍卷土重来但夙愿不改，试图从亚洲安全与经济二重结构中寻找平衡，形式上有所改变，由“强攻美国、亚洲为辅”转变为“依托美国，亚洲为主”，以经济为抓手构建日亚与日美平衡，伺机修宪改变战后体制。

五、小　结

世界处于历史性大变局，美国重返亚洲印证世界变革的焦点在亚洲。东亚既有发展中国家，也有发达国家，在这次变革中，发达国家和发展中国家的力量对比此消彼长。从危机中复苏和应对全球新趋势，成为安倍结束“扭曲国会”后的重要议题。从安倍的一系列政治举动来看，其大国战略继承了日本的历史传统，着眼于亚洲、经济增长和制度竞争。安倍构建了“富丽堂皇”的政策大厦，也蕴含了风险，安倍经济学就被IMF评估为全球经济最大的风险来源。

传统治理结构下，日本国内已不具备“逆向复兴”的增长条件。日本深陷经济、社会、人口乃至政治结构困境，进一步改革不仅回旋余地窄，而且风险巨大。安倍所提出的产业振兴口号，如“立地竞争力”“技术力”“六次产业”

① [日]安倍晋三《アジアの民主主義セキュリティダイアモンド》，http://www.yamamotomasaki.com/archives/1563、2013-02-03。

等概念，虽是新概念但并无实质突破；所列的高增长数字，如“三年内企业设备投资增加 10%”“民间创业的开业率达 10%”“2020 年职业人口就业率达 80%”“五年内科技能力排名世界第一”“十年内农业所得倍增”等，缺乏基础且无实现苗头。

仅仅依靠量宽治标不治本，造成国债利率巨幅波动，频频接近甚至突破 1%这一警戒线，酿成“5•23 股灾”。从近期数据来看，实体经济仍无复兴感觉，5 月便利店销售额比去年同期减少 1.2%，连续 12 个月同比下滑；6 月新车销售比去年同期减少 10.8%，连续 2 个月同比下滑。可以说，若不降低法人税、不放宽雇佣管制，难以提升产业竞争力；不搞土地流转自由化，难将非农企业引入农业市场；不许混合诊疗，难使医疗成为战略产业；不改国内垄断，难以吸引外来投资。

面对以上现实困境，安倍的经济蓝图也只能治标不治本，难以打破“双需求”不足的经济现状。“短平快”的经济政策最后只能落在通过政府经济刺激增加需求上，长期的量化宽松政策，使日本制造业和金融业企业资金充裕，资金大多以持有国债的形式休眠，进一步的宽松政策解决不了开拓投资渠道的问题，资金难以为实体经济服务，大多会流向金融市场投机“安倍泡沫”。从长期来看，安倍的国内政策面临众多问题：一是破坏了财政纪律，通货膨胀势必造成资本外逃，带来“恶性循环”①；二是近 98 万亿日元的预算支出与 43 万亿日元的税收缺口过大，长期利率面临上升的压力，财政有可能在“五年之内崩盘”。

安倍大国战略偏离了经济合作的趋势。面对新兴国家的崛起，世界多边经济规则面临内生变革压力，世界贸易组织、世界银行和国际货币基金组织都有改革的迹象。经济合作的主流依然是全球多边，在全球多边机制下，安倍的亚太战略将会受到冲击。双边和区域多边只是中短期的妥协。安倍构建经济与安全体系，对双边和区域多边的亚太经济合作寄予厚望。但是，随着中美新型大国关系的构建，世界范围内的经济合作或将重回全球多边合作机制。从岸信介二次访问东南亚到安倍匆忙出访东盟三国，无论是安倍 2006 年提出的“亚洲门

①［日］池田信夫《ゲ安倍総裁の危険な日銀バッシン》,《Voice》, 2012 年 12 月，第 76 ~ 77 頁。

户构想”“自由与繁荣之弧”还是2013年新抛出的“民主安全菱形”，都可以看出亚太区域经济合作对日本的安全格局具有至关重要的地位。长期以来，日本在东盟的经济影响一直超过其他国家，并有进一步扩大政治影响的意图，这也是美国重返亚太、提出TPP的原因之一。日本希望并在推动亚太地区的区域合作，试图独占亚洲市场，谋求“亚洲日本化”的政治、经济利益。但是，与安倍的世界观相左，世界政治、经济格局的再平衡还需依靠多边机制，实现全球多边自由化。

美国霸权趋于衰落、经济出现危机，新全球秩序尚未构建，是造成双边和次区域合作盛行的原因。战后以来，美国主导的全球多边一直为自贸谈判的主流，带领世界范围内的贸易快速增长和经济发展，但是随着多哈回合迟滞不前，双边和区域多边作为世界贸易组织多边贸易体制的补充得以快速发展。双边和区域多边存在众多问题，从亚太地区来看，美国TPP、东盟RECP、中日韩FTA等面临非常大的不确定性，涉及历史、政治、安全等难以逾越的障碍，形成了巴格瓦蒂“意大利面碗”效应。同时，双边和区域多边的最惠国待遇，加剧了区域集团内外之间的矛盾，最终会导致贸易自由化失衡、全球经济不稳定。虽然这种混乱和低效的局面会持续一段时间，但是经济合作将最终回到全球多边合作的主流上。

安倍大国战略忽视了亚太秩序的核心是中美战略协调。亚太地区结构已经出现多元依存和广泛辐射的复杂态势，“习奥会”是中美新型大国关系的开端。美国近期表示TPP的实现需要5年时间，意味着其根本经济利益依然是全球多边主义，TPP将作为世界贸易组织的“试验田”。世界贸易组织是美国的产物，美国在“运用自贸机制的范围、功效”以及“成功的程度”上都是“独一无二”[①]的，这种“软性的权力”使美国无需付诸高昂的硬权力就可以影响别国政策。随着美国霸权的衰落，多边贸易机制将面临生存危机，例如20世纪初国际经济陷入混乱时，欧洲国家在许诺降低关税的同时却将关税调至更高水平，美国若想维持全球多边体系下自身的经济霸权，必须得到其他大国、

① Robert O. Keohane, *After Hegemony – Cooperation and Discord in the World Political Economy*, Princeton University Press, 1984, 37.

特别是中国的支持。松散的全球多边体制有利于中国，也有利于美国，2013 年世界贸易组织和 APEC 将在印尼发生交集，世界有望重回 WTO 框架下的全球多边体制，安倍必须适应这一未来格局。

中美是亚太经济与安全秩序的主要力量。美国重回亚太，与奥巴马维护美国霸权息息相关。与其他大陆相比，欧亚大陆拥有世界陆地的一半以及众多人口和财富，处于战略中心地位，面对各国在亚太地区的利益扩张，美国认为必须掌握区域合作的主导权，防止区域主义将美国排斥在外，避免亚洲出现没有美国的区域合作。美国的亚太战略离不开与中国的合作，布热津斯基就曾指出，美国能否在亚太产生影响关键在于“与日本这一海权国家维持密切关系，与中国这一陆权国家保持合作”。中美战略协调将会对亚太秩序产生决定性影响，两者之间的互动有助于亚太地区经济、安全结构趋于一元化，并为地区乃至世界的发展提供新动力。

（刘云，中国现代国际关系研究院日本研究所助理研究员）

从日本企业看改革开放以后的中国经济

三和元

近年来，虽然中国的经济增长速度放缓，但在世界范围内仍在以高速度持续发展。在 20 世纪 80 年代以前，中国经济整体落后于世界经济发展水平，但从 90 年代开始逐步发展为“世界工厂”级大型生产制造基地，世界的制造企业先后涌入中国。此时，中国作为生产制造基地，被众多企业视为向世界各国市场出口商品的基地。然而，作为世界人口大国，中国经济的持续发展使中国的市场魅力与日俱增。可以说，几乎没有企业可以忽视作为现今世界第二经济大国的中国市场。

本文首先通过统计数据概观中国经济的发展历程，并通过考察日本企业参与中国经济发展的姿态与立场探究中国经济的发展变化。

一、中国的现状

笔者曾亲身体会中国的经济发展，在此重新根据统计数据对其发展历程进行再确认。

表 1　中国的经济状况

年	国民总收入	国内生产总值	人均国内生产总值	经济成长率
	（亿元）	（亿元）	（元）	（%）
1978	3645.2	3645.2	381.2	11.7
1980	4545.6	4545.6	463.3	7.8
1985	9040.7	9016.0	857.8	13.5
1990	18718.3	18667.8	1644.0	3.8
1995	59810.5	60793.7	5045.7	10.9
2000	98000.5	99214.6	7857.7	8.4
2005	183617.4	184937.4	14185.4	11.3
2010	399759.5	401512.8	30015.0	10.4
2011	472115.0	472881.6	35181.2	9.3

资料来源：根据 2012 年中国统计年鉴等制成。

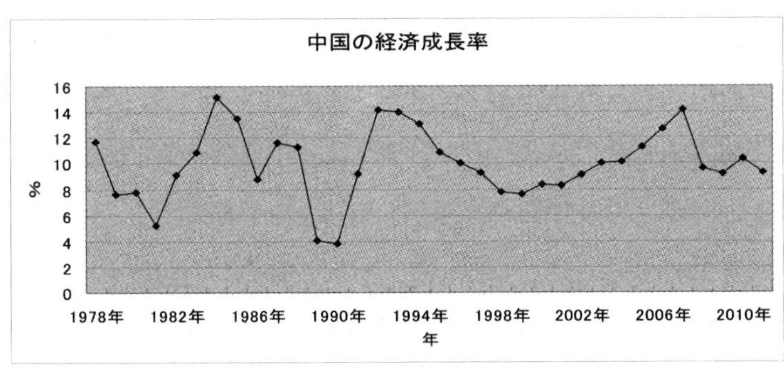

图 1　中国经济增长率

资料来源：根据中国国家统计局资料制成。

首先，从国民总收入来看，1980 年为 4545.6 亿元，5 年后翻倍，20 年后的 2000 年达到约 22 倍的 9 兆 8000.5 亿元，2011 年甚至达到 1980 年的 100 倍、超过 47 兆 2115 亿元。国内生产总值也同国民总收入一样快速增长，2011 年时达到 47 兆 2881.6 亿元。

其次，人均国内生产总值在 1980 年时是 465 元，但到 2000 年时就已经达到约为其 17 倍的 7858 元，2011 年增长到约 76 倍的 35181 元。相对国内生产总值与国民总收入，人均国内生产总值是将国内生产总值按人口平均分割所得的数据。由于在经济发展的同时人口亦会增加，因此前两项数据与该项数据的增长率有所出入，但这些数字足以表明，三十余年来中国经济实现了在世界上都史无前例的快速发展。

经济增长率同样见证了这样快速的经济发展。1978 年改革开放以后，仅有 3 年的经济增长率低于 7%，总体来说始终保持了 10%左右的增长率。从 20 世纪 70 年代经济发展落后的状况快速发展为世界第二的经济大国。在经济规模不大的 80 年代，经济持续快速发展也许并非难事，但在经济规模扩大的 2000 年以后，仍保持快速的持续发展却是世界范围内罕见的。

随着经济的发展，市场的规模不断扩大，引发了日本企业及其他外资企业对中国经济态度的转变。中国开始由“工厂”转变为“市场”。

留意直接关系人民收入的劳动者平均薪金可以发现，从 1965 年至 1978 年，劳动者平均薪金由 590 元增长至 615 元，薪金增长变化并不明显。1980 年以前，对前年指数在 100 前后的年份居多，并没有超过 100 的情况。但 80 年代中期以后，薪金持续大幅上升，从 1980 年的 762 元上升为 1990 年的 2140 元，10 年间增长近 3 倍。其后 2000 年时达到 9333 元，这 10 年间增长多达 4 倍有余。2010 年达到 36539 元，10 年间增长近 4 倍。对前年指数也多为 110 左右，但 1994 年的对前年指数甚至多达 134.6，这些数据显示，劳动者平均薪金呈现快速增长趋势。从 1978 年到 2011 年的 33 年间，人均薪金增长了近 68 倍。

表 2　劳动者平均薪金

年	平均薪金（元）	指数（前年=100）
	615	106.8
1980	762	114.1
1985	1148	117.9
1990	2140	110.6
1995	5348	118.9
2000	9333	112.2
2005	18200	114.3
2010	36539	113.3
2011	41799	114.4

资料来源：根据《中国劳动统计年鉴 2012》制成。

表 3　居民消费水平

年	消费额（元）	指数（前年=100）
1978	184	104.1
1980	236	108.7
1985	437	113.1
1990	803	103.4
1995	2236	107.5
2000	3397	108.3
2005	5447	110.9
2010	10497	113.3
2011	12242	116.6

资料来源：根据《中国统计年鉴 2004》（1978—2000）、《中国统计年鉴 2012》（2005—2011）制成。

可见，随着经济发展，国民薪金也持续提高。那么消费水平又有什么变化呢？1978 年时居民消费水平为 184 元，到 1990 年时就已经超过 800 元，2000 年是 1980 年的 14 倍，2011 年超过 12000 元，是 2000 年的近 4 倍，1978 年的 67 倍。

统计数据显示，经济的发展与国内生产总值的增长直接表现为国民收入与消费水平的提高。本文使用了中国全国的统计数据，若分析个别市、省的数据，应该不难发现中国的大城市、大省份有多么大的市场，对于企业具有何等重要的意义。拥有世界四分之一人口的中国，对中国国内企业，乃至国外企业都构成极具魅力的市场。

由于改革开放前中国存在市场规模小、基础设施不完善等问题，因此对中国经济感兴趣的外资企业（包括日系企业在内）并不多。随着改革开放政策的实施，中国经济开始快速发展，越来越多的企业注意到中国劳动力成本低、人才资源丰富的优势，将中国视为制造生产基地，开始在中国投资建厂。但是，外资企业最初在中国开设工厂的目的主要在于以低成本制造出口商品，只是将中国视为了生产制造的基地。这种为确保出口商品制造基地而实施的外资注入，最终造就了中国“世界工厂”的形成。

于是，随着大量外资工厂的出现，经济持续发展，国民收入开始逐步提高。然而，薪金的快速增长也直接导致了外国企业出口利益的缩小。但伴随经济发展而不断扩大的中国国内市场，却逐渐成为中国作为“市场”吸引外资企业的另一亮点。因此，中国工厂的定位开始由单纯的出口商品制造基地向制造、贩卖贴近中国国内市场需求商品的工厂转型，进而出现了大批以生产面向中国国内市场产品为主的工厂。

现在的中国，虽然逐渐失去了作为出口品生产据点的魅力，但作为市场的魅力却越来越大，因此为这个极具魅力的市场提供商品的工厂变得日趋重要。那么，这样的变化是从何时开始出现的呢？下文将以日系企业的投资动向及日系企业制品的销售地为例，对这一问题进行考察。

二、日本企业在中国的投资

日本对中国的直接投资，在20世纪80年代以前主要为小额投资。进入90年代中期以后，由于经济状况不同，不同时期虽有所增减，但总体呈上升趋势。80年代，中国经济规模较小，因此并没有受到众多日本企业的重视。同时，80年代后期至90年代初期，日本经济处于所谓“泡沫经济”时期，国内投资活跃，与在亚洲等生产成本较低地区开设工厂相比，更多人选择在欧美国家投资建厂。但进入90年代以后，泡沫经济崩溃，通过降低生产成本改善经营业绩成为企业的首要任务。在此过程中，出现了在制造成本低的邻国中国开设工厂的动向。表4显示，从1992年到1995年期间，对中国的投资额急速增长。其后，由于世界经济整体衰退，对中投资亦受到影响。进入2000年以后，再次呈现增长趋势。虽自2000年后增长速度曾一度放缓，但到2012年为止，始终保持了高水平的投资。

表 4　日本在海外的直接投资（中国）

单位：亿日元、%

	制造业		非制造业		合计		制造业的比率
年	投资额	前年比	投资额	前年比	投资额	前年比	
1989	276		310		587		47.0%
1990	237	-14.1%	270	-12.9%	511	-12.9%	46.4%
1991	420	77.3%	311	15.3%	787	54.0%	53.4%
1992	838	99.5%	467	50.1%	1 381	75.5%	60.7%
1993	1 587	89.3%	315	-32.7%	1 954	41.5%	81.2%
1994	1 942	22.4%	632	100.9%	2 683	37.3%	72.4%
1995	3 368	73.4%	851	34.6%	4 319	61.0%	78.0%
1996	2 032	-39.7%	749	-12.0%	2 828	-34.5%	71.9%
1997	1 857	-8.6%	549	-26.8%	2 438	-13.8%	76.2%
1998	1 038	-44.1%	317	-42.2%	1 377	-43.5%	75.3%
1999	624	-39.9%	198	-37.4%	858	-37.7%	72.7%
2000	856	37.1%	256	29.1%	1 114	29.8%	76.8%
2001	1 606	87.7%	209	-18.3%	1 819	63.2%	88.3%
2002	1 712	6.6%	295	40.8%	2 152	18.4%	79.5%
2003	2 773	62.0%	706	139.5%	3 553	65.0%	78.1%
2004	4 066	46.6%	635	-10.1%	4 909	38.2%	82.8%
2005	5 634	38.6%	1,628	156.4%	7 262	47.9%	77.6%
2006	5 670	0.6%	1,502	-7.7%	7 172	-1.2%	79.1%
2007	4 926	-13.1%	2,378	58.3%	7 305	1.8%	67.4%
2008	5 017	1.8%	1,683	-29.3%	6 700	-8.3%	74.9%
2009	4 615	-8.0%	1,877	11.5%	6 492	-3.1%	71.1%
2010	3 896	-15.6%	2,388	27.2%	6 284	-3.2%	62.0%
2011	6 948	78.4%	3,097	29.7%	10 046	59.9%	69.2%
2012	7 334	5.5%	3,425	10.6%	10 759	7.1%	68.2%

资料来源：根据日本财务省对外•对内直接投资状况（1989—2004）、日本银行国际收支统计（2005—2012）制成。

同时，对中国投资的内容也逐步发生了改变。1993 年至 2006 年，对制造业的投资各年均超过 70%，2001 年甚至创造了高达 88%的历史纪录。但 2010

年以后，对制造业的投资低落至60%，而对非制造业的投资却相对增加。中国以往作为生产制造基地备受重视，而随着中国经济的发展，日本企业逐渐认识到其流通市场的重要性。这无疑是导致日本对中投资内容发生改变的原因。

表5 各行业日系企业从业人数、销售额、中国当地销售比率

年	纺织			其他制造业			化学工业		
	从业人	销售额	比率	从业人	销售额	比率	从业人	销售额	比率
1985	X	X		252	1166		X	X	
1989	6542	8812	20.4%	2781	28854	79.9%	1309	4377	85.2%
1990	11396	15664	18.5%	5352	48843	47.9%	2169	10076	79.4%
1995	73810	107113	15.1%	46622	157387	44.9%	15122	76701	39.8%
2000	93915	208267	27.8%	90875	369247	67.0%	25585	202187	70.4%
2005	75931	277582	40.1%	124775	707574	75.2%	39836	382482	83.0%
年	一次金属			金属制品			一般机械		
	从业人	销售额	比率	从业人	销售额	比率	从业人	销售额	比率
1985	X	X		215	628		120	149	
1989	685	2313	90.4%	616	1276	93.7%	1337	8356	98.9%
1990	964	5004	86.7%	1068	1337	78.2%	1682	8820	91.0%
1995	8212	35930	68.1%	6114	9851	65.8%	11460	68318	17.0%
2000	20140	206004	83.3%	14232	45392	53.1%	32346	315073	41.0%
2005	26668	581206	85.9%	13571	77786	60.9%	61825	803022	47.8%
年	民生用电器机器			情报通信机器			运输机械		
	从业人	销售额	比率	从业人	销售额	比率	从业人	销售额	比率
1985	0	0		X	X		X	X	
1989	5527	20609	21.0%	5546	43260	11.6%	2206	9964	100%
1990	7281	26136	21.2%	8370	77062	31.3%	2682	16924	94.5%
1995	26951	129403	57.1%	82693	364712	17.3%	35230	196243	89.7%
2000	66196	434185	54.7%	178877	927652	30.4%	64918	542034	88.6%
2005	119578	1038640	48.7%	318003	1968819	30.1%	211957	2316868	75.2%
年	精密机器			批发零售			其他行业		
	从业人	销售额	比率	从业人	销售额	比率	从业人	销售额	比率
1985	0	0		142	2899		1024	7335	

以下，本文将根据不同行业对投资企业的动向进项详细分析。据表5统计，90年代日系企业中销售额最高的是情报通信机器业，其次是其他行业，以下依次为其他制造业、民生用电器机器业、运输机械业、纺织业、精密机器业、化学工业、批发零售业、一般机械业、一次金属业、金属制造业。15年后的2005年，批发零售业成为首位，运输机械业升至第2位，情报通信机器业则降为第3，第4位依然是民生用电器机器业，一般机械业排序上升为第5位，第6位是其他制造业，一次金属业降至第7位，第8位依然是化学工业，第9位是其他行业，纺织业降至第10位，精密机器业降至第11位，第12位是金属制品业。

可见，以扩大化流通市场为目标的批发零售业开始积极向中国投资，运输机械业的投资开始切实化。两行业的销售额在2005年时已经超过2兆日元。情报通信机器业虽然排序上有所下降，但其投资仍在持续扩大，民生用电器机器业也是如此。这两行业在2005年的销售额超过1兆日元。纺织业在这15年间销售额停留在6倍左右而导致排序下降，一次金属业与精密机器业的增长率也停留在28倍前后，排序下降。金属制品业增长约13倍停留在最末位。

与此同时，制造业的投资目的也发生了变化。90年代时，多数日企业将中国视为出口商品的制造基地。但进入2000年以后，越来越多的企业将中国工厂视为同时面向海外及中国国内市场制品的制造基地。而且，将中国工厂仅视为面向中国国内市场的商品制造基地、将商品直接销往中国市场的企业在近年也有所增加。另外，少数企业甚至将中国国内工厂直接定位为负责中国国内销售的专门生产基地，而将用于出口的商品制造基地转移至制造成本更低的东南亚国家。

通过以上的分析，可以发现80年代以前，由于投资规模小等原因，在中国当地的销售比率相对较高。但进入90年代以后，由于投资企业增加，销售、从业人员增加导致企业规模扩大，在中国的销售比率下降，而向包括日本在内的外国出口的比率上升。然而表5显示，2000年以后，在中国当地的销售比率再次上升的行业增加。也就是说，在销售规模扩大的过程中，在中国当地的销售率也随之上升。这说明随着中国经济的发展，企业不再单纯地将中国视为制造基地，而是更多地以制造基地+销售市场的方式对中国进行定位。

改革开放以来，各个行业在中国当地的销售比率变化趋势可以分为以下几种类型：

第一，初期在中国当地销售比率低，但后来逐步上升，纺织业、民生用电器机器业都属于这种情况。

纺织业较早进入中国市场，1985年时进入中国的企业只有一两家，具体的数据并没有对外公布，因此无从知晓。但2005年时，纺织业销售额已经超过2700亿日元，可见纺织业在这20年间在中国市场发展迅速。相反，日本国内的纺织业，却持续缩小，或是将生产转移或是委托至海外的情况不断出现，而日本的纺织商品大多依靠进口。

正因如此，日系纺织企业在中国当地的销售比率在2005年时由10%上升到40%。中国购买力的上升导致市场扩大，日系服装企业开始在中国开设店铺等都是导致这一现象的原因。

民生用电器机器业，在80年代前半中国家电产业兴起时期，由松下幸之助应邓小平主席要求率先对中国进行技术援助，在对中国提供技术的同时也出口了成套的设备。从80年代中期以后开始开展直接投资。1989年日系企业的销售额是206亿日元，但中国当地的销售比率却仅为21%，这表明此时对中国的出口主要体现为对出口产品生产基地的出口。从90年代后半开始，中国当地销售比率开始上升，2005年销售额超过1兆日元，其中在中国当地产生的销售额占该总额的一半。

第二，表现为初期的中国当地销售比率高，但随着规模的扩大比率降低，其后再次呈现上升趋势的情况。其他制造业、化学工业、一般机械业、精密机器业都属这种情况。在这些行业中，有些是在进入中国初期便获得了当地的销售订单，因此这些企业初期的中国当地销售比率较高。其后，随着生产规模的扩大，开始实施对其他国家的出口，由此中国当地的销售比率下降。但随着中国国内需求的增加，当地销售比率随之再次上升。

其他制造业、化学工业、一般机械业、精密机械业间的共同之处在于，90年代以前的销售规模并不大，但其后规模迅速扩大。与此同时，由于这些企业努力开拓销路，最后原本并不高的当地销售比率也随之上升。规模的快速扩大，往往导致超出当地需求的问题。若当地经济发展带动需求增加的话，当地销售的比率自然也会上升。

第三，从进入中国市场初期开始，该行业的当地销售比率就很高，在某一时期曾一度下降，但除个别时期外始终保持了较高的当地销售比率。一次金属业就属于这种情况，即便是在 2005 年时也曾达到 85%的当地销售比率。该行业的销售额从 1989 年的 23 亿日元增长至 2005 年的 5800 亿日元，除个别时期外始终保持了较高的当地销售比率。在这样的行业中，汽车、家电用高级钢板是本地生产的中心，在进入中国市场时当地的销售途径已经得到确保。可以将这种当地销售比率持续增长的情况理解为与规模扩大、销售对象生产规模扩大相呼应而产生的现象。

第四，通信机器业呈现初期当地销售比率低其后也没有大幅度增长的特征。1985 年进入中国的企业只有 1 ~ 2 家（相关数据没有公开），但其后销售规模持续扩大，至 2005 年时增长至近 2 兆日元。这种当地销售比率不高，但销售规模扩大 40 倍的情况说明，当地销售已经构成重要因素。

第五，当地销售比率逐步降低的情况，金属制品业、运输机械业都属于这种情况。在金属制品业中，汽车、家电等机械制品的零部件生产，在进入中国市场之初，就已经决定了当地的销售对象，因此可以认为当时的当地销售比率较高。之后，在生产规模扩大的进程中，或是由于生产超出当地需求而转向对外出口，或是在扩大投资规模时便将销售重心转向国外其他市场，进而导致当地销售比率呈逐渐下降趋势。

运输机械业在 1985 年时进入中国的企业也只有 1 ~ 2 家，同样没有相关数据公布。但 1989 年时当地的销售比率达到 100%。其后，销售额快速增长，当地的销售比率虽然逐步下降，但整体来看还是占有较高的比重。运输机械业中占据较大比例的是汽车产业，在中国汽车产业很大程度上受到政府产业政策等与市场原理不一致因素的影响，因此长时间内保持了较高的当地销售比率。

综上所述，在很多行业中，随着销售额增加，当地销售比率也随之上升。显然，这是中国经济规模扩大带动市场扩大而引发的现象。

另外，除制造业以外，批发零售业及其他行业的情况略有不同。批发零售业在进入中国初期时，当地的销售比率就已经超过70%。零售业不断扩大中国国内销售，而批发业却扩大了中国制商品的出口。由于出口相关业务比例的增加，批发业中国当地销售比率开始下降。其他行业，如农林业、矿业、服务业等，各行业间存在很大的差异，但总体上来看，都是初期在中国当地的销售比率较高，其后继续上升。2005年时这些行业的销售额超过3700亿日元，其中8成为中国当地的销售额。

三、结　论

改革开放后，中国经济快速增长，并且现在仍在持续增长。这样的经济发展成就，使20世纪80年代时不受世界经济关注的状况为之一变。90年代，世界各国企业的纷纷在中国设立工厂，使中国成为享誉世界的“世界工厂”。其后，中国一方面作为生产制造基地继续发展，一方面也逐步发展为重要的市场，并成为世界第二的经济大国。

中国经济的发展历程，固然有令人瞠目结舌之处。在国际竞争中，中国企业已然构成日本企业强劲的竞争对手之一。但随着日本国内市场扩大的可能性日渐渺茫，邻国经济的发展可以说为日本带来了绝好的机会。

在中国，以制造业为首的大型企业及其外包企业构成日系企业的核心。但近年，以饮食业为代表的服务业、便利店等销售业也开始大量进入中国。显然，这些企业是将中国视为市场，它们今后的发展值得瞩目。

中国虽然成了世界第二经济大国，但大概没有人会否认中国经济仍处于发展中水平。随着市场的成熟，第三产业将会有很大的发展空间。今后对这些产业的投资想必会呈现不断上升的趋势。

笔者认为，日本企业首先应对发展与变化同在的中国市场做出正确判断，在此基础上，继续对中国的适当投资，维系并加强日中两国友好的经济联系。

（［日］三和元，日本经营史研究所研究员；王玉玲译）